***ACCESO GRATIS** a la Lectura en la Nube*

Para visualizar el libro electrónico en la nube de lectura envíe junto a su nombre y apellidos una fotografía del código de barras situado en la contraportada del libro y otra del ticket de compra a la dirección:

ebooktirant@tirant.com

En un máximo de 72 horas laborales le enviaremos el código de acceso con sus instrucciones.

LA PROTECCIÓN DE DATOS EN EL CONTEXTO DE LA COOPERACIÓN TRANSFRONTERIZA DE LAS AUTORIDADES POLICIALES

Procedimiento de selección de originales, ver página web:
www.tirant.net/index.php/editorial/procedimiento-de-seleccion-de-originales

LA PROTECCIÓN DE DATOS EN EL CONTEXTO DE LA COOPERACIÓN TRANSFRONTERIZA DE LAS AUTORIDADES POLICIALES

SELENA CEBRIÁN BELTRÁN

tirant lo blanch
Valencia, 2025

En caso de erratas y actualizaciones, la Editorial Tirant lo Blanch publicará la pertinente corrección en la página web www.tirant.com.

La aceptación de la presente obra ha tenido en consideración la evaluación y calificación otorgada por los expertos componentes del tribunal calificador de la tesis doctoral en la que se basa, cumpliendo con el criterio correspondiente de los revisores externos y ofreciendo la calidad debida a la presente edición.

EDITA: TIRANT LO BLANCH
C/ Artes Gráficas, 14 - 46010 - Valencia
TELFS.: 96/361 00 48 - 50
FAX: 96/369 41 51
Email: tlb@tirant.com
www.tirant.com
Librería virtual: www.tirant.es
DEPÓSITO LEGAL: V-1625-2025
ISBN: 978-84-1095-703-9
MAQUETA: Dissset Ediciones

Si tiene alguna queja o sugerencia, envíenos un mail a: *atencioncliente@tirant.com*. En caso de no ser atendida su sugerencia, por favor, lea en *www.tirant.net/index.php/empresa/politicas-de-empresa* nuestro procedimiento de quejas.

Responsabilidad Social Corporativa: http://www.tirant.net/Docs/RSCTirant.pdf

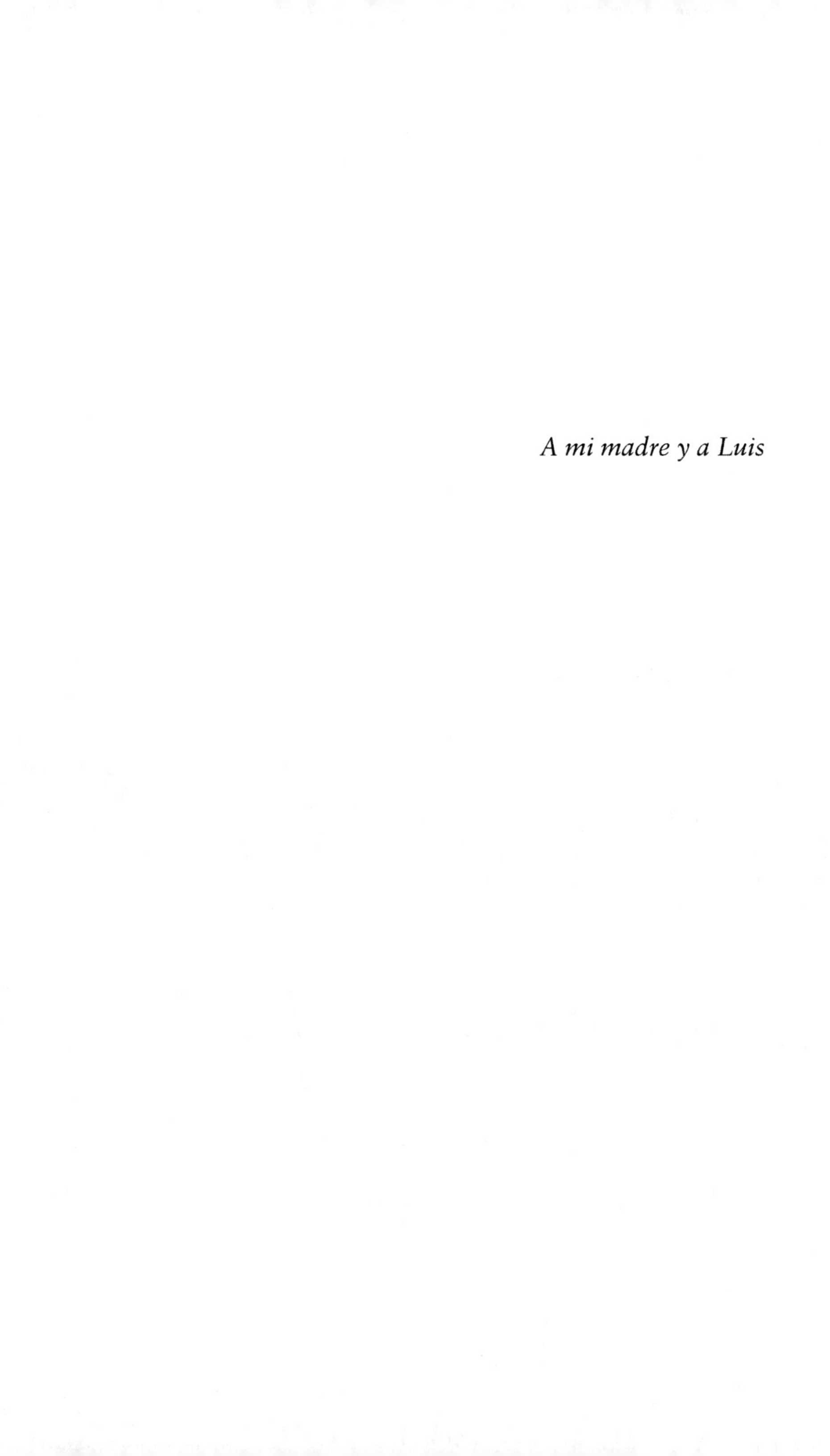

A mi madre y a Luis

ÍNDICE

Prólogo

Nos cumple la satisfacción de prologar la monografía de Selena Cebrián Beltrán, que aborda la evolución y retos actuales de la protección de datos personales en el ámbito policial. En efecto, la temática reviste una enorme actualidad que, en sí misma, justifica la publicación. Un claro exponente de dicha actualidad viene dado por las recientes normas europeas en la materia, tanto del Consejo de Europa como de la Unión Europea. Y, precisamente desde esta perspectiva, la obra de la doctora Cebrián constituye una excelente ilustración de constitucionalismo europeo multinivel.

Ahora bien, la autora no acomete únicamente un intento teorizador de articulación de las diverses fuentes jurídicas, normativas y jurisprudenciales, sino que toma en consideración una realidad global y transfronteriza que se enfrenta a viejas y nuevas formas de criminalidad que, de un lado, exigen el desarrollo de fórmulas armonizadas de cooperación policial respetuosas con el imperio de la ley en la persecución de los delincuentes y, de otro lado y, sobre todo, orientadas a la protección de las víctimas. Esa imbricación entre los estándares normativos y la realidad los aborda cabalmente teniendo presentes parámetros socioculturales y ejemplos de situaciones actuales que aportan una visión empírica sobre la concreta gestión de los datos policiales en supuestos de cooperación policial transfronteriza.

Con ello en mente, se analizan minuciosamente en la obra las nuevas herramientas y agencias dedicadas a combatir los crímenes más graves y sofisticados, alcanzándose un equilibrio en la puesta en práctica de la ineludible cooperación policial (señaladamente, a través de un intercambio efectivo de información que respete los derechos fundamentales en juego, especialmente la protección de datos personales) en el marco de la tensión dialéctica entre la seguridad y la libertad. En efecto, la autora lleva a cabo un ponderado escrutinio del uso e impacto en el *habeas data* de la actuación policial, acreditando una solvente investigación de los instrumentos jurídico-institucionales en su condición de doctora en Derecho y una perspicaz solvencia en el escrutinio de una realidad que conoce de primera mano por su dilatada experiencia como formadora de agentes policiales.

En estas coordenadas, el trabajo sigue un hilo conductor lógico partiendo de la justificación del enfoque y el interés actual de la temática abordada. A continuación, arranca los sucesivos capítulos que dan cuerpo a la monografía con uno dedicado a la "evolución y actualidad legislativa de la protección de datos en el ámbito policial" (capítulo primero), al que sigue un segundo sobre "la protección de datos en el ámbito policial desde la jurisprudencia" que se ocupa de la doctrina específica del Tribunal Europeo de Estrasburgo en materia de datos genéticos y otros datos sensibles en el terreno policial y de la interpretación del Tribunal de Justicia de Luxemburgo a propósito de la protección de datos en el campo de la cooperación policial y judicial penal, sin olvidar la jurisprudencia española de las instancias superiores, tanto del Tribunal Supremo como del Tribunal Constitucional. Sigue un capítulo tercero que se centra en los instrumentos específicos de cooperación policial y judicial penal a la luz de los retos presentes y futuros, tanto por referencia a la Unión Europea como en relación con la cooperación policial internacional (incluida Interpol, el sistema de registro de pasajeros -PNR- y otras estrategias).

Se completa la parte central de libro con un capítulo cuarto referente al "intercambio de datos sobre las víctimas de los delitos y su protección" y un capítulo quinto relativo a las "garantías en la protección de datos de las personas presunta y comprobadamente implicadas en hechos delictivos". Así pues, se pone justificadamente el acento en la salvaguardia del estatuto de las víctimas, teniendo como guía insoslayable el principio *pro personae.* De tal suerte, se introduce sucesivamente un sólido tratamiento del concepto de víctima y su evolución en perspectiva multinivel (el marco universal de la ONU y los estándares continentales del Consejo de Europa y de la Unión Europea, así como su impacto en el ordenamiento español); del tratamiento de datos de las víctimas en las bases de datos, organismos y agencias de la Unión relacionadas con la lucha contra el crimen; de los principios que rigen el tratamiento de datos durante la fase de investigación policial, del reconocimiento de los derechos de acceso, rectificación, supresión y limitación del tratamiento a las víctimas, y de la nada desdeñable prevención de la victimización secundaria. Correlativamente, sin perder de vista las garantías del Estado de Derecho (lo cual resulta compatible con la conciliación del adagio "no hay libertad para los enemigos de la libertad" que se refleja en el artículo 17 del Convenio Europeo de Derechos Humanos o en la cláusula sobre abuso de derecho de la Carta de los Derechos Fundamentales de la Unión Europea), Selena Cebrián delimita con rigor el concepto de persona responsable de la infracción criminal; el alcance de la protección de datos en tal supuesto en el intercambio de datos por las autoridades policiales; la garantía del derecho a la presunción de inocencia de los individuos implicados en hechos delictivos, y el reconocimiento a dichos individuos de los derechos de acceso, rectificación, supresión y limitación del tratamiento.

Ciertamente, el reconocimiento de derechos y sus garantías que son objeto de detallado examen en esos dos capítulos quedaría incompleto si la autora no pusiera colofón al bloque central de la obra con un interesante capítulo sexto que, bajo el título "derechos y obligaciones de los agentes policiales: especial referencia a la formación", pone el foco en la garantía preventiva por excelencia de los derechos fundamentales, cual es la capacitación de los profesionales implicados en la cooperación policial. A tal efecto, ocupa un justificado espacio la importancia de la formación en protección de datos en la cooperación policial, a través de la adaptación y actualización constantes del personal policial ante los avances tecnológicos; por añadidura, y dada esa dimensión internacional del intercambio de información policial, se analiza la relevancia del lenguaje en dicho intercambio, constituyendo todo un reto el multilingüismo y los potenciales obstáculos que de él puedan derivarse. Con estos mimbres, la formación, incluida la lingüística, resulta crucial para prevenir la violación de la seguridad de los datos penales en el terreno policial (de conformidad con los principios de integridad, disponibilidad y confidencialidad de los datos), atendiendo al impacto de las posibles brechas de seguridad en la gestión de los datos personales por la policía y la eventual responsabilidad por la filtración de dichos datos.

En estas coordenadas, el último capítulo del libro se cierra con unas necesarias consideraciones finales y recomendaciones que tienden a optimizar la labor de los agentes policiales en su tarea esencial de defensa de la libertad y en su propia configuración como garantía de los derechos fundamentales, de manera señalada en materia de protección de datos personales ante el uso y abuso de las nuevas herramientas tecnológicas en la era de la inteligencia artificial. Bajo tal ángulo, la doctora Cebrián nos interpela acerca de cuestiones de indudable trascendencia y envergadura relacionadas con la necesidad de una normativa armonizada en la protección de datos penales que facilite la cooperación en el escenario del constitucionalismo multinivel; cuestiones referentes asimismo al modo de facilitar el intercambio de esos datos personales ante la multiplicidad de bases de datos policiales, a la manera de ponderar intereses y bienes jurídicos que se encuentran en tensión dialéctica (la ponderación entre las NITC, la protección de datos y la seguridad pública, así como el equilibrio entre la garantía del prevalente estatuto de las víctimas y la posición jurídica de las personas presunta y comprobadamente implicadas en una implicación penal); y, de nuevo, cierra sus reflexiones interpelándonos acerca de la propuesta por la inexorable formación teórica y lingüística de los agentes policiales y otros profesionales intervinientes en el intercambio de datos personales en materia de cooperación policial.

Desde esta última óptica, estamos persuadidos de que la monografía de Selena Cebrián no solamente nos brinda un sólido ejercicio de *última generación* en el terreno de la dogmática de los derechos fundamentales y en el contexto de la era tecnológica y algorítmica. El libro ofrece, por añadidura, un material indispensable para la formación policial en materia de protección de datos a escala internacional o transfronteriza, haciendo las veces igualmente de manual de capacitación para las fuerzas y cuerpos de seguridad. Y, por último, pero no menos importante, la obra suministra elementos de interés para el conjunto de la ciudadanía, pues la cultura de derechos humanos, la pedagogía por y para la libertad, se verá tanto más extendida cuanto mayor y mejor sea la apreciación ciudadana acerca del papel que desempeña la policía como garantía de los derechos y libertades fundamentales en un mundo crecientemente globalizado e interdependiente en donde nuestros datos personales y nuestra preocupación por consolidar relaciones pacíficas y una convivencia democrática traspasan las fronteras.

Por lo demás, la autora lleva años dando muestras de su gran valía profesional en la formación de agentes policiales, así como de su vocación y solidez universitarias para la docencia y la investigación, todo ello imbuido por una sensibilidad personal en su tarea como jurista. Esa simbiosis, en definitiva, es la que debe impregnar el estudio del Derecho entendido como una técnica vocacional, en la que confluye el saber hacer en el manejo riguroso de las categorías jurídicas sin, por ello, descuidar que el fin último viene marcado por la realización de la Justicia en el respeto a la Dignidad Humana. Todos estos elementos están llamados a despertar el interés por este libro en la academia, en los agentes policiales y en la ciudadanía en general. Por lo que solamente nos resta felicitar a la autora, así como a la editorial, augurando una gran acogida.

LUIS JIMENA QUESADA
(Universitat de València)

BEATRIZ TOMÁS MALLÉN
(Universitat Jaume I de Castelló)

Nota preliminar

Este libro tiene su origen inmediato en la Tesis Doctoral defendida en la Facultad de Derecho de la Universidad de Valencia el 17 de enero de 2025. Su elaboración y publicación se enmarcan en el proyecto de investigación PID2021-128309NB-I00 («La conciliación del derecho a la protección de datos con el cumplimiento por los poderes públicos del deber de transparencia y de lucha contra la corrupción»-DATATRANSCO) financiado por el Ministerio de Ciencia, Innovación y Universidades.

Hacia los miembros del tribunal que la juzgó merecedora de la máxima calificación por decisión unánime, María Josefa Ridaura Martínez, María Luz Martínez Alarcón y Francisco Javier Donaire Villa, solo puedo albergar una enorme gratitud. Fue un verdadero honor exponer mi trabajo ante constitucionalistas de tanto prestigio, así como recibir sus valiosas sugerencias y observaciones.

Asimismo, quiero expresar mi más profundo agradecimiento a los directores de esta Tesis Doctoral, Luis Jimena Quesada y Beatriz Tomás Mallén, por su constante apoyo, dedicación y entrega. Su pasión por la enseñanza y su compromiso con la excelencia académica han sido una fuente de inspiración inagotable. Los logros en la vida profesional no son fruto del azar, sino del esfuerzo, la vocación y el empeño por formar a las generaciones futuras. A ambos, mi gratitud eterna por haberme acogido como discípula, por guiarme con su sabiduría en este camino y por el honor de escribir el prólogo de esta obra.

A todos los Profesionales, con mayúscula, que he tenido el honor de conocer en los congresos, seminarios y actividades a las que he asistido, por demostrar que el Derecho es un modo de vida.

Por último, en un plano estrictamente personal, quiero dedicar un especial reconocimiento a mi familia, a los que están y a los que, lamentablemente, ya no, por su apoyo incondicional. Su cariño, fortaleza y confianza han sido el motor que me ha impulsado en cada paso de este camino.

Abreviaturas más frecuentes

AEPD	Agencia Española de Protección de Datos.
Art. /Arts.	Artículo/Artículos
CdE	Consejo de Europa
CDFUE	Carta de los Derechos Fundamentales de la Unión Europea
CE	Constitución española
CEDH	Convenio Europeo de Derechos Humanos
Convenio 108	Convenio del Consejo de Europa para la protección de las personas con respecto al tratamiento automatizado de datos de carácter personal de 1981
CP	Código Penal
Directiva 2016/680	Directiva relativa a la protección de las personas físicas en lo que respecta al tratamiento de datos personales por parte de las autoridades competentes para fines de prevención, investigación, detección o enjuiciamiento de infracciones penales o de ejecución de sanciones penales, y a la libre circulación de dichos datos
Directiva PNR	Directiva relativa a la utilización de datos del registro de nombres de los pasajeros (PNR) para la prevención, detección, investigación y enjuiciamiento de los delitos de terrorismo y de la delincuencia grave
EESD	Escuela Europea de Seguridad
EM/ EEMM	Estado miembro/Estados miembros
Eurodac	Sistema europeo de comparación de impresiones dactilares de los solicitantes de asilo
FFCCS	Fuerzas y Cuerpos de Seguridad
FRA	Agencia de los Derechos Fundamentales de la Unión Europea
LECrim	Ley de Enjuiciamiento Criminal

LO 7/2021	Ley Orgánica de protección de datos personales tratados para fines de prevención, detección, investigación y enjuiciamiento de infracciones penales y de ejecución de sanciones penales.
LOPD	Ley Orgánica de Protección de Datos
LOPDGDD	Ley Orgánica de Protección de Datos y Garantía de Derechos Digitales
LOPJ	Ley Orgánica del Poder Judicial
LOPSC	Ley Orgánica de Protección de la Seguridad Ciudadana
LORTAD	Ley Orgánica de Regulación del Tratamiento Automatizado de Datos de Carácter Personal
LOTC	Ley Orgánica del Tribunal Constitucional
LRM	Ley de reconocimiento mutuo de resoluciones penales en la Unión Europea
NTIC	Nuevas Tecnologías de la Información y la Comunicación
Op.cit.	*Opus citatum*/ obra citada
OEDYE	Orden Europea de Detención y Entrega
OEI	Orden Europea de Investigación
Reglamento Eurodac	Reglamento relativo a la creación del sistema "Eurodac" para la comparación de las impresiones dactilares
Reglamento Prüm	Reglamento relativo a la búsqueda y al intercambio automatizados de datos para la cooperación policial
Reglamento SEIAV	Reglamento de establecimiento de un Sistema Europeo de Información y Autorización de Viajes
Reglamento SES	Reglamento por el que se establece un Sistema de Entradas y Salidas (SES) para registrar los datos de entrada y salida y de denegación de entrada relativos a nacionales de terceros países que crucen las fronteras exteriores de los Estados miembro
Reglamento SIS	Reglamento relativo al establecimiento, funcionamiento y utilización del Sistema de Información de Schengen (SIS) en el ámbito de la cooperación policial y de la cooperación judicial en materia penal

Reglamento VIS	Reglamento sobre el Sistema de Información de Visados (VIS) y el intercambio de datos sobre visados de corta duración entre los Estados miembros (Reglamento VIS)
RGPD	Reglamento General de Protección de Datos
RIA	Reglamento de Inteligencia Artificial
RITD	Reglamento de Interpol sobre el Tratamiento de Datos
SEIAV	Sistema Europeo de Información y Autorización de Viajes
SEPD	Supervisor Europeo de Protección de Datos
SES	Sistema de Entradas y Salidas
SIS	Sistema de Información Schengen
STC	Sentencia del Tribunal Constitucional español
STEDH	Sentencia del Tribunal Europeo de Derechos Humanos
STJUE	Sentencia del Tribunal de Justicia de la Unión Europea
STS	Sentencia del Tribunal Supremo español
TC	Tribunal Constitucional
TEDH	Tribunal Europeo de Derechos Humanos
TFUE	Tratado de Funcionamiento de la Unión Europea
TJUE	Tribunal de Justicia de la Unión Europea
TUE	Tratado de la Unión Europea
UE	Unión Europea
VIS	Sistema de Información de Visados

I. Introducción

El mundo globalizado en el que vivimos, la creciente interdependencia entre los Estados y la progresiva desaparición de las fronteras se han trasladado al ámbito delictivo. Esto se manifiesta en la comisión de infracciones criminales transnacionales; la nacionalidad extranjera de las víctimas o de las personas presunta y comprobadamente implicadas en un hecho criminal; la huida del sospechoso o condenado a otros países; y la necesidad de proteger a las víctimas que se trasladan fuera de su país.

Ante estos desafíos, ha surgido la necesidad de desarrollar fórmulas de cooperación policial efectivas en el contexto del constitucionalismo europeo multinivel. La existencia de diversos organismos supranacionales, como la Unión Europea o el Consejo de Europa, así como el surgimiento de otras entidades internacionales, ha sido fundamental para avanzar en la legislación, la interpretación judicial y la colaboración. En este marco, se han ampliado las funcionalidades de las bases de datos, se han creado otras nuevas herramientas y se han establecido agencias dedicadas a combatir los crímenes más graves.

Es indudable que para lograr una cooperación policial efectiva la transmisión e intercambio de información son fundamentales. Esta información a menudo incluye datos personales de los sujetos involucrados en infracciones penales. Por lo tanto, los instrumentos de cooperación policial no solo deben garantizar la seguridad pública, sino también establecer mecanismos que respeten los derechos fundamentales en riesgo, especialmente, la protección de datos.

Para alcanzar este objetivo, interactúan numerosos textos normativos, tanto sobre la protección de datos como sobre la creación y funcionamiento de cada base de datos, cuerpo o agencia y organización internacional. Así, para conseguir un nivel de protección de datos uniforme en todos los intercambios y entre los diferentes Estados que colaboran, se requiere un esfuerzo coordinado a nivel nacional, europeo e internacional.

Sin embargo, esto es solo el principio. Esta armonización debe ir acompañada de una continua adaptación, impulsada por el avance de las NTIC y la aparición de herramientas emergentes. Estas innovaciones plantean un desafío constante para equilibrar su utilidad en materia de seguridad pública con el respeto a la protección de datos.

Para la detección, prevención e investigación de infracciones penales es necesario tratar y recopilar datos personales de los sujetos implicados. Esto conlleva el análisis de las diferencias en el tratamiento de los datos según la posición que ocupe cada individuo en la infracción penal. Para ello, es esencial evaluar las implicaciones que supone estar clasificado en alguna de las categorías de interesados establecidas por las distintas normativas multinivel.

Estas implicaciones abarcan las condiciones que deben cumplirse para la captación, tratamiento, almacenamiento y supresión de los datos, así como la interacción que el derecho a la protección de datos puede tener con otros derechos fundamentales, como el derecho a la información, a la intimidad o la tutela judicial efectiva.

Por lo tanto, un objeto de estudio adicional consistirá en evaluar si la protección otorgada a los datos personales de los implicados en una infracción penal es completa y coherente. De nada serviría exigir una estricta protección a nivel policial si, en otros ámbitos, se permite el uso de los datos personales de manera más amplia.

Además de asegurar que el marco creado para el intercambio de datos cumpla con todos los requisitos mencionados, es fundamental garantizar que los sujetos interesados puedan proteger sus datos a través del ejercicio de los derechos de información, acceso, rectificación, supresión y limitación del tratamiento. Por ello, el objetivo de este trabajo es comprender cómo se garantizan estos derechos en el marco de los instrumentos multinivel actuales.

Es importante recordar que las fuerzas policiales también participan en el manejo de datos personales en el contexto de un delito, especialmente cuando, con su intervención *ex post*, gestionan los datos personales de los implicados, lo que puede poner en riesgo dichos datos. Además, en el ámbito del intercambio de datos personales y la cooperación transfronteriza, es esencial analizar la formación teórica y lingüística que reciben los agentes de policía para asegurar un intercambio fluido y coherente de información.

La novedad de este trabajo radica en el análisis exhaustivo de los instrumentos que facilitan el intercambio de datos multinivel, así como en la regulación sobre protección de datos utilizada por cada uno de ellos. Este estudio parte de la actual y significativa *Directiva de datos penales 2016/680* de la Unión Europea, como cumbre de la consolidación de una normativa independiente para proteger los datos en este contexto.

Una contribución novedosa a este estudio es la consideración del derecho a la protección de datos desde la perspectiva de todos los implicados en la infracción penal, que se pueden sintetizar en dos grupos principales: víctimas y personas presuntamente y comprobadamente implicadas en un hecho criminal. Asimismo, se revisarán las posibles diferencias en los instrumentos de cooperación policial que permiten el tratamiento de los datos de ambos grupos.

Además, se incorpora una tercera perspectiva: el papel de la policía, que es fundamental para llevar a cabo estos intercambios, pero que también en su labor puede poner en peligro los datos personales existentes en la investigación.

Para abordar el estudio de estos elementos se procederá a:

1. Analizar el funcionamiento de las bases de datos, cuerpos o agencias y organismos internacionales que posibilitan el intercambio de datos en la cooperación policial, centrando la atención en la garantía del derecho a la protección de datos que aporta cada uno de ellos en el marco del consti-

tucionalismo multinivel, desde un punto de vista normativo y jurisprudencial.

2. Examinar los distintos instrumentos que facilitan y sintetizan el intercambio de protección de datos interconectando a autoridades policiales en varios niveles.
3. Estudiar los mecanismos incluidos en los instrumentos de cooperación policial para alcanzar un equilibrio entre las NTIC, protección de datos y seguridad pública.
4. Valorar si las medidas de protección de datos aplicables a las víctimas del delito protegen sus datos personales durante todo su contacto con las autoridades policiales y judiciales.
5. Abordar las posibles diferencias existentes en la protección de datos aplicables a las víctimas y a las personas presunta y comprobadamente involucradas en un hecho criminal.
6. Analizar la formación que reciben los agentes policiales como actores clave en la cooperación policial como elemento necesario para su éxito, para la garantía de los derechos de los implicados en un delito, así como para la protección de sus propios datos personales, que también pueden verse comprometidos.
7. Exponer las perspectivas futuras para la cooperación policial y proponer recomendaciones eficaces para garantizar la seguridad de la ciudadanía, afrontar las implicaciones de las NTIC y proteger los datos personales.

Este trabajo se sitúa en el marco del constitucionalismo multinivel, resultado de la articulación y compaginación de diversas producciones legislativas y su complemento jurisprudencial. Este sistema jurídico multinivel distingue la producción normativa y jurisprudencial en tres niveles: nacional, europeo –Unión Europea y Consejo de Europa– e internacional.

Para delimitar el derecho a la protección de datos en relación con los datos penales, se realizará un recorrido histórico a través de los instrumentos normativos de *hard law* y *soft law* que han inspirado regulaciones anteriores y actuales. Adicionalmente, se considerará la jurisprudencia interna y externa como herramienta interpretativa clave y como impulsor de cambios normativos.

Se desarrollará una fase descriptiva que examinará la creación y funcionamiento de las bases de datos, cuerpos, agencias y organizaciones internacionales. En cada caso, se pondrá especial énfasis en los aspectos relacionados con la protección de datos, prestando atención a los principios generales, las categorías de interesados, los tipos de datos susceptibles de tratamiento, las finalidades del mismo, así como los procedimientos empleados para la solicitud e intercambio de información por parte de las autoridades policiales.

A partir del análisis descriptivo, se deduce cómo se aplican las normativas de protección de datos a las distintas categorías de personas involucradas en un hecho criminal, es decir, a la víctima y a la persona presuntamente y comprobadamente implicada en una infracción penal. Este análisis se efectúa mediante un enfoque comparativo entre la normativa supranacional y la legislación nacional en materia de protección de datos para identificar las similitudes y divergencias. Posteriormente, esto permitirá evaluar su coherencia y eficacia práctica.

Se complementará con una contextualización socio-cultural que estudia los avances tecnológicos y su enclave en el marco de la protección de datos en la cooperación policial.

Asimismo, se utilizarán ejemplos de situaciones actuales que reflejan el funcionamiento real de los instrumentos de cooperación policial transfronteriza. Estos ejemplos proporcionan una visión empírica sobre cómo se gestionan los datos personales en situaciones transfronterizas.

Capítulo I.

Evolución y actualidad legislativa de la protección de datos en el ámbito policial

En el contexto de la labor policial es inevitable hacer uso de datos personales, definidos como toda información sobre una persona física identificada o identificable («el interesado»). Por su parte, se considera persona física identificable toda persona cuya identidad pueda determinarse, directa o indirectamente, en particular mediante un identificador, como por ejemplo un nombre, un número de identificación, datos de localización, un identificador en línea o uno o varios elementos propios de la identidad física, fisiológica, genética, psíquica, económica, cultural o social de dicha persona[1].

Dentro de la labor policial, siguiendo lo expuesto anteriormente, podemos encontrar funciones de carácter administrativo o funciones de carácter penal. Dentro de estas últimas, a su vez, diferenciamos entre las que tienen como objeto fines de prevención, investigación, detección o enjuiciamiento de infracciones penales o de ejecución de sanciones penales y las que persiguen otras finalidades diferentes.

Una vez determinado esto, debemos tomar en consideración que la regulación establecida sobre estas actividades se inserta en el marco del constitucionalismo multinivel que, si bien no es un fenómeno exclusivamente legislativo porque también afecta a la ejecución normativa y a la interpretación jurisprudencial, sí es, en este primer plano, donde desarrolla su gran peso. De modo que podemos hablar de una *interdependencia* entre los niveles

---

1 Artículo 4.1 RGPD.

nacionales y europeos[2]. A los que se le debe sumar el denominado nivel internacional[3] y, dentro de él, se debe diferenciar los documentos internacionales que tienen su origen en acuerdos o pactos concretos entre Estados de aquellos que han surgido en el marco de una organización internacional[4].

Por tanto, este capítulo se elabora a partir de un análisis multinivel, que permitirá comprender la situación real del derecho fundamental a la protección de datos en el ámbito policial. Este enfoque recorrerá los diferentes ordenamientos jurídicos con los que interactúa España, ofreciendo una visión profunda sobre cómo estas regulaciones impactan de manera directa y crucial en el desarrollo legislativo español.

1. ÁMBITO EUROPEO

Es necesario comenzar este epígrafe con una distinción importante entre el Derecho del Consejo de Europa y el Derecho de la Unión Europea: el Derecho proveniente del Consejo de Europa, al contrario que la regulación a nivel comunitario, se aplica al ámbito de la seguridad nacional, lo que significa que las Partes Contratantes deben atenerse al mandato del art. 8 del Convenio Europeo de Derechos Humanos (en adelante, CEDH) incluso en el caso de las actividades relacionadas con la seguridad nacional[5].

---

2 GÓMEZ SÁNCHEZ, Y.: *Constitucionalismo multinivel: derechos fundamentales*, Madrid, Editorial Sanz y Torres, 3.ª ed., 2015, p. 46.

3 Entendido este, en sentido estricto, como el que excede el ámbito europeo. Si bien, como es sabido, en el estricto terreno de los derechos humanos, además de discernir entre sistemas internacionales y nacionales, en el marco de los segundos suele distinguirse entre el sistema universal de la ONU y los sistemas regionales (siendo los de referencia el europeo -con el Consejo de Europa y con la UE-, el interamericano y el africano).

4 GÓMEZ SÁNCHEZ Y.: *op. cit.* p. 47.

5 AGENCIA DE LOS DERECHOS FUNDAMENTALES DE LA UNIÓN EUROPEA Y CONSEJO DE EUROPA, *Manual de legislación europea en*

Ello no ha sido óbice, no obstante, para que la UE haya avanzado en dicho terreno, desde los iniciales pasos hacia la cooperación en Justicia y Asuntos de Interior (JAI) mediante el Tratado de Maastricht de 1992, hasta el más reciente espacio de libertad, seguridad y justicia asumido con el Tratado de Lisboa de 2007. Todo ello sin olvidar los avances en el "acervo de Schengen" desde su inauguración mediante el Acuerdo de 1985 y su "comunitarización" a través del Tratado de Ámsterdam de 1997.

A continuación, se va a proceder a una revisión de la evolución de la regulación del derecho fundamental a la protección de datos en el ámbito policial dentro de ambos sistemas: Consejo de Europa y Unión Europea.

1.1. Consejo de Europa: del Convenio 108 de 1981 al modernizado Convenio 108+ de 2018.

Desde su fundación el 5 de mayo de 1949, el Consejo de Europa ha desarrollado una gran labor normativa basada en instrumentos de *hard law* o aquellos que tienen fuerza vinculante y *soft law* o aquellos que carecen de ella. Se ha de partir de la base de que, para que las normas de *hard law* tengan ese carácter vinculante, los Estados deben reconocer y consentir de forma expresa en obligarse con respecto al cumplimiento de las normas y de acuerdo con el procedimiento que se halle articulado dentro del mismo[6]. Por su parte, las normas de *soft law*, si bien no incorporan ese carácter vinculante directo, tampoco puede afirmarse que su capacidad de influencia sea totalmente inexistente, sino que, más bien, tal capacidad de influencia se haya claramente materializada

---

materia de protección de datos, 2019, p. 307. Consultar texto completo aquí: https://data.europa.eu/doi/10.2811/60145

6 SÁNCHEZ CÁCERES, L. F.: "El sistema de *hard-law* y *soft-law* en relación con la defensa de los derechos fundamentales, la igualdad y la no discriminación", *Cuadernos electrónicos de filosofía del Derecho*, n.º 39, 2019, p. 469.

a modo de fuerza moral[7]. Por añadidura, los instrumentos de *soft law* son tomados frecuentemente en consideración por las instancias internacionales de protección de derechos humanos (en especial, el TEDH) y, por dicha vía interpretativa, adquiere una especie de fuerza vinculante indirecta, o conexa a instrumentos de *hard law* (como el propio CEDH): de hecho, el TEDH acostumbra a incorporar en sus sentencias un apartado sobre los "otros estándares internacionales relevantes", entre los que incluye vinculantes y no vinculantes, lo cual le da pie, en ocasiones, para reforzar su conocida "jurisprudencia evolutiva" a la par de la evolución de esos cánones normativos internacionales.

A continuación, se indicará cómo cada uno de estos instrumentos ha sido utilizado para regular la protección de datos personales en el ámbito de la cooperación policial.

1.1.1. Instrumentos de *hard law*

El 4 de noviembre del año 1950 se firmó el CEDH, que incluyó en su art. 8 el derecho al respeto de la vida privada. El contenido de este artículo iba en la sintonía con lo establecido unos años antes en el art. 12 de la Declaración Universal de los Derechos Humanos (1948).

Para garantizar el cumplimiento del CEDH, en 1959 se creó el TEDH, al que pueden acudir personas físicas, ONG o personas jurídicas que denuncien violaciones del Convenio. Este mecanismo innovador de demanda individual en el ámbito de la protección internacional de los derechos humanos erigió a la persona no solo como objeto, sino como sujeto del Derecho Internacional[8].

---

7 *Ibidem*, p. 472.

8 Sobre la importancia de ese hito histórico y evolutivo, JIMENA QUESADA, L. y SALVIOLI, F.: "The individual, human rights and international instruments: focus on the Council of Europe", *The Elsa Law Review*, n.º 2, 1994, pp. 109-127.

La visión de este derecho como "ausencia de injerencia en la vida privada" fue evolucionando en respuesta a la necesidad de establecer normas que incluyeran, dentro de esa injerencia, el uso de los datos personales. Nace así el concepto de privacidad[9].

A partir de la década de 1970, los Estados europeos comenzaron a producir normativa *ad hoc* en referencia a la protección de datos. Un ejemplo de ello es la *Hessische Datenschutzgesetz*, aprobada en 1970 por el estado federado alemán de Hesse, considerada la primera ley en materia de protección de datos; si bien esta norma solo era aplicable en el ámbito territorial de dicho *Land* y regulaba el uso de información almacenada en los ficheros gubernamentales[10]. Posteriormente en 1973, Suecia adoptó el *Datalag* cuyo objetivo era prevenir invasiones indebidas en la integridad personal del interesado cuyos datos eran registrados por los bancos[11]. A estos países le seguirían Francia, Países Bajos y Reino Unido.

Por su parte, el Consejo de Europa, adoptó dos resoluciones clave en esta nueva perspectiva de la protección de la privacidad de los datos: la Resolución (73) 22, de 26 de septiembre de 1973 sobre la protección de la vida privada de las personas físicas respecto de los bancos de datos electrónicos en el sector privado; y la Resolución (74) 29, de 20 de septiembre de 1974, sobre la protección de la vida privada de las personas físicas, ambas del Comité de Ministros[12].

---

9 Un análisis detallado de la evolución de la protección de datos en Europa se puede encontrar en AGENCIA DE LOS DERECHOS FUNDAMENTALES DE LA UNIÓN EUROPEA Y CONSEJO DE EUROPA: *op. cit.*, pp. 1-450.

10 GONZÁLEZ FUSTER, G.; *The emerge of personal Data Protection as a Fundamental Right of the EU*, Springer, 2014, p. 56.

11 *Ibidem*, p. 59.

12 Para un mayor desarrollo en los antecedentes generales de la protección de datos en Europa, véase CAZURRO BARAHONA, V.: *Antecedentes y fundamentos del Derecho a la protección de datos*, Barcelona, J. M. Bosch, 2020, pp. 69-121.

Con este nuevo concepto de protección de datos en las legislaciones nacionales de los Estados miembros (en adelante, EEMM) del Consejo de Europa[13], en las resoluciones del propio Consejo de Europa y en varias sentencias del TEDH con relación al ámbito protegido por el art. 8 CEDH[14], se puso de relieve la necesidad de desarrollar el contenido de este artículo y de *armonizar*[15] su aplicación.

Así nace el Convenio para la protección de las personas con respecto al tratamiento automatizado de datos de carácter personal (en adelante, Convenio 108) en el año 1981[16], que fue abierto a firma el 27 de enero de 1981. Finalmente entró en vigor en octubre de 1985, a los tres meses de haber reunido las cinco firmas necesarias para ello[17]. Dicho Convenio actualmente ha sido ratificado por un total de 52 países, los 46 EEMM del Consejo de Europa[18] y por 6 miembros externos, Cabo Verde, Mauricio, México, Senegal, Túnez y Uruguay.

---

13 Como señala MARTÍNEZ LÓPEZ-SÁEZ, M.: *Una revisión del derecho fundamental a la protección de datos de carácter personal: un reto en clave de diálogo judicial y constitucionalismo multinivel en la Unión Europea*, Tirant lo Blanch, 2018, p. 65: "Su adopción se justificaba, por tanto, al comprobarse que la mayoría de los ordenamientos jurídicos nacionales en Europa compartían los mismos principios fundamentales en relación con la protección de datos, y, a pesar de ello, existían disparidades impropias de los objetivos comunes de unidad y protección de los derechos humanos reconocidos."

14 Sentencia del TEDH (en adelante, STEDH) *Klass c. Alemania*, de 6 de septiembre de 1978.

15 SÁNCHEZ DOMINGO, M. B.: "La protección de datos personas en el espacio de libertad y justicia. Especial consideración a las transferencias de datos a terceros países y organizaciones internacionales según la Directiva 680/2016", *Revista de Estudios Europeos*, n.º 69, 2017, p. 21.

16 Convenio para la protección de las personas con respecto al tratamiento automatizado de datos de carácter personal, Consejo de Europea, Estrasburgo, 28 de diciembre de 1981.

17 Artículo 22.2 Convenio 108.

18 Anteriormente eran 47 Estados miembros, pero Rusia dejó de formar parte del Consejo de Europea el 16 de septiembre de 2022, como con-

El Convenio 108 se convirtió en el primer – y hasta la fecha – único instrumento multilateral jurídicamente vinculante que regula la protección de datos. Pero a pesar de ser vinculante, no se consiguió proporcionar un nivel de protección homogénea en todos los países firmantes debido a que establecía solo unos principios mínimos, permitiendo que, posteriormente, fueran los EEMM los que los desarrollaran[19]. A pesar de ello, el Consejo de Europa ha adoptado progresivamente resoluciones que cubren las necesidades propias de otros tratamientos de datos[20], sirviendo de mera orientación a los diferentes países al carecer de carácter vinculante y considerarse instrumentos de *soft law.*

¿Qué significó este Convenio 108 para el tratamiento de datos personales en el ámbito policial? El Convenio 108 extendía su ámbito de aplicación a los ficheros y a los tratamientos automatizados de datos de carácter personal en los sectores público y pri-

---

secuencia de su retirada y expulsión por la agresión a Ucrania.

19 CAZURRO BARAHONA. V.: *op. cit.*, 86.

20 Se citan a modo de ejemplo: Recomendación (85) 20, del Comité de Ministros del Consejo de Europa de 28 de julio de 1985, relativa a la protección de datos personales con fines de marketing directo; la Recomendación (87) 15, del Comité de Ministros del Consejo de Europa de 17 de septiembre de 1987, sobre la utilización de datos personales en el sector de la policía; la Recomendación (97) 5, del Comité de Ministros del Consejo de Europa de 13 de febrero de 1997, relativa a la protección de datos médicos; la Recomendación (99), Grupo de trabajo sobre la protección de las personas físicas en lo que respecta al tratamiento de datos personales el 3 de mayo de 1999, relativa a la protección de la intimidad en Internet; la Recomendación CM/Rec (2010) 13, sobre la protección de los ciudadanos en el contexto de elaboración de perfiles; la Recomendación CM/Rec (2012) 4, sobre la protección de los derechos humanos por parte de los buscadores de Internet; la Recomendación CM/Rec (2012) 4, sobre los servicios de redes sociales; la Recomendación CM/Rec (2014) 6, sobre la Guía para usuarios de Internet; la Recomendación CM/Rec (2016) 1, sobre la protección de la libertad de expresión y el derecho a la vida en atención a la neutralidad de la red; Recomendación CM/Rec (2019) 2, para la protección de los datos relacionados con la salud.

vado (art. 1), lo que incluye al sector policial – aunque los EEMM pueden limitar su aplicación –(art. 3).

Además, al contrario de lo que ocurre con el Derecho de la UE, el Convenio 108 se aplica a las actividades relacionadas con la seguridad nacional. De hecho, se permite exceptuar las previsiones establecidas en determinados artículos con motivo de protección de la seguridad del Estado y de la seguridad pública para la represión de infracciones penales (art. 9).

Por ello, todas las protecciones y principios señalados en el Convenio 108 van a serlo también de aplicación en el ámbito de las actividades policiales de los Estados firmantes:

- Garantía a cualquier persona física sean cuales fueren su nacionalidad o su residencia, el respeto de sus derechos y libertades fundamentales, concretamente su derecho a la vida privada, con respecto al tratamiento automatizado de los datos de carácter personal correspondientes a dicha persona («protección de datos») (art. 1).
- Regulación de los flujos transfronterizos de datos personales (art. 12), clave para la cooperación policial.
- Establecimiento de principios sobre la recopilación y tratamiento automático de datos de manera lícita y leal, con fines legítimos especificados. En relación con esto, los datos personales recogidos no deben utilizarse con propósitos incompatibles con estos fines y no deben conservarse más tiempo del necesario. Asimismo, en referencia a la calidad de los datos, estos deben ser adecuados, pertinentes, no excesivos (proporcionalidad) y exactos (art. 5).
- Las personas físicas tienen derecho a conocer los datos que se conservan sobre ellas y, en su caso, a rectificarlos (art. 8).
- Prohibición del tratamiento automático de categorías especiales de datos –los que revelen el origen racial, opiniones políticas, convicciones religiosas u otras convicciones, datos

relativos a la salud o a la vida sexual– a no ser que el derecho interno prevea garantías apropiadas (art. 7).

- Solo es posible limitar los derechos establecidos en el Convenio si entran en juego intereses superiores, como la seguridad o la defensa del Estado (art. 9).

Además, el Convenio establecía la libre circulación de datos personales entre sus Partes Contratantes e imponía algunas limitaciones donde la normativa no establecía una protección equivalente.

Con el paso del tiempo el Convenio 108 ha precisado de una actualización, pues el enorme avance de las tecnologías de la información y la comunicación (NTIC) ha hecho surgir nuevas necesidades de protección de los derechos fundamentales afectados por el tratamiento automatizado de los datos personales[21]. Por ello, el 18 de mayo de 2018 se adoptó el Protocolo de enmienda al Convenio 108[22], denominado Convenio 108 +.

El proyecto de modernización había comenzado varios años antes en el contexto de varias reformas de instrumentos de protección de datos internacionales. Posteriormente en el año 2012 el Comité Consultivo establecido en virtud del art. 18 del Convenio preparó propuestas de proyectos de modernización. El Comité de ministros le encargó al Comité *ad hoc* de Protección de Datos (conocido por sus siglas en inglés CAHDATA) que finalizara los proyectos de modernización, lo que se materializó en la tercera reunión celebrada entre el 1 al 3 de diciembre de 2014. La última reunión del CAHDATA (15 y 16 de junio de 2016) concretó las

---

21 TOMÁS MALLÉN, B.: "Las sinergias entre el Reglamento General de Protección de Datos de la Unión Europea y el convenio 108+ del Consejo de Europa", en GARCÍA MAHAMUT, R. y TOMÁS MALLÉN, B. (eds.): *El Reglamento General de Protección de Datos un Enfoque Nacional y Comparado. Especial Referencia a la LO 3/2018 De Protección de Datos y Garantía de los Derechos Digitales,* Valencia, Tirant Lo Blanch, 2019, p. 58.

22 Tratado n.º 223 del Consejo de Europa.

propuestas y las transfirió al Comité de Ministros para ser consideradas y adoptadas[23].

Este nuevo Convenio 108 + introduce diferentes cambios respecto del anterior[24]. El Preámbulo destaca no solo la necesidad de asegurar la dignidad humana y proteger los derechos humanos y las libertades de cada persona, sino que lo hace en el contexto de la diversificación, intensificación y globalización del procesamiento de datos.

Se clarifican las bases legales mediante las cuales se pueden tratar los datos personales a través del reforzamiento de los requisitos de proporcionalidad, la minimización de los datos y la legitimidad del tratamiento (art. 5) y se amplían las categorías especiales de datos, cuyo tratamiento solo será admitido con las específicas salvaguardas establecidas mediante una ley que complemente al contenido de este Convenio (art. 6). De los datos incluidos en esta categoría merece especial mención los *datos personales relativos a infracciones penales, procedimientos y condenas y relacionados con medidas de seguridad.*

---

23 TRADUCCIÓN N.° 058/2019. Informe Explicativo de Convenio: El proyecto de modernización se llevó a cabo en el contexto de varias reformas paralelas de instrumentos de protección de datos internacionales, y tomando en cuenta las Directrices de la Organización para la Cooperación y el Desarrollo Económicos (OCDE) sobre Protección de la Privacidad y Flujos Transfronterizos de Datos Personales de 1980 (revisadas en 2013), las Directrices de las Naciones Unidas para la Regulación de los Archivos de Datos Personales Informatizados de 1990, el marco de Privacidad del foro de Cooperación Económica Asia-Pacífico (2004) y los "Estándares Internacionales para la protección de la Privacidad, en relación con el Tratamiento de Datos personales.
Puede ser consultado el texto completo en https://rm.coe.int/informe-explicativo-de-convenio/1680968479

24 Se hace referencia al cuadro comparativo pormenorizado entre el Convenio 108 y el Convenio 108 + que el Consejo de Europa ha elaborado. Disponible para su consulta en el siguiente enlace https://rm.coe.int/cahdata-convention-108-table-e-april2018/16808ac958.

Por otra parte, se desarrollan las medidas de seguridad a aplicar contra los riesgos por accesos indebidos, pérdida o destrucción de datos, así como se establece la necesidad de notificar a las autoridades supervisoras las brechas de seguridad (art. 7). Se amplían y se especifican los derechos de los individuos con respecto a los derechos de acceso y supresión, así como el derecho a la información sobre el tratamiento que se va a llevar a cabo con sus datos personales y a las finalidades que se persiguen (art. 9).

Se especifica la regulación de la transferencia internacional de datos, indicando que una de las partes no puede, bajo el solo propósito de garantizar la protección de datos, prohibir dicha transferencia. Pero para que se produzcan, se debe garantizar un "nivel apropiado de protección" asegurado por la ley nacional del Estado miembro o de la organización internacional o mediante estándares *ad hoc* o aprobados por normas jurídicamente vinculantes e instrumentos adoptados por las personas involucradas en la transferencia y el posterior procesado de los datos (art. 14).

Con este instrumento, los datos relativos a infracciones penales, procedimientos y condenas o relacionados con medidas de seguridad son categorías especiales de datos y pueden ser transferidos a otras autoridades no firmantes del Convenio 108 + a través de los instrumentos de transferencia internacional de datos.

Con esta nueva redacción, se demuestra no solo un lenguaje más accesible y simple, sino también un diseño compatible para ser traducido o directamente trasladado a otros ordenamientos (más allá de aquellos inspirados por la tradición continental)[25].

---

25 MARTÍNEZ LÓPEZ-SÁEZ, M.: "La ratificación española del Convenio 108 +: Consideraciones jurídicas básicas del nuevo marco paneuropeo de protección de datos", *Revista General de Derecho*, n.º 54, 2021, p. 248.

Siguiendo la visión multinivel, es preciso abordar las posibles interacciones entre la normativa producida por el Consejo de Europa con respecto a la protección de datos y la realizada por la Unión Europea. El Convenio 108 + está planificado para ser normativa multilateral, no solamente circunscrita al ámbito subjetivo de los países miembros del Consejo de Europa, sino abriendo la posibilidad de adhesión de la Unión Europea a él (art. 27), así como de otras organizaciones internacionales sometidas al Derecho Internacional. De esta manera se pretende "garantizar que los flujos internacionales de datos personales vayan acompañados de adecuadas garantías compatibles con los marcos normativos del mundo entero, y especialmente con la legislación de la UE, en donde se adoptó en 2016 el RGPD"[26].

1.1.2. Instrumentos de *soft law*

El Comité de Ministros adoptó el 17 de septiembre de 1987 la Recomendación N.º R (87) 15 a los EEMM dirigida a regular la utilización de datos de carácter personal en el sector de la Policía bajo la premisa de que el tratamiento por parte de las autoridades policiales puede afectar de forma significativa a los interesados y por tanto requería especialmente la existencia de normas detalladas de protección de datos[27].

Para comenzar, la Recomendación entiende que los archivos policiales abarcan todos los datos personales estructurados/organizados que gestionan los servicios policiales para cumplir sus finalidades con respecto a la prevención o represión de infrac-

---

26 JIMENA QUESADA, L.: "La protección de datos y las personas vulnerables en el Consejo de Europa", en GARCÍA MAHAMUT, R. y TOMÁS MALLEN, B. (eds.), *El Reglamento General de Protección de Datos un Enfoque Nacional y Comparado. Especial Referencia a la LO 3/2018 De Protección de Datos y Garantía de los Derechos Digitales,* Tirant Lo Blanch, Valencia, 2019, p. 590.

27 AGENCIA DE LOS DERECHOS FUNDAMENTALES DE LA UNIÓN EUROPEA Y CONSEJO DE EUROPA: *op. cit,* p. 314.

ciones penales o el mantenimiento del orden público[28]. Bajo esta definición, los archivos permiten recuperar información relacionada con personas identificadas o identificables[29]. De estos ficheros expuestos, la Recomendación establece que será necesario notificarlos a la autoridad de control cuando sean automatizados, sin perjuicio de que los EEMM puedan extender esta notificación a archivos policiales manuales[30].

A continuación, la Recomendación adopta un enfoque más específico, abordando los archivos creados para investigaciones concretas. Sobre ellos establece que también deberían ser objeto de declaración ante la autoridad competente[31]. Como esto podría conllevar una *burocracia inaceptable*[32], los Estados, a través de sus normas nacionales, deberán especificar la casuística en la que sería necesario[33].

La recogida de datos con fines policiales deberá limitarse a lo necesario para prevenir un peligro concreto o reprimir una infracción penal determinada (art. 2.1 y 2.2). Si estos datos han sido objeto de recogida y registro sin conocimiento del titular y no son destruidos, se le deberá informar de su conservación, si es posible, o se le deberá notificar tan pronto como el objeto de las actividades policiales ya no pueda verse perjudicado

---

28 Principio 1 (35) del Memorando explicativo de la Recomendación N.° R (87) 15. Se puede consultar el documento aquí: https://rm-coe-int.translate.goog/168062dfd4?_x_tr_sl=en&_x_tr_tl=es&_x_tr_hl=es&_x_tr_pto=sc

29 *Idem.*

30 Principio 1 (38) del Memorando explicativo de la Recomendación N.° R (87) 15.

31 Art. 1.4 último párrafo "También deberían declararse a la autoridad de control los registros *ad hoc*, creados para asuntos concretos, bien en las condiciones acordades con ésta teniendo en cuenta su carácter específico, bien con arreglo a la legislación nacional".

32 Principio (40) del Memorando explicativo de la Recomendación N.° R (87) 15.

33 Art. 1 (41) del Memorando explicativo de la Recomendación N.° R (87) 15.

(art. 2.2). Se prohíbe que sean recogidos datos especialmente protegidos, excepto que sean absolutamente necesarios en una investigación determinada (art. 2.4).

Si la recogida de los datos se lleva a cabo mediante medios técnicos de vigilancia y de otros medios automatizados deberá ser objeto de disposiciones específicas (art. 2.3).

El registro de los datos de carácter personal con fines policiales solo deberá afectar a datos puntuales y serán los necesarios para el desempeño de las tareas policiales asignadas (art. 3.1). Los datos deben clasificarse: en registros separados para los datos administrativos (art. 3.3) y los datos policiales; en categorías distintas de datos –como sospechosos, condenados, víctimas y testigos[34]–; y, en la medida de lo posible, deben diferenciarse en función de su grado de exactitud o fiabilidad (sobre todo debe diferenciarse los basados en hechos de los basados en opiniones o en apreciaciones personales).

Los datos personales solo podrán ser recogidos y utilizados por la policía con fines policiales (art. 4). La comunicación de estos datos entre distintos servicios de la policía solo se permitirá bajo la existencia de un interés legítimo (art. 5.1). Si esta comunicación es a otros órganos públicos, solo deberá permitirse cuando: exista una obligación, autorización legal clara o una autorización de la autoridad de control o si los datos son indispensables para que los destinatarios puedan desempeñar sus propias tareas legales. Aunque no se cumplan los supuestos anteriores, excepcionalmente se admitirá su comunicación si ello redunda en el interés de la persona afectada, si esta lo ha autorizado o de las circunstancias se desprende su consentimiento o si es necesario para evitar un peligro grave e inminente (art. 5.2).

A mayor abundamiento, también se contemplan los supuestos de comunicación internacional de los datos a autoridades extran-

---

[34] AGENCIA DE LOS DERECHOS FUNDAMENTALES DE LA UNIÓN EUROPEA Y CONSEJO DE EUROPA: *op. cit.*, p. 315.

jeras limitados a los servicios policiales cuando exista una disposición clara derivada del Derecho interno o internacional – por ejemplo, un acuerdo internacional –. En ausencia de lo anterior, se permitirá si la comunicación es necesaria para prevenir un peligro grave o inminente o para reprimir una infracción penal grave (art. 5.4).

Las solicitudes para que otro Estado comunique sus datos deberán contener indicaciones sobre el órgano o la persona de que emanan, así como su objeto y motivo. Siempre que sea posible deberá comprobarse la calidad de los datos (art. 5.5).

El art. 6 establece que la autoridad de control debe garantizar que las personas sean informadas sobre la existencia de los ficheros notificados y sus derechos asociados. Entre estos derechos se incluyen: el acceso a los registros policiales a intervalos razonables y sin demoras excesivas, y la rectificación o supresión de datos inexactos, excesivos o no pertinentes. Esta corrección debe aplicarse, en la medida de lo posible, a todos los documentos vinculados al fichero y realizarse de inmediato o, como máximo, en el momento del registro o de comunicaciones posteriores (art. 6).

Estos derechos podrán restringirse cuando sea indispensable para el cumplimiento de una tarea legal de la policía o para la protección de la persona afectada o derechos y libertades de terceros (art. 6.4). En el caso de que estos derechos sean denegados, deberá motivarse por escrito y la persona afectada debería tener derecho a recurso (art. 5.5 y 5.6).

Como elemento de gran importancia, se recoge la necesidad de indicar un periodo de conservación/supresión de los datos. Los datos personales deberían ser suprimidos cuando dejen de ser necesarios para los fines para los que se han registrado. Para ello sería conveniente tomar en consideración diferentes criterios como la necesidad de conservar los datos a la luz de las conclusiones de investigación de un caso determinado; pronunciamiento de una decisión definitiva y, en particular, absolución; rehabilitación, prescripción, amnistía, edad de la persona afectada y categorías especiales de datos (art. 7).

Esta Recomendación carece de fuerza vinculante, pero constituyó durante muchos años el único instrumento de Europa que ofrecía orientaciones sobre el uso de datos personales en el sector de la policía. Los principios incorporados en esta guía se han desarrollado y reflejado en la legislación europea posterior[35].

1.2. Unión Europea: de la Directiva de 1995 a los hitos normativos vinculantes de 2016

La Derecho de la Unión Europea se nutre de dos fuentes principales: el Derecho primario y el Derecho derivado. El Derecho primario es aquel que tiene su origen en los diferentes tratados adoptados en el seno de la UE, especialmente los Tratados constitutivos y sus reformas fundamentales. Por su parte, el Derecho secundario es el *corpus* legislativo que emana de los principios y objetivos de los Tratados y está integrado por reglamentos, directivas y decisiones – con fuerza vinculante para los receptores–[36]; y por recomendaciones y dictámenes – sin fuerza vinculante–[37].

1.2.1. Breve referencia a la protección de datos en el Derecho primario europeo

El Tratado de Lisboa, aprobado el 13 de diciembre de 2007 y en vigor desde el 1 de diciembre de 2009, significó un antes y un después en la protección de los derechos fundamentales.

La primera razón es la regulación en su art. 16 del derecho a la protección de datos personales, señalando que *toda persona tiene derecho a la protección de los datos de carácter personal que le conciernan.*

---

[35] AGENCIA DE LOS DERECHOS FUNDAMENTALES DE LA UNIÓN EUROPEA Y CONSEJO DE EUROPA: *op. cit.*, p. 29.

[36] Artículo 288 TFUE.

[37] Información extraída de la web oficial de la UE. Se puede consultar aquí: https://ec.europa.eu/info/law/law-making-process/types-eu-law_es

Por su parte el art. 16.2 establecía un mandato al Parlamento y el Consejo para la adopción de normas sobre la protección de datos dentro del marco del Derecho de la Unión Europea. El citado artículo no hace distinciones sobre qué datos personales quedan bajo su ámbito de aplicación. Por el contrario, establece la posibilidad de excluir del ámbito general de protección de datos las materias de orden público y de seguridad del Estado en virtud del art. 39[38].

Además, la Declaración n.º 21 aneja al acta final de la Conferencia Intergubernamental que adopta el Tratado de Lisboa, indica sobre la protección de datos personales en el ámbito de la cooperación judicial y policial en materia penal que: "La Conferencia reconoce que podrían requerirse normas específicas para la protección de datos de carácter personal y la libre circulación de dichos datos en los ámbitos de la cooperación judicial en material penal y de la cooperación policial que se basen en el art. 16 del Tratado de Funcionamiento de la Unión Europea, en razón de la naturaleza específica de dichos ámbitos".

El segundo motivo de su novedad se basa en que, a través del Tratado de Lisboa, la Carta de los Derechos Fundamentales de la UE (en adelante, CDFUE), adquiere el mismo carácter vinculante que los tratados, como así señala el art. 6. Esta Carta había sido proclamada solemnemente como *soft law* en el 2000 y posteriormente modificada en 2007 (para adaptarse a las disposiciones del Tratado de Lisboa) y contempla en su art. 8 la protección de datos personales.

1.2.2. La protección de datos en el Derecho derivado europeo

Las garantías establecidas por el Derecho derivado europeo a la protección de datos se encuentran establecidas en varios

---

38 AYJÓN MARCOS, M.: *La protección de datos de carácter personal en la justicia penal*, Barcelona, J.M. Bosch Editor, 2020, p. 56.

instrumentos vinculantes; a continuación, vamos a revisar los textos que constituyeron un hito en la protección de datos.

a) La Directiva 95/46/CE, relativa a la protección de las personas físicas en lo que respecta al tratamiento de datos personales y a la libre circulación de estos datos y la Decisión marco 2008/977/JAI del Consejo relativa a la protección de datos personales tratados en el marco de la cooperación policial y judicial en materia penal.

El primero de ellos fue la Directiva 95/46/CE del Parlamento Europeo y del Consejo, de 24 de octubre de 1995, relativa a la protección de las personas físicas en lo que respecta al tratamiento de datos personales y a la libre circulación de estos datos (en adelante, Directiva sobre protección de datos).

La base de esta Directiva fueron los principios aportados por el Convenio 108[39] y en base a ellos el objetivo perseguido por este instrumento era que los EEMM garantizasen la protección de las libertades y de los derechos fundamentales de las personas físicas, y, en particular, del derecho a la intimidad, en lo que respecta al tratamiento de los datos personales (art. 1).

Su ámbito de actuación se circunscribía al tratamiento total o parcialmente automatizado de datos personales, así como al tratamiento no automatizado de datos personales contenidos o destinados a ser incluidos en un fichero (art. 3.1). Quedaban excluidos de sus disposiciones los tratamientos referentes al ejercicio de actividades no comprendidas en el ámbito de aplicación del Derecho comunitario, como las previstas por las disposiciones de los títulos V y VI del Tratado de la Unión Europea y, en cualquier caso, al tratamiento de datos que tenga por objeto la seguridad pública, la defensa, la seguridad del Estado (incluido el bienestar económico del Estado cuando dicho tratamiento esté relacionado con la seguridad del Estado) y las actividades del Estado en materia penal; así como los tratamientos efectuados por una persona

---

39 SÁNCHEZ DOMINGO, M. B.: *op. cit.*, p. 7.

física en el ejercicio de actividades exclusivamente personales o domésticas (art. 3.2).

Se destaca aquí una de las principales diferencias con respecto a la aplicación del Convenio 108 y es que la Directiva de protección de datos, a diferencia del primer instrumento mencionado, no se aplica a las actividades relacionadas con la seguridad nacional ni tampoco con las actividades del Estado en materia penal.

La Directiva se hace eco en particular de los principios regulados en el Convenio 108 con relación a la calidad de los datos (art. 6), a la legitimación del tratamiento de datos (art. 7) y a las categorías especiales de datos.

Por último, dedica su art. 25 a dar las directrices para la transferencia de datos personales a países terceros, siempre que estos garanticen "un nivel de seguridad adecuada"[40].

La normativa inicial no cubría todos los aspectos necesarios en protección de datos, lo que llevó a la adopción de nuevos instrumentos para abordar problemas específicos, como en el ámbito de la seguridad pública. El Programa de La Haya, adoptado por el Consejo Europeo el 4 de noviembre de 2004, subrayó la necesidad de un enfoque innovador para el intercambio transfronterizo de información policial, garantizando el cumplimiento de condiciones estrictas en materia de protección de datos. Además, instó a la Comisión Europea a presentar propuestas sobre este tema para finales de 2005, lo que se concretó en el plan de

---

40 La STJUE (Gran Sala) de 6 de octubre de 2015, *Maximillian Schrems contra Data Protection Commissioner*, C-362/14, apartado 96, señala que ese "nivel de protección adecuado" significa que se requiere la constatación debidamente motivada por esa institución de que el tercer país considerado garantiza efectivamente, por su legislación interna o sus compromisos internacionales, un nivel de protección de los derechos fundamentales sustancialmente equivalente al garantizado en el ordenamiento jurídico de la Unión, según resulta de los anteriores apartados de esta sentencia.

acción del Consejo y la Comisión para aplicar dicho programa en la Unión Europea.

Por ello se aprobó la Decisión marco 2008/977/JAI del Consejo relativa a la protección de datos personales tratados en el marco de la cooperación policial y judicial en materia penal. Sus disposiciones estaban diseñadas específicamente para regular el intercambio de datos policiales y judiciales entre Estados miembros. Sin embargo, a pesar de haber sido creada con grandes expectativas, tras un periodo largo de negociaciones, su ámbito de aplicación se vio limitado y sus principios fueron redactados de tal modo que casi parecían de aplicación voluntaria[41].

El objetivo principal era garantizar un *alto nivel* de protección de los derechos y libertades fundamentales de las personas físicas, en especial, de la intimidad, así como un *alto nivel* de seguridad pública (art. 1.1). Para ello, los EEMM deben asegurar la protección al manejar datos personales para fines relacionados con la prevención, investigación, detección, enjuiciamiento de infracciones penales o ejecución de sanciones. Esto incluye la transmisión o puesta a disposición de dichos datos entre los EEMM, a autoridades u sistemas de información (art. 1.2).

El tratamiento de datos personales por los cuerpos de seguridad nacionales quedó excluido de su ámbito de aplicación (art. 1.3), cuyo enfoque principal era la cooperación judicial y policial entre los Estados miembros. El texto limitaba la figura de las autoridades competentes para el tratamiento de estos tipos de datos a determinados servicios y organismo, así como las autoridades policiales, judiciales, aduaneras y otras autoridades competentes de los EEMM autorizadas a tratar datos personales en el ámbito de dicha Decisión Marco (Art. 2, h).

---

41 DE HERT, P. y PAPAKONSTANTINOU, V.: "The new police and criminal justice data protection directive: a first analysis", *New Journal of European Criminal Law*, Vol. 7, 2016, p. 8.

Estas autoridades solo podían recoger y tratar estos datos con fines determinados, explícitos y legítimos y únicamente para el propósito para el cual fueron recogidos (art. 3.1). Sin embargo, el art. 12 permitía que los datos trasmitidos a otro Estado miembro pudieran ser utilizados para actividades diferentes siempre y cuando fuera una de las establecidas en el contenido de dicho artículo.

La Decisión marco generaba derechos para los ciudadanos, permitiendo su rectificación, supresión y bloqueo (art. 4 y 16) y estableciendo que los EEMM debían fijar plazos adecuados para proceder a realizar estas acciones (art. 5). En consonancia con el Convenio 108 y por la Directiva de protección de datos, se definían categorías especiales de datos (art. 6).

Respecto a la trasmisión de datos, se imponían obligaciones de control sobre la calidad de los datos transmitidos (art. 8) y se permitía que la autoridad transmisora fijara los plazos para la retención de los datos, tras los cuales el receptor debía suprimirlos, bloquearlos o evaluar su necesidad (art. 9).

Las transferencias de datos a autoridades competentes de terceros Estados y organismos internacionales solo podían realizarse si eran necesarias, la autoridad receptora era competente, el Estado proveedor consentía y el tercer Estado u organismo internacional receptor garantiza un nivel adecuado de protección de datos. Además, los EEMM debían adoptar medidas técnicas y organizativas para proteger los datos personales contra la destrucción, pérdida, alteración, difusión o acceso no autorizado (art. 22), y disponer de entidades públicas encargadas de supervisar su cumplimiento (art. 25).

Siguiendo la estela de la Decisión marco, el Consejo aprobó la Decisión 2009/315/JHA de 26 de febrero de 2009 sobre la organización y el contenido del intercambio de información extraída de los antecedentes penales entre los Estados miembros. Sin embargo, el rápido avance de las tecnologías presentó nuevos retos para la protección de los datos.

El aumento de los intercambios de información, tanto en el ámbito público como en el ámbito privado, ha elevado la disponibilidad de datos personales; desde esta perspectiva, ha destacado RIDAURA MARTÍNEZ que la confluencia de los actores privados junto a los agentes públicos comporta la necesidad de anclar la actuación, también de la investigación privada, en las exigencias constitucionales, "partiendo de la eficacia no solo vertical, sino también horizontal de los derechos"[42]. La construcción de un ambiente de confianza es la clave para el desarrollo económico y la presencia de riesgos constituye un impedimento para el desarrollo tecnológico[43]. Fruto de esta perspectiva, el Consejo Europeo se puso manos a la obra para la redacción de los dos textos legales que contienen la regulación actual sobre la protección de datos.

Por añadidura, en el marco de la colaboración público-privada, no debe olvidarse la reciente legislación europea (y su transposición a nivel nacional) relacionada con las personas informantes, como ha sucedido con la reciente Ley española 2/2023, de transposición de la Directiva 2019/1937 relativa a la protección de las personas que denuncian infracciones del Derecho de la Unión[44]. A este respecto, se ha sostenido que tanto esta ley

---

42 RIDAURA MARTÍNEZ, M. J.: "Los derechos fundamentales como límites en el marco de la investigación privada", *Teoría y Realidad Constitucional*, n.º 47, 2021, p. 131.

43 Propuesta de Reglamento del Parlamento europeo y del Consejo, relative a la protección de las personas físicas en lo que respecta al tratamiento de datos personales y a la libre circulación de estos datos (Reglamento general de protección de datos), Bruselas, 21 de enero de 2012.

44 VIGURI CORDERO, J. A.: "Los retos de la protección de las personas informantes en España tras la aprobación de la Ley 2/2023: un derecho en vías de consolidación", *Revista Española de Transparencia*, n.º 17, 2023, p. 273: "Las personas informantes poseen un papel fundamental en los países democráticos, son los que alertan sobre irregularidades y prácticas que son inaceptables para las sociedades democráticas y perjudiciales para el interés general. Una legislación consolidada en esta materia fomenta la integridad, la cual es con-

como la Directiva europea en la que se inspira, pretenden mantener un delicado equilibrio por cuanto "ambas tratan de promover las denuncias, atajando las denuncias falsas o malintencionadas y previniendo daños reputacionales injustificados"[45].

b) Reglamento General de Protección de Datos y Directiva de datos penales del año 2016.

El Consejo Europeo instó a la Comisión a evaluar los instrumentos de la UE sobre protección de datos y a proponer medidas adicionales. En su resolución sobre el programa de Estocolmo[46], el Parlamento Europeo aprobó un plan integral de protección de datos en la UE y solicitó la revisión de la Decisión marco. La Comisión subrayó en su Plan de Acción implementando el Programa de Estocolmo la necesidad de asegurar que el derecho fundamental a la protección de datos personales se aplica de forma coherente en el contexto de todas las políticas de la UE.

Como resultado, propuso que la reforma se centrara en dos aspectos clave[47]: (i) una regulación que reemplazara la Directiva 95/46/CE; (ii) una Directiva de protección de las personas

---

siderada una de las piedras angulares de las estructuras políticas, económicas y sociales que contribuye al desarrollo y bienestar económico y social".

45 PAUNER CHULVI, C.: "Protección de las personas informantes en la Directiva (UE) 2019/1937 y tratamiento de datos de carácter personal. Breve referencia a la Ley 2/2023 de protección de las personas que informen sobre infracciones normativas y de lucha contra la corrupción", en PAUNER CHULVI C., GARCÍA MAHAMUT R., TOMÁS MALLÉN B. (eds.): *La implementación del Reglamento General de Protección de Datos en España y el impacto de sus cláusulas abiertas*, Valencia, Tirant lo Blanch, 2023, p. 295.

46 Programa de Estocolmo – Una Europa abierta y segura que sirva y proteja al ciudadano [Diario Oficial n.º C 115 de 4/5/2010].

47 EUROPEAN COMISSION: Proposal for a regulation of the European Parliament and of the Council on the protection of individuals with regard to the processing of personal data and the free movement of such data (General Data Protection Regulation), Bruselas, 21 de enero de 2012.

físicas respecto al tratamiento de datos personales por las autoridades competentes para la detección o enjuiciamiento de infracciones penales o de ejecución de sanciones penales, y a la libre circulación de dichos datos.

Por un lado, se aprobó el Reglamento (UE) 2016/679 del Parlamento europeo y del Consejo de 27 de abril de 2016, relativo a la protección de las personas físicas en lo que respecta al tratamiento de datos personales y a la libre circulación de estos datos (en adelante, RGPD). Aunque el RGPD es directamente aplicable en cada Estado miembro —como parte de su ordenamiento jurídico interno y como generador de obligaciones vinculantes— desde su entrada en vigor, incluye remisiones que requieren que los Estados adopten disposiciones complementarias o aclaratorias.

En España, esto condujo a la promulgación de la Ley Orgánica 3/2018, de 5 de diciembre, de Protección de Datos Personales y garantía de los derechos digitales (en adelante, LOPDGDD)[48].

En paralelo, se aprobó la Directiva 2016/680, del Parlamento Europeo y del Consejo, de 27 de abril de 2016, relativa a la protección de las personas físicas en lo que respecta al tratamiento de datos personales por parte de las autoridades competentes para fines de prevención, investigación, detección o enjuiciamiento de infracciones penales o de ejecución de sanciones penales, y a la libre circulación de dichos datos (en adelante, Directiva 2016/680). Finalmente, España traspuso la Directiva mediante la adopción de la Ley Orgánica 7/2021, de 26 de mayo, de protección de datos personales tratados para fines de prevención, detección, investigación y enjuiciamiento de infracciones penales y de ejecución de sanciones penales (en adelante, LO 7/2021).

---

48 Un reciente análisis exhaustivo y detallado de dicha adaptación puede encontrarse en la obra colectiva TOMÁS MALLÉN, B., GARCÍA MAHAMUT, R., y PAUNER CHULVI, C. (eds.), *Las cláusulas específicas del Reglamento General de Protección de Datos en el ordenamiento jurídico español. Cuestiones clave de orden nacional y europeo*, Valencia, Tirant lo Blanch (2021).

El RGPD introduce varias novedades[49], destacando su aplicación al tratamiento de datos personales, total o parcialmente automatizado, así como al tratamiento no automatizado, siempre que los datos estén destinados a ser incluidos en un fichero.

Amplía el ámbito territorial, aplicándose al tratamiento de datos personales tanto dentro de la UE como fuera de ella cuando el responsable o encargado del tratamiento esté establecido en la UE o cumpla determinadas condiciones (art. 3). Además, se fortalecen los derechos de las personas física, con el derecho al *olvido* y a la portabilidad de los datos.

Se otorga mayor importancia a la información que deben recibir las personas físicas, introduciendo la información por capas: una primera con los elementos esenciales y otra que, normalmente, incorpora un enlace a una web donde desarrolla el contenido. Se resalta el principio de proactividad (*accountability*) de los responsables del tratamiento, exigiéndoles la adopción de medidas técnicas y organizativas, mecanismos de certificación, registro de actividades del tratamiento, cooperación con la autoridad de control, notificación de una violación de la seguridad de los datos a la autoridad de control y al interesado, así como una evaluación de impacto y la obligación de designar un delegado de protección de datos en determinados supuestos[50].

Otra novedad es la regulación de las autoridades de control independientes y su régimen de cooperación (arts. 60 y 61). El director de la autoridad de control de cada Estado miembro, junto con el Supervisor Europeo de protección de datos, formarán parte del Comité Europeo de Protección de Datos.

---

[49] Un estudio más en profundidad se puede encontrar en LÓPEZ CALVO, J.: *Comentarios al Reglamento de Protección de datos*, Madrid, Sepín, 2017.

[50] GARCÍA MAHAMUT, R.: "El derecho fundamental a la protección de datos: El Reglamento (UE) 2016/679 como elemento definidor del contenido esencial del artículo 18.4 de la Constitución", *Corts: Anuario de derecho parlamentario,* 2018, n.º 31, p. 75.

Además, se regula de manera más detallada las transferencias internacionales de datos tanto a terceros estados, como a organizaciones internacionales. Estas transferencias se basan en la existencia de (i) decisión de adecuación (art. 45); (ii) garantías adecuadas o "binding corporate rules" (art. 46); (iii) normas corporativas vinculantes (art. 47)[51]. Por último, el sistema de ventanilla única supone que una sola autoridad debe controlar y decidir sobre las operaciones transfronterizas de datos, asegurando así una interpretación coherente, aunque intervengan varias autoridades de control.

El segundo instrumento regulador de la protección de datos aprobado en 2016, fue la Directiva 2016/680, que tiene como objetivo principal facilitar la libre circulación de datos personales entre las autoridades competentes para fines de prevención, investigación, detección o enjuiciamiento de infracciones penales o de ejecución de sanciones penales, incluidas la protección y la prevención frente a las amenazas para la seguridad pública[52] en el seno de la Unión, así como la transferencia de estos datos personales a terceros países y organizaciones internacionales, al

---

51 CORDERO ÁLVAREZ, C. I.: "La transferencia internacional de datos con terceros Estados en el nuevo reglamento europeo: especial referencia al caso estadounidense y la cloud act", *Revista Española de Derecho Europeo*, n.º 70, 2019, p. 73. Se puede consultar aquí: http://www.revistasmarcialpons.es/revistaespanoladerechoeuropeo/article/view/54/77

52 La Decisión 2008/977/JHA relativa a la protección de datos personales tratados en el marco de la cooperación policial y judicial en materia penal no era de aplicación a la seguridad pública, como sí lo es esta Directiva 2016/680. Tal y como señalan LEISER M. y CUSTERS, B., el alcance de la Directiva 680/2016 ha sido extendido para cubrir la prevención de las amenazas de la seguridad pública, pero no de la seguridad nacional. LEISER M. y CUSTERS, B.: "The law enforcement Directive: Conceptual challenges of UE Directive 2016/680", *European Data Protection Law Review (EDPL)*, vol. 5, n.º 3, p. 368.

tiempo que se garantiza un alto nivel de protección de los datos personales[53].

Aunque esta Directiva se centra en el tratamiento de datos con fines penales por parte de las autoridades competentes, no abarca todos los tratamientos realizados por las autoridades judiciales y penales[54]. Cuando las autoridades competentes realicen tratamientos fuera del ámbito de aplicación de la Directiva 2016/680, resultará de aplicación el RGPD[55].

Este doble marco regulador, puede generar complicaciones, especialmente en situaciones donde un tratamiento de datos inicialmente regido por el RGPD, como el control de migraciones y fronteras, mute en un tratamiento penal, como es el caso de un cruce ilegal de fronteras que se califique como delito según la legislación nacional[56].

La aplicabilidad territorial de la Directiva es más amplia que la de la Decisión 2008/977/JHA, que se circunscribía al tratamiento de datos en la cooperación criminal y policial. En cambio, la Directiva 2016/680 cubre el tratamiento de datos personales realiza-

---

53 Como ha recordado SERRA CRISTÓBAL, R.: *La seguridad como amenaza. Los desafíos de la lucha contra el terrorismo para el Estado democrático*, Valencia, Tirant lo Blanch, 2020, p. 121: la nueva Directiva 2016/680 "abre un nuevo escenario más reforzado en el ámbito del intercambio de datos entre Estados de la Unión. Su aprobación se aceleró como consecuencia de la ola de atentados yihadistas que se sucedieron en París en noviembre de 2015 y Bruselas en 2016, al igual que precipito la aprobación del nuevo Reglamento 2016/679, de Protección de Datos".

54 Como cuando las fuerzas del orden y los poderes judiciales procesan datos en relación son sus empleados, para pagar sus salarios o evaluando su desempeño: en LEISER M. y CUSTERS, B.: *op. cit.*, p. 371.

55 Considerando 12 Directiva 2016/680.

56 SAJFERT, J., y QUINTEL, T.: "Data Protection Directive EU) 2016/680 for Police and Criminal Justice Authorities", en COLE, M. y BOEHM, F. (eds.): *GDPR Commentary*, 2018, p. 3. Se puede consultar aquí: https://ssrn.com/abstract=3285873_

do por las autoridades competentes[57] a nivel nacional, europeo e internacional, incluidas las transferencias internacionales de datos a terceros países y organizaciones internacionales. Sin embargo, no se aplica en actividades fuera del ámbito del Derecho de la Unión, ni a las instituciones, órganos u organismos de la Unión (art. 2.3).

Los datos personales recogidos deben ser tratados de manera lícita y legal, con fines determinados, explícitos y legítimos y deben ser adecuados, pertinentes y no excesivos en relación con esos fines. Además, deben ser exactos, actualizados cuando sea necesario y conservados por el tiempo suficiente para cumplir los fines para los que son tratados, asegurando siempre su seguridad (art. 4). Aunque los fines del tratamiento deben estar determinados, el art. 4.2 permite que los datos se utilicen para otros fines, siempre que sean compatibles con los originales.

La Directiva 2016/680 exige a los EEMM que hagan una clara distinción entre los datos de las diferentes categorías de interesados, como sospechosos, condenados, víctimas o afectado y terceros involucrados (art. 6). Asimismo, los datos basados en hechos deben diferenciarse de aquellos basados en apreciaciones personales (art. 7).

Las categorías especiales de datos solo podrán ser utilizadas si lo autoriza el Derecho de la Unión Europea o del Estado miembro, si es necesario para proteger los intereses vitales del interesado o de otra persona, o si el tratamiento se refiere a datos que el interesado haya hecho manifiestamente públicos (art. 10).

Se prohíben las decisiones basadas únicamente en tratamientos automatizados, incluida la elaboración de perfiles, a menos

---

[57] Como *autoridades competentes* el Considerando 11 de la Directiva 2016/680 indica que "no solo se deben incluir autoridades públicas tales como las autoridades judiciales, la policía u otras FFCCS, sino también cualquier otro organismo o entidad en que el Derecho del Estado miembro haya confiado el ejercicio de la autoridad y las competencias públicas a los efectos de la presente Directiva".

que estén autorizadas por el Derecho de la Unión o la legislación nacional del Estado responsable del tratamiento, que debe garantizar medidas adecuadas para salvaguardar los derechos y libertades del interesado, como el derecho a la intervención humana (art. 10).

En cuanto a los derechos de los interesados, la Directiva 2016/680 establece que los EEMM deben garantizar el derecho a la información, acceso, rectificación, supresión y limitación del tratamiento de datos personales. No obstante, pueden tomar medidas para retrasar, limitar u omitir el ejercicio de estos derechos si esto pudiera obstaculizar investigaciones, procedimientos judiciales o la prevención de infracciones penales, o si se requiere para proteger la seguridad pública, la seguridad nacional o los derechos de otras personas. Además, el ejercicio de estos derechos deberá ajustarse al Derecho del Estado miembro cuando los datos se encuentren en resoluciones judiciales o registros de investigaciones penales (art. 18).

Para proteger los datos personales los EEMM garantizarán que los responsables y encargados del tratamiento adopten medidas técnicas y organizativas adecuadas, asegurando el cumplimiento del principio de "protección desde el diseño" (arts. 20 y 29). Si se prevé un alto riesgo para los derechos y libertades de las personas físicas, especialmente con el uso de nuevas tecnologías, se deberá realizar una evaluación de impacto antes de iniciar el tratamiento (art. 27). Además, los responsables deberán conservar un registro de todas las actividades de tratamiento realizadas bajo su responsabilidad (art. 24).

Los EEMM se asegurarán de que se mantengan registros de las operaciones de tratamiento en sistemas automatizados. Estos registros serán utilizados a efectos de verificar la legalidad del tratamiento, autocontrol, garantizar la integridad y la seguridad de los datos personales y en el ámbito de los procesos penales (art. 25).

En caso de violación de la seguridad de los datos personales, el responsable notificará a la autoridad de control sin dilación indebida, y en un plazo máximo 72 horas, salvo que no haya riesgo para los derechos y las libertades de las personas físicas (art. 30). Si la violación representa un alto riesgo, también deberá informar al interesado sin demora (art. 31).

Por otra parte, las autoridades competentes de los EEMM que gestionen datos según la Directiva 2016/680 deberán designar un delegado de protección de datos (art. 32).

El capítulo V regula las transferencias internacionales de datos personales a terceros países y a organizaciones internacionales. Estas transferencias solo serán posibles si se destinan a los fines de la Directiva y si el destinario es una autoridad pública competente del tercer país o de la organización internacional (art. 35). Además, debe contarse con el consentimiento del Estado miembro que originó los datos, una decisión de adecuación (art. 36) [58] o garantías apropiadas (art. 37). En ausencia de estos, las transferencias podrán basase en excepciones específicas, como la protección de intereses virales o la defensa de acciones legales (art. 38).

---

[58] La STJUE *Schrems*, apartado 73: "el término «adecuado» que figura en el artículo 25, apartado 6, de la Directiva 95/46 significa que no cabe exigir que un tercer país garantice un nivel de protección idéntico al garantizado en el ordenamiento jurídico de la Unión. Sin embargo, como ha manifestado el Abogado General en el punto 141 de sus conclusiones, debe entenderse la expresión «nivel de protección adecuado» en el sentido de que exige que ese tercer país garantice efectivamente, por su legislación interna o sus compromisos internacionales, un nivel de protección de las libertades y derechos fundamentales sustancialmente equivalente al garantizado en la Unión por la Directiva 95/46, entendida a la luz de la Carta. En efecto, a falta de esa exigencia el objetivo mencionado en el anterior apartado de la presente sentencia se frustraría. Además, el elevado nivel de protección garantizado por la Directiva 95/46 entendida a la luz de la Carta se podría eludir fácilmente con transferencias de datos personales desde la Unión a terceros países para su tratamiento en éstos".

Cada Estado miembro designará a una autoridad de control independiente (art. 42) encargada de supervisar la aplicación de la Directiva, garantizando la protección de los derechos y las libertades fundamentales de las personas y facilitando la libre circulación de datos en la UE (art. 41).

Los EEMM garantizarán que los interesados puedan presentar reclamaciones ante una única autoridad de control si consideran que el tratamiento de sus datos infringe la Directiva 2016/680 (art. 52). También tendrán derecho a la tutela judicial efectiva contra las decisiones jurídicamente vinculantes de la autoridad de control o contra el responsable del tratamiento (arts. 53 y 54). Además, cualquier persona afectada por un tratamiento ilícito o por vulneración de las disposiciones nacionales basadas en la Directiva tendrá derecho a indemnización por los daños y perjuicios sufridos (art. 56).

En resumen, la Directiva 2016/680 no solo adopta medidas como el RGPD, sino que va más allá y, teniendo en cuenta la dicotomía privacidad vs. seguridad, fija unos estándares mínimos de protección elevados. Sin embargo, hay que tener en cuenta que al tratarse de una directiva se corre el riesgo de diferencias significativas[59] en su trasposición al ordenamiento jurídico nacional[60].

---

59 MARQUENIE, T.: "The Police and Criminal Justice Authorities Directive: Data protection standards and impact of legal framework", *Computer law & security review*, n.º 33, 2017, p. 329.

60 DE HERT, P. y PAPAKONSTANTINOU, V.: *op. cit.*, p. 10 "The complexity behind this achievement ought not to be overlooked: law enforcement processing practices differ widely among EU Member States, ultimately being connected to issues of history and culture. Differences in technological competences and uses of new technologies in routine police work also widen the EU gap".

2. SISTEMA UNIVERSAL: ESPECIAL REFERENCIA A LOS PRINCIPIOS DE PROTECCIÓN DE DATOS PERSONALES Y PRIVACIDAD DE NACIONES UNIDAS DE 2018 Y ACTOS NORMATIVOS CONEXOS

El 10 de diciembre de 1948 la Asamblea General de las Naciones Unidas aprobó la Declaración Universal de Derechos Humanos, que en su art. 12 indicaba que nadie será objeto de injerencias arbitrarias en su vida privada[61].

Este mismo contenido se reprodujo en 1966 en el art. 17 de otro texto adoptado bajo los auspicios de las Naciones Unidas, el Pacto Internacional de Derechos Civiles y Políticos[62]. En 1968, la ONU en la Conferencia de Teherán abordó el impacto de los avances científicos y tecnológicos y su incidencia en los derechos humanos, particularmente el derecho a la privacidad[63].

Otros textos impulsados por la ONU también han incluido previsiones acerca de la privacidad, como el art. 17 de la Convención sobre los Derechos del Niño de 1989 o en el art. 4 de la Convención Internacional sobre la protección de los derechos de todos los trabajadores migratorios y de sus familiares de 1990.

En 1990 la ONU redactó los Principios Rectores para la Reglamentación de los Ficheros Computarizados de Datos Personales[64], dividiéndolos en dos bloques. El primero, se refiere a las garantías mínimas que deben incluirse en la legislación nacional: (1) Principios de licitud y de lealtad y exactitud; (2) Principio de finalidad, exigiendo que la finalidad de un fichero sea especificada en

---

61 Resolución 217 A (III), el 10 de diciembre de 1948, de la Asamblea General de las Naciones Unidas.

62 Resolución 2200 A (XXI), del 16 de diciembre de 1966, de la Asamblea General de las Naciones Unidas.

63 YILMA, K. M.: "The United Nations data privacy system and its limits", *International Review of Law, Computers & Technology*, vol. 33, 2019, p. 224.

64 Resolución 45/95, de 14 de diciembre de 1990 por la Asamblea General de las Naciones Unidas.

el momento de su creación; (3) Principio de acceso de la persona interesad y de no discriminación; (4) Posibilidad de excepciones a los antes tres puntos para proteger la seguridad nacional, el orden público, la salud o la moral, y los derechos de otras personas; (5) Principio de seguridad de los datos; (6) Control y sanciones; (7) Flujos de datos a través de las fronteras cuando haya garantías comparables; (8) Aplicación a todos los ficheros computarizados, tanto públicos como privados, y la posibilidad de extender su aplicación a ficheros manuales y a personas jurídicas.

El segundo, se centra en los principios rectores que se aplican a las organizaciones internacionales gubernamentales que manejan datos personales.

El rápido avance del desarrollo tecnológico ha ampliado la capacidad de los gobiernos, las empresas y las personas para llevar a cabo actividades de vigilancia, interceptación y recopilación de datos[65]. Por lo que la Resolución 68/1967 de la ONU sobre *El derecho a la privacidad en la era digital* exhorta a los EEMM a respetar y proteger el derecho a la intimidad, a revisar sus procedimientos de vigilancia e interceptación de las comunicaciones y la recopilación de datos personales, y a establecer mecanismos independientes de supervisión y de rendición de cuentas.

La creciente importancia de la protección de datos en el seno de la ONU, llevó a la creación por Consejo de Derechos Humanos del Relator Especial sobre el Derecho a la Privacidad en 2015. Este debía recabar información veraz sobre situaciones y casos relacionados con la privacidad[66].

Este nuevo enfoque hacia la protección de datos se consolidó el 11 de octubre de 2018 cuando el Comité de Alto Nivel de la ONU (*The High Level Committee on Managemen*t o HLCM) adoptó los

---

65 Resolución 68/1967, de 18 de diciembre de 2013, de la Asamblea General de las Naciones Unidas: "El derecho a la privacidad en la era digital".

66 Se puede consultar aquí: https://www.ohchr.org/es/special-procedures/sr-privacy

Principios de Protección de Datos Personales y Privacidad[67]. Estos principios establecen un marco para el tratamiento de datos personales[68] en el sistema de las Naciones Unidas con el objetivo de armonizar los estándares de protección de datos, facilitar el procesamiento responsable de los datos y garantizar el respeto a los derechos humanos, en particular, el derecho a la privacidad.

Estos principios se aplican a los datos personales contenidos en cualquier soporte y procesados de cualquier forma no discriminatoria. Los principios incluyen: (1) procesamiento justo y legítimo de los datos basado en el consentimiento, el interés superior del Sistema de la ONU, los mandatos de la ONU, o cualquier otra base legal; (2) necesidad de que los datos sean tratados con una finalidad específica; (3) proporcionalidad y adecuación de los datos a las necesidades; (4) limitación temporal de su conservación; (5) exactitud y actualización de los datos; (6) confidencialidad; (7) establecimiento de condiciones organizativas, administrativas, físicas y técnicas para garantizar la seguridad de los datos; (8) trasparencia en el procesamiento de los datos, cuando sea apropiado y posible; (9) posibilidad de transferencia de datos a un tercero cuando este satisfaga un nivel apropiado de protección; (10) responsabilidad.

Con estos principios, la ONU extiende sus directrices hacia sus propios integrantes del sistema. Sin embargo, según YILMA, este tipo de normativa plantea varios desafíos como la dispersión y su carácter *soft law,* lo que le resta fuerza y utilidad práctica[69]. A este respecto MADSEN señala que algunas organizaciones, como Interpol con sus ficheros de sospechosos[70], han buscado exenciones de las legislaciones de protección de datos, lo que ha llevado al

---

67 Personal Data Protection and Privacy Principles, UN High Level Committee on Management (HLCM) at its 36th Meeting on 11 October 2018.

68 https://unsceb.org/privacy-principles

69 YILMA, K. M.: *op. cit.*, p. 230.

70 MADSEN, W.: *Handbook of Personal Data Protection*, Palgrave Macmillan, 1992, p. 194.

desarrollo *intra-agencial* de las directrices de privacidad de los datos[71].

Desde 1996, Interpol ha desempeñado el papel de observador permanente en la ONU[72]y es la única organización del planeta que facilita cooperador en asuntos policiales estructurada, constituyendo uno de sus objetivos estratégicos servir como centro mundial de información para facilitar la cooperación eficaz entre las fuerzas del orden.

La importancia de su labor ha sido reconocida en convenios internacionales y regionales, así como en numerosas resoluciones aprobadas por el Consejo de Seguridad y por la Asamblea General de las Naciones Unidas, destacando entre ellas las relacionadas contra la lucha contra el terrorismo y la delincuencia organizada transnacional[73].

Por ejemplo, la resolución 2462 (2019) del Consejo de Seguridad de la ONU alienta a los EEMM de la ONU a que aprovechen las capacidades policiales de Interpol, como las bases de datos y los archivos de análisis pertinentes, a fin de prevenir y reprimir la financiación del terrorismo. Asimismo, la resolución 71/19 de la Asamblea General de la ONU, pide que se refuerce la cooperación con Interpol, en áreas como la lucha contra el terrorismo, la delincuencia transnacional, la ciberdelincuencia, la corrupción y la delincuencia financiera, y los delitos contra el medio ambiente[74].

---

71 YILMA, K. M.: *op. cit.*, p. 233.

72 Lo que quedó establecido en la resolución 51/1 y se formalizó con un acuerdo de cooperación en 1997.

73 INTERPOL: Nota informativa sobre las garantías que ofrece el sistema de información de INTERPOL para el tratamiento de datos personales.

74 Para más información sobre las resoluciones de la ONU sobre la Organización, véase el sitio web público de Interpol: https://www.Interpol.int/es/Nuestros-interlocutores/Socios-de-organizaciones-internacionales/INTERPOL-y-las-Naciones-Unidas/Resoluciones-de-la-Asamblea-General-y-el-Consejo-de-Seguridad-de-las-Naciones-Unidas-sobre-INTERPOL

A pesar de su colaboración con la ONU, Interpol ha establecido sus propias directrices en materia de protección de datos a través de su Reglamento sobre el Tratamiento de Datos[75].

3. ÁMBITO NACIONAL

3.1. De la primera Ley Orgánica de desarrollo constitucional de 1992 a la actual Ley Orgánica de Protección de Datos Personales y garantía de derechos digitales de 2018

La Constitución española de 1978 prevé en el art. 18.4 que: "La ley limitará el uso de la informática para garantizar el honor y la intimidad personal y familiar de los ciudadanos y el pleno ejercicio de sus derechos." Aunque no mencionaba explícitamente la protección de datos, el Tribunal Constitucional, reconoció su existencia como derecho autónomo[76] en su jurisprudencia desde 1993 al 2000[77].

La primera sentencia que recoge este derecho es la STC 254/1993, de 20 de julio, que en su FJ 6 establece que "(...) En el presente caso estamos ante un instituto de garantía de otros derechos, fundamentalmente el honor y la intimidad, pero también de un instituto que es, en sí mismo, un derecho o libertad fundamental, el derecho a la libertad frente a las principales agresiones a la dignidad y a la libertad de la persona provenientes de un uso ilegítimo del tratamiento mecanizado de datos, lo que la Constitución llama "la informática", para ir perfilando luego este derecho y concretar el alcance a la protección de datos en la STC 292/2000, de 30 de noviembre.

---

75 III/IRPD/GA/2011 (2019).

76 CAZURRO BARAHONA, V.: *op. cit.*, p. 27.

77 MARTÍNEZ MARTÍNEZ, R.: "El derecho fundamental a la protección de datos: perspectivas", *Revista de Internet, Derecho y Políticas*, n.º 5, 2007, p. 49.

El derecho a la protección de datos se encuentra en la Sección 1.ª del Capítulo II del Título I, por tanto, tiene la consideración de derecho fundamental y goza de las mayores garantías constitucionales: vincula a todos los poderes públicos (art. 53.1 CE); requiere de ley orgánica para su desarrollo (arts. 53.2 y 81 CE), y consecuentemente, su contenido no puede ser alterado por un decreto ley (art. 86 CE) o por un decreto legislativo (art. 82 CE). Además, se protege a través de procedimientos judiciales específicos y del recurso de amparo (art. 53.2 CE)[78].

La Ley Orgánica 5/1992, de 29 de octubre, de Regulación del Tratamiento Automatizado de Datos de carácter personal (en adelante, LORTAD), fue la primera norma española específica para la protección de datos. Esta ley tiene su origen en el Convenio 108 del Consejo de Europa[79] cuyo art. 4 obligaba a los Estados parte a dotarse de una ley interna de protección de datos[80].

La finalidad de la norma era desarrollar las previsiones establecidas en el art. 18. 4 CE con relación a la limitación del uso de la informática y otras técnicas para el tratamiento automatizado de los datos (art. 1). Se aplicaba a los datos de carácter personal que figuren en ficheros automatizados de los sectores público y privado y a toda modalidad de uso posterior, incluso no automatizado, de datos de carácter personal registrados en soporte físico susceptible de tratamiento automatizado (art. 2).

Los principios de protección de datos regulados por la LORTAD en los arts. 4 a 11, señalan que se solo se podrán recoger los datos personales cuando sean adecuados, pertinentes y no excesivos, sin que puedan ser usados para finalidades diferentes.

---

78 DÍEZ PICAZO, L.: *Sistema de derechos fundamentales,* Valencia, Tirant lo Blanch, 2021, pp. 57-61.

79 Exposición de motivos LORTAD.

80 HEREDERO HIGUERAS, M.: "La L.O.R.T.A.D. y su futuro. La Ley Orgánica 5/1992, de 29 de octubre, de regulación del tratamiento automatizado de datos de carácter personal", *Informática y Derecho,* n.º 19-22, 1998, pp. 463-464.

También se garantiza el derecho a la información en el momento de la recogida de datos y la necesidad del consentimiento del afectado para el tratamiento automatizado de los datos. La norma menciona los datos especialmente protegidos, en particular, los relativos a la salud. Permite la cesión de datos cuando estuvieran directamente relacionados con las funciones legítimas de las partes y con el consentimiento previo del afectado.

El Capítulo I del Título IV distingue entre ficheros de titularidad pública y privada. Entre los de titularidad pública, destaca el tratamiento de datos de los ficheros de las FFCCS. Según el art. 20, se debe diferenciar entre los datos recogidos con fines administrativos y los recogidos para fines policiales, sin consentimiento del interesado[81], pues estos últimos se limitan a supuestos y categorías necesarios para la prevención de un peligro real para la seguridad pública o para la represión de infracciones penales.

Los conceptos de "peligro real" y "seguridad pública" han sido delimitados por la jurisprudencia, aunque su alcance sigue siendo complejo de identificar. Según el Tribunal Supremo, "peligro real" se refiere a "un ataque o un peligro directo, real y cierto, no hipotéticos, inevitable y frontal al mismo"[82]. En cuanto a la "seguridad pública", el Tribunal Constitucional en la STC 25/2004, de 26 de marzo de 2004, la define como " la protección de personas y bienes y el mantenimiento de la tranquilidad u orden ciudadano", englobando "un conjunto plural y diversificado de actuaciones, distintas por su naturaleza y contenido, aunque orientadas a una misma finalidad tuitiva del bien jurídico así definido".

---

81 VILLAVERDE MENÉNDEZ, I.: "Nuevas tecnologías, videovigilancia, derecho a la protección de datos y ficheros policiales", *RCSP*, 16/2006, pp. 192-194, hace esta distinción entre los datos donde ha habido previo consentimiento y los que no, que son los que expresamente regula el art. 22.2 LOPD y, en consecuencia, no hay conocimiento por parte del afectado de su recogida y tratamiento ni previa información.

82 Sentencia del Tribunal Supremo (en adelante, STS) (Sala 3.ª, Sección 5.ª) n.º 4926/2001 (n.º recurso 8879/1996), 11 de junio de 2001.

Sin embargo, en otras sentencias, lo ha definido de una manera más restrictiva al afirmar en la STC 148/2000, de 1 de junio, FJ 6 (siguiendo la STC 59/1985, de 6 de mayo, FJ 2) que no toda seguridad de personas y bienes, ni toda normativa encaminada a conseguirla o a preservar su mantenimiento, puede englobarse dentro de la seguridad pública. Este término quedaría reservado principalmente para las organizaciones y medios instrumentales, especialmente las FFCCS mencionadas en el art. 104 CE.

La recogida de datos especialmente protegidos como origen racial, salud o vida sexual, quedaba supeditada a que fuera *absolutamente necesario para los fines de una investigación concreta.* Además, en consonancia con el Convenio 108, se estipula que los datos recogidos para fines policiales se cancelarán cuando dejen de ser necesarios para las *averiguaciones* que motivaron su almacenamiento, aunque no establece un plazo máximo para ello.

Este vacío temporal planteó el siguiente interrogante: ¿cuándo dejan de ser necesarios estos datos? Según CASADO CADARSO y VILA MUNTAL[83], existían varios enfoques interpretativos[84]: (i) concluir el almacenamiento al finalizar la investigación, con la remisión del atestado al juzgado, aunque no sería definitivo debido a la posibilidad de solicitar diligencias complementarias o ampliatorias a la policía (a la que parece apuntar el último párrafo del art. 20.4 LORTAD); (ii) seguir los plazos del Convenio de Schengen o el Convenio Europol, que varían según el tipo de datos o la necesidad de prolongar su almacenamiento tras la revisión por la unidad que los introdujo; (iii) eliminar los datos en caso de resolución absolutoria, de sobreseimiento libre o archivo, aunque no

---

83 CASADO CADARSO, M. y VILA MUNTAL, A.: "Los ficheros policiales. Una visión desde la Ley Orgánica 15/1999, de 13 de diciembre, de protección de datos de carácter personal", *Revista Catalana de Seguretat Pública*, n.º 22, 2010, pp. 246-249.

84 Los criterios establecidos por el art. 22.4 LORTAD son similares a los establecidos por la Recomendación N.º R (87) 15 en su art. 7.1.

siempre es aplicable, pues algunos datos deben preservarse para futuras investigaciones.

Otros factores a considerar según el art. 20.4 LORTAD son la edad del afectado, el carácter de los datos almacenados, el indulto, la rehabilitación o la prescripción de la responsabilidad. La variedad de criterios genera una amplia discrecionalidad en la conservación de estos datos, que debió de estar más claramente definida, ya que como señala SÁNCHEZ BRAVO, en la mayoría de los casos la decisión recae en los mismos responsables del tratamiento, quienes determinan unilateralmente los plazos y alcance de su utilización[85].

En cuanto a los derechos de acceso, rectificación y cancelación de datos personales en los ficheros, el art. 21 permitía restringirlos si representaban un peligro para la defensa del Estado, la seguridad pública, la protección de los derechos y libertades de terceros o el avance de las investigaciones en curso. Sin embargo, esta restricción planteaba dificultades interpretativas, al depender de conceptos imprecisos.

Además, para permitir las transferencias internacionales de datos, los arts. 32 y 33 exigían que los países destinatarios proporcionaran un nivel de protección equiparable al de la presente Ley, con ciertas excepciones.

Esta normativa, fue reemplazada por la Ley Orgánica 15/1999, de 13 de diciembre, de Protección de Datos de Carácter Personal (en adelante, LOPD) tras la trasposición de la Directiva 94/46/CE.

Como aspecto llamativo, la LOPD no comienza con la exposición de motivos, como sí hacía su antecesora, lo que, para SÁNCHEZ BRAVO, significaba que el legislador español presenta la LOPD, *atribuyéndosela como de iniciativa y elaboración propia* y sin in-

---

85 SÁNCHEZ BRAVO, Á.: "La Ley Orgánica 15/1999 de protección de datos de carácter personal: diez consideraciones en torno a su contenido", *Revista de estudios políticos,* n.º 111, 2001, p. 213.

formar a los ciudadanos de que es fruto de la trasposición de la mencionada Directiva[86].

La LOPD (art. 2) amplió su ámbito de aplicación a todos los ficheros de datos, informatizados o no y reguló el tratamiento de datos en España bajo tres condiciones: que el tratamiento se efectuara en territorio español; cuando, a pesar de no estar en el territorio español, al responsable del tratamiento se le aplicara la ley española en virtud del Derecho Internacional público; y cuando el responsable del tratamiento fuera extranjero, pero usara medios situados en España, salvo para mero tránsito.

La LOPD se *olvidó* de algunas definiciones que sí aparecen en la Directiva 94/46/CE, como "terceros" y "destinatarios"[87]. En cuanto a la información previa al interesado, exige que se le informe sobre la existencia del fichero, la finalidad de la recogida de los datos, los destinatarios de la información, la identidad y dirección del responsable[88], salvo excepciones (art. 5).

El consentimiento se refuerza estableciéndose que debe ser libre, inequívoco, específico e informado, superando así la redacción de la LORTAD donde el consentimiento solo era exigido para el tratamiento de datos sensibles y no se regulaba la manera de su prestación[89]. La finalidad con la que los datos van a ser utilizados debe ser determinada y explícita. A este respecto la LOPD prohíbe tratamientos *incompatibles*, mientras que la LORTAD directamente prohibía el uso de los datos personales para

---

86 SÁNCHEZ BRAVO, Á.: *op. cit.*, pp. 205-206.

87 SÁNCHEZ BRAVO, Á.: *op. cit.*, p. 208.

88 Véase el resumen de cambios establecido por BELLO JANEIRO, D.: "La protección de datos de carácter personal en el ámbito comunitario", *Anuario de Facultade de Dereito*, n.º 5, 2001, pp. 147-149.

89 GARRIGA DOMÍNGUEZ, A.: "Principios de calidad de los datos y derechos de los interesados: el núcleo esencial del derecho a protección de datos personales en la LOPD", *Nuevos retos para la protección de datos personales. En la era del big data y de la computación ubicua*, Madrid, Dykinson, 2015, p. 187.

finalidades distintas a las que fueron recogidos[90]. Como novedad, se incorpora el derecho de oposición y se amplían los datos especialmente protegidos (art. 7).

En referencia a los ficheros policiales, mantiene prácticamente en su totalidad el contenido de la LORTAD en breves referencias contenidas en los arts. 22, 23.1 y 24.1, por lo que *se reproducen los problemas que esta suscitaba, referidos principalmente a la indeterminación, imprecisión y excesiva generalidad de los términos de su redacción*[91]. No obstante, la LOPD se aplica a cualquier fichero de las FFCCS y la utilización de datos especialmente protegidos se supedita al control de la legalidad de la actuación administrativa o de la obligación de resolver las pretensiones formuladas en su caso por los interesados que corresponden a los órganos jurisdiccionales.

La LOPD excluye de su ámbito de aplicación los ficheros elaborados por las autoridades policiales sujetos a materias clasificadas (art. 2.2) y aquellos destinados a investigación del terrorismo y formas graves de delincuencia organizada, así como las imágenes de las FFCCS, que se rigen por la LOPD solo en determinados casos (art. 2.3). La regulación que realizaba el art. 21.1 LORTAD respecto a las excepciones de los derechos de acceso, rectificación y cancelación, se reiteran en el art. 23.1 LOPD, aunque añade el derecho de oposición.

Los límites a estos derechos han recibido críticas jurisprudenciales como en la Sentencia de la Audiencia Nacional de la Sala de lo contencioso-administrativo de 28 de marzo de 2011[92] que señala que, aunque las limitaciones son posibles por motivos de seguridad o para proteger la investigación, estas restricciones de-

---

90 *Ibidem,* p. 173.

91 GARRIGA DOMÍNGUEZ, A.: "Principios de calidad de los datos y derechos de los interesados:..", *op. cit.,* p. 225.

92 Sentencia de la Audiencia Nacional (Sala de lo Contencioso, Sección 1.ª) 2025/2011 (recurso n.º 21/2010) de 28 de marzo de 2011.

ben ser concretas y justificadas; no basta con una negativa general ni con una vaga referencia a la "autoridad judicial"[93].

Además, la LOPD ha recibido críticas de la doctrina por no cumplir plenamente con la protección de derecho fundamental a la protección de datos[94], ya que el texto que tiene este objetivo presenta *contradicciones y errores*[95]. Adicionalmente a ello, la ley sigue manteniendo *conceptos jurídicos indeterminados*[96]. La jurisprudencia, a través de la STC 292/2000, de 30 de noviembre, declaró inconstitucionales los arts. 21.1 y 24.1 y el 24.2, en respuesta a un recurso interpuesto por el Defensor del Pueblo.

La LOPD fue desarrollada por el Real Decreto 1720/2007, de 21 de diciembre, por el que se aprobó su Reglamento. Esta regulación permaneció vigente hasta la actualización del marco europeo de protección de datos en 2016 a través del RGPD y la Directiva 2016/680.

Aunque el RGPD es directamente aplicable en España, como parte de nuestro ordenamiento jurídico tras su publicación en el BOE[97], requería que los EEMM adoptasen disposiciones complementarias y derogasen las normas nacionales

---

93 Otras sentencias pronunciadas en sentido similar son la Sentencia de la Audiencia Nacional (Sala de lo Contencioso, Sección 1.ª) 2934/2018 (n.º recurso 1/2011) del 26 de junio de 2018 o la Sentencia de la Audiencia Nacional (Sala de lo Contencioso, Sección 1.ª) 5101/2018 (n.º recurso 13/2017) del 8 de noviembre de 2018.

94 GARRIGA DOMÍNGUEZ, A.: "La nueva ley orgánica 15/1999, de 13 de diciembre, de protección de datos personales, ¿un cambio de filosofía?", *Anales de la Cátedra Francisco Suárez*, vol. 34, 2000, p. 321.

95 SÁNCHEZ BRAVO, Á. A.: *op. cit.*, p. 214.

96 GARCÍA MESEGUER, M. D. y MEDRÁN VIOQUE, R.: "La protección de las personas físicas en el tratamiento de datos: Principios y derechos. Breve comentario de la transposición de la Directiva 95/43/CE a la Ley Orgánica 15/1999", *Boletín del Ministerio de Justicia*, n.º 1919, 2002, p. 18.

97 Art. 288 TFUE.

incompatibles con aquellas. Por lo que, en el 2018, España aprobó la LO 3/2018[98].

El objetivo perseguido por la LOPDGDD es adaptar la normativa española al RGPD y la garantía de los derechos digitales de los ciudadanos, conforme al art. 18.4 CE[99]. Establece exclusiones claras a su ámbito de aplicación, mejora la redacción sobre la exactitud de los datos[100], y exime de responsabilidad al responsable del tratamiento si ha tomado medidas razonables para la supresión o rectificación de los datos inexactos obtenidos directamente del afectado. Además, menciona el deber de confidencialidad, el tratamiento de categorías especiales de datos y los datos de naturaleza penal.

Respecto de estos datos penales, la LOPDGD rompe con la regulación implementada por la LORTAD y la LOPD al amparar su tratamiento para fines *distintos* de los de prevención, investigación, detección o enjuiciamiento de infracciones penales o de ejecución de sanciones penales[101]. Estos tratamientos solo podrán llevarse a cabo siempre que esté autorizado por Derecho de la Unión, en esta ley orgánica o en otras normas de rango legal (art. 10.1).

---

98 Un reciente análisis exhaustivo y detallado de dicha adaptación puede encontrarse en la obra colectiva TOMÁS MALLÉN, B., GARCÍA MAHAMUT, R., y PAUNER CHULVI, C. (eds.): *Las cláusulas específicas del Reglamento General de Protección de Datos en el ordenamiento jurídico español. Cuestiones clave de orden nacional y europeo*, Valencia, Tirant lo Blanch, 2021.

99 GARCÍA MAHAMUT, R.: "Del Reglamento General de Protección de Datos a la LO 3/2018, de protección de datos personales y garantía de los derechos digitales", en GARCÍA MAHAMUT, R. y TOMÁS MALLÉN, B. (eds.), *Reglamento General de Protección de Datos. Un enfoque nacional y comparado. Especial referencia a la LO 3/2018 de Protección de Datos y Garantía de los Derechos Digitales*, Valencia, Tirant lo Blanch, 2019, p. 115.

100 *Ibidem*, pp. 116-121.

101 Porque si tuviese como objeto esos fines, los datos personales serían objeto de regulación por la Ley Orgánica 7/2021.

Esta normativa aludida se aplica a ficheros policiales como los regulados en la Orden INT/1202/2011, de 4 de mayo, por la que se regulan los ficheros de datos de carácter personal del Ministerio del Interior, así como a los referidos en otras normativas como la Ley Orgánica 4/2015, de 30 de marzo, de protección de la seguridad ciudadana (LOPSC) respecto del Registro Central de Infracciones contra la Seguridad Ciudadana[102].

El art. 10.2 permite el registro completo de los datos referidos a condenas e infracciones penales, así como a procedimientos y medidas cautelares y de seguridad conexas en Sistema de registros administrativos de apoyo a la Administración de Justicia. Fuera de los supuestos anteriores, estos datos solo podrán ser tratados por abogados y procuradores cuando tengan por objeto recoger la información facilitada por sus clientes para el ejercicio de sus funciones (art. 10.3).

La LOPDGDD excluye la posibilidad de que el consentimiento sea "tácito" (art. 6) y, exige que sea específico e individual para cada una de las finalidades objeto de tratamiento; fija la edad mínima para otorgar el consentimiento en catorce años.

En cuanto a los derechos de los interesados, mejora el principio de transparencia mediante la "información por capas" [103] e introduce nuevos derechos como la portabilidad o la limitación del tratamiento, además de los ya existentes (acceso, rectificación o supresión). La LOPDGDD incorpora la figura del delegado de protección de datos, profundiza en la regulación de las transferencias internacionales de datos, amplía el marco de infracciones y sanciones y, como novedad relevante, dedica su Título X a garantizar los derechos digitales.

---

102 Véase el artículo 43.3 de la LOPSC.

103 BERROCAL LANZAROT, A.I.: *Estudio Jurídico-Crítico sobre la Ley Orgánica 3/2018, de 5 de diciembre, de protección de datos personales y garantía de los derechos digitales,* Madrid, Reus, 2019.

Esta regulación se mantendrá en solitario hasta la trasposición en España de la Directiva 2016/680, demandando la adaptación legislativa pertinente y reforzando así la protección de datos para la función policial en materia penal. En todo caso, en el marco de la evolución legislativa española acerca del binomio informática-derechos (en juego), es menester que el derecho fundamental a la protección de datos personales no se vea menoscabado en su efectividad reconduciéndolo meramente a "una amalgama de objetos, acciones de protección, límites, facultades, etc., que podrían confundirlo todo, haciéndolo impracticable[104].

3.2. La Ley Orgánica 7/2021, de 26 de mayo, de protección de datos personales tratados para fines de prevención, detección, investigación y enjuiciamiento de infracciones penales y de ejecución de sanciones penales

A diferencia del RGPD, la Directiva 2016/680 requería su trasposición al derecho nacional, lo que implicó que cada país miembro disponía de los medios para su implementación. La fecha límite para la realización de este acto finalizaba el 6 de mayo de 2018 (art. 63.1 Directiva 2016/680). Sin embargo, España no cumplió este plazo, lo que llevó al TJUE a imponerle una sanción y una multa coercitiva diaria por cada día que pasara sin trasponerse la directiva mediante la Sentencia de 25 de febrero de 2021 (Comisión Europea/España, asunto C-658/19)[105]. Esta condena fue innovadora pues era la primera vez que el TJUE imponía ambas consecuencias jurídicas al mismo tiempo.

Finalmente, España traspuso la Directiva 2016/680 mediante la adopción de la LO 7/2021.

---

104 SERRANO PÉREZ, M.: El derecho fundamental a la protección de datos: Derecho español y comparado, Civitas, 2003, p. 147.

105 STJUE de la Unión Europea (Sala 8.ª) *Comisión Europea contra España,* 25 de febrero 2021, asunto C– 658/19.

Esta ley busca proteger los datos personales que vayan a ser utilizados por parte de las autoridades competentes, con fines de prevención, detección, investigación y enjuiciamiento de infracciones penales o de ejecución de sanciones penales, incluidas la protección y prevención frente a las amenazas contra la seguridad pública" (art. 1). Al mismo tiempo, la norma, como señala MARTÍNEZ VÁZQUEZ busca el equilibrio de entre la seguridad y la protección al derecho fundamental a la autodeterminación informativa[106].

La LO 7/2021 se aplica al tratamiento total o parcialmente automatizado de datos personales, así como al tratamiento no automatizado pero que vaya a ser incorpora a un fichero, realizado por las autoridades competentes, que cumpla los fines específicos de la norma. Incluye categorías especiales de datos personales, que requieren un tratamiento restringido a situaciones legales específicas, como cuando está autorizado por una ley o el Derecho de la UE, o cuando es necesario para proteger derechos vitales o libertades fundamentales (art. 13).

La ley se aplica exclusivamente a personas físicas vivas, excluyendo los datos de las personas fallecidas, aunque los herederos o familiares pueden solicitar el acceso, rectificación o supresión de estos datos (art. 2.4 y 3). Por otra parte, entre las autoridades competentes a las que se refiere la LO 7/2021 se encuentran las que persigan los objetivos señalados en su art. 1 y, en particular, las FFCCS, las Administraciones Penitenciarias, la Dirección Adjunta de Vigilancia Aduanera de la Agencia Estatal de Administración Tributaria, el Servicio Ejecutivo de la Comisión de Prevención de Blanqueo de Capitales e Infracciones Monetarias, la Comisión de Vigilancia de Actividades de Financiación

---

106 MARTÍNEZ VÁZQUEZ, F.: "La nueva Ley Orgánica de protección de datos personales tratados para fines de prevención, detección, investigación y enjuiciamiento de infracciones penales y de ejecución de sanciones penales", *Diario La Ley*, N.º 9865, Sección Tribuna, 7 de junio de 2021.

del Terrorismo y las autoridades judiciales del orden jurisdiccional penal y el Ministerio Fiscal (art. 4).

El art. 6 de la LO 7/2021, alineado con la Directiva 2016/680, establece que el tratamiento de los datos será lícito y real; para fines determinados, explícitos y legítimos; adecuados, pertinentes y no excesivos; exactos; conservados de manera que permitan identificar al interesado durante un periodo no superior al necesario; y tratados de manera segura.

La norma excluye el consentimiento como elemento necesario para el tratamiento de los datos en el contexto de la investigación penal[107]. Esto significa que las FFCCS están facultadas para solicitar información a las Administraciones públicas, cualquier persona física o jurídica, al Ministerio Fiscal o a la Policía Judicial datos, informes, antecedentes y justificantes que sean necesarios (art. 7.1), salvo que para proporcionar tal información sea exigible autorización judicial (art. 7.3).

Los datos recogidos deben conservarse durante el tiempo necesario para cumplir los fines del art. 1. El responsable del tratamiento deberá revisar la necesidad de conservar, limitar o suprimir dichos datos, como máximo cada tres años, atendiendo especialmente en cada revisión a la edad del afectado, al carácter de los datos y a la conclusión de una investigación o procedimiento penal. El plazo máximo para la supresión definitiva de los datos queda fijado en veinte años, salvo excepciones como investigaciones abiertas, delitos no prescritos[108], ejecución de la pena, reincidencia o protección de las víctimas (art. 8).

---

107 Un interesante análisis sobre la habilitación de las FCS para solicitar datos personales para los fines señalados en el art. 1 lo realiza GARCÍA MARCOS, J.: "Cesión de datos e investigación de infracciones penales: la Ley Orgánica 7/2021", *Diario La Ley*, n.º 9964, 2021.

108 Esto adquiere especial importancia porque, por ejemplo, tras la nueva reforma del Código Penal llevada a cabo por la Ley Orgánica 8/2021, de 4 de junio, que establece que el cómputo de la prescripción de determinados delitos de entidad importante cometidos contra menores

El art. 9 de la LO 7/2021 señala la existencia de categorías de interesados: (i) personas respecto de las cuales existan motivos fundados para presumir que hayan cometido, puedan cometer o colaborar en la comisión de una infracción penal; (ii) personas condenadas o sancionadas por una infracción penal; (iii) víctimas o afectados por una infracción penal o que puedan serlo; (iv) terceros involucrados en una infracción penal.

Una de las novedades de la LO 7/2021, no presente en la Directiva, es el tratamiento de datos personales por la videovigilancia de las FFCCS, que debe ajustarse al principio de proporcionalidad (art. 15). La norma permite tanto la instalación de sistemas fijos (art. 16) como el uso de dispositivos móviles con imagen y sonido (art. 17)[109], para los fines señalados en el art. 1. Sin embargo, esta regulación plantea problemas, en cuanto a la información sobre su existencia y a la posibilidad de su utilización en el interior de los domicilios[110].

El Capítulo III se enfoca en el ejercicio de los derechos de los interesados. Estos deben conocer la identidad del responsable del tratamiento, sus datos de contacto o de los del delegado, los fines del tratamiento, el derecho a presentar una reclamación ante la autoridad competente y su derecho a solicitar acceso, rectificación, supresión o limitación de su tratamiento (art. 18)[111]. No obstante,

---

de edad o personas discapacitadas necesitadas de especial protección comienza cuando dichas víctimas cumplan treinta y cinco años.

109 Por dispositivos móviles debemos entender incluidas *body cam* o cámaras tipo *Gopro* o cámaras de los drones.

110 Un análisis más detallado sobre el uso de videocámaras por parte de las FCS para los fines establecidos en el art. 1 LO 7/2021 se contiene en CEBRIÁN BELTRÁN, S.: "Nuevos desafíos en el ámbito de la Videovigilancia por las Fuerzas y Cuerpos de Seguridad desde la Perspectiva De La LO 7/2021: El difícil Equilibrio entre la Seguridad y la Protección De Datos", *Estudios de Deusto*, n.º 70 (1), 2022, pp. 221-251.

111 Con respecto a la regulación establecida por el RGPD aquí no se contempla el derecho a la portabilidad de los datos ni el derecho de oposición.

se pueden aplicar restricciones para su ejercicio, incluida la denegación total o parcial (art. 24.1).

El Capítulo IV recoge las obligaciones de los responsables (art. 27) y encargados del tratamiento, las medidas de seguridad (art. 28) y la figura del delegado de protección de datos, que será de obligatorio nombramiento (art. 40 y ss). Especial relevancia adquiere la seguridad del tratamiento (art. 37) y en caso de brechas de seguridad, el responsable debe notificarlo en el plazo máximo de setenta y dos horas (art. 38.1).

La LO 7/2021 regula las transferencias de datos personales a otros países fuera de la UE o a organizaciones internacionales, estableciendo requisitos específicos. Si los datos personales provienen de otro Estado UE, este debe autorizar la subsiguiente transferencia, excepto concurrencia de amenaza inmediata y grave para la seguridad del Estado (art. 43.2).

Para realizar estas transferencias, se deben cumplir ciertas condiciones: (i) decisión de adecuación de la Comisión Europea que ha decidido que el tercer Estado u organización internacional receptora garantiza un nivel de protección adecuado (art. 44); (ii) en su ausencia, la aplicación de garantías adecuadas a través de instrumentos jurídicamente vinculante o bien que, tras la evaluación por parte del responsable del tratamiento se determine que concurren garantías suficientes; (iii) por último, el art. 46 prevé excepciones para situaciones específicas para proteger los intereses vitales, los derechos y libertades fundamentales, salvaguardar los intereses legítimos, prevenir un amenaza grave e inmediata para la seguridad pública de un Estado o la defensa en acciones legales relacionadas con los fines del art. 1.

Excepcionalmente se contempla la posibilidad de realizar transferencias directas de datos personales a destinatarios que no sean autoridades competentes establecidos en Estados no pertenecientes a la UE (art. 47).

Capítulo II.

La protección de datos en el ámbito policial desde la jurisprudencia

El art. 1.6 del Código Civil español establece que la jurisprudencia complementa el ordenamiento jurídico con la doctrina que, de modo reiterado, establece el Tribunal Supremo al interpretar y aplicar la ley, la costumbre y los principios generales del derecho. Sin embargo, la redacción de este artículo, realizada en el siglo XIX, ha quedado desactualizada debido a la creación de nuevos órganos jurisdiccionales, tanto nacionales como internacionales. Tras la Constitución de 1978, se reconoce la jurisprudencia del Tribunal Constitucional, así como las sentencias de instancias internacionales y europeas como el TEDH o el TJUE; sin olvidar algunas sentencias de "casación autonómica" en coherencia con las peculiaridades de nuestro sistema territorial descentralizado pese a la configuración "única" del Poder Judicial[112].

La creación del Tribunal Constitucional fue post constitucional, como un órgano separado del poder judicial español y a menudo se considera como el *cuarto poder*[113]. Entre sus competencias más características están el control de la constitucionalidad de las normas con rango de ley a través del recurso de inconstitucionalidad[114] y de

---

112 A este respecto, puede leerse JIMENA QUESADA, L.: *El principio de unidad del poder judicial y sus peculiaridades autonómicas,* Madrid, Centro de Estudios Políticos y Constitucionales, 2000, especialmente el Prólogo de DÍAZ DELGADO, J.: "La vinculación del juez contencioso-administrativo a la doctrina del Tribunal Supremo y de los Tribunales Superiores de Justicia. Independencia judicial 'versus' seguridad jurídica", en particular, p. 26.

113 HÄBERLE, P.: "El Tribunal Constitucional como poder político", *Revista de estudios Políticos (Nueva Época),* n.º 125, 2004, p. 13.

114 Art. 29 y arts. 31-35 LOTC.

la cuestión de inconstitucionalidad[115]. Además, también observa la constitucionalidad de los tratados internacionales, con anterioridad a su firma (art. 78 LOTC) y, a través del recurso de amparo (arts. 41-58 LOTC) examina si, en los actos emanados por los poderes públicos (o, indirectamente, la eficacia horizontal o frente a terceros en virtud de la doctrina de la "Drittwirkung")[116], se ha violado alguno de los derechos reconocidos en los arts. 14 al 29 o art. 30.2 CE.

El valor de sus pronunciamientos está establecido en el art. 161.1, a) CE y en el art. 40 LOTC, que señalan que la declaración de inconstitucionalidad de una norma jurídica con rango de ley, interpretada por la jurisprudencia, afectará a ésta, si bien la sentencia o sentencias recaídas no perderán el valor de cosa juzgada. Si bien el TC no revisa la interpretación de la legislación, sí corrige la jurisprudencia relacionada con cuestiones constitucionales[117]. Se debe tener en cuenta que los pronunciamientos del TC tendrán plenos efectos frente a todos, a excepción de las resoluciones de los recursos de amparo que tendrán valor subjetivo, esto es, entre las partes presentes en el mismo (art. 165 CE y art. 55.2 LOTC) [118].

El art. 10.2 CE dispone que los derechos y libertades fundamentales deben interpretarse en consonancia con la Declaración Universal de Derechos Humanos y los tratados internacionales ratificados por España en esa materia, otorgando valor a lo dispues-

---

115 Arts. 35-37 LOTC.

116 Un interesante balance del juego y operatividad de dicha doctrina, en la jurisdicción constitucional española y en las jurisdicciones europeas (TEDH y TJUE), en TOMÁS MALLÉN, B.: "Derechos fundamentales y Drittwirkung en perspectiva multinivel: desarrollos recientes en el Derecho europeo", *Revista de Derecho Político,* n.º 115, 2022, pp. 207-235.

117 TRIBUNAL CONSTITUCIONAL, "XII Conferencia de Tribunales Constitucionales Europeos Bruselas, 2002", *Conferencia de Tribunales Constitucionales Europeos. Ponencias Españolas,* Madrid, Imprenta Nacional del Boletín Oficial del Estado, 2007, p. 426 párrafo 39.

118 *Ibidem,* p. 424 párrafo 37.

to en dichos tratados y consecuentemente a las interpretaciones de los tribunales internacionales. Así, tanto los tribunales ordinarios españoles como el TC, pueden fundamentar sus resoluciones en el CEDH[119]; así como el Tribual Supremo deberá revisar sus pronunciamientos siempre que las resoluciones del TEDH no puedan cumplirse de otro modo de acuerdo a lo señalado en el art. 5 bis de la Ley Orgánica 6/1985, de 1 de julio, del Poder Judicial (en adelante, LOPJ).

De igual manera el art. 4 bis de la LOPJ establece que los jueces aplicarán el Derecho de la UE según la jurisprudencia del TJUE y que cualquier cuestión prejudicial europea se planteará conforme a dicha jurisprudencia y mediante auto, tras escuchar a las partes.

Esto refleja que la posición de la jurisprudencia interpretativa del TJUE, se incorpora al sistema legal español[120], como evidenció el TC en la STC 26/2014, *Melloni*, de 13 de febrero de 2014.

1. JURISPRUDENCIA PARTICULAR DEL TEDH A LA LUZ DEL CEDH: DATOS GENÉTICOS Y OTROS DATOS SENSIBLES EN EL ÁMBITO POLICIAL

El TEDH, creado en 1959 como resultado del CEDH, cuenta con un juez por cada Estado parte. Su labor principal es interpretar y garantizar la aplicación del CEDH, así como de sus Protocolos Adicionales.

El TEDH, no ha sido un órgano estático, sino que sufrió una renovación significativa[121] con la entrada en vigor del Protocolo

---

119 *Ibidem*, p. 427.

120 RODRÍGUEZ-IZQUIERDO SERRANO, M.: "La posición de las sentencias del Tribunal de Justicia de la Unión Europea en el Sistema Constitucional de Fuentes", *Teoría y Realidad Constitucional*, n.º 3, 2017, p. 503.

121 SALADO OSUMA, A.: "El Protocolo de enmienda número 11 al Convenio Europeo de Derechos Humanos", *Revista de Instituciones Europeas*, vol. 21, n.º 3, 1994, pp. 943-944: las nuevas características establecidas

n.º11[122] en 1999[123], que supuso la superación de algunas de sus limitaciones y significó un paso definitivo para la *jurisdiccionalización* del sistema[124].

Aunque el CEDH y sus Protocolos Adicionales cubren principalmente derechos civiles y políticos, también incluyen implicaciones económicas y sociales, las cuales son desarrolladas en la Carta Social Europea[125].

A continuación, se analizará en profundidad el contenido en el art. 8 del CEDH, que garantiza el derecho a la vida privada y familiar y como manifestación de este, el derecho a la protección de datos. Así lo indica la STEDH *Satakunnan Markkinapörssi Oy y Satamedia Oy c. Finlandia*[126] que subraya que la protección de los datos personales es fundamental para el respeto de la vida privada y familia, incluso cuando la información de dominio público[127].

El avance tecnológico ha contribuido a la sofisticación de la vigilancia, la interceptación de las comunicaciones y la conservación de los datos, lo que ha supuesto grandes retos para la pro-

---

es que es el único órgano de control y tiene carácter permanente; es un órgano judicial internacional; está integrado por jueces electos que actúan a título individual; su competencia se extiende a todo lo relacionado con la interpretación y aplicación del Convenio; tiene jurisdicción obligatoria; están legitimados activamente ante él tanto los Estados parte en el Convenio como los particulares bajo la jurisdicción de dichos Estados; ejerce sus funciones en Pleno, Gran Sala, Salas y Comités; y sus decisiones son obligatorias para los Estados".

122 El protocolo había sido adoptado y abierto a firma el 11 de mayo de 1994.

123 MORTE GÓMEZ, C.: *Cómo presentar una demanda ante el Tribunal Europeo de Derechos Humanos,* 3ª edición, Valencia, Tirant lo Blanch, 2020, p. 26.

124 PÉREZ DE LOS COBOS ORIHUEL, F.: *El recurso individual ante el Tribunal Europeo de Derechos Humanos,* Valencia, Tirant lo Blanch, 2018, p. 14.

125 MORTE GÓMEZ, C.: *op.cit.*, p. 32.

126 STEDH (Gran Sala), *Satakunnan Markkinapörssi Oy y Satamedia Oy c. Finlandia* de 27 de junio de 2017.

127 EUROPEAN COURT OF HUMAN RIGHTS: *Guide on Article 8 of the European Convention of Human Rights,* Updated on 31 of August 2022, p. 56 (párrafo 206).

tección de los datos personales[128], sobre todo a raíz del desarrollo de las NTIC. Desde el caso *Leander c. Suecia*[129] en el que el TEDH analizó el almacenamiento de datos personales por una autoridad pública, ha abordado numerosos casos sobre este derecho fundamental[130]. De entre ellos serán objeto de estudio aquellos en los que participan las autoridades policiales y las judiciales.

1.1. Concepto de dato personal

El TEDH define dato personal en línea con el art. 2 del Convenio 108 como "cualquier información sobre un individuo identificado o identificable". Así lo ha afirmado en sentencias como *Amann c. Suiza*[131] o *Haralambie c. Rumanía*[132].

Según el TEDH, como datos personales incluidos en esta definición se encuentran: el nombre y el apellido[133]; la imagen de una persona – ya sea estática, a través de una fotografía[134] o dinámica,

---

128 EUROPEAN COURT OF HUMAN RIGHTS: *Guide on Data Protection,* Updated on 31 of August 2022, p. 7 (párrafo 1).

129 STEDH (Sala), *Leander c. Suecia,* 26 de marzo de 1987.

130 *Ibidem,* EUROPEAN COURT OF HUMAN RIGHTS: *Guide on Data Protection,* p. 7, párrafo 1 y 2.

131 STEDH (Gran Sala), *Amann c. Suiza,* 16 de febrero de 2000, §65.

132 STEDH (Sección 3.ª), *Haralambie c. Rumanía,* 27 de octubre de 2009, §77.

133 STEDH (Sala), *Guillot c. Francia,* 26 de marzo de 1996, § 21-22.

Otras sentencias que se refieren a los nombres y apellidos como datos personales son: STEDH (Sección 3.ª), Güzel Erdagöz c. Turquía, 21 de octubre de 2008, §43; STEDH (Sección 5.ª), *Garnaga c. Ucrania,* 16 de mayo de 2013, §36; STEDH (Sección 5.ª), *Henry Kismoun c. Francia,* 5 de diciembre de 2013, §25; STEDH (Sección 1.ª), *Hájovský c. Eslovaquia,* 1 de julio de 2021, §§11-12 y 41.

134 STEDH (Sección 1.ª), *Reklos y Davourlis c. Grecia,* 15 de enero de 2009, §40-43.

Otros casos en los que se resuelven violaciones al artículo 8 por la realización de fotografías son: STEDH (Sección 1.ª), *Khuzhin y otros c. Rusia,* 23 de enero de 2009; STEDH (Gran Sala), *Murray c. Reino Unido,* 28 de octubre de 1994; STEDH (Sección 4.ª), *Sciacca c. Italia,* 11 de enero de

mediante la captación de vídeo[135] –; la voz[136]; la profesión[137]; datos financieros[138]; datos de conversaciones[139]; y, datos de localización del GPS[140].

Pero también ha considerado como tales los pertenecientes a categorías especiales como los datos que revelen el origen racial o étnico[141]; datos que revelen opiniones políticas, religiosas y otras

---

2005; STEDH (Sección 1.ª), *Gaughran c. Reino Unido,* 13 de febrero de 2020, entre otras.

135 STEDH (Gran Sala), *López Ribalda y otros c. España,* 17 de octubre de 2019, no. 1874/13 y 8567/13, donde se dirimía si la colocación del sistema de vigilancia a los empleados sin su conocimiento está justificada por existir sospechas razonables de irregularidades graves.
Otros casos son: STEDH (Sección 3.ª), *Toma c. Rumanía,* 24 de febrero de 2009, §§90-93; STEDH, *Khuzhin y otros c. Rusia,* 2008, §§115-118; STEDH (Sección 3.ª), *Perry c. el Reino Unido,* 17 de octubre, 2003, §§41-42; STEDH (Sección 4.ª), *Allan c. el Reino Unido,* 5 de noviembre de 2002; STEDH (Sección 3.ª), *Gorlov y otros c. Rusia,* 4 de noviembre de 2019.

136 En diferentes casos se ha tratado la vigilancia telefónica o la instalación de dispositivos de captación de voz, sobre todo en el ámbito de las investigaciones criminales como ocurre en la STEDH (Sección 4.ª), *Copland c. el Reino Unido,* 3 de abril de 2007; STEDH (Gran Sala), *Bykov c. Rusia,* 10 de marzo de 2009; STEDH (Sección 3.ª), *Oleynik c. Rusia,* 21 de junio de 2016; STEDH (Sección 3.ª), *P.G. y J.H. c. el Reino Unido,* 26 de septiembre de 2001; STEDH (Sección 5.ª), *Heglas c. la República Checa,* 1 de marzo de 2007.

137 STEDH, (Sección 10.ª), *Khelili c. Suiza,* 18 de octubre de 2011, §56.

138 STEDH (Sección 3.ª), *M.N. y otros c. San Marino,* 7 de julio de 2015, §51.
Otras sentencias en línea con lo anterior son la STEDH (Sección 3.ª), *G.S.B. c. Suiza,* 22 de diciembre de 2015, §51, y STEDH *Satakunnan Markkinapörssi Oy and Satamedia Oy c. Finlandia,* 27 de junio de 2017.

139 STEDH, *Copland c. el Reino Unido,* 2007, §43.
En la misma línea va la STEDH (Pleno), *Malone c. el Reino Unido,* 2 de agosto de 1984, §§83-84 e *Ibidem, P.G. y J.H. c. Reino Unido,* 2001, §42.

140 STEDH (Sección 5.ª), *Uzun c. Alemania,* 2 de septiembre de 2010, §51-52 y STEDH (Sección 5.ª), *Ben Faiza c. Francia,* 8 de febrero de 2018, §§58-61.

141 STEDH (Gran Sala), *S. y Marper c. el Reino Unido,* 4 de diciembre 2008, §66 y STEDH (Sección 4.ª), *Ciubotaru c. Moldavia,* 27 de abril de 2010, §49.

creencias[142]; datos que revelen la pertenencia a un sindicato[143]; datos genéticos y biométricos[144]; datos relacionados con la salud, la vida o la orientación sexual[145]; o datos de delitos y condenas[146].

En análogo sentido, ha estimado que es dato personal cualquier elemento que indirectamente identifique a una persona como es la IP dinámica[147].

---

142 Centradas en las opiniones políticas: STEDH (Sección 1.ª), *Catt c. el Reino Unido,* 24 de enero de 2019, §112 y STEDH (Sección 3.ª), *M. D. y otros c. España,* 28 de junio de 2022, §§63-64. Centradas en datos religiosos u otras creencias, incluidas las filosóficas: STEDH (Sección 2.ª), *Sinan Isik c. Turquía,* 2 de febrero de 2010, §37 y STEDH (Sección 4.ª), *Mockuté c. Lituania,* 27 de febrero de 2018, §118.

143 STEDH, *Catt c. el Reino Unido,* 2019.

144 EUROPEAN COURT OF HUMAN RIGHTS: *Guide to the Case-Law of the European Court of Human Rights: Data Protection,* distingue los procedimientos según si el análisis ha versado sobre las muestras celulares, los perfiles de ADN o las huellas dactilares.

145 Centrados en datos de salud: STEDH (Comisión), *Yvonne Chave nacida Jullien c. Francia,* 9 de julio de 1991, §75; STEDH (Sección 10.ª), *L. L. c. Francia,* 10 de octubre de 2006; STEDH (Sección 3.ª), *Radu c. Moldavia,* 15 de abril de 2014; STEDH (Sección 5.ª), *Surikov c. Ucrania,* 26 de enero de 2017; STEDH (Sección 4.ª), *Frâncu c. Rumanía,* 13 de octubre de 2020, §52).

Especialmente se considera que los datos acerca del VIH deben estar revestidos de confidencialidad porque no solamente afecta a la vida privada del paciente, sino también a la vida familiar, social y laboral: STEDH (Sección 3.ª), *C.C. c. España,* 6 de octubre de 2009, §33; STEDH (Sección 3.ª), *Y. c. Turquía,* 23 de febrero de 2015, §65; o recientemente, STEDH (Sección 3.ª), *Y.G. c. Rusia,* 30 de agosto de 2022, §45).

146 STEDH (Sección 4.ª), *M. M. c. Reino Unido,* 13 de noviembre de 2012; STEDH (Sección 5.ª), *Brunet c. Francia,* 18 de septiembre de 2012; STEDH (Sección 5.ª), *Gardel c. Francia,* 17 de diciembre de 2009; STEDH (Sección 5.ª), *Peruzzo y Martens c. Alemania,* 4 de junio de 2013; STEDH (Sección 1.ª), *Trajkovski y Chipovski c. Macedonia del Norte,* 13 de febrero de 2020, entre otros.

147 STEDH (Sección 4.ª), *Benedik c. Eslovenia,* 24 de abril de 2018, §§107-108.

Si bien el TEDH ha reconocido un cierto margen de discrecionalidad que debe dejársele a las autoridades nacionales para conseguir un justo equilibrio (*Funke c. Francia*), la extensión de dicho margen depende de factores como la naturaleza e importancia de los intereses en juego y de la gravedad de la interferencia (*Peck c. el Reino Unido*)[148].

1.2. Protección de datos captados a través de la tecnología en el marco de investigaciones penales policiales o judiciales

Una vez identificados los datos personales, el estudio se centra en los casos en los que dichos datos han sido tratados por autoridades policiales y judiciales. Para un análisis detallado, los clasificaremos en las siguientes categorías:

1.2.1. Uso de fotografías como medio de identificación de personas

El TEDH considera las fotografías como datos personales. Su uso por las autoridades policiales como medio de investigación o prueba no se ha considerado una injerencia ilícita al art. 8 CEDH, si su finalidad es legítima y el periodo de conservación se ajusta a lo necesario para el cumplimiento de su finalidad.

Así el uso de fotografías para prevenir el crimen no constituye una violación al art. 8 (*Suprunenko c. Rusia*[149]). En la misma línea, y, en consonancia con la peligrosidad del delito presuntamente cometido, como es en casos de terrorismo, constituye una finalidad legítima dentro de una sociedad democrática que las autoridades competentes registren y conserven datos personales básicos relativos a los detenidos o incluso a otras personas presentes en el momento y lugar del arresto (*Murray c. Reino Unido*)[150]. Tampoco

---

148 BARJA DE QUIROGA, J. (dir): *Doctrina del Tribunal Europeo de Derechos Humanos*, Madrid, Tirant lo Blanch, 2018, p. 114.

149 STEDH (Sección 3.ª), *Suprunenko c. Rusia,* 19 de junio de 2018, §§63-65.

150 *ibidem,* STEDH, *Murray c. Reino Unido,* 1994, §§92-93.

se ha considerado una invasión la mera toma de fotografía de un sospechoso y su inclusión en una base de datos[151].

Sin embargo, no resulta proporcional, la difusión de imágenes de personas arrestadas o acusadas a los medios de comunicación sin consentimiento de sus titulares (*Sciacca c. Italia,* §§29-31; *Khoujine y otros c. Rusia,* §§115-118), o bien que se permita el acceso a las instalaciones policiales de los equipos de televisión para tomar y transmitir las imágenes de los sospechosos (*Toma c. Rumanía,* 2009, §§90-93; *Khmel c. Rusia,* 2013[152], §41, *Khuzhin y otros c. Rusia,* §§115-118). También es ilícito exponer la imagen de un sospechoso en un tablón de anuncios *(Guiorgui Nikolaïchvili c. Georgia,* §§129-131[153])[154].

La conservación de las fotografías debe estar limitada al tiempo estrictamente necesario para el fin que cumplen dentro de una sociedad democrática (*Suprunenko c. Rusia,* §§63-65)[155]. No obstante, las condiciones de conservación no pueden ser iguales para un sospechoso que para un condenado, porque para el primero dicha retención es más perjudicial que para el segundo (*S. y Maper c. Reino Unido,* §122; *Gaughran c. Reino Unido,* §§82-84). En *P.N. c. Alemania*[156], la recolección de datos identificativos, incluidas fotografías de la cara y cuerpo, especialmente cualquier de tatuaje, sus huellas dactilares y palmares, fue considerada legítima por tratarse de un condenado reincidente y haberse garantizado las debidas condiciones.

---

151 *Ibidem,* STEDH, *Suprunenko c. Rusia,* 2018, §64.

152 STEDH (Sección 5.ª), *Khmel c. Rusia,* 12 de diciembre de 2013.

153 STEDH (Sección 2.º), *Guiorgui Nikolaïchvili c. Georgia,* 13 de enero de 2009.

154 EUROPEAN COURT OF HUMAN RIGHTS: *Guide on article 8 of the European Convention of Human Rights,* p. 50 (párrafo 182).

155 Un análisis más en profundidad de la conservación en bases de datos policiales se hará en el siguiente apartado.

156 STEDH (Sección 5.º), *P.N. c. Alemania,* 11 de junio de 2020, §§76– 91.

Finalmente, para determinar la conservación de las imágenes se debe tener en cuenta la seriedad del delito cometido (*Gaughran c. el Reino Unido*).

1.2.2. Escuchas telefónicas

Las escuchas telefónicas permiten captar datos personales como la voz y otros aspectos de la vida privada, cuya interceptación puede violar el art. 8 CEDH en los siguientes casos:

a) Captaciones sin autorización o sin previsión legal en la normativa doméstica.

El TEDH establece en la *Roman Zakharov c. Rusia*[157], que cualquier intervención en las comunicaciones solo puede justificarse si cumple el art. 8.2 CEDH: es conforme a ley, persigue un fin legítimo y es necesario en una sociedad democrática para lograr dicho objetivo (§227).

En relación con la primera condición “de conformidad con la ley”, se requiere que la medida implementada tenga algún fundamento en el derecho interno y sea compatible con el Estado de Derecho. Por tanto, la ley debe cumplir requisitos de calidad: debe ser *accesible* para la persona interesada y *previsible* en cuanto a sus efectos[158].

La “previsibilidad” en este contexto debe ser acotada. La previsibilidad en la vigilancia secreta no implica que la persona pueda prever cuándo será interceptada, pero sí existen límites claros para poder evitar un poder ilimitado de las autoridades. En *Zoltán Varga c. Eslovaquia*[159], las autoridades habían monitorizado las reuniones del demandante en un piso de su propiedad, siguiendo la normativa vigente del país; sin embargo, posteriormente dichas

---

157 STEDH (Gran Sala), *Roman Zakharov c. Rusia,* 4 de diciembre de 2015.

158 STEDH, *Roman Zakharov c. Rusia,* §228.

159 STEDH (Sección 1.ª), *Zoltán Varga c. Eslovaquia,* 20 de julio de 2021, §§170-171.

órdenes fueron declaradas ilegales e inconstitucionales, al adolecer de fallos graves y, además, los datos se conservaron bajo normas creadas por los servicios de inteligencia, sin ningún control externo[160].

Además, el TEDH subraya el riesgo de arbitrariedad en el ejercicio secreto de poderes de vigilancia. En el caso *Malone c. Reino Unido*[161], el Tribunal concluyó que la interceptación de las comunicaciones del Sr. Malone, sospechoso de haber cometido un delito, basadas en una orden del Ministro del Interior, carecía de previsión legal.

Es fundamental contar con reglas claras y detalladas sobre la interceptación de conversaciones telefónicas, especialmente debido a que la tecnología disponible es cada vez más sofisticada. El derecho interno debe ofrecer a los ciudadanos una indicación adecuada sobre las circunstancias y las condiciones en las que las autoridades públicas están facultadas para recurrir a tales medidas[162].

Por tanto y fiel a lo anterior, el TEDH no haya violación cuando las escuchas telefónicas han sido autorizadas judicialmente y se ha evaluado su necesidad por los jueces, como en *Irfan Güzel c. Turquía,* §§78-79[163]. Tampoco hay violación cuando, con el fin de evitar un robo, la policía solicitó la factura detallada de las llamadas telefónicas del sospechoso. Sin embargo, en el mismo caso, apreció la existencia de una violación cuando la policía dio autorización verbalmente para instalar dispositivos de escucha en

---

160 Information Note on the Court's case-law 253, *Zoltán Varga c. Eslovaquia,* Consultar aquí: https://hudoc.echr.coe.int/fre?i=002-13362

161 STEDH, *Malone c. Reino Unido*, 1984, §§63-89.

162 *Ibidem, Roman Zakharov c. Rusia,* §229. Véase también la STEDH (Sección 4.ª), *Szabó y Vissy c. Hungría*, 12 de enero de 2016, donde se indica, además, que en ocasiones dada la extrema urgencia de la situación no es posible contar con el control judicial de la medida ex ante, pero sí se precisa un control *a posteri.*

163 STEDH (Sección 10.ª), *Irfan Güzel c. Turquía*, 7 de febrero de 2017, §§78-79.

el piso de uno de los sospechosos y en las celdas (*P. G. y J. H. c. Reino Unido*, §§42– 51).

Por otra parte, se considera justificada la escucha del teléfono de un juez, sospechoso de pertenecer a una organización criminal, al existir una base jurídica accesible y previsible para las medidas impuestas. Las sospechas podían considerarse objetivamente razonables, había autorización del tribunal con la finalidad de preservar la seguridad nacional y se respetaron todas las medidas legislativas aplicables al caso (*Karabeyoglu c. Turquía*, §§74-111)[164].

En cambio, el TEDH encuentra violación al art. 8 CEDH cuando se escucharon y transcribieron todas las llamadas de un sospechoso de fraude fiscal y falsedad documental sin que estuviera amparado en la legislación nacional (*Huvig c. Francia*, 1990[165]). También cuando un fiscal grabó una llamada que una persona recibió en su despacho (*Amann c. Suiza*, §§45-62). Por otra parte, se considerará que existe una violación cuando la legislación interna no define con precisión la naturaleza de los delitos que permiten las escuchas telefónicas, las condiciones para redactar informes de las conversaciones interceptadas o el uso y borrado de las grabaciones [166]. Para finalizar, se ha considerado una transgresión a la vida privada la práctica de una "vigilancia preventiva" sobre las llamadas de un individuo anterior de la comisión del delito (*Mustafa Sezgin Tanrıkulu c. Turquía*, 2017, §§44-66)[167].

164 STEDH (Sección 10.ª), *Karabeyoglu c. Turquía*, 7 de junio de 2016. Otras sentencias que tratan supuestos justificados de interceptación de las conversaciones son: STEDH (Sección 10.ª), *Deveci c. Turquía*, 28 de junio de 2022; STEDH (Sección 5.ª), *Coban c. España*, 25 de septiembre 2006.

165 STEDH (Sala), *Huvig c. Francia*, 24 de abril de 1990.

166 Resolution CM/ResDH (2008)81 Execution of the judgment of the European Court of Human Rights Prado Bugallo against Spain. https://hudoc.echr.coe.int/eng?i=001-89170

167 STEDH (Sección 2.ª), *Mustafa Sezgin Tanrıkulu c. Turquía*, 18 de julio de 2017. Otras sentencias que también se han referido a la falta de garantías suficientes *c.* la arbitrariedad de la ley nacional son STEDH

b) Falta de supervisión por parte de las autoridades públicas.

Al margen de que la autorización haya sido realizada siguiendo las legalidades de cada país miembro, es crucial que dichas medidas cuenten con una supervisión efectiva.

En *Pruteanu c. Rumania*[168], el TEDH subraya que las medidas de interceptación deben ser controladas por un sistema que asegure garantías adecuadas y suficientes contra abusos. En consecuencia, es necesario comprobar si los procedimientos de control son capaces de limitar las injerencias a lo necesario (§48).

En *Cevat Özel v. Turkey*[169] el demandante, abogado, fue objeto de una medida de interceptación telefónica durante tres meses por la sospecha de vínculos con una organización criminal. El fiscal ordenó el fin de la vigilancia y la destrucción de las grabaciones y el demandante no fue notificado[170]. Al no producirse ningún procedimiento judicial posterior, se impedía que el interesado pudiera descubrir la interceptación de la que había sido objeto[171].

Una vez obtenidas, las grabaciones deben conservarse solo para la finalidad por la que fueron recogidas y con las medidas de seguridad pertinentes, quedando prohibida su difusión (*Craxi c. Italia*)[172].

(Sección 1.ª), *Dragojevic c. Croacia,* 15 de enero de 2015, §§85-102; STEDH (Sección 2.ª), *Liblik y otros c. Estonia,* 28 de mayo de 2019, §§132-143; STEDH (Sección 3.ª), *Dumitru Popescu c. Rumanía,* 26 de abril de 2007, §§61-86; STEDH (Sección 3.ª), *Moskalev c. Rusia,* 7 de noviembre de 2017, §§35-45.

168 STEDH (Sección 3.ª), *Pruteanu c. Rumania,* 3 de febrero de 2015..

169 STEDH (Sección 2.ª), *Cevat Özel c. Turquía,* 7 de junio de 2016, §§29-37.

170 Sobre la necesidad de la notificación en el marco de las operaciones de captación también se pronunció la STEDH, *Szabó y Vissy c. Hungría,* §86.

171 Information Note on the Court's case-law 197 *Cevat Özel c. Turquía.* Se puede consultar el texto aquí https://hudoc.echr.coe.int/eng?i=002-11224

172 STEDH (Sección 1.ª), *Craxi c. Italia,* 17 de julio de 2003, §§57-84.

c) Escuchas "colaterales"

Durante la interceptación de las llamadas de un sospechoso, también pueden captarse conversaciones de terceras personas no necesariamente involucradas en la causa.

En *Kruslim c. Francia*[173], tras un asesinato, se interceptaron los teléfonos de varios sospechosos, incluyendo el del demandante, quien usó el teléfono de un compañero de piso y reveló otro crimen. El TEDH determinó que hubo una interferencia no justificada en el derecho del demandante a la vida privada. De forma similar, en *Lambert c. Francia*[174], a través de un dispositivo instalado en el teléfono de un sospechoso de delitos, se captó la conversación del demandante, quien luego fue acusado de encubrimiento, considerándose una violación del 8 CEDH.

Además, el TEDH ha protegido el secreto abogado-cliente. En *Vasil Vasilev c. Bulgaria*[175], se quebrantó el art. 8 CEDH cuando se interceptó, se grabó y se transcribió una conversación telefónica entre un abogado y su cliente.

1.2.3. Grabación de audio y videovigilancias

Este apartado aborda la captación de audios (distintos de escuchas telefónicas) y las captaciones de imágenes en el ámbito policial y judicial.

Con respecto a la captación de audio en domicilios, el TEDH ha considerado que la captación de una conversación en el marco de una operación policial encubierta con el fin de descubrir un delito es una violación del art. 8 CEDH (*Bykov c. Rusia* y *Oleynik c. Rusia*). A igual conclusión llega en *Khan c. el Reino Unido*[176] cuando el dispositivo de escucha instalado en el domicilio de un

---

173 STEDH (Sala), *Kruslim c. Francia,* 24 de abril de 1990, §§25-27.

174 STEDH, *Lambert c. Francia,* 24 de agosto de 1998.

175 STEDH (Sección 4.ª), *Vasil Vasilev c. Bulgaria,* 16 de noviembre de 2021.

176 STEDH (Sección 3.ª), *Khan c. Reino Unido,* 12 de mayo de 2000.

sospechoso recoge la confesión sobre la comisión de delitos de otra persona.

Por otro lado, el Tribunal ha declarado la infracción del art. 8 CEDH, en grabaciones realizadas en comisarías de policía, como en STEDH, *P.G. y J.H. c. el Reino Unido,* donde la policía instaló un dispositivo de escucha en la celda de los demandantes o en el caso de *Perry c. el Reino Unido* donde tras una serie de robos a taxistas, se citó al sospechoso en comisaría para que sus imágenes posteriormente fueran mostradas a las víctimas.

1.2.4. Otros medios tecnológicos

En *Trabajo Rueda c. España*[177], el TEDH consideró vulnerado el art. 8 CEDH cuando la policía accedió sin la debida orden judicial al contenido de un ordenador, entregado por un técnico que durante su reparación había encontrado pornografía infantil.

En cuanto a la geolocalización mediante GPS, el TEDH ha reconocido que este sistema puede interferir en la privacidad, como en *Uzun c. Alemania,* donde un GPS permitió rastrear los movimientos del demandante por tres meses sin control suficiente.

Asimismo, en *Ben Faiza c. Francia,* el GPS colocado en el coche de un sospechoso de tráfico de drogas carecía de las garantías adecuadas al no especificar con claridad la ejecución de la medida y dejar un elevado margen de discrecionalidad a las autoridades[178].

1.3. Protección de datos biométricos y otros datos sensibles: inclusión en bases de datos policiales y especial referencia a su conservación

El avance de las NTIC ha aportado nuevos métodos y nuevas perspectivas como la creación de mapas criminógenos, la toma

---

[177] STEDH (Sección 3.ª), *Trabajo Rueda c. España,* 30 de mayo de 2017.

[178] STEDH, *Ben Faiza c. Francia,* 8 de febrero de 2018, §§58-61.

de datos biométricos, huellas dactilares, ADN, reconocimiento facial[179], vigilancia de redes sociales o sistemas de detección de disparos[180]. Pero también ha aportado nuevos retos para el encaje de la nueva tecnología en las regulaciones de los ordenamientos jurídicos europeos. La labor del TEDH ha sido crucial para delimitar su alcance y contenido.

1.3.1. Datos sobre delitos o condenas penales

Los datos sobre delitos y condenas penales requieren mayor protección. El TEDH ha señalado en numerosas sentencias que su compilación e inclusión en una base de datos constituye una interferencia al derecho del interesado a su vida privada, sino se adoptan salvaguardas específicas[181]. Estas bases de datos incluyen información de personas condenadas y sentenciadas (*Gardel c. Francia; Peruzzo y Martens c. Alemania; Trajkowski y Chipovski c. Macedonia*), medidas cautelares (*M. M. c. Reino Unido*), detenciones preventivas (*Suprunenko c. Rusia*), cargos que luego fueron retirados (*Brunet c. Francia; S. y Marper c. el Reino Unido*) o sospechosos que fueron absueltos (*S. y Marper c. el Reino Unido*).

Si esta información no es objeto de tratamiento diferenciado puede crear conflictos al mezclar situaciones legales diversas.

---

179 En España la Policía usará una herramienta automática de reconocimiento facial que será capaz de identificar en cuestión de segundos a una persona: PASCUAL, M.G.: "La Policía española usará una herramienta automática de reconocimiento facial" en *El País,* 2022. Se puede consultar aquí: https://elpais.com/tecnologia/2022-11-15/la-policia-espanola-usara-una-herramienta-automatica-de-reconocimiento-facial.html

180 CUSTERS, B.: "Technology in policing: Experiences, obstacles and police needs", *Computer law & security review,* n.º 28, pp. 62-68.

181 STEDH, *M.M. c. Reino Unido,* §§187-188.

1.3.2. Datos sobre ADN y huellas dactilares

La recolección de muestras celulares, perfiles de ADN, huellas dactilares o palmares sin las garantías pertinentes constituye una injerencia al art. 8 CEDH[182].

Comenzando por las huellas dactilares, sentencias como *S. y Marper c. el Reino Unido*, resaltan que estas permiten la identificación con precisión de un individuo y que su retención sin consentimiento es una cuestión importante[183], aunque en ocasiones sea necesario, como para la obtención del pasaporte[184].

En referencia a los perfiles de ADN, en *Dragan Petrovic c. Serbia*, el TEDH consideró que el consentimiento del demandante, sospechoso de un delito de asesinato, bajo amenazas, no era válido[185]. En *Peruzzo y Martens c. Alemania*, el TEDH establece cómo debe obtenerse el ADN, indicando que los expertos encargados del análisis no deben conocer la identidad del sujeto, que se deben tomar medidas adecuadas para evitar el uso no autorizado y que el material debe ser destruido una vez cumplido su propósito[186].

1.3.3. Conservación de los datos especialmente protegidos en bases de datos policiales

Tras abordar las condiciones de recogida y almacenamiento de los datos especialmente protegidos anteriores, es inevitable referirnos a las condiciones de conservación en las bases de datos,

---

182 STEDH (Sección 3.ª), *Van der Velden c. Holanda*, 7 de diciembre de 2006. El TEDH consideró que, dado el uso que se podría dar al material celular en particular en el futuro, la retención sistemática de ese material era lo suficientemente intrusiva como para revelar una interferencia con el derecho al respeto de la vida privada.

183 STEDH, *S. y Marper c. Reino Unido*, §84.

184 STEDH (Sección 4.ª), *Willems c. Holanda*, 9 de noviembre de 2021.

185 STEDH (Sección 4.ª), *Dragan Petrovic c. Serbia*, 14 de abril de 2020, §79.

186 Decisión del TEDH, *Peruzzo y Martens c. Alemania*, 4 de junio de 2013, §47.

como la finalidad de la recogida, el plazo de conservación, las garantías de conservación y las medidas de seguridad.

a) Finalidad de la recogida

La existencia de bases de datos no es, en sí misma, una injerencia contra la vida personal de los individuos, sino un método efectivo para castigar y prevenir ciertos crímenes, especialmente los más graves (*B. B. c. Francia*[187], *Gardel c. Francia; M. B. c. Francia*). Sin embargo, la recopilación de estos datos debe ser *proporcional* al tipo de delito cometido –gravedad y naturaleza– y la implicación del sujeto en él –condenado, detenido, sospechoso o absuelto–.

La recopilación de datos está justificada en delitos graves como en *B.B. c. Francia, Gardel c. Francia; M.B. c. Francia o Peruzzo y Martens c. Alemania,* o en delitos menos graves como en el cometido en *P.N. c. Alemania.*

Sin embargo, no es admisible en delitos de gravedad menor (delitos leves). En el caso *M.K. c. Francia*[188], se tomaron las huellas dactilares por un robo menor y se incorporaron a una base de datos, lo cual fue considerado desproporcionado por el TEDH. Misma decisión se da en *Aycaguer contra Francia*[189], donde el TEDH amparó a un demandante, sentenciado a dos meses de prisión por haber golpeado a la policía, que se negó a la toma de muestras biológicas[190].

Cuando el sujeto ha sido condenado, el almacenamiento de los datos tiene finalidad preventiva, orientada a evitar la reincidencia.

---

187 STEDH (Sección 5.ª), *B. B. c. Francia,* 17 de diciembre de 2009. En este caso el demandante había sido condenado por 15 años por la violación de un menor. Se estableció que el registro donde sus datos habían sido incluidos tenía una finalidad eminentemente preventiva, pero también perseguía combatir la reincidencia, pero en el caso que esta llegase a suceder, facilitar la identificación de los infractores (§63).

188 STEDH (Sección 5.ª), *M. K. c. Francia,* 18 de abril de 2013.

189 STEDH (Sección 5.ª), *Aycaguer c. Francia,* 22 de junio de 2017.

190 STEDH, *M. K. c. Francia,* §42 y *Aycaguer c. Francia,* §43.

Sin embargo, el problema surge cuando el sujeto no ha sido condenado. En *M.K. c. Francia y S. y Marper c. el Reino Unido,* los demandantes fueron absueltos y los cargos en su contra retirados, pero sus datos siguieron almacenados. Igualmente, en *Brunet c. Francia*[191], el procedimiento fue sobreseído pero sus datos seguían disponibles para consultar en determinadas investigaciones administrativas. Además, en *Shimovolos c. Rusia*[192], el TEDH consideró una violación al art. 8 CEDH cuando un individuo, sin ser condenado, fue incluido en una base de datos de vigilancia.

El TEDH también ha intervenido en situaciones donde las meras sospechas causan graves trastornos la vida de las personas. En *Khelili c. Suiza,* la demandante fue registrada en las bases de datos policiales como "prostituta", a pesar de que ella negó su ejercicio. Aunque posteriormente logró reemplazar la palabra, el término persistió en varios procesos.

La inclusión de datos en los ficheros policiales también puede hacer peligrar la presunción de inocencia. En *M. K. c. Francia,* el TEDH destacó el riesgo de estigmatización, porque los no condenadas por delitos eran tratados de igual manera que quienes sí lo fueron, lo que podría comprometer su reputación[193].

b) Plazo de conservación

¿Durante cuánto tiempo pueden ser conservados los datos personales? No es una pregunta sencilla de contestar, puesto que va a depender de diferentes factores como el tipo de crimen cometido, la edad de culpable o la culpabilidad o la absolución de la persona.

El TEDH ha determinado que la conservación indefinida de los datos y sin las debidas garantías viola el art. 8 CEDH, especialmente si los sujetos eran menores de edad en el momento de la

---

191 STEDH, *Brunet c. Francia,* §40.

192 STEDH (Sección 1.ª), *Shimovolos c. Rusia,* 21 de junio de 2011, §§60-62.

193 , STEDH, *M.K. c. Francia,* §36. También se hace referencia de esto en *Gaughran c. Reino Unido,* §88.

recogida[194]. Esto también aplica cuando se sigue almacenando perfiles de ADN, huellas dactilares y fotografías del individuo cuando la condena ya ha sido eliminada el registro policial[195] o cuando se almacena de manera ilimitada registros de las medidas cautelares impuestas a personas que luego no fueron condenadas[196].

El TEDH admite que, aunque se haya establecido un plazo máximo de conservación, si este no es proporcional al tipo de delito cometido[197] también se producirá una violación al art. 8 CEDH.

Por ello, se permite conservar los datos durante treinta años si, una vez agotado ese periodo, son eliminados automáticamente[198],durante cinco años si el condenado no reincide[199] o, incluso, su conservación indefinida si se trata de delitos graves con revisiones periódicas para comprobar su necesidad[200].

c) Garantías de conservación

---

194 STEDH, *S. y Marper c. Reino Unido*. Cuando las huellas y las muestras de ADN de uno de los demandantes fueron tomadas tenía 11 años (§10). En cualquier caso, las muestras de los demandantes fueron incluidas en una base de datos y la petición de los demandantes de que fueran eliminadas fueron desoídas.

195 STEDH, *Gaughran c. Reino Unido,* §70 y §88.

196 STEDH, *M.M. c. Reino Unido,* §198.

197 STEDH, *Aycaguer c. Francia,* donde se podía retener un máximo de cuarenta años datos recogidos con motivo de un delito leve (§§23-24). En *M.K. c. Francia,* donde se podía retener las huellas de un sospechoso también de un delito leve durante veinticinco años (§45). Por veinte años se podían conservar los datos personales de un individuo que había sido acusado de violencia contra. su pareja, cuando el caso fue sobreseído por mediación en *Brunet c. Francia,* §14.

198 STEDH, *B.B. c. Francia* §67 y *Gardel c. Francia,* §69.

199 STEDH, *P.N. c. Alemania,* en este caso existía la posibilidad de revisión por parte de las autoridades policiales, sujeto a revisión judicial (§88).

200 Decisión del TEDH *Peruzzo y Martens c. Alemania,* §§44-49.

Los datos personales que figuren en las bases de datos deben ser precisos y estar actualizados[201], pues los errores pueden afectar a la vida privada y reputación de las personas (STEDH, *Khelili c. Suiza*[202] y *Rotaru c. Rumanía*[203]). Sobre todo, cuando la información puede ser objeto de transferencia a las autoridades nacionales e internacionales[204].

La tarea de probar la precisión de los datos almacenados les corresponde a las autoridades[205].

d) Medidas de seguridad.

Los datos contenidos en los ficheros solo deben ser accesibles por las personas autorizadas[206]. Es por ello que el TEDH ha indicado que dichos accesos deben llevarse a cabo *exclusivamente* por las autoridades sujetas al deber de confidencialidad y en circunstancias determinadas[207].

Acerca de estas circunstancias determinadas que habilitan el acceso la Decisión (inadmisibilidad) *Peruzzo y Martens c. Alemania,* establece que solo es posible su acceso por a las autoridades competentes a los efectos de los procesos penales, la prevención de los peligros y para la asistencia jurídica internacional[208].

---

201 STEDH (Sección 2.ª), *Cemalettin Canli c. Turquía,* 18 de noviembre de 2008, §37.

202 *Ibidem,* STEDH, *Khelili c. Suiza,* §64.

203 STEDH (Gran Sala), *Rotaru c. Rumanía,* de 4 de mayo de 2000, §44.

204 STEDH, *Cemalettin Canli c. Turquía,* §§42-44.

205 European Court of Human Rights: *Guide on Data Protection,* p. 29 (párrafo 112).

206 STEDH *M. K. c. Francia,* §37 y *Khelili c. Suiza,* §64.

207 STEDH, *B. B. c. Francia,* §69 y *Gardel c. Francia,* §70.

208 Decisión del TEDH *Peruzzo y Martens c. Alemania,* §47.

2. JURISPRUDENCIA ESPECÍFICA DEL TJUE SOBRE PROTECCIÓN DE DATOS Y COOPERACIÓN POLICIAL Y JUDICIAL PENAL

El Tribunal de Justicia de la Unión Europea (TJUE) es clave para definir el derecho a la protección de datos a través de la interpretación del RGPD, la Directiva 2016/680 y los art. 7 y 8 de la CDFUE.

2.1. Significado de dato personal y procesamiento de datos

El TJUE considera "dato personal" cualquier información que permita identificar a una persona. La STJUE *Breyer*[209] concluyó que una dirección dinámica registrada por un proveedor de servicios de medios en línea cuando una persona accede a un sitio web constituye dato personal si, mediante otros datos, el proveedor puede identificar al interesado. Asimismo, considera personales todos los datos aportados por los candidatos a los exámenes oficiales, las respuestas dadas en ellos y los comentarios de los examinadores[210].

En cuanto al concepto de procesamiento de datos, el TJUE considera que se produce esta situación cuando se suben datos a una página de Internet sobre las personas que realizan voluntariado en una parroquia (nombres, número de teléfono, información relacionada con sus condiciones laborales, hobbies...)[211]. Este mismo argumento fue sostenido en el *Caso testigos de Jehová*[212], donde se consideró que la recolección de información en memorias de

---

[209] STJUE (Sala 2.ª) de 19 de octubre de 2016, *Patrick Breyer c. Bundesrepublik Deutschland,* C-582/14.

[210] STJUE (Sala 2.ª) de 20 de diciembre de 2017, *Peter Nowak c. Comisionado de Protección de Datos,* C-434/16.

[211] STJUE (Gran Sala) de 6 de noviembre de 2003, *Lindqvist,* C-101/01.

[212] STJUE (Sala 2.ª) de 10 de julio de 2018, *Tietosuojavaltuutettu con intervención de: Jehovan todistajat — uskonnollinen yhdyskunta,* C-25/17.

las personas visitadas constituía un procesamiento indebido de sus datos.

En *Google España c. AEPD*[213], el TJUE concluyó que la actividad de un motor de búsqueda para encontrar información publicada en Internet por terceras personas, indexarlos automáticamente, almacenarlos temporalmente y, finalmente, ponerlos a disposición de los usuarios de Internet según un determinado orden de preferencia si integra en el concepto de procesamiento, cuando se contengan datos personales.

2.2. Concepto de autoridad competente

El concepto de *autoridad competente* tiene un gran impacto en la protección dispensada a los datos personales, ya que su definición es clave para que resulte de aplicación el RGPD o la Directiva 2016/680.

En *Latvijas Republikas Saeima*[214], el TJUE dictaminó que las infracciones de tráfico no debían regirse por la Directiva 2016/680, sino por el RGPD, ya que no tienen una finalidad penal. En *SIA c. Valsts ieņēmumu dienests*[215], también estableció que no se considera autoridad competente a la Administración Tributaria de un Estado con finalidad recaudatoria y de lucha contra el fraude.

---

213 STJUE (Gran Sala) de 13 de mayo de 2014, *Google España S.L., Google Inc. c. la Agencia Española de Protección de Datos (AEPD)*, C-131/12.

214 STJUE (Gran Sala) de 22 de junio de 2021, *Latvijas Republikas Saeima (Penalty points)*, C-439/19.

215 STJUE (Sala 5.ª) de 24 de febrero de 2022, *SS SIA c. Valsts ieņēmumu dienests*, C-175/20.

2.3. *Vulneración del derecho fundamental a la protección de datos y su relación con la seguridad pública*

A través de las sentencias *Schrems* y *Digital Rights Ireland*[216], el TJUE abordó por primera vez la vulneración de la intimidad y la protección de datos[217]. En el caso *Digital Rights Ireland,* el TJUE invalidó la Directiva 2006/24 al considerar que suponía una transgresión de los arts. 7 y 8 CDFUE y, en particular, al principio de proporcionalidad[218], al obligar a los proveedores de servicios de telecomunicaciones e Internet a retener una gran cantidad de datos de sus usuarios. Apoyado en esta sentencia, el TJUE se pronunció en *Tele2 Sverige*[219] sobre la Directiva 2002/58/CE estableciendo que la conservación masiva de datos permite extraer conclusiones muy precisas sobre la vida privada de las personas (apartado 99), por tanto, la normativa supone una injerencia importante sobre los datos personales (apartado 100). Sin embargo, esta limitación no es de carácter absoluto, ya que se justifica si la finalidad es la de prevenir o investigar las formas de delincuencia grave (apartado 115).

La interpretación del concepto de "delito grave" no ha estado exenta de problemas. Precisamente, la Audiencia Provincial de Tarragona interpuso una cuestión prejudicial a este respecto que fue resuelta por el STJUE (Gran Sala) en 2016[220] sin proporcionar

---

216 *Ibidem,* STJUE *Schrems* y STJUE (Gran Sala) de 8 de abril de 2014, *Digital Rights Ireland Ltd c. Irlanda,* C– 293/12 y 594/12.

217 BRKAN, M.: "The Essence of the Fundamental Rights to Privacy and Data Protection: Finding the Way Through the Maze of the CJEU's Constitutional Reasoning", *German Law Journal,* 2019, p. 871.

218 *Ibidem,* STJUE, *Digital Rights Ireland Ltd,* apartado 69.

219 STJUE (Gran Sala) de 21 de diciembre de 2016, *Tele2 Sverige,* C-203/15 y 698/15.

220 STJUE (Gran Sala) de 2 de octubre de 2018, *cuestión prejudicial de la Audiencia Provincial de Tarragona,* C-207/16.

una definición cerrada y dejando al sistema legislativo y judicial de cada Estado miembro la determinación de esta cuestión[221].

En otro orden de cosas, se considera justificada la toma de huellas dactilares por las autoridades para la expedición de pasaportes y, como se estableció en el caso *Michael Schwarz c. Stadt Bochum*[222], esta actividad es más administrativa que penal.

Asimismo, en el caso *Heinz Huber c. Bundesrepublik Deutschland*[223], el TJUE validó la recopilación de datos en el Registro Central de Extranjeros, cuando los nacionales de la UE iban a residir en Alemania más de 3 meses. La razón es que su tratamiento estaba limitado a finalidades estadísticas y por las autoridades policiales y judiciales en la investigación y el enjuiciamiento de actividades delictivas o que pongan en peligro la seguridad pública.

Otros asuntos relacionados con INTERPOL y el sistema de registro de pasajeros (PNR) serán abordados en el capítulo siguiente.

3. JURISPRUDENCIA ESPAÑOLA

3.1. Tribunal Constitucional

El Tribunal Constitucional español ha desempeñado un papel clave en el desarrollo de la protección de datos como un derecho autónomo. Desde su reconocimiento en 1993[224] y su consolidación en 2000[225], el TC ha emitido varias sentencias que han

---

221 OROMÍ i VALL-LLOVERA, S.: "Acceso a datos personales conservados por proveedores de servicios de comunicaciones electrónicas en investigaciones penales según el Tribunal de Justicia de la UE", *Revista de los Estudios de Derecho y Ciencia Política*, n.º 31, 2020, p. 6.

222 STJUE (Gran Sala) de 17 de octubre de 2013, *Michael Schwarz c. Stadt Bochum*, C-291/12.

223 STJUE (Gran Sala) 16 de diciembre de 2008, *Heinz Huber c. Bundesrepublik Deutschland*, C-524/06.

224 STC 254/1993, de 20 de julio.

225 STC 292/2000, de 30 de noviembre.

profundizado en su alcance y han revisado la constitucionalidad de diversas leyes relacionadas. El TC declaró inconstitucional en 2000 el último inciso del art. 21.1, un inciso del art. 24.1 y el art. 24.2 de la Ley 15/1999[226]. Más recientemente, se ha declarado inconstitucional el art. 58.1 bis de la Ley Orgánica 5/1985, de 19 de junio de Régimen Electoral General (LOREG) incorporado por el apartado 2 de la disposición final tercera de la LOPDGDD, que permitía a los partidos políticos en el marco de sus actividades electorales recopilar datos personales relativos a las opiniones políticas de los ciudadanos (FJ 6).

El TC ha delimitado el uso de datos personales a través del auto 29/2008, de 28 de enero, donde Comisiones Obreras solicitaba a la Tesorería General de la Seguridad Social (TGSS) unos listados de datos personales. Tanto la TGSS como los órganos judiciales denegaron la cesión masiva de datos, siguiendo el criterio de la AEPD, que distingue entre: (i) el análisis y seguimiento individualizado en un caso concreto; (ii) el suministro generalizado e indiscriminado de toda la información contenida en un registro personal, que era lo solicitado por el sindicato (FJ 4). El TC indicó que la compilación y uso de datos en el ámbito sindical debe seguir lo establecido por el FJ 6 de la STC 292/2000, de 30 de noviembre, es decir, previo consentimiento del titular y con la obligación de los poderes públicos de garantizar y prevenir los riesgos.

3.2. Tribunal Supremo

El Tribunal Supremo es el máximo órgano jurisdiccional español en todos los ámbitos, excepto en las garantías constitucionales (art. 123.1 CE). En los últimos años este Alto Tribunal se ha pronunciado en varias ocasiones sobre el alcance del derecho a la protección de datos, considerando la normativa nacional y de

[226] Todas las sentencias mencionadas en este párrafo han sido analizadas en el Capítulo I.

la UE[227]. Ejemplo de ello es la Sentencia del Tribunal Supremo (en adelante, STS) 3896/2014[228], que reconoció que la IP es un dato personal, llegando a la misma conclusión que el STJUE en el asunto *Productores de Música de España (Promusicae) c. Telefónica de España* (FJ 4°)[229].

La STS 1103/2016[230], apoyada en la *Sentencia Google España* (2014), indicaba que la persona física o jurídica que gestiona los motores de búsqueda de Internet, tiene la consideración de responsable del tratamiento y le corresponde adoptar las medidas para garantizar los derechos del afectado (FJ 1°).

En el ámbito policial y judicial penal, la STS 7412/2012[231] explora la publicación en el Boletín Oficial de la Ciudad Autónoma de Melilla del fallo literal de la sentencia que condenaba a un Policía Local por abusos sexuales. Esto, a su vez, se incorporó a la web oficial y era accesible por el público. Se determinó que había existido una infracción grave de la LOPD. Por el contrario, la STS 2773/2017[232] señaló que no se produce una violación al derecho fundamental a la protección de datos cuando, aunque no se recabe el consentimiento del interesado, el destinatario de los datos es el Ministerio Fiscal.

Tampoco existe esta vulneración cuando los Mossos d'Esquadra publicaron una foto del demandante en su página web, de modo

---

227 ORTEGA EXPÓSITO, G. M.ª.: *Transparencia versus Protección de Datos (I)*, 2016. Se puede consultar aquí: https://elderecho.com/transparencia-versus-proteccion-de-datos-i

228 STS (Sala 3.ª, Sección 6.ª) 3896/2014 (n.º recurso 6153/2011), de 3 de octubre de 2014.

229 STJUE (Gran Sala) de 29 de enero de 2008, *Productores de Música de España (Promusicae) c. Telefónica de España S.A.U*, C-275/06.

230 STS (Sala 3.ª, Sección 6.ª) n.º 1103/2016 (n.º recurso 804/2015), de 15 de marzo de 2016.

231 STS (Sala 3.ª, Sección 6.ª) n.º 7412/2012 (n.º recurso 3045/2010), 13 de noviembre de 2012.

232 STS (Sala 3.ª, Sección 4.ª) n.º 2773/2017 (n.º recurso 1226/2016), 12 de julio de 2017.

restringido y durante un mes, para la identificación de la persona por actos vandálicos; la medida estaba justificada por la finalidad de investigar los delitos y averiguar la identidad de sus presuntos responsables[233].

En la STS 2865/2015[234], se justificó la inclusión de un preso en el sistema FIES (fichero de internos de especial seguimiento) sin necesidad de su consentimiento dada su relevancia para la gestión penitenciaria (FJ 1º).

En la STS 531/2018[235], el SEPRONA de la Guardia Civil se valió de la aplicación SIGO para incluir datos relevantes en una investigación en las diligencias que aportó al Juzgado. Se consideró que el acceso era correcto y legítimo, así como también lo eran los datos incluidos en SIGO, que no requieren para su incorporación el consentimiento del afectado (FJ 2º y 8º).

La STS 4439/2021[236] abordó la cesión de antecedentes penales al Registro Central de Penados por un policía nacional autorizado siguiendo la normativa de protección de datos. El TS concluyó que la cesión realizada sin consentimiento del titular está amparada por las excepciones contempladas en la normativa.

En contrario, la STS 124/2022[237] consideró que había habido una infracción a la normativa de protección de datos al considerar excesivo el tratamiento de la información personal obtenida. El demandante entregó voluntariamente su teléfono móvil para el análisis de unos mensajes intercambiados con una compañera

---

233 STS (Sala 2.ª, Sección 1.ª) n.º 122/2018 (n.º recurso 1081/2016), 26 de enero de 2018.

234 STS (Sala 3.ª, Sección 3.ª) n.º 2865/2015 (n.º recurso 183/2014), 29 de junio de 2015.

235 STS (Sala 3.ª, Sección 5.ª) n.º 531/2018 (n.º recurso 3257/2016), 20 de febrero de 2018.

236 STS (Sala 3.ª, Sección 5.ª) n.º 4439/2021 (n.º recurso 7919/2020), 23 de noviembre de 2021.

237 STS (Sala 3.ª, Sección 6.ª) n.º 1240/2022 (n.º recurso 112/2021), 24 de marzo de 2022.

Guardia Civil que lo acusaba de abuso de autoridad. Sin embargo, el registro no se circunscribió a estos mensajes, sino a toda la actividad del dispositivo, no relevante para la investigación.

Tras el análisis realizado sobre las diferentes decisiones jurisprudenciales que inciden directamente en España, se refleja un diálogo multinivel continuo[238].

La senda establecida por las sentencias del TEDH y por las del TJUE es tenida en cuenta por nuestros Tribunales en la interpretación de las leyes y en su la aplicación. Es más, en numerosas sentencias españolas se ha hecho referencia a pronunciamientos de estos órganos en su fundamentación jurídica. Lo anterior no será óbice para que, en otros capítulos posteriores, se suscite la problemática de las posibles divergencias entre las instancias europeas (entre el TEDH y el TJUE) y el impacto que ello puede tener en la solución alcanzada a nivel interno para enfrentarse a ese eventual dilema, a la luz del principio *pro personae.*

---

238 PÉREZ MANZANO, M.: "El Tribunal Constitucional ante la Tutela Multinivel de Derechos Fundamentales en Europa. ATC 86/2011, de 9 de junio", *Revista Española de Derecho Constitucional*, n.º 95, pp. 311-345.

Capítulo III.

Instrumentos específicos de cooperación policial y judicial penal a la luz de los retos presentes y futuros

1. PRINCIPALES HITOS EVOLUTIVOS DE LA COOPERACIÓN POLICIAL Y JUDICIAL PENAL EN EL ÁMBITO EUROPEO: ESPECIAL CONSIDERACIÓN DE LA UNIÓN EUROPEA

La cooperación policial y judicial en Europa tiene raíces históricas, con registros de iniciativas desde el siglo XVIII[239]. Sin embargo, durante varias décadas, esta cooperación no fue muy frecuente, debido a un enfoque nacional sobre el crimen y la reticencia a compartir información[240].

1.1. Cooperación policial y su evolución

El inicio formal de la cooperación policial de los EEMM se sitúa en 1976 con la creación del "Grupo Trevi", una red intergubernamental formada por representantes de los Ministerios de Justicia e Interior en respuesta a las críticas hacia la inactividad de Interpol y el crecimiento de las actividades terroristas europeas y no europeas en los años 60, especialmente tras los ataques en los Juegos Olímpicos de Múnich[241].

---

239 Para un mayor desarrollo, consultar en ADEN, H: *Police Cooperation in the European Union under the Treaty of Lisbon. Opportunities and Limitations*, Alemania, Nomos Verlagsgesellschaft, 2015, pp. 26-30.

240 GUTIÉRREZ ZARZA, A.: *Exchange of Information and Data Protection in Cross-border Criminal Proceedings in Europe*, Springer, 2015, p. 18.

241 OCCHIPINTI, J. D.: *The politics of EU police cooperation: toward a European FBI?*, Colorado (EE. UU.), Lynne Rienner Publishers, Inc., 2003, p. 31.

La labor de este Grupo se potenció con iniciativas importantes como: el Documento de Palma (1989), que impulsaba un enfoque coordinado en justicia e interior[242]; el Programa de Acción aprobado por los Ministros de Justicia e Interior en Dublín (1990)[243]; la creación de la Unidad de Drogas de Europol (precursora de EUROPOL[244]) y el Grupo ad hoc para la Delincuencia Internacional (1992)[245]. Finalmente, tras la entrada en vigor del Tratado de Maastricht el Grupo Trevi fue absorbido en el tercer pilar[246] .

Otro hito fundamental que marcó el desarrollo de la cooperación policial y judicial fue la supresión gradual de las fronteras internas, facilitando la libertad de movimientos en todos los aspectos, incluido el de personas.

Este proceso comenzó el 14 de junio del año 1985 con la aprobación del Acuerdo Schengen entre Bélgica, Francia, Alemania, Luxemburgo y los Países Bajos. Posteriormente, firmaron el Convenio de Schengen el 19 de junio de 1990[247], que completa el Acuerdo y define las condiciones y las garantías para establecer un espacio sin controles en las fronteras interiores. El Acuerdo y el Convenio, junto con los acuerdos y normas relacionados, conforman el «acervo de Schengen», que se integró en el marco de la UE en 1999[248]. Si bien en su origen fueron cinco Estados los

---

242 https://eur-lex.europa.eu/ES/legal-content/summary/the-gradual-establishment-of-an-area-of-freedom-security-and-justice.html

243 BUNYAN, T.: "Trevi, Europol and the European state", en BUNYAN, T.: *Statewatching the new Europe: a handbook on the European state*, Statewatch, 1993. Se puede consultar aquí: https://www.statewatch.org/media/documents/news/handbook-trevi.pdf

244 ALLÍ TURRILLAS, I.: *Prevención de la delincuencia grave y organizada en la Unión Europea: De la cooperación a la integración*, Madrid, Editorial Dykinson, 2016, p. 117.

245 El objetivo de este grupo era crear una definición de crimen organizado.

246 OCCHIPINTI, J. D.: *op. cit.*, p. 39.

247 Su entrada en vigor no fue hasta 1995.

248 Con la entrada en vigor del Tratado de Ámsterdam (*Protocolo por el que se integra el acervo de Schengen en el marco de la Unión Europea*). En la doctrina

firmantes, en la actualidad cuenta con 29 países miembros, siendo 25 de ellos países UE (no forman parte del espacio Schengen, por el momento, Chipre y Irlanda), a los que se le suman Islandia, Liechtenstein, Noruega y Suiza.

El Acuerdo proporciona medidas detalladas para la supresión de los controles en las fronteras interiores, circulación de personas, policía y seguridad, el Sistema de Información de Schengen ("SIS"), transporte y circulación de mercancías, protección de datos personales y definiciones estandarizadas[249]. Además, prevé la posibilidad que las policías de los EEMM adopten medidas de vigilancia transfronteriza y de persecución trasfronteriza que puede continuar puntualmente en el territorio del otro Estado miembro (art. 40 y 41 del Convenio)[250].

A raíz del Tratado de Maastricht, se produjeron dos cambios relevantes para el desarrollo de la cooperación policial: (i) la creación del tercer pilar de *Justicia y Asuntos de Interior* (JAI), que convirtió la cooperación policial y judicial en materia

---

se ha destacado que dicha integración comportó, en el caso de España, una transformación en nuestro orden constitucional, consistente en que la base habilitante que avala los efectos del espacio normativo Schengen pasó, de haber sido asumido en virtud del art. 94 CE, a estar fundamentado en el art. 93 CE: DONAIRE VILLA, F. J.: *La Constitución y el acervo de Schengen*, Valencia, Tirant lo Blanch, 2002, p. 91.

249 KLOSEK, J.: "The Development of International Police Cooperation within the EU and between the EU and Third Party States: A Discussion of the Legal Basis such Cooperation and the Problems and Promises Resulting Thereof", *American University International Law Review*, 14, 1999, pp. 619-620.

250 Hay limitaciones en cuanto a la duración de esta persecución transfronteriza en territorio de otra parte contratante, como ocurre en el caso de España con Portugal y España con Francia y en cuanto a las actualizaciones que pueden realizar las autoridades policiales, p. ej. prohibición de entrar en domicilios y lugares donde el público no tengan acceso; prohibición de la utilización del arma reglamentaria salvo legítima defensa o limitaciones en cuanto al registro. Para una información más detallada, véase el art. 41.5 y 7 del Acuerdo Schengen.

penal, terrorismo y delitos graves en intereses comunes de los EEMM[251]; (ii) la adopción del Convenio basado en el art. k.3 TUE[252], por el que se creaba Europol para mejorar la cooperación policial en la lucha del terrorismo, tráfico de drogas y otros delitos graves mediante un intercambio de información permanente, seguro e intensivo.

El Tratado de Ámsterdam (1999) reforzó notablemente la cooperación judicial y policial con la creación del *Área de Libertad, Seguridad y Justicia.* Este Tratado también renovó el Tercer Pilar[253]. Al primer pilar se destinaron los asuntos de asilo, control de las fronteras externas, política de inmigración. El tercer pilar, se centró en la cooperación policial y judicial en materia criminal[254]. Otra modificación importante fue la introducción de las "decisiones marco", limitadas a la cooperación judicial y policial en asuntos criminales. Estas solo se aplicaban a los EEMM y carecían de efecto directo, lo que restringía la capacidad del TJUE para supervisarlas realmente[255].

---

251 Art. K.1 TUE.

252 DOCE n.º C 316, de 27 de noviembre de 1995.

253 WEYEMBERGH, A.: "Chapter 4: History of the Cooperation ", en KOSTORIS, R. E. (ed.): *Handbook of European Criminal Law,* Springer, 2018, p. 182.

254 Plan de acción del Consejo y de la Comisión sobre la mejor manera de aplicar las disposiciones del Tratado de Ámsterdam relativas a la creación de un espacio de libertad, seguridad y justicia – Texto adoptado por el Consejo de Justicia y Asuntos de Interior de 3 de diciembre de 1998 *(OJ C 19, 23.1.1999, p. 1–15):* https://eur-lex.europa.eu/legal-content/ES/ALL/?uri=CELEX%3A31999Y0123%2801%29. "El objetivo declarado es prevenir y combatir la delincuencia al nivel que corresponda, «organizada o no, en particular el terrorismo, la trata de seres humanos y los delitos contra los niños, el tráfico ilícito de drogas y de armas, la corrupción y el fraude»".

255 ROZMUS, M., TOPA I., WALCAZK, M.: *Harmonisation of Criminal Law in the EU Regulation– The Current Status and the Impact of the Treaty of Lisbon,* 2010, p. 5. Se puede consultar aquí: https://portal.ejtn.eu/Documents/Themis/THEMIS%20written%20paper%20-%20Poland%201.pdf

El Tratado también incluyó la figura de la cooperación reforzada, permitiendo a los EEMM avanzar en proyectos conjuntos, eludiendo bloqueos por parte de otros EEMM. Estas iniciativas, entre las que se incluyen Schengen y el Tratado de Prüm, generaban un impacto *indirecto*, atrayendo a más países con el tiempo[256].

Tras esto, el 15 y 16 de octubre de 1999 el Consejo Europeo celebró una sesión especial en Tampere sobre la creación del *espacio de libertad, seguridad y justicia* en la Unión Europea. Durante esta sesión, la definición de este espació se sustentó en tres elementos principales: confianza mutua[257] , el principio de reconocimiento mutuo de las decisiones judiciales[258] y las bases de la creación de Eurojust para luchar contra las formas más serias de crímenes transnacionales[259].

Eventos como los ataques terroristas ocurridos en Estados Unidos el 11 de septiembre de 2001[260] y en Madrid, el 11 de marzo de 2004, impulsaron a la UE a la adopción del Programa de La Haya (2004)[261]. donde reconoció oficialmente que el intercambio de información entre autoridades policiales debería estar regido por

---

256 WEYEMBERGH, A.: *op. cit.*, p. 184.

257 *Ibidem, op. cit.*, p. 186.

258 Párrafo 33 de las Conclusiones del Consejo de Tampere.

259 Véase el párrafo 46 de las Conclusiones y que fue mencionado en el Tratado de Niza.

260 COM (2010) 385 final. Comunicación de la Comisión al Consejo y al Parlamento Europeo. "Panorama general de la gestión de la información en el espacio de libertad, seguridad y justicia" de 20 de julio de 2010, pp. 2-3: A raíz de este ataque terrorista, el Gobierno de los EE.UU. Puso en marcha su Programa de seguimiento de la financiación del terrorismo con el objetivo de desbaratas acciones similares mediante el control de las transacciones financieras. Además, la UE y EE.UU. Firmaron el Programa de Seguimiento de la Financiación del Terrorismo (Acuerdo TFTP UE– EE.UU.).

261 Programa de la Haya: consolidación de la libertad, la seguridad y la justicia en la Unión Europea (2005/C 53/01). Se puede consultar aquí: https://eur-lex.europa.eu/legal-content/ES/ALL/?uri=CELEX%3A52005XG0303%2801%29

el principio de disponibilidad (*availability*)[262]. El principio de *availability,* que en castellano podemos entender como el principio de *disponibilidad de la información*[263], va orientado a que los agentes de un EEMM puedan solicitar información relevante a otros y que dichas autoridades deben compartir información bajo ciertas condiciones, respetando los derechos fundamentales y la seguridad de las investigaciones[264]. En otras palabras, este principio aspira a garantizar la libertad de movimientos de la información[265].

Este intercambio de información debe seguir unas premisas: solo puede utilizarse para (1) realizar tareas legales; (2) garantizar la integridad de los datos a intercambiar; (3) proteger las fuentes de información y garantizar la confidencialidad; (4) aplicar normas comunes de acceso a los datos y normas técnicas comunes; (5) supervisar el respecto por la protección de datos, con controles antes y después del intercambio; (6) proteger a las personas contra el abuso de datos y permitirles corregir datos erróneos[266].

El Programa de la Haya también estableció diversas opciones para el acceso a la información, como la interoperabilidad entre bases de datos nacionales o el acceso directo a sistemas centrales de la UE, como el SIS, incluso para Europol[267].

---

262 GUTIÉRREZ ZARZA, A.: *Exchange of Information and Data Protection in Cross-border Criminal Proceedings in Europe, op. cit.*, p. 19.

263 Decisión marco 2006/960/JAI del Consejo, de 18 de diciembre de 2006, sobre la simplificación del intercambio de información e inteligencia entre los servicios de seguridad de los Estados miembros de la Unión Europea, conocida como "Iniciativa sueca". Esta Decisión Marco fue adoptada en 2006 antes de la entrada en vigor del Tratado de Lisboa. La Decisión Marco sueca sustituyó parcialmente el capítulo relativo a la cooperación policial del Convenio de aplicación del Acuerdo de Schengen de 1990.

264 Apartado 2.1 del Programa de La Haya, C 53/8.

265 WEYEMBERGH, A.: *op. cit.*, p. 187.

266 *Idem.*

267 Apartado 2.1 del Programa de La Haya, C 53/8.

Con el Tratado de Lisboa (2009) se introdujeron cambios importantes como la desaparición del "tercer pilar"[268], la potenciación de la protección de datos y la cooperación policial en asuntos criminales. La cooperación judicial y policial quedaban ahora sujetas, casi en su totalidad, al procedimiento legislativo ordinario, lo que evita que sean vetados por un Estado o por un pequeño número de miembros[269]. Dentro de esta actividad legislativa comenzaron a tomar especial relevancia las directivas[270].

Otra de las novedades es que el Tratado de Lisboa amplía significativamente las posibilidades de control judicial sobre el espacio de justicia penal de la UE[271]. Por último, los principios generales del derecho de la UE se aplican ahora a la policía y a la cooperación judicial en materia penal, incluida la primacía del Derecho de la UE y la exclusión de la reciprocidad[272].

Para finalizar, este instrumento internacional incluye la protección de datos establecida en su art. 16 TFUE, basado en el art. 8 CEDH, pero sin presencia todavía de un estándar común[273].

En 2010, el Consejo de Justicia y Asuntos de Interior adoptó la *Estrategia de Seguridad Interna para la Unión Europea: hacia un modelo*

---

268 Bajo los auspicios del *tercer pilar*, la efectividad de la toma de decisiones porque la Comisión europea no tenía la posibilidad de obligar a los EEMM a implementar la legislación del tercer pilar con procedimientos sancionadores ADEN, H: *op. cit.*, p. 16.

269 WEYEMBERGH, A.: *op. cit.*, p. 190.

270 Teniendo un efecto más directo que el generado por las decisiones o por las decisiones marco del antiguo tercer pilar.

271 WEYEMBERGH, A.: *op. cit.*, p. 190.

272 *Ibidem*, p. 191.

273 Un balance de dicha jurisprudencia en la Ficha temática sobre la protección de los datos de carácter personal que aparece en la propia web del TJUE, actualizada a noviembre 2021. https://curia.europa.eu/jcms/upload/docs/application/pdf/2018-10/fiche_thematique_-_donnees_personnelles_-_es.pdf.

de Seguridad europeo[274] y bajo el convencimiento de que la seguridad es en sí misma un derecho básico, se proponía el desarrollo de un modelo de intercambio de información.

Finalmente, aunque centrada en el ámbito de la UE, esta cooperación se extiende a otros países del espacio Schengen y otros países europeos, miembros o no del Consejo de Europa. Igualmente, a numerosas de las iniciativas, agencias y bases de datos de cooperación no solo le es aplicable la normativa de protección de datos producida por la UE, sino también el Convenio 108 CdE y la Recomendación policial R (87) 15 CdE[275].

1.2. Interacción entre la cooperación policial y judicial y la protección de datos

La Comisión europea afirma que la protección de los derechos fundamentales, como la intimidad y la protección de los datos personales, será prioritaria en sus propuestas relacionadas con la seguridad interior y la gestión de la migración[276]. Este compromiso incluye aplicar el enfoque de *intimidad mediante el diseño,* integrando la protección de datos desde el desarrollo de las herramientas tecnológicas[277].

Sin embargo, la interferencia en estos derechos por parte de las autoridades públicas es posible bajo ciertas condiciones, enmarcadas en el art. 16 TFUE, en el art. 8 CDFUE y en el art. 8.2 CEDH, además de las normativas específicas de cada iniciativa, agencia o sistema de información de la UE.

El art. 8.2 CEDH recoge las tres condiciones necesarias para limitar el derecho a la intimidad: (i) previsión por ley — el TEDH

---

[274] Se puede consultar el texto completo aquí: https://www.consilium.europa.eu/media/30753/qc3010313enc.pdf

[275] Ver Anexo II, COM (2010) 385 final, pp. 47-59.

[276] *Ibidem*, p. 27.

[277] *Ibidem*, p. 8.

acota que no implica la necesidad de una regulación de cierta "calidad"[278], esto es, que sea clara, previsible y suficientemente accesible —[279] ; (ii) persecución de un fin legítimo, lo que sucede cuando sea necesaria para la seguridad nacional, la seguridad pública, el bienestar económico del país, la defensa del orden y la prevención de las infracciones penales, la protección de la salud o de la moral, o la protección de los derechos y las libertades de los demás; (iii) necesidad en una sociedad democrática, que debe justificarse por su relevancia en el ámbito penal como han analizado sentencias como *Murray c. Reino Unido,* §§92-93; *Suprunenko c. Rusia,* §§63– 65; *S. y Marper c. Reino Unido,* §88.

En el ámbito de la UE se considerará que la limitación de la protección de datos en función de la labor policial y judicial quedará justificada en base a los *principios de subsidiariedad y proporcionalidad*[280]. El principio de subsidiariedad implica que la UE solo actúa si los objetivos no pueden lograse eficazmente a nivel nacional[281], con esto se ha pretendido conectar la eficacia del principio de subsidiariedad con "aclarar el reparto competencial que ha de regular las relaciones entre la UE y los EEMM"[282]. Por su parte, el principio de proporcionalidad significa que el contenido y la forma de la acción de la Unión no excederán de lo necesario para alcanzar los objetivos de los Tratados[283].

---

278 STEDH (Sala), *Halford c. Reino Unido,* 25 de junio de 1997, §49.

279 STEDH (Sala), *Silver y otros c. Reino Unido,* 25 de marzo de 1983, §87.

280 Artículo 5 del Tratado de la Unión Europea (TUE) y Protocolo n.º 2 sobre la aplicación de los principios de subsidiariedad y proporcionalidad.

281 Art. 5.2 TUE.

282 MARTÍNEZ ALARCÓN, M.ª L.: "El principio de subsidiariedad en el Tratado de Lisboa", *Parlamento y Constitución. Anuario,* n.º 13, 2010, p. 168.

283 Art. 5.4 TUE.

2. INICIATIVAS, CUERPOS O AGENCIAS Y SISTEMAS DE INFORMACIÓN Y BASES DE DATOS EN LA UNIÓN EUROPEA

A partir del recorrido histórico sobre la cooperación nacional, procede ahora analizar los instrumentos actuales siguiendo la clasificación efectuada por GUTIÉRREZ ZARZA[284], que los divide en iniciativas, cuerpos o agencias y sistemas de información y bases de datos. Estos mecanismos, aunque diseñados con finalidades específicas, pueden solaparse en la recopilación y tratamiento de datos personales[285].

2.1. Sistemas de información y bases de datos

2.1.1. Sistema de Información Schengen (SIS)

a) ¿Qué es el SIS?

El Sistema de Información Schengen (en adelante, SIS) fue creado inicialmente de conformidad con las disposiciones del título IV del Convenio de aplicación del Acuerdo de Schengen[286]. Desde que vio la luz el 26 de marzo de 1995 hasta la actualidad, ha evolucionado hasta su versión más reciente, el SIS-RECAST, en funcionamiento desde el 7 de marzo de 2023. El SIS-RECAST mejora el intercambio de información y cooperación, aporta nuevas posibilidades para la localización e identificación de personas, refuerza los controles en las fronteras exteriores e incluye herra-

---

284 GUTIÉRREZ ZARZA, A.: *E Exchange of Information and Data Protection in Cross-border Criminal Proceedings in Europe, op. cit.*, pp. 4-5.

285 COM (2010) 385 final., pp. 24-25.

286 Considerando 2 del REGLAMENTO (UE) 2018/1862 DEL PARLAMENTO EUROPEO Y DEL CONSEJO de 28 de noviembre de 2018 relativo al establecimiento, funcionamiento y utilización del Sistema de Información de Schengen (SIS) en el ámbito de la cooperación policial y de la cooperación judicial en materia penal, por el que se modifica (en adelante, Reglamento SIS).

mientas adicionales para combatir la delincuencia organizada, el terrorismo y la inmigración irregular[287].

El SIS opera en 29 países miembros, no todos ellos pertenecientes al acervo Schengen[288]. Su objetivo es mantener un alto nivel de seguridad en el espacio de libertad, seguridad y justicia de la Unión, apoyando a guardias de fronteras, servicios policiales, autoridades aduaneras, autoridades de inmigración y autoridades responsables de la prevención, la detección, la investigación o el enjuiciamiento de infracciones penales o la ejecución de sanciones penales[289]. Para ello se valdrá de la descripción sobre personas y objetos, el intercambio de información complementaria y datos adicionales[290].

Su base jurídica se encuentra en el Convenio de aplicación del Acuerdo de Schengen (arts. 92 – 101), el Reglamento (CE) n.º 1987/2006 y Decisión 2007/533/JAI, sobre la segunda generación del SIS (SIS II) y el Reglamento (UE) 2018/1862, que refuerza su uso en cooperación policial y judicial (en adelante, Reglamento SIS).

b) Cómo funciona

El Sistema de Información Schengen (SIS) se organiza en tres componentes principales (art. 4):

(1) El sistema central, que incluye la unidad de apoyo técnico (CS-SIS) y la interfaz nacional uniforme (NI-SIS).

---

287 Se puede consultar toda la información aquí: https://www.interior.gob.es/opencms/eu/servicios-al-ciudadano/tramites-y-gestiones/extranjeria/acuerdo-de-schengen/sistema-de-informacion-schengen/

288 COM (2016) 880 final. COM (2016) 880 final. Informe de la Comisión al Parlamento Europeo y al Consejo “sobre la evaluación del Sistema de Información de Schengen de segunda generación (SIS II) de conformidad con el artículo 24, apartado 5, el artículo 43, apartado 3 y el artículo 50, apartado 5, del Reglamento (CE) n.º 1987/2006 y el artículo 59, apartado 3, y el artículo 66, apartado 5, de la Decisión n.º 2007/533/JAI COM (2016) 880 final, p. 4.

289 Considerando 1, Reglamento SIS.

290 Véase las definiciones del art. 3 Reglamento SIS.

(2) El sistema nacional (N.SIS) en cada Estado miembro que se conecta al SIS Central y que incluirá al menos un N.SIS de respaldo nacional o compartido.

(3) La infraestructura de comunicación, proporciona una red virtual codificada que conecta el sistema central y las copias de seguridad con los sistemas nacionales, garantizando un intercambio continuo en las oficinas Sirene que operan 24/7.

En España, la Secretaría de Estado de Seguridad es la encargada de la dirección y coordinación de la cooperación policial internacional, especialmente con Europol, Interpol, Sirene[291]. A nivel operativo, la División de Cooperación Internacional de la Dirección General de la Policía gestiona la Oficina Central Nacional de Interpol, la Unidad Nacional de Europol y la Oficina Sirene[292].

Cada Estado miembro será responsable de la creación, funcionamiento, mantenimiento y el ulterior desarrollo de su N.SIS y de conectarlo a la NI-SIS. Además, garantizará la disponibilidad ininterrumpida de los datos del SIS para los usuarios finales y transmitirá sus descripciones a través de su N.SIS (art. 9). La Agencia de la UE para la Gestión Operativa de Sistemas Informáticos de Gran Magnitud (en adelante, eu-LISA) se encarga de la gestión operativa del sistema central y de la red (N. SIS y Sirene) (art. 7.3).

A pesar de su estructura, el SIS enfrenta problemas sobre la gestión que cada país realiza sobre estos instrumentos. Algunos EEMM no introducen toda la información relevante, aunque esté disponible a escala nacional. Además, no toda la información disponible en la descripción del SIS se muestra a los usuarios finales porque algunos países no han implementado herramientas avanzadas. Finalmente, a menudo las oficinas Sirene no cuentan con

---

291 Art. 2.1, d) del Real Decreto 207/2024, de 27 de febrero, por el que se desarrolla la estructura orgánica básica del Ministerio del Interior (en adelante, RD 207/2024).

292 Art. 3.2, e) RD 207/2024.

el personal y los recursos suficientes. Estos problemas limitan la eficacia del sistema y la seguridad en las fronteras exteriores de Schengen[293].

c) Las autoridades que pueden acceder al SIS

Las autoridades competentes para el acceso a los datos del SIS pueden dividirse en dos grupos: (1) autoridades nacionales competentes; (2) otros organismos de la UE.

Las autoridades nacionales pueden acceder al SIS para: controles fronterizos; policiales y aduaneros; la prevención, detección, investigación o enjuiciamiento de delitos de terrorismo u otros delitos graves o la ejecución de sanciones penales; examinar de las condiciones de entrada y estancia de nacionales de terceros países y la toma de decisiones sobre ellas; la realización de inspecciones de seguridad a nacionales de terceros países que soliciten protección internacional (art. 44.1). El derecho de acceso a los datos del SIS y el derecho a consultarlos directamente podrán ser ejercidos por las autoridades nacionales competentes responsables de las naturalizaciones[294]. Estos derechos podrán ser ejercidos asimismo por las autoridades judiciales nacionales (art. 44).

Otros organismos de la UE también pueden acceder a los datos contenidos en el SIS, como Europol (art. 48), los miembros nacionales de Eurojust y sus asistentes (art. 49), la Guardia Europea de Fronteras y Costas (en adelante, Frontex), así como los equipos de apoyo a la gestión de la migración (art. 50).

Finalmente, los datos del SIS no se transmitirán ni se pondrán a disposición de terceros países ni de organizaciones internacionales,

---

293 COM/2022/301 final/2. Comunicación de la Comisión al Parlamento Europeo, al Consejo Europeo, al Consejo, al Comité Económico y Social Europeo y al Comité de las Regiones. "Informe sobre el estado de Schengen 2022" de 24 de mayo de 2022, p. 24.

294 Se entiende que habla de la adquisición de la nacionalidad por parte de un extranjero.

quedando así prohibidas las transferencias de datos personales a terceros (art. 65).

d) Datos que acceden al SIS y cómo se protegen

El SIS contiene dos categorías de datos: (1) información sobre las personas; (2) información sobre los objetos.

Respecto de las personas, se incluyen descripciones relacionadas con la detención para entrega o extradición (art. 26), personas desaparecidas o vulnerables a quienes se debe impedir viajar (art. 32), aquellas buscadas para procedimientos judiciales (art. 34) o para controles discretos de investigación (art. 36).

En específico, las descripciones sobre personas y objetos a efectos de controles discretos de investigación o específicos podrán introducirse para el cumplimiento de determinadas finalidades cuando: (i) haya indicios claros de que una persona pretende cometer o está cometiendo determinado delitos; (ii) la información sea necesaria para la ejecución de una pena de privación de libertad o una orden de detención; (iii) la evaluación global de una persona sobre la base de hechos delictivos anteriores permita suponer que también podría cometer en el futuro dichos delitos.

De entre los datos que los EEMM incluyen en el SIS (art. 20), destacan las fotografías, imágenes faciales, datos dactiloscópicos y perfiles de ADN, para confirmar o determinar la identidad de personas localizadas tras consultas en el sistema (arts. 43.1 y 43.2). En el futuro, se prevé utilizar fotografías e imágenes faciales en pasos fronterizos, sujeto a la evaluación de fiabilidad tecnológica por parte de la Comisión (art. 43.4).

En relación con la conservación de los datos, el art. 57 limita los ficheros nacionales de datos del SIS a un máximo de 3 años, salvo disposición contraria en la normativa nacional. El art. 59 atribuye a los EEMM la responsabilidad de garantizar la calidad, exactitud y actualización de los datos (art. 59). En referencia a esto último, el Informe de la Comisión al Parlamento Europeo y al Consejo del año 2016 sobre la evaluación del SIS[295], señala problemas de efectividad cuando, al crear descripciones, los EEMM introducen datos incorrectos o incompletos.

El Capítulo XVI del Reglamento SIS aborda la protección de datos, aplicando normativas específicas como el Reglamento (UE) 2018/1725 para eu-LISA, Frontex y Eurojust y el Reglamento Europol con respecto al tratamiento de datos personales realizado por Europol (art. 66.1). Asimismo, la Directiva (UE) 2016/680 será aplicable al tratamiento de datos personales del SIS realizado por las autoridades y servicios nacionales competentes para fines penales (art. 66.2). Cuando la finalidad del tratamiento quede fuera del ámbito de aplicación de las anteriores, la norma aplicable será el RGPD (art. 66.3).

Además, los interesados podrán ejercer los derechos de acceso, rectificación y supresión (art. 67), aunque existen excepciones justificadas por razones de seguridad o investigaciones penales (art. 68.3).

Para finalizar, en el Informe sobre el estado de Schengen 2022 [296] la Comisión señala algunas deficiencias, tales como insuficiencia de recursos en algunas autoridades de protección de datos, auditorías inadecuadas, periodos de conservación desajustados y formación insuficiente para los usuarios del sistema[297]. Aunque el SIS es crucial para la cooperación policial transfronteriza[298]., persisten retos en la implementación uniforme de medidas de protección de datos en todos los EEMM[299].

---

295 COM (2016) 880 final, p. 12.

296 COM/2022/301 final/2. Comunicación de la Comisión al Parlamento Europeo, al Consejo Europeo, al Consejo, al Comité Económico y Social Europeo y al Comité de las Regiones. "Informe sobre el estado de Schengen 2022" de 24 de mayo de 2022.

297 *Ibidem*, pp. 25-26.

298 COM (2016) 880 final, p. 9.

299 Para un análisis más profundo de las debilidades de Schengen se puede consultar: BELLANOVA, R. y GLOUFTSIOS, G.: "Controlling the

2.1.2. Sistema de Información de Visados (VIS)

a) ¿Qué es el VIS?

El Sistema de Información de Visados (en adelante, VIS) surge tras los atentados del 11 de septiembre de 2001 como un mecanismo para el intercambio de información sobre visados de corta duración[300] entre los EEMM de la UE adheridos a Schengen[301]. Formalizado por la Decisión del Consejo, de 8 de junio de 2004, su implementación gradual se completó entre 2011 y 2016. Actualmente, está regulado en el Reglamento (CE) n.º 767/2008 del Parlamento Europeo y del Consejo, de 9 de julio de 2008 (en adelante, Reglamento VIS) y su implementación es completa[302].

El sistema busca facilitar la gestión de solicitudes de visados para estancia de corta duración, prevenir conflictos sobre responsabilidades del examen de la solicitud, combatir el fraude, mejorar los controles fronterizos, identificar a personas en situación irregular y contribuir a la seguridad interior de los EEMM.

b) Cómo funciona y que autoridades que pueden acceder al VIS

El VIS opera en una arquitectura centralizada formada por[303]:

(1) El registro común de los datos de identidad (RCDI).

Schengen Information System (SIS II): The Infraestructural Politics of Fragility and Maintenance", *Geopolitics,* vol. 27, 2022.

300 Consejo Extraordinario de Justicia e Interior de 20 de septiembre de 2001.

301 Considerando 9 Reglamento VIS.

302 SECRETARY OF THE VIS SUPERVISION COORDINATION GROUP: *Visa Information System Supervision Coordination Group,* Activity Report 2019-2020, p. 3. Se puede consultar aquí: https://edps.europa.eu/system/files/2022-02/22-02-08_vis-scg-activity-report-2019-2020_en_0.pdf

303 Art. 2 bis Reglamento (UE) 2021/1134 del Parlamento Europeo y del Consejo de 7 de julio de 2021 por el que se modifican los Reglamentos (CE) n.º 767/2008, (CE) n.º 810/2009, (UE) 2016/399, (UE) 2017/2226, (UE) 2018/1240, (UE) 2018/1860, (UE) 2018/1861, (UE) 2019/817 y (UE) 2019/1896 del Parlamento Europeo y del Consejo y por el que se derogan las Decisiones 2004/512/CE y 2008/633/JAI del

(2) Un sistema de información central ("el sistema central del VIS").

(3) Interfaces nacionales uniformes (INU) en cada Estado miembro.

(4) Una infraestructura de comunicación entre el sistema central del VIS y las INU.

(5) Un canal seguro de comunicación entre el sistema central del VIS y el sistema central del Sistema de Entradas y Salidas (SES).

Al recibir una solicitud, la autoridad competente en materia de visados creará sin demora el expediente correspondiente, introduciendo los datos necesarios y comprobará si el solicitante ha hecho una petición anterior. Si es así, vinculará el nuevo expediente de solicitud con el expediente anterior. En el caso de que el solicitante vaya con familiares, creará un expediente por cada uno de ellos y posteriormente los vinculará (art. 8 y 17).

El VIS también puede ser utilizado para consultar y solicitar documentos (art. 16), así como para preparar informes y estadísticas sin identificar a los solicitantes individuales (art. 17). Adicionalmente a ello, Europol tiene acceso a esta base de datos en el marco de sus funciones (art. 3).

Las autoridades encargadas de las fronteras en los EEMM tendrán acceso al VIS[304] para la verificación sobre: puntos de paso de las fronteras exteriores (art. 18), visados (art. 19), identificaciones (art. 20), determinación de la responsabilidad de examen de solicitudes de asilo (art. 21) y para el examen de las solicitudes de asilo (art. 22).

Consejo, a fin de reformar el Sistema de Información de Visados (de ahora en adelante Reglamento 2021/1134).

304 En este punto se prevé la interoperabilidad entre el VIS y el Sistema de Entradas y Salidas (en adelante, SES) con el fin de garantizar mayor eficacia y rapidez de los controles (art. 17 bis Reglamento VIS). Cabe indicar que, como se analizará posteriormente, el SES aún no se encuentra operativo.

Los datos obtenidos del VIS no se transmitirán ni se pondrán a disposición de un tercer país u organización internacional, salvo casos urgentes relacionados con la prevención del terrorismo y otros delitos graves (art. 3.3 y 31).

Desde junio de 2018, eu-LISA se encarga de la gestión operativa del sistema central del VIS (art. 27) y de las interfaces nacionales que se conectan con los sistemas nacionales de los EEMM [305].

c) Datos que acceden al VIS y cómo se protegen

En el VIS se registrarán datos alfanuméricos sobre el solicitante y el estado del visado (solicitado, emitido, denegado, anulado, retirado o ampliado), fotografías, huellas dactilares y vínculos con otras solicitudes (art. 5)[306]. Desde la reforma introducida por el Reglamento (UE) 2021/1134, las huellas dactilares solo se incluyen a partir de los seis años de edad (art. 22 bis).

En cuanto a la protección de datos, el VIS asegura que el uso de los datos sea necesario, apropiado y proporcional a sus fines (art. 7.1). Está prohibida la discriminación de cualquier tipo a los solicitantes (art. 7.2). De igual manera, cada Estado miembro garantizará la legalidad de la recogida de datos y de su transmisión al VIS, así como su exactitud y actualización (art. 29). Los EEMM velarán para que los datos se traten con todas las garantías jurídicas y, en particular, porque solo el personal debidamente autorizado tenga acceso al sistema.

Cada expediente de solicitud se almacenará en el VIS durante cinco años como máximo, salvo excepciones (art. 24) o supresión anticipada (art. 25). Al expirar este periodo, el VIS los suprimirá automáticamente (art. 23).

---

305 Información extraída de la página oficial. Se puede consultar aquí: https://eur-lex.europa.eu/ES/legal-content/summary/vis-regulation.html

306 Para saber los datos en concreto véase el art. 9, los arts. 10 a 14 y los apartados 3 y 4 del art. 8.

El EEMM proporcionará información al interesado sobre el tratamiento de sus datos y sus derechos de acceso, corrección de los datos inexactos o supresión de los tratados ilegalmente (art. 37 y 38). Si el ejercicio de estos derechos es denegado, los afectados pueden presentar reclamaciones o acciones judiciales en el EM correspondiente (art. 40).

Los EEMM cooperarán activamente para proteger los derechos de los interesados (art. 39). Adicionalmente, las autoridades de control de cada Estado miembro supervisarán con independencia la legalidad del tratamiento y la transmisión al VIS (art. 41). Por su parte, el Supervisor Europeo de Protección de Datos, velará para que cada cuatro años se lleve a cabo una auditoría de las actividades de tratamiento de la Autoridad de Gestión (art. 42).

El VIS ha logrado *interconectar* datos que, en un principio, se encontraban deslavazados, haciéndolos accesibles para los funcionarios consulares de los EEMM en terceros países, los guardias fronterizos que controlan el acceso al espacio Schengen, las administraciones de inmigración y los agentes de policía y cuerpos de seguridad interior[307].

2.1.3. Sistema europeo de comparación de impresiones dactilares de los solicitantes de asilo (Eurodac)

a) ¿Qué es Eurodac?

El Sistema europeo de comparación de impresiones dactilares de los solicitantes de asilo (en adelante, Eurodac) se creó en el 2000 a través del Reglamento (CE) n.º 2725/2000 del Consejo y opera desde 2003. Actualmente se rige por el Reglamento n.º 603/2013 (en adelante, Reglamento Eurodac), que será reemplazado

---

[307] GLOUFTIOS, G. y SCHEEL, S.: “An inquiry into the digitalisation of border and migration management: performativity, contestation and heterogeneous engineering”, *Third World Quaterly,* vol. 42, n.º 1, 2021, p. 7.

definitivamente el 12 de junio de 2026 por el Reglamento (UE) 2024/1358 (en adelante, nuevo Reglamento Eurodac)[308].

Inicialmente diseñado para facilitar la aplicación del Convenio de Dublín, Eurodac determina qué Estado miembro es responsable de examinar las solicitudes de protección internacional de nacionales de terceros países o apátridas. Sin embargo, su uso se ha ampliado para incluir la prevención, detección e investigación de delitos graves y terrorismo, lo que supone una injerencia en el derecho a la privacidad (Considerandos 1 y 13).

b) Cómo funciona

Eurodac se compone de:

(1) Una base central informatizada de datos dactiloscópicos (Sistema Central).

(2) Una infraestructura de comunicación entre el Sistema Central y los EEMM que proveerá una red virtual cifrada (Infraestructura de Comunicación).

A partir de la entrada en vigor del nuevo reglamento se incorporarán el registro común de datos de identidad (RCDI) y una infraestructura de comunicación segura entre el Sistema Central, el portal europeo de búsqueda y el RCDI[309].

---

308 Los artículos a los que se hará referencia durante el texto a continuación serán del actual Reglamento de Eurodac. Los artículos del nuevo Reglamento de Eurodac haciendo referencia a los elementos que se modifican con respecto al actual Reglamento se marcarán convenientemente en el texto.

309 Según el art. 3 nuevo Reglamento Eurodac. Según el Considerando 17 del mismo texto, el RCDI es el registro común de datos de identidad que fue establecido por el Reglamento 2019/818 (que será estudiado a continuación), que gestionará una base central informatizada de datos biométricos, datos alfanuméricos y, cuando se disponga de ella, una copia escaneada en color de un documento de identidad o de viaje, así como los medios electrónicos de transmisión entre Eurodac y los Estados miembros.

El responsable de la gestión operativa de Eurodac es también eu -LISA[310].

c) Las autoridades que pueden acceder a Eurodac

El Reglamento Eurodac en su art. 1.2 establece las condiciones en las que las autoridades de los EEMM y Europol solicitarán la comparación de datos dactiloscópicos con los almacenados en el Sistema Central de Eurodac. Con la entrada en vigor del nuevo Reglamento Eurodac el acceso se amplía para incluir tanto datos biométricos como alfanuméricos, destinados a la prevención, detección o investigación de delitos de terrorismo y otros delitos graves (art. 1.1, e).

Cada Estado miembro tiene un único Punto de Acceso Nacional (art. 3.2), que en España es la Comisaría de Extranjería y Fronteras. Cada EM designará las autoridades autorizadas a solicitar comparaciones con los datos de Eurodac de entre las responsables de la prevención, detección o investigación de los delitos de terrorismo o de otros delitos grave (art. 5). Además, designarán una autoridad verificadora cuya principal función será garantizar el cumplimiento de las condiciones para la solicitud de comparaciones[311].

En situaciones excepcionales que impliquen un peligro inminente, la autoridad verificadora puede autorizar la comparación inmediata de datos, verificando posteriormente la legalidad del procedimiento (art. 19.3)[312].

Se permite el acceso de Europol a Eurodac, para lo cual dispondrá de una unidad especializada como autoridad verificadora

---

310 Se puede consultar la información aquí: https://www.eulisa.europa.eu/Activities

311 Con la aplicación del nuevo Reglamento Eurodac también de comparaciones de otros datos biométricos o alfanuméricos (art. 5.2).

312 Misma regulación se establece en el art. 32.4 del nuevo Reglamento Eurodac, añadiendo la posibilidad de transmitir otros datos biométricos o alfanuméricos.

que actúe de manera independiente y garantice el cumplimiento de las condiciones de acceso y de una unidad operativa autorizada para solicitar comparaciones a través del Punto de Acceso Nacional del Estado miembro correspondiente (art. 7.1)[313].

Se prohíbe la transferencia de datos a terceros países, organismos internacionales o particulares, salvo disposiciones legales específicas (art. 35).

d) Datos que acceden a Eurodac y cómo se protegen

El Sistema Central de Eurodac almacena exclusivamente (art. 11): datos dactiloscópicos; información del solicitante (origen, lugar y fecha de la solicitud, sexo, número de referencia atribuido y determinadas fechas) y la identificación de usuario del operador[314].

Los datos de los solicitantes de protección internacional se conservarán durante diez años y se suprimirán automáticamente al expirar tal periodo (art. 12). Para los nacionales de terceros países o apátridas interceptados en cruces irregulares de fronteras, se conservarán en el sistema durante dieciocho meses (art. 16)[315].

---

313 Regulación contenida en el art. 21 Reglamento Eurodac y circunscrita solo a determinadas situaciones o a cuando otros sistemas no hayan permitido establecer la identidad del sujeto. Estas situaciones cambian y se aumentan en el art. 34 nuevo Reglamento Eurodac.

314 El nuevo Reglamento Eurodac aumenta en su art. 17 los datos que se podrán registrar incluyendo, entre otros: imágenes faciales; nombre o nombres y apellido o apellidos, nombre o nombres de nacimiento y nombres usados con anterioridad, así como cualquier alias que podrá registrarse separadamente; nacionalidad o nacionalidades; fecha de nacimiento; lugar de nacimiento; cuando estén disponibles, el tipo y número de documento de identidad o de viaje, el código de tres letras del país expedidor y la fecha de caducidad de dicho documento; cuando esté disponible.

315 Con la entrada en vigor del nuevo Reglamento Eurodac art. 29 este plazo desaparece y se incorpora un plazo de cinco años para otros supuestos más específicos.

El Capítulo VII, que se dedica a la protección de datos, señala que el Estado miembro de origen responderá de la legalidad, exactitud y actualización de los datos transmitidos (art. 23). Este Estado tendrá acceso a los datos que haya transmitido. Ningún Estado miembro puede buscar o recibir datos transmitidos por otro, salvo en los casos autorizados de comparación previstos (art. 27). La Agencia mantendrá registros de todas las operaciones del Sistema Central para garantizar la trazabilidad y el cumplimiento de la normativa (art. 28).

Los titulares de los datos incluidos en Eurodac serán informados por el Estado miembro de origen en su idioma o en uno que puedan entender al momento de la toma de huellas dactilares o transmisión de datos (art. 29).

Los sujetos podrán ejercer los derechos que les reconoce en la Directiva 95/46/CE (art. 29.4) (en la actualidad se realizarán a través del del RGPD o de la Directiva 2016/680, según la finalidad de su tratamiento). En el caso de que les sea denegado, podrán interponer recurso o si procede una denuncia ante las autoridades u órganos jurisdiccionales competentes (art. 14). Dentro de estos derechos, podrán solicitar la rectificación de los datos inexactos o la supresión de los datos ilegalmente registrados, que deberá de ser garantizada por el Estado miembro transmisor en un plazo razonable (art. 29.5).

Se limitará el tratamiento de los datos a efectos de la prevención, detección o investigación del caso específico para el que hayan sido solicitados por un Estado miembro o por Europol (art. 33.4).

La regulación de la protección de datos aplicable con el nuevo Reglamento Eurodac será distinta: (i) introduce el derecho a información (art. 42) y la posibilidad de que el interesado ejerza los derechos de acceso, rectificación, compleción y supresión de datos personales, así como el derecho de restricción del tratamiento según el RGPD (art. 43); (ii) refuerza la supervisión de la legalidad en el tratamiento de datos por autoridades nacionales y Europol (art. 47).

2.1.4. Sistema Europeo de Información de Antecedentes Penales (ECRIS)

a) ¿Qué es ECRIS?

ECRIS es un sistema descentralizado, operativo desde 2012, que permite el intercambio electrónico de información sobre antecedentes penales entre los EEMM[316]. Fue creado por la Decisión 2009/316/JAI del Consejo, de 6 de abril de 2009, que ha sido sustituida por la Directiva (UE) 2019/884 del Parlamento Europeo y del Consejo, de 17 de abril de 2019 (en adelante, Directiva ECRIS), pendiente de trasposición todavía en España[317].

b) ¿Cómo funciona?

ECRIS conecta las bases de datos de antecedentes penales de cada Estado miembro (art. 1 Directiva ECRIS) mediante (art. 11 bis):

(1) La aplicación de referencia ECRIS, que gestiona las solicitudes y respuestas.

(2) La infraestructura de comunicación cifrada que permite la transmisión segura entre autoridades centrales.

Cuando un Estado miembro necesite información de otro podrá presentar una solicitud de extractos de antecedentes penales y de información sobre dichos datos (art. 6). La información que proporcione el Estado requerido incluirá condenas en el Estado de nacionalidad del individuo y aquellas conocidas en otros Estados miembros (art. 7).

---

316 BLANCO QUINTANA, M.ª J.: "La comunicación de antecedentes penales entre los Estados. El Sistema Europeo de Información de Antecedentes Penales (ECRIS)", *Boletín del Ministerio de Justicia*, n.º 2155, 2013, p. 3.

317 En marzo de 2024, el Consejo de Ministros aprobó el Anteproyecto de Ley Orgánica pero todavía no se ha procedido a su tramitación. Se puede consultar la información aquí: https://www.mjusticia.gob.es/es/institucional/gabinete-comunicacion/noticias-ministerio/aplo-ecris

Los nacionales de los EEMM podrán solicitar a la autoridad de control de otro Estado miembro información sobre sus propios antecedentes penales (art. 6). La solicitud debe ser respondida de manera inmediata y, en cualquier caso, en un plazo no superior a diez días (art. 8).

c) Protección de datos y datos que pueden ser objeto de transmisión

Los datos personales comunicados solo podrán ser utilizados por el Estado miembro solicitante en el contexto del procedimiento penal para el cual fueron requeridos. Se admiten excepciones para prevenir una amenaza inminente y grave para la seguridad pública (art. 9).

Los datos que podrán transmitirse se dividen en tres categorías (art. 11):

(i) Información obligatoria: información básica del condenado (nombre, fecha de nacimiento y nacionalidad), detalles de la condena (fecha, tribunal, delito o pena o medidas de seguridad).

(ii) Información optativa: información adicional como nombres de los padres, número de referencia de la condena e inhabilitaciones.

(iii) Información complementaria: datos biométricos (huellas dactilares e imagen facial), números de identificación y alias.

2.1.5. Reglamento Prüm

a) ¿Qué es el Reglamento Prüm?

El Reglamento Prüm nace el 27 de mayo de 2005 a raíz de la cooperación reforzada llevada a cabo por Bélgica, Alemania,

España[318], Francia, Luxemburgo, Holanda y Austria, con la finalidad de establecer las bases para una colaboración gubernamental al margen del marco comunitario existente en materia judicial y policial.

Fue calificado como un instrumento de "falsa/verdadera cooperación reforzada"[319]. "Falsa" desde el punto de vista formal, porque el número de Estados inicialmente firmantes es inferior al de ocho exigido en aquella fecha por el TUE. "Verdadera", desde el punto de vista material, porque se alinea con los objetivos del art. 3 del TUE: "la prevención y lucha contra la delincuencia"[320].

Posteriormente a través de la Decisión JAI/615/2008, de 23 de junio, sobre la profundización de la cooperación transfronteriza, en particular en materia de lucha contra el terrorismo y la delincuencia transfronteriza, se consiguió incorporar parcialmente el Reglamento de Prüm al marco de la UE[321]. Mediante esta Decisión, todos los EEMM estaban obligados a unirse a esta red, intercambiando huellas dactilares, ADN y datos de matriculación de vehículos[322].

---

318 A través del Instrumento de ratificación de España del Convenio relativo a la profundización de la cooperación transfronteriza, en particular en materia de lucha contra el terrorismo, la delincuencia transfronteriza y la migración ilegal, hecho en Prüm el 27 de mayo de 2005, publicado en el BOE el 25 de diciembre de 2006.

319 ZILLER, J. : "Le Traité de Prüm. Une vraie-fausse coopération renforcée dans l'espace de sécurité, de liberté et de justice", *Revista de derecho constitucional europeo*, n.º 7, 2007, pp. 22-23.

320 MARTÍNEZ PÉREZ, F. y POZA CISNEROS, M.: *Módulo III, Tema 9, El principio de disponibilidad: antecedentes penales y Convenio de Prüm*, 5.ª ed., 2013, p. 12. Se puede consultar aquí: http://www5.poderjudicial.es/cvcp12-13/CVCP13-09-ES.pdf

321 *Idem.*

322 TOOM, V., GRANJA, R. y LUDWIG, A.: "The Prüm Decision as an Aspirational regime: Reviewing a Decade of Cross Border Exchange and Forensic DNA Data", *Forensic Science International*, 2019, p. 51. El Reglamento Prüm II en su Consideran 24 alude a esta arquitectura téc-

Finalmente, en el año 2024 se adoptó el Reglamento (UE) 2024/982, relativo a la búsqueda y al intercambio automatizados de datos para la cooperación policial por el que se modificó la anterior decisión (en adelante, Reglamento Prüm II).

b) Funcionamiento y datos objeto de transmisión

El objetivo de este Reglamento es establecer las condiciones y procedimientos para la búsqueda e intercambio automatizados de perfiles de ADN, datos dactiloscópicos, determinados datos de matriculación de vehículos, imágenes faciales y antecedentes penales, así como la búsqueda de personas fallecidas y la identificación de restos humanos no identificados entre los Estados miembros y entre estos y Europol[323] (Considerando 2 Reglamento Prüm II). Todo ello sin perjuicio de la introducción de descripción en el SIS sobre personas desaparecidas y el intercambio de información complementaria (Considerando 8).

Por tanto, el Reglamento Prüm II establece el "marco Prüm II" para el intercambio de información entre las autoridades penales de los EEMM, incluidos los servicios de policía, de aduana y otros con funciones coercitivas en materia de infracciones penales (Considerando 5).

De todos los datos mencionados, la participación y búsqueda en el intercambio automatizado de antecedentes policiales debe seguir siendo voluntaria. En aplicación del principio de

---

nica que implicó una conexión con cada EEMM participante en los intercambios, lo que implicó al menos veintiséis conexiones por Estado miembro, por categoría de datos.

323 Según los Considerandos 20 y 21, Europol debe ser incluido en este marco debido a la cantidad de datos biométricos de sospechosos y personas condenadas por delitos de terrorismo e infracciones penales, incluida información del cambio de batalla procedente de zonas de guerra que ha recibido en los últimos años. El objetivo es los EEMM puedan explotar plenamente esos datos. Como contrapartida, Europol debe poder contrastar los datos recibidos de las autoridades de esos terceros países con las bases de datos de los EEMM del marco Prüm II.

reciprocidad, los Estados miembros que decidan participar solo consultarán las bases de datos de los otros EEMM si ponen las suyas a su disposición. Para facilitar esta cooperación se crea el Sistema Europeo de Índice de Antecedentes Policiales (EPRIS) [324].

Para un intercambio efectivo de los datos entre los EEMM y entre ellos y Europol, se simplifica la arquitectura del marco Prüm II a través del enrutador (art. 24), que se utilizará por las autoridades para el acceso e intercambio de perfiles de ADN, datos dactiloscópicos e imágenes faciales (art. 36).

El enrutador se compone de (art. 35):

a) Una infraestructura central con una herramienta de búsqueda que permite consultar simultáneamente las bases de datos nacionales sobre índices de referencia de ADN, datos dactiloscópicos, imágenes faciales y datos de Europol.

b) Un canal de comunicación seguro entre la infraestructura central, las autoridades competentes autorizadas para utilizar el enrutador y Europol.

c) Una infraestructura de comunicación segura entre la infraestructura central y el Portal europeo de búsqueda.

Para asegurar el funcionamiento efectivo del enrutador, al conectarse un Estado miembro a través de sus puntos de contacto nacionales, se realizará una búsqueda automatizada que comparará todos los perfiles de ADN conservados en sus bases de datos con todos los conservados por los EEMM y por Europol. Durante la investigación de delitos, se realizarán búsquedas automáticas de nuevos perfiles de ADN, comparándolos

---

324 Considerando 18 Reglamento Prüm II. Este intercambio de antecedentes penales se debe entender sin perjuicio del intercambio de antecedentes penales a través del del Sistema Europeo de Información de Antecedentes Penales (ECRIS) establecido por la Decisión Marco 2009/315/JAI del Consejo (11) (Considerando 19).

con los existentes en las bases de datos de todos los Estados miembros y Europol (art. 6).

En cuanto a su modo de funcionamiento concreto, las autoridades competentes solicitarán una consulta mediante la transmisión de datos biométricos al enrutador, que a su vez la remitirá a las bases de datos de los EEMM y Europol. Tras recibir la solicitud, se realizará una consulta automatizada en las bases de datos y si existe una coincidencia, esta será enviada al enrutador; si no se encuentra, el solicitante también será notificado de inmediato (art. 37).

Para garantizar la interoperabilidad, las autoridades autorizadas podrán consultar el registro común de datos de identidad mediante el Portal europeo de búsqueda, siempre que existan motivos razonables para pensar que los datos sobre un sospechoso, autor o víctima de un delito de terrorismo o delito grave están conservados en dicho registro de datos de identidad (art. 39).

Cuando se detecte una coincidencia, el Estado miembro o Europol, enviarán al Estado solicitante, a través del enrutador, un conjunto de datos básicos en el plazo de cuarenta y ocho horas (art. 47 y 49).

Si la coincidencia confirmada se refiere a datos identificativos de una persona se incluirán como datos básicos, si están disponibles: nombre/s, apellido/s y alias, así como nombres o apellidos utilizados con anterioridad; fecha de nacimiento; nacionalidad/es; lugar y país de nacimiento; sexo; fecha y lugar en los que se obtuvieron los datos biométricos; infracción penal en relación con la cual se obtuvieron los datos biométricos; número de la causa penal; y, autoridad competente responsable de la causa penal (art. 47.4 y 49.6). Si son vestigios o datos no identificativos de una persona se incluirán como datos básicos, si están disponibles: fecha, lugar e infracción penal en los que se obtuvieron los datos biométricos; número de la causa penal y autoridad competente responsable (art. 47.5 y 49.6).

En cuanto al EPRIS, segundo elemento clave del marco Prüm II, se compondrá de (art. 42):

a) Una infraestructura descentralizada en los Estados miembros que cuente con una herramienta de búsqueda que permita consultar simultáneamente los índices de antecedentes policiales nacionales a partir de las bases de datos nacionales.

b) Una infraestructura central que apoye la herramienta de búsqueda para consultar simultáneamente los índices de antecedentes policiales nacionales.

c) Un canal de comunicación seguro entre la infraestructura central, los Estados miembros y Europol.

El procedimiento de consulta de los datos de ECRIS será el mismo mencionado en el enrutador (art. 44).

c) Condiciones para el tratamiento de datos personales

Durante una búsqueda automatizada, si se detecta una coincidencia con un perfil de ADN, dato dactiloscópico o imágenes faciales, el requirente recibirá de manera automatizada el índice de referencia correspondiente. El Estado requirente o el requerido podrán decidir confirmar una coincidencia entre estos datos y los de su base de datos, asegurándose la revisión de un miembro cualificado[325]. Asimismo, se adoptarán las medidas para garantizar la confidencialidad, integridad y calidad de los datos[326].

La búsqueda automatizada de imágenes faciales solo se realizará si la infracción penal perseguida está castigada con pena de prisión máxima de al menos un año (art. 20.1).

Respecto a los datos de matriculación, los EEMM permitirán que los puntos de contacto nacionales de otros EEMM y Europol tengan acceso a los datos del propietario o del titular del vehícu-

---

325 Art. 6, 13, 20 y 26 Reglamento Prüm II.

326 Art. 8, 11 y 22 Reglamento Prüm II.

lo y datos del vehículo. Las búsquedas se realizarán a través del número de bastidor o matrícula completo; o con los datos del propietario del vehículo si se trata de sospechosos o condenados (art. 16).

d) La protección de datos en el Reglamento de Prüm II

El tratamiento de los datos personales recibidos por un Estado miembro o por Europol se permitirá únicamente para los fines para los que se hayan proporcionado. Si los datos pretenden ser utilizados para otros fines, tendrá que permitirse por el otorgante. El tratamiento de los datos relacionados con la búsqueda automatizada de ADN, datos dactiloscópicos, datos de matriculación de vehículos, datos de imágenes faciales e índices de antecedentes policiales nacionales solo será permitido para: comprobar coincidencias; intercambiar conjuntos básicos de datos, preparar y presentar una solicitud policial o judicial de asistencia jurídica o conservar registros sobre matrículas de vehículos en eu-Lisa y EPRIS (art. 50).

Una vez obtenida la respuesta automatizada a la búsqueda, los datos recibidos por un Estado miembro o por Europol se suprimirán inmediatamente, salvo que se requiera su ulterior tratamiento para los fines del párrafo anterior o se autorice dicho tratamiento para otra finalidad.

Los EEMM y Europol garantizarán la exactitud y pertinencia de los datos personales. Si consideran que los datos son inexactos, desactualizados o no debiera haberlos proporcionado, lo comunicará sin demora indebida a los receptores o emisores. Todos los afectados por esta inexactitud rectificarán o suprimirán esos datos, sin demora indebida (art. 51.1).

Si un interesado impugna la exactitud de los datos, estos serán marcados y solo se podrán eliminar con su consentimiento o mediante decisión judicial o de la autoridad competente (art. 51.3).

Se suprimirán los datos que no debieron ser proporcionados o recibidos cuando no sean necesarios o haya transcurrido el plazo máximo de conservación establecido en la normativa de los

EEMM [327] o de Europol (art. 51.4). Cuando existan motivos para creer que la supresión podría perjudicar los intereses del interesado, se restringirá su tratamiento y solo podrán ser tratados para el fin para el cual se decidió no suprimirlos.

Finalmente, se permitirá la transferencia de datos personales a terceros países y organizaciones internacionales siguiendo lo previsto en la Directiva 2016/680 y a condición de que el Estado miembro requerido o Europol la autoricen previamente (art. 60).

2.1.6. Otras bases de datos en fase de desarrollo

a) Sistema de Entradas y Salidas (SES)

Con el fin de avanzar en la mejora de la gestión de las fronteras exteriores y, en particular, comprobar el cumplimiento de las disposiciones relativas al periodo de estancia[328] autorizada en los Estados miembros, se creó el Sistema de Entradas y Salidas (en adelante, SES) mediante el Reglamento (UE) 2017/2226 (en adelante, Reglamento SES).

El SES registra electrónicamente el momento y el lugar de entrada y salida de los nacionales de terceros países admitidos para una estancia de corta duración[329] en el territorio de los estados miembros y sustituye la obligación de sellar los pasaportes a nacionales de terceros países (Considerando 7 Reglamento SES). También registrará los datos personales de nacionales de terceros

327 Es decir, el periodo que cada Estado miembro haya prefijado en su legislación nacional en la trasposición de la Directiva 206/680.

328 Según la Ley Orgánica 4/2000, de 11 de enero, sobre derechos y libertades de los extranjeros en España y su integración social en su art. 30 "1. Estancia es la permanencia en territorio español por un período de tiempo no superior a 90 días, sin perjuicio de lo dispuesto en el artículo 33 para la admisión a efectos de estudios, intercambio de alumnos, prácticas no laborales o servicios de voluntariado".

329 Ya sea que estos necesiten de visado (art. 16 Reglamento SES) o que estén exentos (art. 17 Reglamento SES).

países a los que se les haya denegado la entrada (art. 18) y contribuirá a la prevención, detección e investigación de los delitos de terrorismo y otros delitos graves (Considerando 15).

El sistema tratará datos de identidad como (nombre, apellidos, fecha de nacimiento o nacionalidad), documentos de viaje (tipo, número, código de tres letras del país expedidor, fecha de expiración) y datos biométricos (imágenes faciales) (arts. 15-17). Los datos se conservarán durante tres años si se cumple con las normas de estancia y cinco años si se excede del periodo autorizado (art. 34).

Se podrán comunicar datos a terceros países, organizaciones internacionales, entidades privadas y Estados miembros no participantes del SES (arts. 44 y 45).

Aunque el Reglamento SES se adoptó en 2017, su fecha de entrada en funcionamiento no está concretada[330]. Eu-Lisa, como responsable de su desarrollo y administración, previó su operatividad a finales de mayo de 2023[331], fecha que ha sido pospuesta.

b) Sistema Europeo de Información y Autorización de Viajes (SEIAV).

El Sistema Europeo de Información y Autorización de Viaje (conocido como ETIAS — siglas en inglés — o SEIAV — según sus siglas en castellano), regulado en el Reglamento (UE) 2018/1240 (en adelante, Reglamento SEIAV), es un sistema informático creado con el objeto de reforzar los controles de seguridad de los nacionales de terceros países exentos de la obligación de visado para cruzar fronteras exteriores (art. 1 Reglamento SEIAV). Esto

---

330 Se puede consultar esta información aquí: https://eur-lex.europa.eu/ES/legal-content/summary/smart-borders-european-union-entry-exit-system.html#:~:text=El%20SES%20ser%C3%A1%20un%20sistema,de%20la%20obligaci%C3%B3n%20de%20visado.

331 Se puede consultar esta información aquí https://home-affairs.ec.europa.eu/policies/schengen-borders-and-visa/smart-borders/entry-exit-system_en

contribuirá a lograr un alto nivel de seguridad, a la prevención de la inmigración ilegal, a la protección de la salud pública, a aumentar la eficacia de las inspecciones fronterizas, y a la prevención, detección e investigación de delitos de terrorismo u otros delitos graves (art. 4).

El nacional de un tercer Estado que pretenda cruzar las fronteras deberá realizar una solicitud en línea cumplimentando un formulario con sus datos personales (Considerando 17 y arts. 15 – 17) y pagar una tasa de autorización del viaje, cuyos datos bancarios no serán almacenados (art. 18). Los expedientes de solicitud serán tramitados de forma automática, comparando los datos personales de la inscripción con el sistema central del SEIAV, el SIS, el SES, el VIS, Eurodac, los datos de Europol y las bases de datos de Interpol SLTD y TDAWN (Considerando 20). En la mayoría de los casos, la aprobación es inmediata, pero en algunos casos excepcionales, puede requerirse más información o una entrevista (Considerando 21 y arts. 19 y ss).

Los datos personales volcados a SEIAV solo deben ser tratados a efectos de evaluar si su entrada en la UE podrá suponer un riesgo para la seguridad, de inmigración ilegal o de epidemia (Considerando 22). La protección dispensada a estos datos personales será la regulada en el RGPD, pero si las solicitudes se evalúan a efectos de prevención, detección o investigación de delitos de terrorismo o delitos graves, se aplicará la Directiva 2016/680 (art. 57).

Los nacionales de terceros países podrán ejercer los derechos de acceso, rectificación, compleción y supresión de datos personales y restricción de su tratamiento, que podrán ser denegados por resolución motivada (art. 64).

Los datos personales no se compartirán con terceros países, salvo en casos excepcionales, como la comprobación de documentos con Interpol (art. 20). La transmisión de datos a terceros países será posible solo bajo estrictas condiciones y para fines específicos, como el retorno de personas (art. 65).

Se espera que SEIAV entre en funcionamiento próximamente[332].

c) ECRIS-TCN

El Sistema Centralizado de Identificación de Condenas de Nacionales de Terceros Países (ECRIS-TCN), establecido por el Reglamento (UE) 2019/816, permite a los Estados miembros identificar rápidamente aquellos que poseen información sobre condenas de nacionales de terceros países[333].

El sistema central conserva los datos de identidad de los nacionales de terceros países que hayan sido condenados y cada Estado miembro tiene un punto de acceso nacional conectado al sistema mediante una interfaz (art. 1 Reglamento ECRIS-TCN). Esto facilita la consulta inmediata, evitando cargas administrativas excesivas (Considerandos 6-9).

El sistema registra datos obligatorios como nombre y apellidos (incluidos los previos, si procede), fecha y lugar de nacimiento, nacionalidad, género, y el código del Estado miembro de condena. También incluye, información opcional, como nombres de los padres, detalles de los documentos de identidad, seudónimos o alias del individuo y otra información complementaria, en determinados casos, como datos dactiloscópicos e imágenes faciales.

Aunque las autoridades centrales utilizarán el ECRIS-TCN para identificar a los EEMM que tengan información sobre antecedentes penales de nacionales de terceros países para obtener información sobre condenas previas, también es posible su

---

332 Se puede consultar esta información aquí: https://travel-europe.europa.eu/etias/what-etias_en

333 El sistema ha sido modificado tres veces por el Reglamento (UE) 2019/818 por el que se establece un marco para la interoperabilidad entre los sistemas de información de la UE en el ámbito de la cooperación policial y judicial, el asilo y la migración; el Reglamento (UE) 2021/1133 que establece las condiciones en las que el Sistema de Información de Visados, establecido por el Reglamento (CE) n.º 767/2008; y el Reglamento SEIAV.

utilización para comprobar antecedentes a petición de la persona, en procedimientos de habilitación de seguridad, licencias, visados, ciudadanía, migración, trabajos con niños y contratos públicos (art. 7).

Los datos se conservarán mientras sigan en el registro nacional de antecedentes. Una vez expirado el plazo, la autoridad central del Estado miembro de condena suprimirá todos los datos registrados de manera automática y en el plazo máximo de un mes (art. 8).

Los EEMM serán los encargados de modificar o suprimir los datos que hayan introducido en el ECRIS – TCN (art. 9) y velarán por su tratamiento legal (art. 13). Eurojust, Europol y la Fiscalía europea tendrán acceso directo a ECRIS-TCN a efecto del desempeño de sus funciones. Si la respuesta es positiva (basado en el sistema hit/no hit), utilizarán sus contactos con las autoridades nacionales para solicitar información sobre los antecedentes penales (art. 14).

En otro orden de cosas, Eurojust, Europol, la Fiscalía Europea o autoridades centrales no podrán transferir datos a terceros países, organización internacional o entidad privada ni poner a su disposición la información obtenida del ECRIS-TCN (art. 18).

Si bien el Reglamento ECRIS-TCN está en vigor desde el 11 de junio de 2019, el sistema todavía no ha sido implementado[334].

2.2. Cuerpos o agencias

2.2.1. Europol

a) ¿Qué es Europol?

---

334 Información extraída de: https://eulisa.europa.eu/SiteAssets/Bits-and-Bytes/004.aspx

El 26 de julio de 1995 fue creada Europol a través del Convenio Europol[335] como organización internacional destinada a apoyar a los EEMM en la prevención y lucha contra los delitos graves. Su funcionamiento comenzó en julio de 1999 tras la entrada en vigor del convenio el 1 de octubre de 1998.

En 2009, el Convenio Europol fue reemplazado por la Decisión del Consejo de Europol[336], que convirtió a Europol en agencia europea. Posteriormente, su regulación fue actualizada por el Reglamento (UE) 2016/794 del Parlamento Europeo y del Consejo, de 11 de mayo de 2016, relativo a la Agencia de la UE para la Cooperación Policial (Europol) (en adelante, Reglamento Europol).

Europol persigue el apoyo y refuerzo de las autoridades competentes de los EEMM y su cooperación mutua en la prevención y la lucha contra la delincuencia grave que afecte a dos o más Estados miembros, el terrorismo y las formas de delincuencia que afecten a un interés común protegido por una política de la Unión[337].

La aprobación de este nuevo Reglamento amplió las competencias de Europol, de modo que promovió[338]: (1) un aumento de sus objetivos y tareas; (2) una participación más clara de los Equipos Conjuntos de Investigación (en adelante, ECI); (3) la posibilidad de que Europol inicie una investigación criminal; (4) la capacidad de que Europol acceda y recupere información de las bases de datos nacionales; y (5) las tareas de coordinación de Europol en una investigación.

b) Cómo funciona y quién puede acceder al sistema

---

335 Acto del Consejo, de 26 de julio de 1995, relativo al establecimiento del Convenio, basado en el artículo K.3 del Tratado de la Unión Europea, por el que se crea una Oficina Europea de Policía (Convenio Europol), DOCE C 316, 27.11.1995.

336 Decisión del Consejo 2009/371/JAI, de 6 de abril de 2009.

337 Véase el art. 3.1 y Anexo I del Reglamento Europol.

338 BLASI CASAGRAN, C.: “El Reglamento Europeo de Europol: Un nuevo marco jurídico para el intercambio de datos policiales en la UE”, *Revista General de Derecho Europeo*, n.º 40, 2016, p. 204.

Para alcanzar sus objetivos Europol desempeñará las siguientes funciones (art. 4 Reglamento Europol):

(1) Recoger, conservar, tratar, analizar e intercambiar información, incluida inteligencia criminal.

(2) Notificar a los EEMM las conexiones entre los actos delictivos que les afecten.

(3) Coordinar, organizar y ejecutar actuaciones de investigación y operativas para apoyar las actuaciones de las autoridades competentes de los Estados miembros.

(4) Participar en ECI.

(5) Facilitar información y apoyo analítico a los EEMM sobre grandes acontecimientos internacionales.

(6) Desarrollar, compartir y promover conocimientos especializados sobre métodos de prevención de la delincuencia, procedimientos de investigación y métodos técnicos y criminalísticos.

(7) Prestar asesoramiento a los Estados miembros.

El art. 6 del Reglamento otorga a Europol la facultad de sugerir a los Estados miembros la apertura de investigaciones penales. Los EEMM no están obligados a implementarla, pero sí a informar sobre los motivos de su negativa en el plazo máximo de un mes, salvo si afecta a la seguridad del Estado miembro, compromete investigaciones en curso o la seguridad de las personas.

Para garantizar la cooperación entre los EEMM y Europol (art. 7), cada Estado debe designar una unidad nacional como enlace exclusivo con Europol y un agente como jefe de dicha unidad nacional[339]. No obstante, los EEMM podrán autorizar contactos directos entre sus autoridades competentes y Europol; en este

---

339 Según el RD 207/2024, en España la dirección y coordinación de la cooperación policial internacional con Europol, le corresponde a la Secretaría de Estado de Seguridad y la gestión de la Unidad Nacional de Europol le corresponde a la División de Cooperación Internacional.

caso la unidad nacional recibirá al mismo tiempo la información intercambiada entre Europol y las autoridades competentes, salvo que declare no necesitarla (art. 7.5). Esta última previsión reviste gran importancia en España, puesto que si bien es la Policía Nacional la que está directamente conectada al sistema, se permite que los *Mossos d'Esquadra* tengan contacto directo con Europol, lo que acelera el intercambio de información[340]. En cualquier caso, la configuración del modelo policial español de coexistencia plantea ciertas asimetrías y suscita la problemática participación exterior de las policías autonómicas en dicho ámbito[341].

Por último, cada unidad nacional designará, al menos, un funcionario de enlace ante Europol, quienes conformarán las oficinas nacionales de enlace en Europol y se encargarán de la defensa de sus intereses (art. 8).

c) Datos que acceden a Europol y cómo se protegen

c.1) Datos que acceden a Europol

Los datos personales tratados por Europol están limitados a los relacionados con los delitos del Anexo I y restringuidos a lo señalado en el Anexo II.

Según la finalidad, los datos que podrán ser objeto de recogida y tratamiento (Anexo II, A y B Reglamento de Europol) se categorizarán en: (i) controles cruzados destinados a identificar conexiones entre datos de personas sospechosas de haber cometido o participado en un ilícito penal o sobre las que existan indicios concretos para pensar que los cometerán; (ii) análisis estratégicos o temáticos; (iii) análisis operativos; (iv) facilitación

---

340 BLASI CASAGRAN, C.: "El Reglamento Europeo de Europol: ...", *op. cit.*, pp. 206-207.

341 Así lo puso de manifiesto, especialmente tras la incorporación de España al espacio Schengen, JIMENA QUESADA, L.: "Configuración constitucional de las FFCCS españoles en el marco de la Unión Europea", *Revista Vasca de Administración Pública*, n.º 49, 1997, pp. 167-213.

del intercambio de información entre los EEMM, Europol, otros organismos de la Unión, países terceros y organizaciones internacionales (art. 18.2).

El Estado miembro, organismo de la UE, país tercero u organización internacional que facilite información a Europol determinará los fines de su tratamiento en virtud del art. 18. Si no lo hace, Europol, en coordinación con el proveedor, determinará su pertinencia y finalidad. Europol solo podrá usar los datos para fines distintos a los establecidos con la autorización explícita del proveedor (arts. 18 y 19).

El art. 18 ha generado críticas debido a la falta de claridad sobre su implementación y la supervisión de las finalidades de los tratamientos. La intención principal de este precepto es la de establecer criterios estrictos para cumplir el principio de limitación de la finalidad[342].

c.2) Origen de los datos

La información gestionada por Europol proviene de diversas fuentes: autoridades policiales de los EEMM, agencias europeas como Eurojust y Frontex, sistemas de información europeo, como el VIS o el SIS, fuentes públicas y entidades privadas[343]. Los Estados miembros, organismos de la Unión, países terceros y organizaciones internacionales pueden establecer restricciones al acceso o utilización, en términos generales o específicos, sobre su transferencia, cancelación o destrucción. Asimismo, Europol puede imponer restricciones al acceso o uso de información obtenida de fuentes públicas, siempre que esté debidamente justificado (art. 19.2 y 19.3).

c.3) ¿Cómo acceden los EEMM a los datos?

---

342 BLASI CASAGRAN, C.: "El Reglamento Europeo de Europol: ...", *op. cit.*, p. 213.

343 BLASI CASAGRAN, C.: "El Reglamento Europeo de Europol: ...", *op. cit.*, p. 203.

El acceso a los datos gestionados por Europol se basa en el sistema *hit/no hit*, siempre que haya una investigación penal en curso (art. 20.2). Tras la determinación de si la información solicitada coincide con la alojada en la base de datos de Europol, el Estado miembro podrá solicitar su ampliación[344].

Europol tomará las medidas oportunas para permitir que Eurojust y la Oficina Europea de Lucha contra el Fraude (OLAF) tengan acceso indirecto a la información facilitada para sus fines determinados, sin perjuicio de las restricciones indicadas por los EEMM, organismos de la Unión, países terceros u organizaciones internacionales que facilitaron la información en cuestión (art. 21.1). El acceso se realizará a través de SIENA, brevemente mencionado en el Considerando 24 del Reglamento de Europol.

c.4) Transferencia e intercambio de datos personales

Europol podrá transferir directamente datos personales a un organismo de la UE si son necesarios para el desempeño de sus tareas o de las tareas del organismo destinatario (art. 24). Europol admite las transferencias de datos a terceros países y organizaciones internacionales[345], siempre que se cumplan las condiciones establecidas, como la existencia de una decisión de la Comisión, un acuerdo internacional o un acuerdo de cooperación (art. 25).

En ausencia de estas condiciones, el Director ejecutivo podrá autorizar transferencias en circunstancias excepcionales: proteger intereses vitales, salvaguardar intereses legítimos, prevenir una amenaza inminente y grave para la seguridad pública o necesidad de garantizar derechos en procedimientos judiciales penales específicos.

Aunque Europol puede recibir datos de entidades privadas, por regla general no puede transferirles datos personales. Sin embargo, el art. 26.2 permite excepciones tras una evaluación caso

---

344 *Ibidem, op. cit.*, p. 212.

345 Salvo las reservas citadas del art. 19.2 y 3 Reglamento Europol.

por caso, si la transferencia es estrictamente necesaria, reviste un interés indudable para el interesado con su consentimiento o resulta esencial para prevenir un delito inminente.

Además, Europol puede procesar información procedente de particulares si es necesaria para sus tareas. Si los datos personales afectan los intereses de un Estado miembro, Europol debe informar de inmediato a la unidad nacional correspondiente (art. 27).

c.5) Protección de datos

Europol cuenta con su propia normativa de protección de datos no vinculada a la Directiva 2016/680 al igual que Eurojust[346]. El tratamiento de los datos personales debe cumplir principios como legalidad, equidad, finalidad específica, relevancia, exactitud y seguridad (art. 28). Además, se utiliza un sistema 4x4 para evaluar la fiabilidad de las fuentes y la exactitud de los datos (art. 29). El Estado miembro que proporcione la información deberá evaluar estos parámetros; en su defecto, lo hará Europol (art. 30.4).

Europol solo podrá tratar datos de las víctimas de delitos, los testigos y los menores de dieciocho años si son estrictamente necesarios y proporcionados para la finalidad perseguida (art. 30.1). El tratamiento de datos especialmente protegidos solo se permite bajo las mismas condiciones y no se podrá realizar una selección basada únicamente en estas categorías (art. 30).

El acceso directo a estos datos está limitado a Europol y solo se compartirán si es imprescindible para los objetivos de la agencia y conforme al capítulo V del reglamento (art. 30).

---

[346] Como bien menciona DIMITROVA, D. y DE HERT, P.: "The Right of Access Under the Police Directive: Small Steps Forward", *Privacy Technologies and Policy: 6th Annual Privacy Forum*, Heidelberg, Springer, 2018, p. 116 y se refleja en el art. 3.2, b) de la Directiva 2016/680: "La presente Directiva no se aplica al tratamiento de datos personales por parte de las instituciones, órganos u organismos de la Unión".

Los datos solo se conservarán "durante el tiempo que sea necesario y proporcionado para la finalidad para la que se tratan" (art. 31.1). Europol revisará cada tres años la necesidad de continuar con su tratamiento; de no hacerlo, serán eliminados automáticamente (art. 31.2).

Los interesados tienen derecho a acceder, rectificar o solicitar la eliminación de sus datos. Sin embargo, los derechos pueden ser restringidos por razones de seguridad pública, protección de investigaciones o derechos de terceros. El interesado será informado de ello a la mayor brevedad posible. Estas solicitudes se procesan a través de la autoridad nacional correspondiente y, en caso de conflicto, los interesados pueden presentar una queja ante el Supervisor Europeo de Protección de Datos (SEPD) (arts. 36, 37 y 47).

El Consejo de Administración nombrará un responsable de protección de datos, que será un miembro del personal, que actuará de forma independiente. Además, cada Estado miembro designará una autoridad nacional de control encargada de vigilar la licitud de la transferencia, extracción y eventual comunicación a Europol de datos personales y de la posible vulneración de los derechos fundamentales de los interesados (art. 42).

El SEPD se encargará de vigilar y asegurar la aplicación de las disposiciones del Reglamento Europol relativas a la protección de los derechos y libertades fundamentales de las personas físicas. También asesorará a Europol y a los interesados sobre cualquier cuestión relativa al tratamiento de los datos personales, pudiendo incluso prohibir temporal o definitivamente las operaciones de tratamiento si violan las disposiciones de garantías de los datos personales (art. 43).

La labor del SEPD se ha podido ver en sendas actuaciones recientes. El 3 de febrero de 2022, el SEPD ordenó a Europol la supresión de los datos relativos a personas sin vínculo con una actividad delictiva[347] que, según fuentes periodísticas, ascendían a 4 petabytes[348]. Con esta decisión se ponía fin a la investigación iniciada en el año 2019[349].

En respuesta a lo anterior, se modificó el Reglamento Europol por el Reglamento (UE) 2022/991, para ampliar considerablemente su capacidad con respecto a los intercambios de datos personales con partes privadas, el uso de inteligencia artificial y el procesamiento de grandes conjuntos de datos. En consecuencia, ahora Europol puede tratar de igual manera los datos de personas físicas vinculadas y no vinculadas con una actividad delictiva.

El SEPD expresó su preocupación por la falta de garantías de protección de datos que permitan la supervisión efectiva de las nuevas competencias de la Agencia[350]. Por lo que, si ponemos esta nueva normativa en contexto con la resolución de enero y seguimos las palabras de la propia SEPD, "con el Reglamento modifi-

---

347 Estos riesgos del almacenamiento masivo de información ya fueron advertidos por DREWE, D. y MILADINOVA, V.: "The BIG DATA Challenge: Impact and opportunity of large quantities of information under the Europol Regulation", *Computer Law & Security Review,* n.º 33, 2017, pp. 298-308.

348 RODRÍGUEZ, P.: "Protección de Datos ordena a la Europol borrar 4 petabytes de información personal: choque de trenes entre seguridad y derechos fundamentales en la UE", *Xataka,* 11 de enero de 2022. Se puede consultar aquí: https://www.xataka.com/seguridad/proteccion-datos-ordena-a-europol-borrar-4-petabytes-informacion-personal-choque-trenes-seguridad-derechos-fundamentales-ue#comments

349 *EDPS orders Europol to erase data concerning individuals with no established link to a criminal activity,* SEPD, 10 enero, 2022. Se puede consultar la noticia aquí: https://edps.europa.eu/press-publications/press-news/press-releases/2022/edps-orders-europol-erase-data-concerning_en

350 *Amended Europol Regulation weakens data protection supervisión,* SEPD, 27 de junio de 2022. Se puede consultar la noticia aquí: https://edps.europa.eu/press-publications/press-news/press-releases/2022/amended-europol-regulation-weakens-data_en

cado, la orden del SEPD de suprimir estos grandes conjuntos de datos perdería efecto"[351].

2.2.2. Eurojust

a) ¿Qué es Eurojust?

Eurojust es un organismo de la UE creado en 2002 a través de la Decisión 2002/187/JHA. Actualmente Eurojust es una agencia de la UE y desde 2019, su regulación principal es el Reglamento (UE) 2018/1727 del Parlamento Europeo y del Consejo de 14 de noviembre de 2018 sobre la Agencia de la Unión Europea para la Cooperación Judicial Penal (Eurojust) (en adelante, Reglamento Eurojust).

Su misión principal es salvar la brecha entre las actividades delictivas en la UE y la capacidad fragmentada de las autoridades judiciales nacionales para investigarlas y enjuiciarlas[352]. Para ello, Eurojust, apoyará y reforzará la coordinación y la cooperación entre las autoridades nacionales encargadas de investigar y perseguir las formas de delincuencia grave cuando afecten a dos o más EEMM o deban perseguirse por las autoridades de los Estados miembros, Europol, la Fiscalía Europea y la OLAF (art. 2.1 Reglamento Eurojust).

Eurojust utiliza información procedente de otras instituciones de la UE, lo que refleja el afán de cohesionar el trabajo realizado a nivel policial (Europol), de investigación delictiva (Fiscalía Europea) y de lucha contra el fraude (OLAF) con el ulterior procedimiento judicial. Con respecto a la situación especial de la Fiscalía Europea, creada a través del mecanismo de cooperación reforzada, Eurojust no ejercerá sus atribuciones sobre delitos de

---

351 *Idem.*

352 GUTIÉRREZ ZARZA, Á.: *Exchange of Information and Data Protection in Cross-border Criminal Proceedings in Europe, op. cit.*, p. 57.

su competencia, salvo en los casos que impliquen a EEMM no participantes en la misma (art. 3.1).

El valor de Eurojust reside en su labor como *facilitador* de la cooperación judicial y en su definición como una *torre de control* cuyos miembros intervienen cuando advierten la necesidad de investigar de manera coordinada casos transfronterizos y/o complejos[353]. Tanto Eurojust como Europol, carecen de facultades operativas y no pretenden ser una policía europea o un sistema judicial europeo, sino ayudar a las autoridades a coordinarse para la investigación y el enjuiciamiento de delitos multilaterales[354].

Eurojust será competente para investigar y perseguir formas de delincuencia graves, detalladas en el Anexo I[355], así como para enjuiciar infracciones penales conexas con los delitos que figuran en él (art. 3.4). En su ámbito de actuación, Eurojust podrá prestar también su apoyo a las investigaciones y a la incoación de procesos penales que únicamente afecten a un Estado miembro y a un tercer país, cuando se haya celebrado con él algún acuerdo de cooperación o asumido algún compromiso (art. 3.5).

b) Cómo funciona

Eurojust contará con un miembro nacional, que tendrá su lugar de trabajo habitual en La Haya (sede de Eurojust) y que será nombrado según la normativa interna del Estado miembro al que pertenece (art. 7). Cada miembro nacional estará apoyado por un adjunto y por otra persona en calidad de asistente y podrá también contar adjuntos o asistentes adicionales. El mandato del miembro nacional y de sus adjuntos será de cinco años (art. 7).

---

353 BRIÈRE, C.: "Cooperation of Europol and Eurojust with external partners in the fight against crime: what are the challenges ahead?", *DCU Brexit Institute Working Paper*, n.º 1, 2018 p. 3.

354 BRIÈRE, C., *op. cit.*, p. 4.

355 Véase la Lista de formas de delincuencia grave para las que Eurojust es competente de conformidad con el artículo 3, apartado 1 en el Anexo I.

Las competencias de los miembros nacionales incluyen: (a) facilitar o apoyar de cualquier otra forma la emisión o ejecución de solicitud de asistencia legal mutua o reconocimiento mutuo; (b) contactar directamente e intercambiar información con cualquier autoridad nacional u otro órgano, oficina o agencia competente de la Unión, incluida la Fiscalía Europea; (c) entablar contacto directo e intercambiar información con cualquier autoridad internacional competente; (d) crear y participar en los equipos conjuntos de investigación.

Para cumplir con sus tareas, los miembros nacionales tendrán acceso a registros nacionales relevantes (antecedentes penales, detenidos, investigaciones, ADN y otros registros necesarios para el ejercicio de sus funciones) o tendrán la posibilidad de obtener la información contenida en ellos (art. 9). Además, los miembros nacionales contarán con el apoyo en su Estado de uno o varios corresponsables nacionales. Para coordinar a estos corresponsables nacionales, cada Estado miembro establecerá un sistema nacional (art. 20).

Las autoridades nacionales intercambiarán con Eurojust toda la información necesaria y especificarán si requieren su asistencia. Eurojust, a su vez, transmitirá a las autoridades nacionales los resultados del tratamiento de la información sin demoras injustificadas (art. 21). Para que los miembros nacionales intercambien información entre sí o con las autoridades nacionales competentes, no se requerirá autorización previa (art. 21.4).

Para facilitar el acceso, Eurojust creará un sistema de gestión de casos compuesto de expedientes temporales de trabajo y un índice que contendrá datos personales y no personales (art. 23).

Para gestionar la información, Eurojust creará un sistema de gestión de casos con expedientes temporales y un índice que incluirá tanto datos personales como no personales (art. 23). Los miembros nacionales podrán acceder a la información contenida en el sistema según los permisos establecidos, asegurando la confidencialidad y el acceso controlado (art. 25).

d) Datos que acceden a Eurojust y cómo se protegen

Desde el punto de vista normativo, los datos personales estarán protegidos por el presente Reglamento Eurojust y el art. 3 y el capítulo IX del Reglamento (UE) 2018/1725 se aplicarán al tratamiento de los datos personales operativos por Eurojust (art. 26.1).

Los datos personales tratados por Eurojust serán los establecidos en el anexo II, pero se permite que en casos excepcionales se traten datos diferentes de estos (art. 27 apartados 1 y 2). Dentro de ellos, Eurojust podrá utilizar categorías especiales de datos y si estos afectan a testigos o víctimas la decisión para tratarlos deberán tomarla de forma conjunta los miembros nacionales concernidos (art. 27.4).

Los datos personales tratados se conservarán durante el tiempo necesario para el cumplimiento de sus funciones y se seguirán diferentes previsiones para los datos personales operativos. Para cumplir estos plazos deberá haber revisiones constantes de forma automatizada, especialmente a partir del momento en que se archive el asunto y, en todo caso, su necesidad de conservación deberá ser revisada en el plazo de tres años desde su introducción. Si Eurojust considera que siguen siendo útiles podrá prolongar su conservación, si no se toma esta decisión tras la revisión, los datos quedarán suprimidos automáticamente (art. 29 apartados 1, 2 y 3). Cuando haya expirado el plazo de conservación del último dato informatizado del expediente, se destruirán todos los documentos, exceptuados, en su caso, los originales que Eurojust haya recibido de autoridades nacionales y que deban ser restituidos a sus expedidores (art. 29.5). En caso de que Eurojust hubiese coordinado una investigación o un proceso penal, los miembros nacionales afectados se notificarán entre sí cuando reciban información de que el asunto se ha sobreseído o cuando todas las resoluciones judiciales relativas al mismo sean firmes (art. 29.6).

Por parte de los interesados cuyos datos están siendo objeto de tratamiento se podrá ejercitar el derecho de acceso ante Eurojust o la autoridad nacional de supervisión del Estado miembro que elija. Eurojust deberá responder sobre este acceso en el plazo de tres meses desde su recepción, previa consulta a las autoridades de los EEMM afectados; finalmente la decisión definitiva será tomada por Eurojust. Si el Estado miembro se opone a la decisión propuesta por la agencia deberá informar acerca de esta negativa y Eurojust deberá acatar dicha oposición (art. 31). El interesado también podrá ejercitar su derecho a la limitación del tratamiento (art. 32).

La responsabilidad por la inexactitud de los datos recaerá sobre (art. 45): (a) Eurojust, cuando modifique los datos personales operativos presentados por un Estado miembro o institución o si los datos son facilitados por terceros países u organizaciones internacionales o cuando los datos provengan de fuentes públicas; (b) el Estado miembro o la institución de la Unión que facilitó los datos cuando no se modificaran durante el tratamiento de los datos por Eurojust.

El Consejo Ejecutivo el será el encargado del nombramiento del responsable de protección de datos, que será un miembro del personal de Eurojust y actuará de manera independiente por un mandato de cuatro años (art. 38).

El SEPD será el encargado de supervisar y asegurar la aplicación de la normativa y de cumplir todas las funciones señaladas en el art. 40.

Eurojust por su parte admite al igual que Europol, la transmisión de datos personales operativos a las instituciones, órganos u organismos y agencias de la UE (art. 55) y las transferencias de datos personales operativos a terceros países[356] y a organizaciones internacionales siempre que se cumplan las condiciones exigidas (art. 56) como, por ejemplo, la existencia de una decisión de adecuación (art. 57) o garantías adecuadas (art. 58). A esto último se prevén excepciones cuando es necesario proteger los intereses vitales del titular de los datos o de otra persona; para salvaguardar los

---

[356] Actualmente tiene firmados acuerdos de cooperación con 12 países: Albania, Montenegro, Macedonia del Norte, Serbia, Georgia, Islandia, Liechtenstein, Moldavia, Noruega, Suiza, Ucrania y EEUU.

intereses legítimos del titular de los datos; para prevenir una amenaza grave e inmediata para la seguridad pública de un Estado miembro o de un tercer país; o en casos particulares, para el desempeño de Eurojust, salvo que esta determine que los derechos y libertades fundamentales del interesado sobrepasan el interés público, en el marco de la transferencia (art. 59).

Como ha podido comprobarse la parte concerniente a la protección de datos es prácticamente igual en el Reglamento Europol y en el Reglamento Eurojust.

2.2.3. Otros cuerpos o agencias

a) Oficina Europea de Lucha contra el Fraude (OLAF)

Con vistas a reforzar los medios disponibles para luchar contra el fraude, respetando al mismo tiempo el principio de autonomía de la organización interna de cada institución, la Comisión, en virtud de la Decisión 1999/352/CE, CECA estableció entre sus propios servicios la Oficina Europea de Lucha contra el Fraude. A partir de ese momento varias normativas han regulado esta Oficina hasta llegar a su configuración actual a través del Reglamento (UE) 883/2013, modificado por el Reglamento (UE) 2020/2223 (en adelante, Reglamento OLAF).

La OLAF lleva a cabo dos tipos de investigaciones, internas y externas (art. 3 Reglamento OLAF); presta asistencia a los EEMM para coordinar sus actuaciones en favor de la protección de los intereses financieros de la UE (art. 43); puede participar en ECI (art. 38); coopera con la Fiscalía Europea (art. 44, 45 y 12 sexies), entre otras funciones.

Los datos comunicados u obtenidos en el transcurso de investigaciones externas estarán amparados por el secreto profesional y les será aplicable la normativa en materia de protección de datos. La OLAF deberá designar un delegado de protección de datos (art. 10).

b) Agencia Europea de Fronteras y Costas (Frontex)

A través del Reglamento (UE) 2019/1896, se crea la Agencia Europea de Guardia de Fronteras y Costas con el objetivo de garantizar una gestión europea integrada de las fronteras exteriores de la UE. Este enfoque busca gestionar de manera eficiente dichas fronteras, respetando plenamente los derechos fundamentales y mejorando la eficiencia de la política de retorno de la Unión. El Reglamento responde a los desafíos migratorios actuales y a las posibles amenazas en las fronteras exteriores, garantizando un elevado nivel de seguridad interna en la Unión, al tiempo que preserva la libre circulación de personas. Asimismo, contribuye a la detección, prevención y lucha contra la delincuencia transfronteriza en las fronteras exteriores (art. 1 Reglamento Frontex).

Como elemento clave de esta Agencia, se creará un cuerpo permanente de la Guardia Europea de Fronteras y Costas (art. 54).

3. COOPERACIÓN POLICIAL INTERNACIONAL

En este apartado se van a tratar fundamentalmente los instrumentos de cooperación policial que abarcan a una gran cantidad de Estados miembros. Sin embargo, no debe olvidarse la existencia de *Mutual Legal Assistance Treaties* (MLATs)[357], que están siendo progresivamente modificados por los *Mutual Recognition Instruments.*

Ejemplo de estos instrumentos están presentes en España en el Convenio entre el Reino de España y la República del Ecuador en materia de cooperación policial para la seguridad y lucha contra la delincuencia organizada transnacional (2018) o el Acuerdo en materia de cooperación policial transfronteriza con Marruecos (2010)[358].

---

[357] Esta información se puede consultar aquí: https://commission.europa.eu/law/cross-border-cases/judicial-cooperation/types-judicial-cooperation/mutual-legal-assistance-and-extradition_en

[358] Se puede consultar aquí: https://www.exteriores.gob.es/es/ServiciosAlCiudadano/TratadosInternacionales/Documents/GUIA%20TRA-

3.1. Interpol

3.1.1. ¿Qué es Interpol?

La Organización Internacional de Policía Criminal o Policía Internacional, más conocida como Interpol, fue creada en el año 1923[359] para dar una respuesta organizada y coordinada a la necesidad de una cooperación policial internacional. Sin embargo, no fue hasta el año 1956 donde desarrolló su estructura actual con la aprobación de su Reglamento General[360]. En 2011, la Asamblea General aprobó el Reglamento de Interpol sobre el Tratamiento de Datos (en adelante, RITD), en vigor en julio de 2012[361] y actualizado periódicamente, la última vez en 2023[362].

Interpol cuenta con 196 Estados miembros, lo que la convierte en una de las mayores organizaciones internacionales. Su estatus genera debate: unos la consideran una institución policial independiente[363] y otros una organización no gubernamental. Al margen de ello, solo pueden ser miembros de Interpol los Estados, mientras que los cuerpos policiales nacionales ejecutan sus funciones operativas[364].

TADOS%20CON%20ESTADOS.pdf

359 En concreto el 7 de septiembre de 1923 en Viena en el Congreso Internacional de Policía.

360 Reglamento General de la Organización Internacional de Policía Criminal – Interpol, aprobado por la Asamblea General de la Organización en su 25ª reunión (1956 – Viena).

361 Se puede consultar esta información aquí: https://www.interpol.int/es/Quienes-somos/Marco-juridico/Proteccion-de-datos#:~:text=El%20actual%20conjunto%20de%20normas,vigor%20en%20julio%20de%202012.

362 La última reforma fue operada por la Resolución GA-2023-91-RES-08 de la 91a reunión de la Asamblea General, por la que se aprueban unas modificaciones al Reglamento de INTERPOL sobre el Tratamiento de Datos.

363 DEFLEM, M.: *The Encyclopedia of Crime and Punishment*, London, Wesley G. Jennings, 2015, pp. 788–791.

364 Para un mayor análisis acerca de esta cuestión ver: LANGILLE, N. y MÉGRET, F.: "Red Notices and transnational police practices", en CHRISTENSEN, M.J y LEVI, R. (ed.): *International Practices of Criminal Justice:*

Interpol se organiza en una Asamblea General, como órgano supremo, compuesta por los representantes de cada miembro (delegados)[365] y que se encarga de las decisiones sobre políticas, recursos, finanzas y programas de actividad. La Asamblea General elige[366] al Secretario General y al Comité Ejecutivo, este último formado por trece miembros y cuya función principal es supervisar la aplicación de las decisiones de la Asamblea General[367].

Por último, su principal órgano operativo es la Secretaría general, situada en Lyon (Francia), que cuenta con seis Oficinas Regionales para llevar a cabo sus funciones y con un Complejo Mundial en Singapur[368].

3.1.2. ¿Cómo funciona Interpol?

Interpol opera mediante dos mecanismos clave[369]: el sistema de notificaciones y el sistema de difusiones.

Las notificaciones se clasifican en colores[370], siendo actualmente las siguientes: (i) Rojas, para localizar y detener a personas buscadas para su enjuiciamiento o cumplimiento de condena; (ii) Amarillas, para la localización de desaparecidos, frecuentemente menores, o identificación de individuos incapaces de hacerlo por

---

social and legal perspectives, Nueva York, B/W Illustrations, 2017, pp. 108-130.

365 Art. 6 y 7 Estatuto de la Organización Internacional de Policía Criminal – Interpol (de ahora en adelante, Estatuto Interpol).

366 Art. 8 Estatuto Interpol.

367 Art. 12 Estatuto Interpol.

368 Se puede consultar la información aquí https://www.who.int/es/about/who-we-are/regional-offices

369 CALCARA, G.: "Balancing International Police Cooperation: INTERPOL and the Undesiderable Trade off Between Rights of Individuals and Global Security", *Liverpool Law Review,* n.º 42, 2021, p. 123.

370 Información extraída de: https://www.Interpol.int/es/Como-trabajamos/Notificaciones/Acerca-de-las-notificaciones y de los arts. RITD.

sí mismos; (iii) Azules, para la obtención de información adicional sobre la identidad de una persona, su paradero o sus actividades delictivas relacionadas con una investigación penal; (iv) Negras, para conseguir información sobre cadáveres sin identificar; (v) Verdes, para alertar sobre actividades delictivas de personas peligrosas; (vi) Naranjas, para alertar sobre un acontecimiento, persona, objeto o procedimiento que supongan un peligro grave e inminente para la seguridad pública; (vii) Moradas, para buscar o facilitar información sobre modus operandi, objetos, dispositivos y métodos de ocultación utilizados por los delincuentes.

De todas ellas, la notificación roja es la más utilizada[371], aunque tiene naturaleza administrativa[372], sus efectos legales podrían no serlo al ser utilizadas para solicitar la localización, detención o extradición de una persona (art. 82).

Además de las anteriores, Interpol también contará con las notificaciones especiales, que informan sobre entidades y personas sancionadas por los Comités de Sanciones del Consejo de Política de Seguridad de la ONU (art. 95 RITD[373]).

Previa a la publicación de alguna de las notificaciones, las Oficinas Nacionales de Enlace (en adelante, OCN) o la entidad nacional emisora deberá verificar el cumplimiento de: los principios de calidad y licitud de los datos, las condiciones de publicación, el interés de los datos para la cooperación policial internacional y la conformidad de la solicitud con la normativa de Interpol (art. 76). Posteriormente, la Secretaría General

---

371 En 2021 se emitieron 10.776 notificaciones rojas, seguida por la notificación azul con 3.604. Datos extraídos de la web oficial de Interpol: https://www.Interpol.int/es/Como-trabajamos/Notificaciones/Acerca-de-las-notificaciones

372 SAVINO, M.: “Global Administrative Law Meets Soft Powers: The Uncomfortable Case of Interpol Red Notices”, *New York University Journal of International Law and Politics*, n.º 43, 2010, pp. 263-336.

373 Todos los artículos reflejados a continuación para hablar de Interpol son del RITD.

estudiará la solicitud para determinar su conformidad con el RITD (art. 77) y si es correcta la publicará para todas las OCN (art. 79).

El segundo elemento importante en el *modus operandi* de Interpol[374], es el sistema de difusiones, que está constituido por solicitudes de cooperación y alertas presentadas de manera normalizada. Cada una de ellas corresponde a una finalidad específica: detener o restringir los movimientos de un convicto o de un acusado; localizarlo; obtener información complementaria; identificarlo; alertar sobre las actividades delictivas de una persona; e informar (art. 97). Previo al envío de la difusión, las OCN deberán realizar las mismas comprobaciones que para las notificaciones. Sin embargo, a diferencia de las notificaciones, no requieren revisión de la Secretaría General para su publicación[375].

Las herramientas anteriores son efectivas debido a que las policías de sus países miembros están interconectadas a través de un sistema de comunicación, que permite intercambiar información policial confidencial y urgente todos los días del año, a todas horas. Este intercambio se hará a través del sistema de comunicación I-24/7, que les permite a los EEMM ponerse en contacto entre sí y con la Secretaría General, así como acceder a las bases de datos y servicios en tiempo real, tanto desde localizaciones centrales como remotas[376]. Debe tenerse en cuenta, que la Secretaría General gestiona dieciocho bases de datos con información sobre delitos y delincuentes.

Esta interconectividad es efectiva por la existencia en cada país de una OCN que sirve de enlace[377]. A través de estas OCN

---

374 CALCARA, G.: *op. cit.,* p. 124.

375 CALCARA, G.: *op. cit.,* p. 124.

376 Se puede consultar la información aquí: https://www.interpol.int/es/Quienes-somos/Que-es-INTERPOL

377 Según el RD 207/2024, en España la dirección y coordinación de la cooperación policial internacional con Interpol, le corresponde a la

o directamente en línea como lo hacen, por ejemplo, las unidades de delincuencia especializada y los funcionarios de fronteras, los países miembros podrán acceder a las bases de datos de Interpol[378].

La colaboración de Interpol con sus países miembros va más allá del intercambio de información. Previa solicitud, Interpol puede desplegar equipos de expertos especializados para apoyar a las fuerzas policiales nacionales en diversas situaciones, incluyendo delitos graves, catástrofes, reuniones internacionales y grandes eventos deportivos.

Interpol también colabora directamente con los organismos nacionales encargados de la aplicación de la ley en operaciones policiales sobre el terreno en determinados delitos[379].

3.1.3. ¿Cómo se protegen los datos personales dentro de la Organización?

Interpol maneja datos personales en el ejercicio de su labor por lo que ha aplicado medidas para proteger el derecho fundamental a la protección de datos. La firma del Convenio 108 del CdE, desembocó en la creación de la Comisión de Control de los Ficheros de Interpol (CCF) y años más tarde, en la aprobación de su propia normativa en esta materia, el RITD.

El RITD tiene como objetivo garantizar la eficacia y la calidad de la cooperación internacional dentro del respeto a los derechos fundamentales de las personas (art. 2). Esta norma se aplica a

---

Secretaría de Estado de Seguridad y la gestión de la Oficina Central Nacional de Interpol le corresponde a la División de Cooperación Internacional dependiente de Dirección Adjunta Operativa de la Policía Nacional.

378 Actualmente dispone de 19 bases de datos con más de 124 millones de registros policiales. Información extraída de: https://www.Interpol.int/es/Como-trabajamos/Bases-de-datos

379 Información extraída de la página oficial de Interpol.

toda operación de tratamiento de datos efectuada en el Sistema de Información de Interpol (en adelante, SII) (art. 3), a través de las OCN, encargadas de centralizar esta actuación.

La fuente de la que provengan los datos se responsabiliza enteramente de ellos a través del SII. Por su parte Interpol se responsabiliza del uso o almacenamiento de datos no autorizado o incorrecto (art. 5). Las OCN y las entidades internacionales mantienen control sobre sus datos, pudiendo restringir su acceso o uso (art. 7).

Las operaciones del tratamiento deben cumplir con alguno de los objetivos definidos en el art. 10 RITD: búsqueda de personas para su detención o limitación de desplazamientos; localización de personas u objetos; suministro u obtención de información sobre una investigación policial, antecedentes o actividades delictivas de una persona; identificación de personas o cadáveres; realización de análisis de policía científica; organización de controles de seguridad; o, determinación de tendencias de la delincuencia e identificación de redes delictivas.

Se admite la posibilidad de utilizar los datos con otros fines diferentes a los anteriores cuando sea compatible con los objetivos y actividades de la Organización y con la finalidad inicial del tratamiento de los datos (art. 10).

Los datos tratados deben de cumplir los siguientes requisitos: obtención lícita (art. 11); exactitud, pertinencia y no excesivos (art. 12); transparencia de los procesos de tratamiento de datos (art. 13); confidencialidad, que se deberá determinar en función de los riesgos que entrañe su divulgación y serán accesibles solo para las personas habilitadas (art. 14); protección contra los peligros que afecten a su integridad y confidencialidad y encontrarse en todo momento a disposición de las OCN (art. 15). Los datos alojados en el SII solo podrán tratarse fuera del sistema si es necesario y se realiza con fines policiales (art. 16).

Los interesados tendrán derecho a enviar directamente a la Comisión de Control de los Ficheros de Interpol (CCF) una solicitud de acceso, rectificación o eliminación de sus datos[380]. El procedimiento para gestionar estas solicitudes no se detalla en el RITD, sino en normativas complementarias (art. 18).

Existen diferentes bases de datos que operan en el ámbito de Interpol y su creación deberá ser autorizada por el Comité Ejecutivo (art. 29).

Las OCN, entidades nacionales o internacionales deben asegurarse de que los datos cumplen con los objetivos y propósitos de la cooperación policial (arts. 2, 3 y 35). Solo podrán acceder al sistema los datos que cumplan las condiciones establecidas en el art. 37 RITD[381]. El control de la exactitud de los datos ingresados se realizará por cualquier OCN, entidad nacional o internacional que, si advierten que los datos ingresados son incorrectos, lo comunicarán inmediatamente a la OCN o responsable (art. 48).

Los datos existentes en las bases de datos se conservarán únicamente durante el tiempo necesario para cumplir la finalidad para la que fueron registrados. Habrá un plazo de registro inicial fijado por el Comité Ejecutivo, salvo que la fuente establezca un límite menor o se alcance la finalidad antes (art. 49). Al expirar el plazo de conservación, la OCN examinará la necesidad de mantenerlos (art. 50). Si no procede su conservación se eliminarán, lo mismo ocurrirá si hay falta de pronunciamiento (art. 51). Forma parte del principio de transparencia que la Secretaría General manten-

---

380 De hecho, según el art. 46 RITD, la OCN, la entidad nacional o la entidad internacional que registre datos estará obligada a actualizarlos con regularidad.

381 El art. 37 RITD que son: a) la identidad de la fuente de los datos; b) la fecha del registro; c) la finalidad específica del registro; d) para todo dato de carácter personal, la situación de la persona y los datos que la relacionen con un hecho determinado; e) el grado de confidencialidad de los datos; f) el plazo de conservación de los datos; g) las restricciones de acceso; h) cualesquiera datos complementarios que garanticen la pertinencia de la totalidad de los datos con respecto a su finalidad y al interés que representen para la cooperación policial internacional.

ga una lista actualizada con los plazos máximos de conservación establecidos por el Comité Ejecutivo (art. 13, f)[382].

Como excepciones a lo anterior, los datos pueden conservarse temporalmente si ayudan a informar sobre antecedentes de una persona previamente señalada, excepto si esta ha dejado de estar encausada por los hechos registrados (arts. 52-53). En estos casos, solo se conservarán datos básicos como nombre, documento de identidad, huellas dactilares y perfil de ADN durante el tiempo fijado reglamentariamente (art. 53.3).

Las bases de datos policiales de Interpol podrán ser consultadas directamente por las OCN, respetando todo lo anteriormente dicho (art. 54). Además, si cumplen con determinadas condiciones, las OCN podrán descargar la información (art. 56).

3.1.4. Decisiones judiciales relevantes acerca de Interpol

El TEDH analizó el caso *Khadzhiev c. Bulgaria*[383], en el que el ex vicepresidente del Banco Central de Turkmenistán fue acusado por su país de malversación de fondos públicos en hechos supuestamente ocurridos entre 2002 y 2003, aunque dejó su cargo en 1998 y residía en Bulgaria desde 2001. Tras un intento fallido de extradición en el año 2003, las autoridades turkmenistanas emitieron una notificación roja, que provocó su detención a la espera de su extradición.

Posteriormente en 2007, se le detuvo por las autoridades búlgaras. En este caso, el tribunal local no pudo revisar si había pruebas suficientes para probar su culpabilidad o si el presunto delito era idéntico al examinado durante el procedimiento de extradición en 2003. Sin embargo, en opinión del tribunal, que el demandante fuera buscado por Interpol era suficiente para justificar la

---

382 Se puede consultar la lista aquí: https://www.interpol.int/es/Quienes-somos/Marco-juridico/Proteccion-de-datos

383 STEDH (Sección 4.ª), *Khadzhiev c. Bulgaria,* 3 de junio de 2014.

detención. Como resultado, el tribunal confirmó la sentencia del tribunal regional.

El TEDH concluyó que la segunda detención en 2007 fue ilegal y arbitraria, ya que las autoridades no consideraron que las solicitudes de extradición eran idénticas ni el resultado del procedimiento penal previo. Esto constituyó una violación del art. 5.1, f) del CEDH, que protege contra detenciones arbitrarias (§67).

El TEDH no es el único órgano judicial supranacional que se ha pronunciado contra Interpol, el TJUE también lo hizo en 2021 en los hechos que se relatan a continuación[384].

En 2012, Interpol emitió, a solicitud de Estados Unidos, una notificación roja contra un ciudadano alemán basado en una orden de arresto estadounidense. Paralelamente, Alemania abrió un procedimiento penal contra la misma persona por los mismos hechos, lo que llevó a la Policía alemana a informar a Interpol sobre una posible vulneración del principio *ne bis in idem* [385] (art. 54 del Convenio de Schengen y art. 50 CDFUE).

En 2017, el ciudadano alemán demandó a Alemania argumentando la vulneración del principio *ne bis in idem,* la limitación de su derecho a la libertad de circulación (art. 21 TFUE) porque no podría viajar a ningún Estado sin correr el riesgo de ser arrestado y la violación del derecho a la protección de datos personales penales (Directiva 2016/680), debido a la emisión de la notificación roja.

---

384 STJUE (Gran Sala) de 12 de mayo de 2021, *decisión prejudicial planteada por el Verwaltungsgericht Wiesbaden,* C-505/19, apartados 111, 114, 116, 117 y 119.

385 Para un análisis más en profundidad sobre este principio y su impacto HEIMRICH, C. y SCHARPF, M.: "Ne bis in idem in the context of an Interpol red notice: Effective law enforcement versus fundamental right (case note on C-505/19 WS)", *New Journal of European Criminal Law,* 13(1), 2022, pp. 91-99. https://doi.org/10.1177/20322844221082925

La Gran Sala indicó que el tratamiento de datos de la notificación roja es posible sino existe una decisión judicial que confirme la violación del principio *ne bis in idem* y se cumplen las condiciones solicitadas por la Directiva 2016/680 para el tratamiento de datos (art. 35).

Así pues, la existencia de otro procedimiento penal sobre la misma materia provoca que la persona no pueda ser objeto de detención para la ejecución de la notificación roja y que el interesado pueda solicitar la supresión de sus datos. Si los datos permanecen registrados, deben ir acompañados de una nota que indiquen la imposibilidad de ser detenido por otro Estado[386].

3.2. PNR y otras estrategias de cooperación policial internacional

En 2016 se aprobó la Directiva (UE) 2016/681, del Parlamento y del Consejo de 27 de abril relativa a la utilización de datos del registro de nombres de los pasajeros (PNR) para la prevención, detección, investigación y enjuiciamiento de los delitos de terrorismo y de la delincuencia grave[387].

El PNR persigue la regulación de la transferencia de datos de las compañías aéreas al registro de los PNR de vuelos exteriores de la UE, así como la recogida, utilización y conservación de dichos datos (art. 1 Directiva PNR).

La implementación de esta Directiva plantea un desafío para equilibrar la seguridad ciudadana atribuida a las Fuerzas y Cuerpos de Seguridad, con la colaboración y auxilio de agentes externos. Esta colaboración no puede entrañar la asunción de funciones que, por afectar a los derechos fundamentales, quedan

---

386 *Ibidem*, apartado 120.

387 Transpuesta en España a través de la Ley Orgánica 1/2020, de 16 de septiembre, de datos de Registro de Nombres de Pasajeros para la prevención, detección y enjuiciamiento de delitos de terrorismos y delitos graves.

reservadas en exclusiva a Fuerzas y Cuerpos de Seguridad”[388]. Por ello, la naturaleza jurídico-privada de los transportistas aéreos les impide acceder a las bases de datos europeas y nacionales[389].

Aunque inicialmente la Directiva PNR estaba dirigida a controlar los PNR de vuelos exteriores, los países miembros de la UE, previa notificación a la Comisión, pueden decidir aplicarla a vuelos interiores de la UE. Además, la UE ha celebrado acuerdos internacionales PNR con otros países, como Estados Unidos, Canadá o Australia, que suscitan controversia a la luz de la CDFUE y de la jurisprudencia del TJUE en materia de protección de datos personales[390].

El PNR incluye información sobre los requisitos de viaje de cada pasajero, necesaria para el tratamiento y control de las reservas por las compañías aéreas que las realizan y participan en el sistema PNR (art. 3). El tratamiento de los PNR sirve principalmente para evaluar a los pasajeros para determinar si alguno de ellos requiere un examen más exhaustivo por las autoridades nacionales competentes a efectos de la prevención, detección, investigación y enjuiciamiento de delitos de terrorismo y delitos graves[391].

Para captar estos datos, cada EM designará una autoridad competente, para actuar como su Unidad de Información sobre los

---

388 RIDAURA MARTÍNEZ, M. J.: “La seguridad ciudadana como función del Estado”, *Estudios de Deusto*, vol. 62, n.º 2, 2014, p. 345.

389 DONAIRE VILLA, F. J.: “Solidaridad normativa y derechos fundamentales en el Código de Fronteras Schengen”, *Revista Vasca de Administración Pública*, n.º 128-II, 2024, p. 211.

390 Así lo ha observado LÓPEZ AGUILAR, J. F.: “La protección de datos personales en la más reciente jurisprudencia del TJUE: los derechos de la CDFUE como parámetro de validez del Derecho europeo, y su impacto en la relación transatlántica UE-EEUU”, *Teoría y Realidad Constitucional*, n.º 39, 2017, p. 569.

391 SECRETARÍA GENERAL DEL CONSEJO, *Manual para el intercambio de información en el ámbito policial*, n.º doc. 6727/180, Bruselas, 5 de septiembre de 2019, p. 54.

Pasajeros (UIP o PIU, según la traducción en la normativa española[392]).

Las UIP serán las encargadas de recopilar los datos PNR transmitidos por las compañías (art. 6.1) y de que todos los datos pertinentes sean transmitidos a las unidades correspondientes de los demás EM (art. 9.1).

Las UIP podrán solicitar acceso a la UIP de otro EM cuando sea necesario, para la a prevención, detección, investigación o enjuiciamiento de delitos de terrorismo o delitos graves. En caso de urgencia, podrán dirigirse a la UIP directamente las autoridades competentes del EM que precisen esa información. Si se trata de una amenaza terrorista o de delitos graves, la UIP de un EM tendrá derecho a solicitar el acceso a la UIP del otro EM (art. 9).

Europol también tiene el derecho a solicitar datos PNR o el resultado del procesamiento de dichos datos a las UIP de los EM para el cumplimiento de sus finalidades (art. 10). También se prevé que un EM pueda transmitir a un tercer país datos PNR y el resultado del tratamiento de dichos datos si se cumplen las condiciones que especifica el art. 11 de la Directiva PNR[393]: evaluar a los pasajeros antes de su llegada o salida programada; responder a solicitudes específicas de autoridades competentes o Europol; y, analizar los datos para actualizar criterios que identifiquen a posibles implicados en delitos de terrorismo o graves.

El periodo de conservación de los datos será de cinco años a partir de la transmisión a la UIP por las compañías aéreas del Estado miembro en cuyo territorio tenga su punto de aterrizaje

---

392 El art. 2.3 in fine del RD 207/2024, confiere a la Secretaría de Estado de Seguridad la dirección y coordinación del tratamiento de los datos del Sistema de Registro de Pasajeros (PNR) (art. 2.1, l)).

Del Centro de Inteligencia contra el Terrorismo y el Crimen Organizado (CITCO) dependerá la Oficina Nacional de Información sobre Pasajeros (ONIP), que actúa como Unidad de Información sobre Pasajeros (PIU) nacional prevista en la normativa europea.

393 SECRETARÍA GENERAL DEL CONSEJO, *op. cit.*, p. 55.

u origen el vuelo. Seis meses después de la transmisión, los datos deberán ser despersonalizados mediante enmascaramiento (art. 12). Al expirar los cinco años, los EM se asegurarán de que los PNR sean suprimidos de forma permanente (art. 12.3).

En el ámbito de la protección de datos, cada EM preverá que todo pasajero tenga los mismos derechos de protección de sus datos personales, derechos de acceso, rectificación, supresión y restricción y derechos de indemnización y recurso judicial que los establecidos en la Directiva 2016/680[394]. Queda prohibido el tratamiento de categorías especiales de datos[395].

Las UIP de los EEMM deben registrar las operaciones de tratamiento de datos como la recogida, consulta, divulgación y supresión. Los registros de consulta y divulgación mostrarán, en particular, la finalidad, la fecha y la hora de tales operaciones y, en la medida de lo posible, la identidad de la persona que consultó o divulgó los datos PNR y la identidad de los receptores de dichos datos. Los registros se utilizarán exclusivamente a efectos de verificación, autocontrol, garantía de la integridad de los datos, seguridad o de auditoría. La UIP pondrá los registros a disposición de la autoridad nacional de control a pe-

---

394 Art. 13.1 Directiva PNR. Tal y como indican VOGIATZOGLU, P., QUEZADA TAVÁREZ, K., FANTIN, S. y DEWITTE, P.: “From Theory to Practice: Exercising the Right of Access under the Law Enforcement and PNR Directives”, *JIPITEC*, 274, 2020, p. 285, la Directiva 2016/680 debe ser considerada como *lex generalis* en este sentido.

395 Art. 13.3 Directiva PNR. Si bien se creyó en un principio que el PNR iba a conllevar un riesgo de discriminación, PALMER OLSEN, H. y WIESENER, C.: “Beyond data protection concerns-the European Passenger name record system”, *Law, Innovation and Technology*, n.º 12, 2021, p. 398– 421, establecen que la Directiva PNR es muy restrictiva en cuenta a que prohíbe a la policía y a otras autoridades competentes tomar una decisión que produzca un efecto legal adverso en una persona o que afecte a una persona solo por el mero hecho de un procesamiento automático de los datos”, además de prohibir el tratamiento de datos necesitados de especial protección y no admitir ninguna excepción.

tición de esta. Dichos registros se conservarán por un período de cinco años (art. 13.6).

Tras haber analizado el PNR desde una perspectiva más jurídica, su aplicación práctica ha planteado algún problema como refleja la sentencia del TJUE[396] a la demanda interpuesta por la *Ligue des droits humains* sobre la normativa que transpone la Directiva PNR al Derecho belga, por entender que la ley vulnera el respeto a la vida privada y a la protección de los datos personales.

El TJUE declara que la Directiva PNR es conforme a los arts. 7, 9, 21 y 52 de la CDFUE y, si bien comporta injerencias de una cierta gravedad contra los arts. 7 y 8, los EM tienen la posibilidad de justificarlas sopesando la gravedad de la situación y la importancia de la finalidad perseguida[397].

Por lo que, según el TJUE, la captación de datos debe restringirse a la información especificada en el Anexo I de la Directiva y aplicase a delitos de terrorismo y delitos graves que tengan un vínculo objetivo, directo o indirecto, con el transporte aéreo de pasajeros.

El TJUE indica que la aplicación de la Directiva a los vuelos interiores requiere de circunstancias excepcionales como

---

396 Sentencia del TJUE (Gran Sala) de 21 de junio de 2022, *Ligue des droits humains ASBL contra Conseil des Ministres*, asunto C-817/19, que tiene su origen en la cuestión prejudicial planteada por el Tribunal Constitucional de Bélgica en relación con la interpretación de diversas disposiciones del, entre ellas de la Directiva PNR en conexión con los arts. 3 TUE y los arts. 7, 8, 45 y 52 CDFUE.

397 A esto mismo se refiere el Dictamen 1/2015 de la Gran Sala del Tribunal de Justicia de 26 de julio de 2017 cuando indica en el párrafo 165 que "(…) Habida cuenta del riesgo de un tratamiento de datos contrario al artículo 21 de la Carta, la transferencia de datos sensibles a Canadá exigiría una justificación concreta y particularmente sólida, basada en motivos distintos de la protección de la seguridad pública contra el terrorismo y los delitos graves de carácter transnacional. Ahora bien, en el caso de autos no existe tal justificación".

amenaza terrorista real o previsible. En ausencia de estas, su aplicación debe restringirse a los vuelos interiores que cubran determinadas conexiones aéreas, que respondan a planes de viaje o que se refieran a determinados aeropuertos.

Para determinar si alguno de los pasajeros precisa un examen más exhaustivo, se permite el cruce de sus datos con otras bases de datos relativas a personas u objetos buscados o bajo alerta. No les está permitido el uso de tecnologías de inteligencia artificial en el marco de sistemas de autoaprendizaje ("machine learnings"[398]).

4. EL COMPLEJO PANORAMA DEL INTERCAMBIO DE DATOS COMUNITARIO: RETOS PARA LA INTERCONECTIVIDAD

4.1. Sintetizando el complejo panorama europeo del tratamiento de datos de nacionales de terceros países: Reglamentos 2019/817 y 2019/818

El intercambio de datos policiales y judiciales presenta un *panorama complejo* de sistemas de información gestionados de manera diferente[399]. Para conseguir su interoperabilidad, en 2019 la UE adoptó dos normas:

(1) El Reglamento (UE) 2019/817, del Parlamento y del Consejo de 20 de mayo de 2019, relativo al establecimiento de un marco para la interoperabilidad de los sistemas de

---

[398] A este concepto de "machine learnings" se han referido KOSTOV, I.: "Machine Learning and the Legal Framework for the Use of Passenger Name Record Data", *Intelligent Technologies and Applications*, Springer, 2020, pp. 392-403.

[399] COM (2016) 205 final. Comunicación de la Comisión al Consejo y al Parlamento Europeo. "Sistemas de información más sólidos e inteligentes para la gestión de las fronteras y la seguridad" de 6 abril de 2016, p. 3.

información de la UE en el ámbito de las fronteras y los visados (en adelante, Reglamento 2019/817).

(2) El Reglamento (UE) 2019/818, del Parlamento y del Consejo de 20 de mayo de 2019, relativo al establecimiento de un marco para la interoperabilidad entre los sistemas de información de la UE en el ámbito de la cooperación policial y judicial, el asilo y la migración (en adelante, Reglamento 2019/818)[400].

Centrando nuestra atención en el Reglamento 2019/818, este promueve la interoperabilidad mediante:

(1) El portal europeo de búsqueda (PEB).

(2) El servicio de correspondencia biométrica compartida (SCB compartido).

(3) El registro común de datos de identidad (RCDI).

(4) El detector de identidades múltiples (DIM).

Estas medidas buscan una consulta simultánea y eficiente de datos para conseguir la identificación correcta de las personas, luchar contra la usurpación de la identidad, mejorar y armonizar la calidad de los datos, facilitar la aplicación técnica y operativa por los EM y reforzar las garantías de seguridad y protección (Considerando 10 y art. 2).

El PEB facilita el acceso rápido, ininterrumpido, sistemático y controlado de las autoridades de los EEMM y de las agencias de la Unión a los sistemas de información de la UE (SES, VIS, SEIAV, Eurodac, el SIS y ECRIS-TCN), a los datos de Europol y las bases de datos de Interpol para el desempeño de sus tareas (art. 6.1). Debe estar diseñado para que solo permita consultar utilizando datos personales no relacionados con personas o documentos que

---

400 A pesar de que ambos Reglamentos se encuentran en vigor, están en fase de implementación. Adicionalmente todos los artículos que se mencionan a continuación son del Reglamento 2019/818.

obren en un sistema de información de la UE o en las bases de datos de Europol (Considerando 16).

El SCB compartido se basa en que los datos biométricos, las impresiones dactilares y las imágenes faciales son únicos y, por tanto, mucho más fiables para la identificación de una persona que los datos alfanuméricos (Considerando 18 y art. 12). Por ello, persigue facilitar la identificación de una persona que esté registrada en varias bases de datos utilizando un único componente tecnológico para cotejar los datos biométricos de dicha persona entre diferentes sistemas, en lugar de utilizar varios componentes. Para lo cual debe agrupar y separar de un modo lógico, según el sistema de información del que provenga, las *plantillas biométricas* (art. 4, 12) d) de sistemas tales como Eurodac, VIS y el SIS (art. 18 y arts. 13 y 14).

Las plantillas biométricas deben de haber sido obtenidas a partir de muestras reales y no debe permitir revertir el proceso de extracción. Se excluyen de estas plantillas las impresiones palmares y los perfiles de ADN, que solo se almacenan en el SIS y no pueden cotejarse con otros sistemas de información (Considerando 19). Como los datos biométricos son datos personales sensibles se debe establecer garantías para su uso (Art. 2.2, e).

El RCDI contendrá un archivo individual de cada persona registrada al menos en una de las bases de datos (SES, VIS, SEIAV, Eurodac y ECRIS TCN) con el objetivo de identificarlas de manera exacta (Considerando 21). El RCDI solo almacenará los datos estrictamente necesarios, de acuerdo con el sistema del que provenga la información (art. 17).

Se podrá hacer uso del RCDI cuando las autoridades policiales de un EM no hayan podido identificar a una persona debido a la ausencia de documentación fiable, cuando existan dudas sobre los datos de identidad proporcionados o sobre la autenticidad del documento de identidad o la persona no pueda cooperar o se niegue a hacerlo. Para ello, las autoridades policiales tomarán las impresiones dactilares en vivo. Las consultas al RDCI no estarán permitidas para menores de doce años, salvo que se hagan en su interés (Considerando 28 y art. 20).

Por otra parte, se permite el acceso a otros datos diferentes de los de identidad o del documento de viaje registrados en el SES, el VIS, el SEIAV y Eurodac[401] por las autoridades encargadas de prevenir, detectar o investigar delitos de terrorismo o graves y Europol, siempre que existan indicios de que los datos del sospechoso, el autor o la víctima de un delito de terrorismo o un delito grave están almacenados en alguna de las bases de datos mencionadas (Considerando 29 y art. 20).

Este acceso a todas las bases de datos es necesario porque los EEMM y Europol desconocen si los sistemas de información de la UE contienen los datos de las personas respecto de las cuales necesitan investigar (Considerando 32). El usuario final verá el resultado de su consulta ("aviso de correspondencia"), pero no podrá consultar los datos, minimizando la interferencia al derecho a la protección de datos (Considerando 36). La respuesta del RCDI no puede considerarse fundamento suficiente para tomar decisiones o medidas contra una persona (Considerando 33).

---

[401] Hay que tener en cuenta como señala VAVOULA, N.: "Interoperability of EU Information System: The Deathblow to the Rights to Privacy and Personal Data Protection of Third-Country Nationals", *European Public Law*, 2020, pp. 134-135, que en esas bases de datos no solo se almacenan datos de nacionales de terceros países, sino también de ciudadanos europeos a través de la parte del SIS II encargada de la aplicación de la ley, en el VIS como garante o familia de un solicitante de visa; o en el ECRIS-TCN si tiene doble nacionalidad.

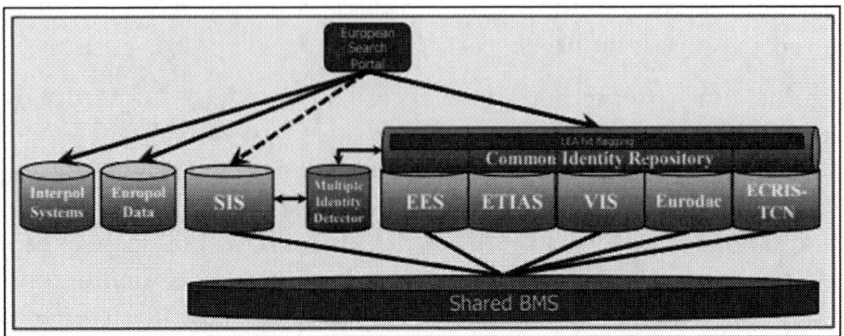

Fuente: Unión Europea[402].

Los datos contenidos en el RCDI no deben conservarse más tiempo del estrictamente necesario para los fines de los sistemas subyacentes y deben eliminarse automáticamente cuando, a su vez, se eliminen los datos en los sistemas subyacentes (Considerando 22 y art. 24).

El DIM apoya el funcionamiento del RCDI al crear y almacenar vínculos entre los datos de los distintos sistemas de información de la UE, para detectar las identidades múltiples. Con ello se persigue facilitar los controles de identidad y luchar contra su usurpación (art. 25). Los datos vinculados estarán estrictamente limitados a los necesarios para verificar si una persona está registrada, de forma justificada o injustificada, con diferentes identidades biográficas en diferentes sistemas, o para aclarar que dos personas son diferentes.

La autoridad que recoja los datos personales para almacenarlos en el SCB compartido, RCDI o DIM, facilitará a los in-

402 COM(2017) 793 final. "Propuesta de Reglamento del Parlamento Europeo y del Consejo por el que se establece un marco para la interoperabilidad entre los sistemas de información de la UE (fronteras y visados) y se modifica la Decisión 2004/512/CE del Consejo, el Reglamento (CE) n.º 767/2008 y la Decisión 2008/ del Consejo 633/JAI, Reglamento (UE) 2016/399 y Reglamento (UE) 2017/2226" de 13 de mayo de 2015, p. 6. Se puede consultar aquí: https://eur-lex.europa.eu/legal-content/EN/TXT/PDF/?uri=CELEX:52017PC0793

teresados la información señalada en los arts. 13 y 14 RGPD, los arts. 12 y 13 de la Directiva 2016/680 y los arts. 15 y 16 del Reglamento 2018/1725. Esta información debe ser clara, sencilla y en un idioma que entienda. Si el interesado es menor la información se les facilitará de un modo apropiado para su comprensión (art. 47).

Se permite que los interesados ejerzan los derechos de acceso, rectificación, supresión y restricción del tratamiento de los datos personales almacenados en el DIM, en aplicación de los arts. 15-18 del RGPD, los arts. 17-20 del Reglamento 2018/1725 y los arts. 14-16 de la Directiva 2016/680 (art. 48.1).

Cuando se solicite la rectificación o supresión de datos personales a un Estado miembro distinto del responsable de verificar identidades múltiples, este deberá contactar con el Estado responsable en un plazo de siete días. La verificación deberá completarse dentro de treinta días, prorrogables por quince días más en caso de alta complejidad, notificando al Estado solicitante y al interesado sobre el procedimiento y posibles extensiones (art. 48.3).

Si la solicitud se dirige a un Estado miembro donde la unidad central SEIAV es responsable, este contactará con la unidad en un plazo similar. La verificación debe realizarse en treinta días, también prorrogables, informando al interesado sobre el avance del proceso (art. 48.4).

Si se detecta que los datos del DIM son inexactos o registrados de forma ilegal, el responsable corregirá o eliminará los datos sin demora. El interesado será notificado por escrito sobre la rectificación o supresión de sus datos (art. 48.5). Cuando se modifiquen datos en el DIM, el Estado miembro responsable verificará si deben vincularse a otros datos. En caso de no encontrar correspondencias, se eliminarán del expediente; si las hay, se actualizará el vínculo conforme al Reglamento (art. 48.6).

Cuando un Estado miembro no admita que los datos en el DIM son inexactos o ilegalmente registrados, deberá emitir una decisión administrativa que explique los motivos por escrito al interesado, informándole también de su derecho a impugnar la decisión respecto al acceso, rectificación, restricción o supresión de datos personales (arts. 48.7 y 48.8).

Cualquier solicitud de acceso, rectificación, restricción de tratamiento o supresión de datos personales deberá contener la información necesaria para identificar a la persona en cuestión, que solo se utilizará para el ejercicio de los citados derechos, tras lo cual se suprimirá inmediatamente (art. 48.9).

Además, el Estado miembro responsable dejará constancia por escrito de la presentación de una solicitud de ejercicio de derechos y del curso dado a la misma, y pondrá este documento a disposición de las autoridades nacionales de control sin demora (art. 48.10).

En definitiva, con este nuevo sistema implementado por el Reglamento 2019/818, las autoridades de los EEMM, Europol e Interpol, tendrán acceso a seis bases de datos simultáneamente. Este acceso tiene como objetivo contribuir a la prevención, detección e investigación de los delitos de terrorismo y otros delitos graves, si bien algunas de estas bases (SES, SEIAV, Eurodac y VIS) fueron diseñadas originalmente para el control de fronteras[403].

---

403 BLASI CASAGRÁN, C.: "Fundamental Rights Implications of Interconnecting Migration and Policing Databases in the EU", *Human Rights Law Review*, n.º 21, 2021, p. 444.

4.2. Interoperabilidad: mayor seguridad o menor nivel de protección de datos

4.2.1. La dicotomía entre la erradicación de los puntos ciegos y la implantación de un sistema de vigilancia masivo

La UE ha tratado de dejar claro que los Reglamentos anteriores no amplían los poderes de acceso de las autoridades, sino que facilitan la interoperabilidad entre los sistemas, favoreciendo el intercambio de datos y, por ende, la cooperación policial y judicial[404]. Sin embargo, la implantación de esta interoperabilidad involucra a numerosos Estados, agencias y bases de datos a gran escala, por lo que no es un asunto que dependa de una *mera* decisión técnica, sino política[405].

Prueba de ello es la mutación que han sufrido algunas bases de datos. El SIS manifestó desde sus inicios una naturaleza mixta como base de datos de seguridad y migraciones; el VIS se creó para facilitar la aplicación de la política común de visados, aunque, puede utilizarse para la prevención de amenazas; Eurodac fue concebida para albergar datos de inmigración, pero en 2013 añadió la posibilidad de acceder por motivos de seguridad[406].

---

404 COM(2017) 793 (final) y COM(2017) 794 (final).

405 AU-YOUNG OLIVEIRA, A.: "Recent developments of interoperability in the EU Area of Freedom, Security and Justice: Regulations (EU) 2019/817 and 2019/818", *Unio-EU Law Journal,* vol. 5, n.º2, 2019, p. 135.

406 ELRICK, L. E.: "Finding the Balance between Security and Human Rights in the EU Borders Security Ecosystem", *European Journal of Law and Technology,* Vol 12, 2021, p. 19. Se puede consultar el artículo aquí: https://ejlt.org/index.php/ejlt/article/view/820/1030
Como también señala ELRICK, si bien VIS y Eurodac recaban datos referentes a extranjeros solicitantes de viso o aquellos que han solicitado protección internacional de larga duración, las bases de datos de nueva creación como el SES o ETIAS también abarcan datos de personas exentas de la obtención de visado o incluso de personas que no se encuentran ni siquiera en territorio europeo porque su solicitud ha sido concedida, pero no han viajado todavía, ha sido rechazada o revocada.

Como señala la Comisión Europea[407], los sistemas de información son deficientes en algunos aspectos: funcionalidades, arquitectura de gestión de los datos, un panorama complejo de sistemas de información gestionados de manera diferente y una estructura fragmentada de gestión de datos para el control de las fronteras y seguridad. La interoperabilidad surge como respuesta a los temores de la Comisión de que, debido a la fragmentación de la información, esta no llegase a quien la requería[408] y no pudieran evitarse amenazas graves de la seguridad.

No obstante, gracias a esta fragmentación se consigue compartimentar la información y solo se desvela cuando todos los sistemas están interconectados. Sin embargo, esta integración fruto de la necesidad de cubrir *puntos ciegos* podría llevar a que en el futuro prácticamente ningún nacional de terceros países quede fuera del monitoreo de al menos una base de datos[409].

Lo anterior nos lleva al siguiente cuestionamiento: ¿estamos asistiendo a la implantación de un modelo de vigilancia encubierto[410]?

La combinación del SCB compartido, el RCDI y el DIM crea un catálogo de datos de nacionales de terceros países, almacenados dentro del sistema europeo. Si bien es cierto que el DIM no contiene datos personales (solo vínculos), el SCB compartido contiene plantillas biométricas que, aunque deben ser leídas por medios tecnológicos, son datos personales[411]. Por su parte, el RCDI crea un archivo único por cada persona registrada, al menos, en una de las bases de datos. De esta manera, cuando todos estos datos se combinan, las autoridades nacionales son capaces de ver las diferentes categorías de nacionales de terceros países y crear

---

407 COM (2016) 205 final, p. 3.

408 ELRICK, L. E.: *op. cit.*, p. 1.

409 VAVOULA, N.: *op. cit.*, p. 135.

410 VAVOULA, N.: *op. cit.*, p. 140.

411 VAVOULA, N.: *op. cit.*, p.141.

perfiles más completos sobre su circulación y los procedimientos administrativos o penales a los que han sido sometidos[412].

4.2.2. La (in)compatibilidad del nuevo sistema de interoperabilidad con la jurisprudencia del TJUE

En líneas generales se han advertido la excesiva fragmentación de la información, así como el riesgo que puede conllevar la mejora del complejo sistema de información en materia de seguridad.

El TJUE resolvió en las sentencias *Digital Rights Ireland* y *Tele2* que el almacenamiento masivo de datos personales transgredía los arts. 7 y 8 CDFUE. Sin embargo, esta prohibición puede exceptuarse si la finalidad es prevenir las formas graves de delincuencia o el terrorismo[413], siempre que no se aplique de manera sistemática, como destacó la STJUE *Ligue des droits humains* y *Conseil des ministres sobre* el PNR [414] y el Dictamen 1/2015[415].

En estas coordenadas, el siguiente punto es considerar si el tipo de datos que se guardan en esos *almacenes masivos* son excesivos o no. Como apunta QUINTEL, el procesamiento de datos de nacionales de terceros países que llegan a la UE no comienza cuando se accede a sus datos ante una presunta comisión de un delito, sino que generalmente comienza tan pronto como ingresa en el territorio de un Estado miembro[416].

---

412 VAVOULA, N.: *op. cit.*, p.142.

413 STJUE (Gran Sala) de 21 de diciembre de 2016, *Tele2 Sverige,* C-203/15 y 698/15, apartado 115.

414 STJUE (Gran Sala) de 21 de junio de 2021, *Ligue des droits humains* y *Conseil des ministres,* C-817/19.

415 Dictamen 1/15 del Tribunal de justicia (Gran Sala), de 26 de julio de 2017 (párrafos 197 y 198).

416 QUINTEL, T.: *Connecting Personal Data of Third Country Nationals: Interoperability of EU databases in the light of the CJEU's case law on data retention,* 2018, p. 4.

Con relación al volumen de datos tratados, salvo SEIAV, el resto de las bases de datos almacenan huellas dactilares o imágenes faciales[417]. Los datos van a ser retenidos durante un periodo similar, normalmente tres años o cinco años, que podrá ser ampliable. Esto facilita la creación de perfiles detallados al interconectar datos coincidentes en el tiempo, lo que subraya la necesidad de establecer estrictas condiciones de acceso[418].

4.3. Intercambio de datos entre los países miembros de la Unión Europea

Los mecanismos anteriores se enfocan en recopilar y procesar los datos de nacionales de terceros países para garantizar la seguridad en Europa. Esto plantea la pregunta de si el mismo nivel de interoperabilidad utilizado para esta finalidad podría aplicarse al intercambio de información sobre sus propios ciudadanos.

Desde la implementación en 2006 de la "Decisión Marco sueca"[419], el intercambio de información e inteligencia policial transfronteriza sigue el "principio de disponibilidad". Este establece que un agente de policía puede acceder a la información necesaria de otro Estado miembro bajo las mismas condiciones que las aplicadas dentro del ámbito nacional (*principio de acceso equivalente*)[420]. Para facilitar este flujo se aplicó la metodología de un "punto único de contacto" (PUC) dentro de cada Estado miembro[421] que acogería idealmente las unidades nacionales de Sirene, Europol e Interpol y otros puntos con los agentes de enla-

---

417 VAVOULA, N.: *op. cit.*, p.135.

418 QUINTEL, T.: *op. cit.*, p.10.

419 DO L 386 de 29.12.2006, p. 89.

420 Consejo de la Unión Europea, 9364/19: "Manual para el intercambio de información en el ámbito policial" de 5 de septiembre de 2019, pp. 33-34.

421 *Idem.*

ce, los designados en virtud de las Decisiones Prüm y sueca y, en su caso, con las oficinas regionales y bilaterales[422].

En 2021, la Comisión propuso un Código de Cooperación Policial de la UE para mejorar la cooperación policial transfronteriza entre todos los EEMM y ofrecer a los agentes de policía herramientas de información más modernas[423]. Entre las medidas destacadas están una *Recomendación sobre la cooperación policial operativa* que establece normas comunes sobre la colaboración entre los agentes de policía que participen en patrullas conjuntas y que actúen en el territorio de otro Estado miembro[424] y una *Directiva* para mejorar el intercambio de información entre las autoridades policiales[425].

5. UNIFORMIDAD, EXHAUSTIVIDAD Y EQUILIBRIO COMO RETOS DE FUTURO

En los últimos años se han dado pasos de gigante para alcanzar la fase que la Comisión Europea ha denominado "fronteras inteligentes", con el objetivo de proteger la seguridad ciudadana, prevenir y reprimir las formas más graves de criminalidad [426]. Este avance se basa en tres principios fundamentales para la cooperación policial y judicial: uniformidad, exhaustividad y equilibrio.

La uniformidad se refleja en la cantidad de bases de datos y agencias comunes entre los países miembros que han sido creadas

---

422 Consejo de la Unión Europea, 9364/19, p. 35.

423 Se puede consultar aquí: https://ec.europa.eu/commission/presscorner/detail/es/ip_21_6645

424 Recomendación (UE) 2022/915 del Consejo de 9 de junio de 2022 relativa a la cooperación policial operativa.

425 Se puede consultar aquí: https://www.consilium.europa.eu/es/press/press-releases/2022/11/29/police-cooperation-council-presidency-and-european-parliament-agree-on-a-directive-to-improve-information-exchange-between-law-enforcement-authorities/

426 COM(2015) 240 final, 13 de mayo de 2015., p. 13.

en los últimos años. Con ellas se pretende *estandarizar* los procedimientos de recogida, almacenamiento e intercambio de datos:

(1) El SIS para información de personas y objetos para investigaciones a gran escala.

(2) El VIS para los procedimientos y condiciones del intercambio de datos en el marco de las solicitudes de visados para estancias de corta duración.

(3) Eurodac contiene las huellas dactilares de los solicitantes de protección internacional y determinará la autoridad competente para examinar la solicitud y para hacer comprobaciones en el marco de investigaciones criminales.

(4) Prüm, para facilitar la cooperación policial entre los distintos EEMM en el intercambio automatizado de datos sobre perfiles de ADN, datos dactiloscópicos, determinados datos de matriculación de vehículos, imágenes faciales y antecedentes policiales.

(5) SES para registrar la entrada y salida de nacionales de terceros países con visados de corta duración.

(6) SEIAV para controlar a los nacionales de terceros países que están exentos de la obligación de visado.

(7) ECRIS-TCN para tener conocimiento de los antecedentes penales de los extranjeros.

La UE ha fomentado la cooperación multilateral a través de organismos como Europol, Eurojust e Interpol, estandarizando procedimientos y evitando enfoques aislados de cada Estado miembro.

La exhaustividad está presente en que cada vez son más los sistemas creados y, por tanto, los datos captados con la finalidad de proteger las fronteras exteriores y el espacio de seguridad común;

por no mencionar que cada vez más actores tienen acceso [427]. Entre estos actores se encuentran Europol y Eurojust, que cada vez acceden a más bases de datos no relacionadas con la cooperación policial y judicial, desafiando así el principio de limitación de la finalidad[428]. Por ejemplo, Europol modificó su reglamento tras ser requerido por el SEPD para suprimir datos sin vínculo con actividades delictivas.

Por su parte, VIGURI CORDERO sostiene que la aplicación generalizada de este marco jurídico a todos los SECA (solicitantes de asilo), como principales sujetos receptores de la mayoría de estas iniciativas, supondría a todas luces, una criminalización *de facto* de los solicitantes[429]. Así como el afán de intensificar la seguridad conlleva una monitorización extrema.

En otro orden de cosas, es necesario destacar que, a pesar de que la seguridad se centra en las fronteras, como señalan SPIEZA y FAGGINI, "el crimen viaja por la web"[430]. Es por ello, que en 2010 se firmó el Convenio sobre la Delincuencia[431], convertido en el único instrumento internacional vinculante sobre este tema. Seguir el ritmo a la criminalidad es complicado debido a las amplias herramientas que ofrece la web y el alto nivel de anonimato, lo que dificulta encontrar al culpable[432].

Por último, el equilibrio trata de dar respuesta a la armonización entre la seguridad y los derechos de los individuos: ¿dónde

---

427 BOEHM, F.: *Information Sharing and Data Protection in the Area of Freedom, Security and Justice*, Springer, 2012, p. 377.

428 *Ibidem*, p. 378.

429 VIGURI CORDERO, J. A.: *Seguridad y Protección de Datos en el Sistema Europeo Común de Asilo*, Tirant lo Blanch, 2020, p. 226.

430 SPEZIA, F. y FAGGIANI, V.: *Ataque a Europa: Un atlas del crimen para comprender las amenazas y las perspectivas,* Valencia, Tirant lo Blanch, 2022, p. 185.

431 Instrumento de Ratificación del Convenio sobre la Ciberdelincuencia, hecho en Budapest el 23 de noviembre de 2001 (en adelante, Convenio de Budapest).

432 SPEZIA, F. y FAGGIANI, V.: *op. cit.*, pp. 185-215.

acaba tu derecho a la seguridad y comienza el mío a la protección de datos?

En los últimos años, se han actualizado las normativas de las bases de datos y agencias europeas, así como de las organizaciones internacionales para introducir previsiones que protejan el derecho fundamental a la protección de datos. Estas reformas se han centrado especialmente en el intercambio de información, donde las personas implicadas, incluidas víctimas y testigos, a menudo no son notificadas sobre la gestión de sus datos[433].

Este escenario de intercambios es un equilibrista que: mientras se busca incrementar la seguridad, también es esencial garantizar herramientas efectivas que permitan a las personas ejercer sus derechos de manera plena y transparente.

---

433 VIGURI CORDERO, J. A.: *op. cit.*, p. 226.

Capítulo IV.

El intercambio de datos sobre las víctimas de los delitos y su protección

1. LA PERSPECTIVA MULTINIVEL DEL CONCEPTO DE VÍCTIMA Y SU EVOLUCIÓN

Tradicionalmente, la normativa penal se ha centrado en el sujeto activo del delito[434] más que en el sujeto pasivo. En la mayoría de los casos, la víctima también formará parte de estos procesos y, como resultado, sus datos personales serán tratados en este contexto[435]. Por lo tanto, la víctima se convierte en una parte interesada dentro del marco de protección asignado a los datos personales en el ámbito penal.

En los últimos años, se han adoptado diversos textos internacionales y europeos que abordan el concepto de víctima y las categorías que pueden distinguirse dentro de este ámbito[436].

---

434 FERNÁNDEZ FUSTER, M.ª D.: "Protección de los Derechos de la Víctima en el Proceso Penal"; *Estudios Penales y Criminológicos,* vol. XXXIX, 2019, p. 756.

435 GRZELAK, A.: "Protection of Personal Data of Crime Victims in European Union Law– Latest Developments", *XXXVIII Polish Yearbook of International Law,* 2018, p. 224.

436 Existen diversas perspectivas desde las cuales se puede estudiar el concepto de víctima. Desde una perspectiva más sociológica tendríamos los trabajos de Hans von Hentig y Bejamin Mendelsohn, que se consideran los padres de la ciencia conocida como "victimología".
Un estudio más profundo sobre la victimología y sus orígenes lo ofrecen: BODERO, E. R.: "Orígenes y fundamentos principales de la Victimología", *Iuris Dictio,* 2(3), 2001, pp. 72-80 y MORILLAS FERNÁNDEZ, D. L., PATRÓ HERNÁNDEZ, R. M. y AGUILAR CÁRCELES, M. M.: *Victimología: un estudio sobre la víctima y procesos de victimización,* Dykinson, 2014.

1.1. El concepto de víctima en el ámbito de la Organización de las Naciones Unidas

A nivel internacional, la Asamblea de las Naciones Unidas ha adoptado diversas iniciativas centradas en el reconocimiento de los derechos de las víctimas. Entre estas destacan la Resolución 40/34 el 29 de noviembre de 1985 por la que se establecía la Declaración sobre los principios fundamentales de justicia para víctimas de delitos y del abuso de poder; la Resolución 47/133, de 18 de diciembre de 1992 sobre la Declaración sobre la protección de todas las personas contra las desapariciones forzosas y, posteriormente, la Convención Internacional para la protección de todas las personas contra las desapariciones forzadas, adoptada el 20 de diciembre de 2006.

Por otro lado, la Comisión de Derechos Humanos adoptó la resolución 2005/53 de 19 de abril de 2005, que contiene los Principios y directrices básicos sobre el derecho de las víctimas de violaciones manifiestas de las normas internacionales de derechos humanos y de violaciones graves del derecho internacional humanitario a interponer recursos y obtener reparaciones.

NORMATIVA	DEFINICIÓN DE VÍCTIMA
Declaración de los principios fundamentales de justicia relativos a las víctimas del delito y a las víctimas del abuso de poder	Aquellas personas que han sufrido un perjuicio, ya sea individual o colectivamente, especialmente un ataque a su integridad psíquica o mental, un sufrimiento moral, una pérdida de material, o un ataque grave a sus derechos fundamentales, como resultado de acciones u omisiones que contravienen las leyes penales en vigor en un Estado miembro. Esta definición abarca también los abusos criminales de poder.

[A] los efectos del trabajo que nos ocupa, vamos a centrarnos en el concepto de "víctima" desde la perspectiva del Derecho Penal y su evolución en las diferentes etapas y en la normativa en tres niveles: internacional, comunitario y nacional.

	También abarca a la familia cercana o las personas a cargo de la víctima directa, así como a aquellas que han sufrido perjuicios al intervenir para ayudar a las víctimas necesitadas o para evitar la victimización.
Declaración sobre la Protección de todas las Personas contra las Desapariciones Forzadas	No aporta una definición de víctima.
Convención internacional para la protección de todas las personas contra las desapariciones forzadas.	Persona desaparecida y a toda persona física que haya sufrido un perjuicio directo como consecuencia de una desaparición forzada
Principios y directrices básicos sobre el derecho de las víctimas de violaciones manifiestas	Toda persona que haya sufrido daños, individual o colectivamente, incluidas lesiones físicas o mentales, sufrimiento emocional, pérdidas económicas o menoscabo sustancial de sus derechos fundamentales, como consecuencia de acciones u omisiones que constituyan una violación manifiesta de las normas internacionales de derechos humanos o una violación grave del derecho internacional humanitario. También podrá comprender a la familia inmediata o las personas a cargo de la víctima directa, así como a aquellas que hayan sufrido daños al intervenir para asistir a víctimas en peligro o para impedir su victimización.

Como se puede observar, cada uno de los textos anteriores se dirige a un tipo específico de víctima, dando lugar a varias categorías distintas. Dentro de este marco, llama la atención la ausencia de una normativa particular sobre las víctimas del terrorismo[437], déficit al que ha contribuido la ausencia de consenso en la definición del terrorismo como delito internacional, como se puso

437 FERNÁNDEZ DE CASADEVANTE ROMANÍ, C.: *International Law of Victims*, Heidelberg, Springer, 2012, p. 10.

de manifiesto en la negociación del Estatuto de la Corte Penal Internacional[438].

En relación con lo anterior, cada uno de esos textos define la condición de víctima desde una perspectiva particular, pero todas forman parte de la misma categoría global, la de víctimas del delito[439]. Así se aprecia el esfuerzo por ampliar el concepto de víctima a personas que no están directamente relacionadas con el delito.

En este contexto es relevante mencionar el establecimiento de los denominados tribunales *ad hoc*[440] por parte del Consejo de Seguridad de la ONU, destinados a juzgar y sancionar las violaciones cometidas contra los derechos humanos y las normas de Derecho Internacional Humanitario[441], como son el Tribunal para la Ex-Yugoslavia[442] y el Tribunal para Ruanda[443]. Las Reglas de Procedimiento y Pruebas, que constituye el documento básico para estos Tribunales, definen a la víctima como "la persona contra quien supuestamente se ha cometido un delito sobre el cual el Tribunal

---

438 Cuestión analizada más en detalle en FERNÁNDEZ DE CASADEVANTE ROMANÍ, C.: *International Law of Victims*, pp. 253-265; y en JIMÉNEZ GARCÍA, F.: "Derecho Internacional y terrorismo: Historia de una relación incapaz de materializarse estatutariamente", *Anuario de los Cursos de Derechos Humanos de Donostia-San Sebastián: Donostiako Giza Eskubideei Buruzko Ikastaroen Urtekaria*, n.º 6, 2006, pp. 303-348.

439 FERNÁNDEZ DE CASADEVANTE ROMANÍ, C.: *International Law of Victims*, p. 8.

440 Un análisis más profundo acerca de las víctimas en los Tribunales *ad hoc* se puede encontrar en CARPIO DELGADO, J.: "Las víctimas como testigos en el Derecho Internacional (I) Especial referencia a los Tribunales *ad hoc*", *Política Criminal*, vol. 8, no. 15, 2013.

441 SALMÓN GÁRATE, E. y GARCÍA SAAVEDRA, G.: "Los Tribunales Internacionales que juzgan individuos: El caso de los Tribunales AD-HOC para la Ex-Yugoslavia y Ruanda y el Tribunal Penal Internacional como manifestaciones institucionales de la Subjetividad Internacional del ser humano", *Derecho y Sociedad*, n.º 15, 2000, p. 13.

442 Establecido por el Consejo de Seguridad de conformidad con la resolución 827 (1993) del 25 de mayo de 1993.

443 Establecido por el Consejo de Seguridad de conformidad con la resolución 955 (1994) del 8 de noviembre de 1994.

tiene competencia"[444]; aunque le asignan un papel limitado, considerándolas solamente como testigos[445]. Además, la regla número 69[446] de este documento aborda la protección de las víctimas y testigos, permitiéndoles solicitar al juez que su identidad no sea revelada.

Otra institución que, aunque no pertenece a la ONU, tuvo su origen bajo el auspicio de esta organización es la Corte Penal Internacional (en adelante, CPI). Este tribunal fue establecido el 17 de julio de 1998 tras la aprobación de su Estatuto[447] por la Conferencia Diplomática de Plenipotenciarios de las Naciones Unidas sobre el establecimiento de una Corte Penal Internacional.

El Estatuto de la CPI es el primer tratado internacional relacionado con crímenes que expresamente considera a la víctima[448]. Esto se refleja en el Preámbulo, donde se menciona que los sufrimientos[449] de las víctimas y el objetivo de poner fin a la impunidad de los crímenes que hayan sufrido son elementos teleológicos

---

444 El primer documento se adoptó el 11 de febrero de 1994 y ha sufrido numerosas modificaciones desde entonces a la actualidad, pero sin modificar esta definición.

445 FERNÁNDEZ DE CASADEVANTE ROMANÍ, C.: "Las víctimas y el Derecho Internacional", *A.E.D.I.*, vol. XXV, 2009, pp. 44-45.

446 Esta regla ha sufrido varias modificaciones en su redacción en 2001 (en su apartado B) y en 2012.

447 Denominado "Estatuto de Roma" (A/CONF.183/9) y en vigor desde el 1 de julio de 2002.

448 Según FERNÁNDEZ DE CASADEVANTE ROMANÍ, C.: *International Law of Victims, op. cit.*, p. 51, al contrario que el Tribunal Internacional para la Antigua Yugoslavia y el Tribunal Internacional para Ruanda, que reducen el papel de la víctima, concibiéndolas solamente como testigos.

449 Teniendo presente que, en este siglo, millones de niños, mujeres y hombres han sido víctimas de atrocidades que desafían la imaginación y conmueven profundamente la conciencia de la humanidad (...). Decididos a poner fin a la impunidad de los autores de esos crímenes y a contribuir así a la prevención de nuevos crímenes (...).

para la creación de la CPI[450]. No obstante, esta apreciación de la víctima no llega al punto de permitir la solicitud directa de la intervención de la CPI[451] en un asunto específico. De particular interés resulta el art. 87 del Estatuto, que establece medidas para proteger la vida privada de las víctimas y testigos, considerando diversos factores, especialmente en casos de índole sexual, por razón de género o violencia contra niños, lo que puede resultar en la celebración de juicios a puerta cerrada.

Para la aplicación del Estatuto de Roma, se aprobaron las Reglas de Procedimiento y Prueba de la Corte Penal Internacional[452]. Especialmente relevante es la regla 85 que, por un lado, contiene el mismo concepto de víctima señalado en las Reglas de Procedimiento y Pruebas de los Tribunales *ad hoc*[453]. Sin embargo, esta regla va más allá de lo establecido en dichos tribunales, incluyendo a los miembros de la familia y a los derechohabientes como víctimas, aunque introduce previsiones para evitar una extensión ilimitada[454]. La regla especifica: "Por víctimas se podrá entender también las organizaciones o instituciones que hayan sufrido daños directos a alguno de sus bienes que esté dedicado a la religión, la instrucción, las artes, las ciencias o la beneficencia y a sus monumentos históricos, hospitales y otros lugares y objetos que tengan fines humanitarios". Como se puede observar, la defi-

---

450 FERNÁNDEZ DE CASADEVANTE ROMANÍ, C.: *International Law of Victims*, *op. cit.*, p. 48.

451 *Idem.*

452 El texto de estas Reglas de Procedimiento y Prueba se reproduce de Documentos Oficiales de la Asamblea de los Estados Partes en el Estatuto de Roma de la Corte Penal Internacional, primer período de sesiones, Nueva York, 3 a 10 de septiembre de 2002 (ICC-ASP/1/3 y Corr. 1), parte II.A.

453 No siendo necesario que la víctima sea el objeto directo de la infracción. FERNÁNDEZ DE CASADEVANTE ROMANÍ, C.: "Las víctimas y el Derecho Internacional", *op. cit.*, p. 38.

454 BURGORGUE-LARSEN, L.: "Las víctimas del delito en el proceso penal internacional: ejemplo de la Corte Penal Internacional", *Revista Jurídica*, n.º 12, 2005, p. 15.

nición abarca a personas jurídicas que hayan sufrido un perjuicio directo por la comisión de alguno de los crímenes competencia de la CPI[455].

Para concluir a nivel de Interpol, el art. 44 del RITD señala a la "víctima" como "persona que ha sido objeto de un delito". Además, ofrece una definición para "desaparecido" como "persona en paradero desconocido y registrada como desaparecida".

1.2. El concepto de víctima en el ámbito del Consejo de Europa

El Consejo de Europa no solo fue pionero en la regulación del derecho a la protección de datos, sino también en la delimitación del concepto de "víctima".

La Resolución 77 (27) del Comité de Ministros, sobre indemnización a las víctimas de delitos, del 28 de septiembre de 1977, fue la primera norma en abordar este tema, con el objetivo de establecer directrices para armonizar las disposiciones nacionales en este campo. Con esta finalidad, se instaba a los Estados a asumir la indemnización de las personas que hubieran sufrido lesiones graves o daños en su salud como resultado de un delito intencional de violencia[456], así como de las personas a cargo del fallecido como consecuencia de dicho delito, especialmente en aquellos casos en los que el autor no pudiera ser perseguido o castigado[457].

Siguiendo la estela de la anterior, vio la luz el Convenio europeo n.º 116, de 24 de noviembre de 1983[458], sobre la indemnización a las víctimas de delitos violentos. Este convenio se convirtió en el único tratado internacional sobre las víctimas existente en

---

455 *Idem.*

456 Debemos entender por tal, un delito doloso.

457 Recogido también en el art. 2 del Convenio Europeo sobre la Indemnización a las Víctimas de Delitos Violentos.

458 Esta Convención no entró en vigor hasta el 1 de febrero de 1998. España la firmó el 8 de junio de 2000, pero para su entrada en vigor hubo que esperar hasta el 1 de febrero de 2002.

Europa, aunque solo se refiere a una categoría específica: las víctimas de crímenes violentos[459]. El concepto de víctima en este documento (art. 2) se aprecia de una manera indirecta al estipular que los EEMM deberán compensar a quienes hayan sufrido lesiones corporales graves o alteraciones de la integridad física atribuibles directamente a un delito doloso violento, así como a las personas dependientes de aquellas que han fallecido como consecuencia de dichos crímenes.

Para complementar el contenido del texto anterior, se adoptaron la Recomendación n.º R (85) 11 sobre la posición de la víctima en el marco del derecho penal y procesal y la Recomendación n.º R (87) 21 sobre la asistencia a las víctimas y la prevención de la victimización.

Posteriormente, la actividad del Consejo de Europa se centró en las víctimas de terrorismo[460], adoptando las Directrices sobre los derechos humanos y la lucha contra el terrorismo el 11 de julio de 2002 y las Directrices sobre la protección de víctimas de actos de terrorismo el 2 de marzo de 2005.

Un año más tarde, en 2006, este mismo órgano aprobó la Recomendación Rec (2006) 8 del Comité de Ministros a los EEMM sobre asistencia a las víctimas, definiendo a la "víctima" como la "persona física que haya sufrido daños, inclusive lesiones físicas o mentales, sufrimiento emocional o pérdida económica, causada por actos u omisiones que constituyen una violación de la legislación de un Estado miembro". También incluye, en su caso, a la familia inmediata o dependiente de la víctima directa.

Esta Recomendación fue actualizada en 2023 mediante la Recomendación CM/Rec (2023) 2 del Comité de Ministros a los

---

[459] FERNÁNDEZ DE CASADEVANTE ROMANÍ, C.: *International Law of Victims, op. cit.*, p. 18.

[460] En ese momento el Consejo de Europa se convirtió en pionero al adoptar la primera disposición referida a las víctimas del terrorismo y a garantizar sus derechos específicos.

EEMM en materia de derechos, servicios y apoyo a las víctimas de delitos[461] proporcionando una definición más precisa del concepto de víctima (art. 1), considerándose como tales:

a. Una persona física que ha sufrido un daño, incluido un daño físico, mental, emocional o económico, causado directamente por un delito.

b. Familiares de una persona cuya muerte ha sido causada directamente por un delito y que ha sufrido un daño como consecuencia de la muerte de esa persona.

Es importante señalar que las Convenciones deben ser ratificadas por los EEMM del Consejo de Europa para que entren en vigor en el ámbito nacional, además de adoptar las medidas necesarias para su aplicación. Las Recomendaciones, por su parte, son consejos cuya incorporación a la legislación doméstica queda enteramente a disposición de los EEMM[462].

1.3. El concepto de víctima en la Unión Europea y su reflejo en la normativa española

Siguiendo el camino emprendido por las Naciones Unidas y, sobre todo, por el Consejo de Europa, la Unión Europea ampara por primera vez a la víctima del delito en la Decisión Marco del Consejo, de 15 de marzo de 2001, relativa al estatuto de la víctima (2001/220/JAI). En esta decisión, se define a la víctima como "la persona física que haya sufrido un perjuicio, en especial lesiones físicas o mentales, daños emocionales o un perjuicio económico, directamente causado por un acto u omisión que infrinja la legislación penal de un Estado miembro"[463]. Además, esta decisión

---

461 Adoptada por el Comité de Ministros el 15 de marzo de 2023 en la 1460º reunión de los Delegados de los Ministros.

462 FERNÁNDEZ DE CASADEVANTE ROMANÍ, C.: "Las víctimas y el Derecho Internacional", *op. cit.*, p. 20.

463 Artículo 1, a), de la Decisión 2001/220/JAI.

marco permitía que la víctima solicitara una indemnización al delincuente en el curso del proceso penal.

No obstante, en ocasiones el delito ocurre en situaciones transfronterizas. Para facilitar la efectividad de la protección de la víctima en tales casos, se aprobó la Directiva 2004/80/CE, de 29 de abril de 2004, sobre indemnización a las víctimas del delito. Esta Directiva aporta un concepto de víctima de manera colateral al hacer merecedoras de la reparación a "las víctimas de delitos dolosos violentos cometidos en sus respectivos territorios"[464].

La Directiva 2012/29/UE del Parlamento Europeo y del Consejo de 25 de octubre de 2012 por la que se establecen normas mínimas sobre los derechos, el apoyo y la protección de las víctimas de delitos y deroga la Decisión marco 2001/220/JAI del Consejo (en adelante, Directiva 2012/29), introduce el concepto genérico de víctima (art. 2):

i) La persona física que haya sufrido un daño o perjuicio, en especial lesiones físicas o mentales, daños emocionales o un perjuicio económico, directamente causado por una infracción penal.

ii) Los familiares de una persona cuya muerte haya sido directamente causada por un delito y que haya sufrido un daño o perjuicio como consecuencia de la muerte de dicha persona.

La Directiva 2012/29 fue traspuesta en España mediante la Ley 4/2015, de 27 de abril, del Estatuto de la Víctima del Delito (en adelante, EVD). El EVD, en cumplimiento del art. 2.2 de la Directiva[465], precisa qué se entiende por víctima de una manera más extensa:

---

464 Considerando 7 de la Directiva 2004/80/CE, de 29 de abril de 2004.

465 Art. 2.2 Directiva 2012/29 señala que los EEMM podrán establecer procedimientos para limitar el número de familiares que puedan acogerse a los derechos, y por lo que respecta al apartado 1, letra a), inciso ii),

a) Como víctima directa, a toda persona física que haya sufrido un daño o perjuicio sobre su propia persona o patrimonio, en especial lesiones físicas o psíquicas, daños emocionales o perjuicios económicos directamente causados por la comisión de un delito.

b) Como víctima indirecta, en los casos de muerte o desaparición de una persona que haya sido causada directamente por un delito, salvo que se tratare de los responsables de los hechos:

1.º A su cónyuge no separado legalmente o de hecho y a los hijos de la víctima o del cónyuge no separado legalmente o de hecho que en el momento de la muerte o desaparición de la víctima convivieran con ellos; a la persona que hasta el momento de la muerte o desaparición hubiera estado unida a ella por una análoga relación de afectividad y a los hijos de ésta que en el momento de la muerte o desaparición de la víctima convivieran con ella; a sus progenitores y parientes en línea recta o colateral dentro del tercer grado que se encontraren bajo su guarda y a las personas sujetas a su tutela o curatela o que se encontraren bajo su acogimiento familiar.

2.º En caso de no existir los anteriores, a los demás parientes en línea recta y a sus hermanos, con preferencia, entre ellos, del que ostentara la representación legal de la víctima.

Al ser una Directiva, los EEMM tienen la facultad de introducir variaciones en la trasposición a su legislación nacional. La definición adoptada por España modifica ligeramente lo establecido en la Directiva, una tendencia que se observa en otros países. Estas diferencias pueden influir en la protección ofrecida en los procedimientos policiales y judiciales transfronterizos.

---

para determinar qué familiares tienen prioridad en relación con el ejercicio de los derechos.

Mientras unos países optan por interpretaciones más simpes de la Directiva[466], otros, como España, desarrollan definiciones más detalladas[467].

Eurojust ha señalado que la definición de "víctima" debe interpretarse según las leyes nacionales de los EEMM implicados en un caso transfronterizo[468]. Esta situación plantea un desafío significativo. Por ejemplo, Eurojust ha observado en sus análisis de casos que, en situaciones de trata de seres humanos o de matrimonios simulados, la misma persona puede ser considerada como testigo en un país, víctima potencial en otro y sospechosa en un tercero[469]. Añadido a esto, el reconocimiento de las víctimas puede no ser uniforme en todas las etapas del procedimiento[470].

En cuanto a puntos comunes, las definiciones de víctima revisadas tanto a nivel de la UE como internacional comparten dos aspectos claves: la consideración exclusiva de personas físicas o naturales como víctimas, excluyendo así a las personas jurídicas

---

466 EUROPEAN AGENCY FOR FUNDAMENTAL RIGHTS (FRA): *Victims of crime in the UE the extent and the nature of support for victims*, 2014, p. 12. "La Directiva sobre las víctimas exige que los familiares de la víctima estén incluidos en la definición de víctima (en relación con las víctimas cuya muerte sea causa directa de una infracción penal) para que también tengan acceso a los servicios de apoyo a las víctimas en función de sus necesidades y del grado de perjuicio sufrido como consecuencia de la infracción penal cometida contra la víctima. El término "familiares ", así como otros términos clave, como especialmente vulnerables, deben interpretarse para no restringir innecesariamente la lista de posibles titulares de derechos".

467 GRZELAK, A.: *op. cit.*, p. 211. Sostiene que la Directiva 2012/29 y la Directiva 2016/680 usan el término "víctima del delito" en un sentido más estricto que en el caso de algunas normativas nacionales.

468 EUROJUST: *Report on Eurojust casework on victims' rights: a contribution to the European Commission Coordinator for Victims' Rights mapping exercise,* 2022, p. 7.

469 *Idem.*

470 *Ibidem*, p. 8.

de su ámbito de protección[471], y la extensión de la protección a los familiares de las víctimas directas.

Sin embargo, cuando relacionamos estos términos con los contenidos en otras normas, como la Directiva 2016/680 y la LO 7/2021, estas amplían el concepto de víctima incluyendo a las personas que "podrían llegar a serlo". Incluso España va más allá al asignar la misma protección a las personas afectadas por una infracción o que podrían llegar a serlo. Es evidente que España introduce este matiz entre víctima y afectado para considerar a las "víctimas de una infracción penal" como víctimas directas y a los "afectados" como víctimas indirectas. Por tanto, España protege los datos de las víctimas y afectados, tanto actuales como potenciales[472].

Un aspecto relevante es determinar si la protección de datos se aplica únicamente a víctimas vivas o también a las fallecidas. La Directiva 2016/680 no aborda explícitamente este tema, mientras que la LO 7/2021 establece que no se aplica al tratamiento de datos de personas fallecidas.

---

471 Es más, en el ámbito de la UE, la Directiva 2016/680 y su trasposición a España, la LO 7/2021, al contemplar a los sujetos objeto de aplicación de su contenido, excluyen también a la persona jurídica como víctima.

472 Podemos encontrar alguna referencia en nuestro Código Penal sobre "personas respecto de las cuales determinados hechos den lugar a pensar que puedan ser víctimas de una infracción penal". Por ejemplo, el art. 140 bis en su párrafo 2º: "2. Si la víctima y quien sea autor de los delitos previstos en los tres artículos precedentes tuvieran un hijo o hija en común, la autoridad judicial impondrá, respecto de este, la pena de privación de la patria potestad. La misma pena se impondrá cuando la víctima fuere hijo o hija del autor, respecto de otros hijos e hijas, si existieren".

1.4. La consideración de las víctimas como testigos

En el Derecho internacional no existe una definición universal de "testigo"[473]. Generalmente, se considera como tal a "las personas que prestan testimonio en un proceso penal"[474]. Según, CARPIO DELGADO, la doctrina y la jurisprudencia lo han definido como una persona física ajena al proceso, llamada a declarar sobre hechos que conoce y que pueden ser relevantes para el proceso[475].

Recientemente, Interpol ha incluido una definición de "testigo" en el art. 44 RITD, indicando que es una "persona no sospechosa que pudiera proporcionar información de interés para la investigación de un delito o la búsqueda de una persona desaparecida".

Sin embargo, no siempre un testigo es alguien que ha presenciado los hechos, ya que también engloba a las personas que hayan sufrido el suceso. Esta situación plantea una de las mayores dificultades: separar a las víctimas de los testigos. En algunos países, la consideración de víctima y testigo van de la mano, en otros son situaciones diferentes[476]. Esta ambigüedad subraya la necesidad de establecer medidas adecuadas de protección, que aún no han sido definidas en el derecho internacional[477].

En los Tribunales *ad hoc* de la antigua Yugoslavia y Ruanda, la declaración de la víctima en el proceso tiene la consideración de prueba testifical, aplicándoseles el régimen de los testigos[478]. Los

---

[473] ENIKÖ, F.: "The rising importance on the protection of witnesses in the European Union", *Revue Internationale de Droit Pénal,* 2006, vol. 77, p. 317.

[474] *Idem.*

[475] CARPIO DELGADO, J.: *op. cit.*, p. 132.

[476] EUROJUST: *Report on Eurojust casework on victims' rights:...* ", *op. cit.*, p. 7.

[477] ENIKÖ, F.: *op. cit.*, p. 317.

[478] CARPIO DELGADO, J.: *op. cit.*, p. 133.

menores también podrán ser testigos[479] y su testimonio tendrá el mismo valor que el de un adulto, siempre que comprendan la naturaleza de la declaración[480]. La Oficina de las Naciones Unidas contra la Droga y el Delito (UNODC), junto con UNICEF abordaron el papel de los menores como víctimas y testigos[481], incluyendo numerosas medidas para protegerlos y salvaguardar su intimidad[482].

Por su parte, el Consejo de Europa adoptó la Recomendación núm. R (97) 13 relativa a la intimidación de los testigos y los derechos de la defensa, reconociendo la importancia de los testigos dentro del procedimiento penal. Definió al "testigo" como cualquier persona, independientemente de su condición con arreglo al derecho procesal penal nacional[483], que posee información pertinente para el proceso penal, incluyendo a peritos e intérpretes[484]. El documento persigue que los testigos puedan declarar libremente, sin ser intimidados y protege también a sus familiares y personas cercanas que podrían estar en riesgo antes y después del procedimiento judicial[485]. Esta protección se extiende a testigos vulnerables, especialmente en delitos intrafamiliares.

Posteriormente, el Consejo de Europa adoptó la Recomendación (2005) 9 sobre la protección de los testigos y colaboradores de la justicia, redefiniendo al "testigo" como "cualquier persona que posea información relevante para el procedimiento criminal

---

479 Reglas 90 (B) del Tribunal Penal Internacional para la antigua Yugoslavia y 90 (C) del Tribunal Penal Internacional para Ruanda.

480 CARPIO DELGADO, J.: *op. cit.*, p. 143.

481 UNDODC: *La justicia en asuntos concernientes a menores víctimas y testigos de delitos: Ley modelo y comentario*, 2009, p. 5.

482 Por ejemplo, el art. 2, 7 y 28, entre otros de la Ley modelo sobre la justicia en asuntos concernientes a menores víctimas y testigos de delitos.

483 Al introducir esta previsión posibilita que, de acuerdo con el derecho doméstico de los Estados miembros, los testigos también puedan ser víctimas.

484 Appendix to Recommendation No. R (97) 13, I. *Definitions*.

485 Appendix to Recommendation No. R (97) 13, II. *General Principles 1 and 2*.

en el que él/ ella ha prestado o va a prestar testimonio, que no está incluido en la definición de colaborador de la justicia". Esta definición distingue claramente al testigo del "colaborador de la justicia" que es "la persona que se enfrenta a cargos criminales o que ha sido condenado por tomar parte en un grupo u organización criminal de cualquier tipo o en delitos relacionados con el crimen organizado, pero que colabora con la justicia".

Además, se introduce la definición de "personas cercanas a los testigos o colaboradores de la justicia", abarcando a los parientes y allegados de estos individuos. Las protecciones otorgadas a estos grupos son coherentes con las mencionadas en la Recomendación (97) 13. En el ámbito de la cooperación internacional, la Recomendación (2005) 9 insta a los EEMM a colaborar para reubicar a testigos o colaboradores y asegurar su protección.

Para finalizar el recorrido por la actividad del Consejo de Europa en esta materia, en el año 2015[486] se refirió a la protección de testigos como una herramienta indispensable en la lucha contra el crimen organizado y el terrorismo en Europa, haciendo un llamamiento a los EEMM a implementar medidas y programas de protección de testigos.

Desde la perspectiva de la UE, el Considerando 20 de la Directiva 2012/29, contempla la posibilidad de que la víctima sea al mismo tiempo testigo. Igualmente, el Estatuto de la Víctima español, otorga a la víctima la posibilidad de participar en el procedimiento penal como testigo[487] y recibir la protección adecuada para ello. Asimismo, el art. 25.2 del referido texto legal menciona que, dentro de la protección que se les puede otorgar a las víctimas, se incluyen las referidas en la Ley Orgá-

---

486 PARLIAMENTARY ASSEMBLY OF COUNCIL OF EUROPE: Resolution 2038 (2015) on *Witness protection as an indispensable tool in the fight against organized crime and terrorism in Europe.*

487 Véase el Preámbulo VII, el artículo 9 o el artículo 25 del Estatuto de la Víctima.

nica 19/1994, de 23 de diciembre, de protección a testigos y peritos en causas criminales[488].

No obstante, en la Unión Europea no existe una normativa conjunta para la protección de testigos y colaboradores con la justicia, lo que genera enfoques dispares: unos lo circunscriben a la actuación policial, mientras que otros disponen de unidades específicas[489].

La posibilidad de una regulación conjunta lleva años siendo explorada[490]. La Comisión[491] ha considerado crucial la protección de los testigos y su papel relevante durante el proceso penal. Aunque existen resoluciones como la Resolución del Consejo de 23 de noviembre de 1995 sobre la protección de los testigos y la lucha contra el crimen organizado[492] y, respecto a los colaboradores con la justicia, la Resolución del Consejo de 20 de diciembre sobre las personas que colaboran en el procedimiento judicial contra

---

488 Art. 25. 3. Asimismo, también podrá acordarse, para la protección de las víctimas, la adopción de alguna o algunas de las medidas de protección a que se refiere el artículo 2 de la Ley Orgánica 19/1994, de 23 de diciembre, de protección a testigos y peritos en causas criminales.

489 VAN LENT, Y.: "Legal Regulation of Witness Protection in the European Unión", *Public Security and Public Order*, n.º 21, 2018, p. 140.

490 Desde hace años se considera la necesidad de adoptar una normativa de la UE en materia de protección de testigos. Ya en 1997, la Recomendación 16 del plan de acción para luchar contra la delincuencia organizada (DO C 251, 15.08.1997, p. 1) propuso analizar las necesidades de protección de los testigos y las personas que colaboran con la acción de la justicia. La declaración del Consejo Europeo de 25 de marzo de 2004 sobre la lucha contra el terrorismo y el plan de acción de La Haya [Comunicación COM (2005) 184 final (10.05.2005), p. 23] también se refieren a una propuesta sobre la protección de los testigos y colaboradores.

491 COM (2007) 693 final. Documento de trabajo de la Comisión sobre la viabilidad de la legislación de la UE en el ámbito de la protección de testigos y colaboradores con la justicia de 13 de noviembre de 2007.

492 OJ C 327, 07/12/1995, p. 5.

el crimen organizado internacional[493], estas no han dado lugar a una legislación específica en la UE.

En otro orden de cosas, existe la posibilidad de otorgar beneficios procesales a cambio de información; así lo prevén, de modo vinculante para los Estados miembros, las Decisiones Marco sobre terrorismo[494], la propuesta de Decisión marco sobre la delincuencia organizada[495] y la Decisión marco sobre la situación de las víctimas en el proceso penal[496].

Por otro lado, y siendo conscientes de esta carencia, Europol estableció en el año 2000 la Red Europea de Enlace, compuesta por los jefes de las unidades especializadas de protección de testigos. En 2003, adoptó las "Directrices UE: principios básicos de la cooperación policial en materia de protección de testigos de la Unión Europea", centradas en el traslado internacional de testigos y "Criterios comunes para admitir a un testigo en un programa de protección"[497].

En cualquier caso, ninguno de estos textos especifica el momento en el que una víctima pasa a ser testigo o viceversa, como tampoco proporciona una diferenciación clara entre ambas condiciones. Esta ambigüedad juega un papel importante en la clasificación de los sujetos en las bases de datos policiales y conduce a una protección homogénea. Esto plantea dudas sobre la coherencia de otorgar el mismo nivel de protección a quienes han sufrido directamente los hechos delictivos y a quienes solo poseen información relevante.

---

493 OJ C 010, 11/01/1997, p. 1 -2.

494 Council Framework Decision of 13 june 2002 on combating terrorism, OJ L 164, 22/06/2002, p. 3-7.

495 COM (2005) 6 final. "Commission Proposal for a Council Framework Decision on the fight against organised crime" de 19 de enero 2005.

496 2001/220/JHA *Council Framework Decision of 15 March 2001 on the standing of victims in criminal proceedings,* OJ L 082, 22/03/2001, pp. 1-4 y ENIKÖ, F.: *op. cit.*, pp. 315-316.

497 COM (2007) 693 final, p. 5.

En conclusión, el Considerando 31 de la Directiva 2016/680 y el art. 7 de la LO 7/2021, incluyen a los testigos como uno de los interesados, dentro de la categoría "terceros involucrados" señalando que, cuando sea posible, sus datos deben diferenciarse del resto[498].

2. LA PROTECCIÓN DE DATOS DE LAS VÍCTIMAS EN EL INTERCAMBIO DE DATOS POR LAS AUTORIDADES POLICIALES

La cooperación policial es esencial en un mundo globalizado e interconectado, donde la criminalidad transfronteriza ha aumentado[499]. Por tanto, abundan los delitos que se cometen en varios

---

[498] Esta mención coincidiría con la figura del colaborador mencionada *supra*.

[499] A modo de ejemplo cito algunas noticias:
Un operativo de 32 países coordinado por OIPC-Interpol se saldó con 268 detenidos, 130 víctimas de trata de seres humanos rescatadas y casi 100.000 migrantes irregulares interceptados. España también formaba parte del operativo y consiguió detener 57 personas en territorio español, desarticular tres grupos criminales dedicados al tráfico ilegal de migrantes y liberar a 24 víctimas.
Se puede consultar aquí: https://www.interior.gob.es/opencms/es/detalle/articulo/La-Policia-Nacional-participa-en-un-operativo-coordinado-por-INTERPOL-contra-el-trafico-de-migrantes-y-la-trata-de-personas-00001/
La Policía Nacional en una acción coordinada con Europol ayuda a descubrir en Internet a 240 niños y niñas víctimas de abusos sexuales y a identificar y a detener a sus abusadores.
Se puede consultar aquí: https://rtve.es/noticias/20150116/policia-descubre-internet-240-ninos-ninas-victimas-abusos-sexuales/1082733.shtml
La Policía Nacional, en cooperación con el FBI y la Policía alemana desmanteló una infraestructura de un grupo criminal dirigida a realizar ataques *ransomware* a todo el mundo.
Se puede consultar aquí: https://www.interior.gob.es/opencms/eu/detalle/articulo/Desmantelada-una-infraestructura-del-grupo-criminal-HIVE-dirigida-a-realizar-ataques-de-ransomware-por-todo-el-mundo/

EEMM o que afectan a la jurisdicción de dos o más Estados[500]. La policía de cada Estado debe estar preparada para recibir denuncias sobre hechos que ocurrieron en otros EEMM[501]. Esto requiere que las policías de diferentes países colaboren entre sí a través de sistemas de cooperación efectivos.

Para proteger a las víctimas, la policía puede compartir con otros Estados u organizaciones internacionales datos personales esenciales, como nombre, contacto, edad y tipo de delito, asegurando su protección más allá del ámbito nacional[502]. Por tanto, se enfrenta a un nuevo reto de proteger los datos personales de la víctima a una escala que trasciende el ámbito nacional.

A continuación, se analizará el ciclo de estos datos en el sistema policial y su compatibilidad con el derecho a la protección de datos.

2.1. La obtención de los datos personales de las víctimas

La existencia de una víctima es inseparable, en la mayoría de los casos, de la comisión de un delito. Una de las primeras informaciones que obtienen las autoridades es la identidad de la víctima, así como otros datos relacionados con su vida privada. Es crucial proteger la información que identifica a la víctima o des-

---

500 HERNÁNDEZ LÓPEZ, A.: "Crimen transfronterizo y determinación de la jurisdicción en el espacio de libertad, seguridad y justicia: ¿Hacia una nueva normativa sobre resolución de conflictos de ejercicio de la jurisdicción penal?", *Revista de Estudios Europeos*, n.º 71, 2018, p. 221.

501 Los derechos de las víctimas residentes en otros países se prevén en el art. 17 Directiva 2012/29.

502 VICTIM SUPPORT EUROPE: *Handbook for Implementation of Legislation and Best Practice for Victims of Crime in Europe*, 2013, p. 41.

vela información, lo que incluye las fotografías o imágenes[503] que pudieran permitir su reconocimiento[504].

La divulgación accidental de datos sensibles, como la dirección de la víctima, puede poner en peligro su seguridad, especialmente si el acusado puede localizarla[505]. La difusión de su rostro también puede plantear problemas significativos, por ejemplo, si la víctima vive en una población con pocos habitantes, será fácilmente identificable. Asimismo, podría ser localizada aun cuando hubiera cambiado de domicilio para evitar el contacto con el agresor[506]. En definitiva, las brechas de seguridad en la protección de sus datos personales ponen en peligro la integridad física y moral de la víctima y, además, aumentan el riesgo de sufrir victimización secundaria.

Partiendo desde la perspectiva interna, la investigación de un delito puede iniciarse de diferentes maneras atendiendo a la perseguibilidad del tipo delictivo cometido[507]. Tres son las principales

---

503 Mediante fotografías o imágenes que puedan tomar de ella la prensa, el público o los profesionales que participan en el procedimiento. MALSCH, M.: "Victims' Fundamental Need for Safety and Privacy and the Role of Legislation and Empirical Evidence", *Erasmus Law Review*, vol. 14, n.º 3, 2021, p. 162.

504 *Idem*. Según el autor existen dos tipos de privacidades: la "privacidad de la información" sobre la difusión de datos de la víctima; y la "privacidad espacial" sobre la exposición física de la víctima.

505 MALSCH, M.: *op. cit*, p. 162.

506 La STEDH (Sección 1.ª) *Ageyevy c. Rusia* del 18 de abril de 2012, §216 señala la importancia del ámbito territorial en el que ocurre el hecho en cuestión, pues no es lo mismo un pueblo o una localidad de pequeñas dimensiones que una gran ciudad.

507 MARCOS FRANCISCO, D.: "Requisitos de perseguibilidad de los delitos tras la reciente Ley de Reforma del Código Penal", *laleydigital*, 2015. Se puede consultar aquí: https://laleydigital.laleynext.es/Content/Documento.aspx?params=H4sIAAAAAAAEAO29B2AcSZYlJi9tynt_SvVK1-B0oQiAYBMk2JBAEOzBiM3mkuwdaUcjKasqgcplVmVdZhZAzO2dvPfee—999577733ujudTif33_8_XGZkAWz2zkrayZ4hgKrIHz9fB8_IorZ7LOnb3bo2dv79OH-w194mddNUS0_29vZvb_zcG8XHxTn10-r6ZvrVf7ZeVY2-f8DwOKRBjUAAAA=WKE

maneras en las que la *notitia criminis* llega a las FFCCS: atestado, denuncia o querella[508].

En delitos públicos, la denuncia es un deber del ciudadano, es decir, cualquiera que presencie un delito de este carácter está obligado a denunciarlo ante las autoridades[509]. Para la víctima la denuncia constituye un derecho que puede ejercer o no. Sin embargo, en los delitos perseguibles a instancia de parte es requisito indispensable para comenzar su persecución[510].

Mediante la interposición de una querella, las personas físicas o jurídicas, se convierten en parte del proceso penal ulterior. Dependiendo del tipo delictivo cometido, esta posibilidad está permitida a unas personas u a otras. En los delitos públicos, cualquier persona física o jurídica españolas, aunque no tengan ninguna relación con el delito, pueden presentar una querella y constituirse así en acusación popular. Si es la víctima la que decide personarse en el proceso, se constituirá en acusación particular [511]. No obstante, si la víctima decide no ser parte del procedimiento penal posterior[512], puede seguir participando en la fase de investigación y en la de enjuiciamiento en calidad de testigo[513].

---

508 LLARENA CONDE, P.: "El inicio del procedimiento y la fase de instrucción", *Universitat Oberta de Catalunya*, 2019, pp. 1-33.

509 OCHOA MONZÓ, V. et al.: *Derecho Procesal Penal 2a Edición*, Tirant lo Blanch, 2020, pp. 125-129.

510 *Idem.*

511 *Idem.*

512 En palabras de OCHOA MONZÓ, V. et al.: *op. cit.*, pp. 62-65, que la víctima no desee constituirse en acusación particular en el concreto procedimiento penal en el que se juzgará los posibles delitos cometidos contra ella.

513 Adicionalmente a las vías anteriores, existe otra forma de que los datos de las víctimas se incorporen a la investigación y es que, tras la aprobación de la Directiva 2012/29 y del EVD, la víctima ya no tiene que ser parte del proceso (acusación particular) para tener acceso a la información relevante tanto en la fase de investigación como en la de enjuiciamiento. Asimismo, los Juzgados y Tribunales dispondrán de datos personas aportados por la propia víctima para poder ser informada de

Cuando la víctima informa a las autoridades sobre el delito, se le solicitan datos personales, como su nombre y contacto, los cuales se incorporan al reporte. Esto podría resultar en que el expediente, al llegar al acusado o su abogado, contenga información de la víctima y de cualquier testigo que haya declarado[514]. Si la información proviene de las FFCCS a través del atestado[515] o de terceros que hayan levantado una denuncia o se hayan personado en el procedimiento penal posterior (cuando ello sea posible[516]), debemos plantearnos si es lícito incluir datos de la víctima sin su consentimiento o si necesitamos su permiso para hacerlo. Como señalan PÉREZ GIL y GONZÁLEZ LÓPEZ "este tipo de cesiones de datos personales constituye una medida restrictiva de derechos fundamentales, aun cuando la injerencia revista intensidades muy diversas que abarcan desde la afección grave a la práctica inanidad"[517].

El art. 7 de la LO 7/2021 incorpora un deber de colaboración para empleados públicos y particulares. Las Administraciones públicas, así como cualquier persona física o jurídica, deben proporcionar a las autoridades judiciales, al Ministerio Fiscal o a la Policía Judicial los datos, informes, antecedentes y justificantes que les soliciten y que sean necesarios para la investigación y enjuiciamiento de infracciones penales o para la ejecución de las penas. En los demás casos, los datos solo deben ser proporcionados cuando sean esenciales para prevenir, detectar o investigar delitos, o para

---

las resoluciones judiciales más importantes dictadas contra el acusado. Por tanto, la información y los datos personales de la víctima pueden estar presentes durante todo el procedimiento judicial.

514 MALSCH, M.: *op. cit.*, p. 165.

515 Art. 284 LECrim.

516 OCHOA MONZÓ, V. et al.: *op. cit.*, pp. 61-62. Solo podrán personarse terceras personas en un juicio cuando el delito sea público, constituyéndose como acusación popular, pero esto está reservado para los que ostenten la nacionalidad española (art. 270 LECrim).

517 PÉREZ GIL, J. y GONZÁLEZ LÓPEZ, J. J.: "Cesión de datos personales para la investigación penal: Una propuesta para su inmediata inclusión en la Ley de Enjuiciamiento Criminal", *Diario La Ley*, n.º 7401, 2010.

proteger la seguridad pública, siempre que la solicitud sea concreta y justificada.

Los ciudadanos tienen el deber genérico de aportar los datos personales de los que tengan conocimiento cuando cumplen con la obligación de denunciar los delitos públicos de los que tengan constancia, conforme a los arts. 259 y 262 de la Ley de Enjuiciamiento Criminal (en adelante, LECrim). Cuando las FFCCS incorporan los datos de las víctimas como parte de su atestado o las averiguaciones en fase de investigación, están cumpliendo un deber legal establecido en los arts. 282 y 326.1º LECrim y en el art. 11.1, g) de la LOFCS[518].

Sin embargo, la recogida de datos no puede ser sistemática y debe limitarse a lo absolutamente necesario para la investigación[519]. Cuando las autoridades policiales españolas recogen los datos de las víctimas del delito, están obligadas a garantizar una protección adecuada.

El Estatuto de la Víctima y la Directiva 2012/19 son escuetos en esta materia. Sus disposiciones se centran en que los Jueces, Tribunales, Fiscales y las demás autoridades y funcionarios encargados de la investigación penal adopten las medidas necesarias para salvaguardar la intimidad de las víctimas y evitar la difusión de información que pueda revelar su identidad (art. 22 EVD).

Por su parte, la LO 7/2021 establece una serie de protecciones generales para las diferentes categorías de interesados (art. 9): (i) los datos personales de las víctimas solo pueden ser tratados por las autoridades competentes (art. 4); (ii) deben de respetar los principios relativos al tratamiento de datos personales, esto es, que sean lícitos, leales y utilizados exclusivamente para los fines legítimos para los que han sido recabados, exactos y, si es necesa-

---

518 DELGADO MARTÍN, J.: "Protección de datos personales en el proceso penal (II)", *elderecho.com,* 2019. Se puede consultar aquí: https://elderecho.com/proteccion-datos-personales-proceso-penal-ii

519 *Idem.*

rio, actualizados (art. 6.1, a), b), c) y d); (iii) se limita el periodo de conservación a lo necesario para el cumplimiento de los fines para los que fueron recogidos[520].

Cuando se ceden datos personales de los implicados en un delito, ya sea víctimas o agresores, se está cumpliendo un deber legal, por lo que no depende del consentimiento del afectado. A pesar de ello, las víctimas o testigos podrían esperar tener la oportunidad de consentir expresamente el tratamiento de sus datos, especialmente si fueron ellos quienes contactaron con la policía[521]. Desde otra perspectiva, el suministro espontáneo de sus datos personales podría considerarse un consentimiento tácito.

En otro orden de cosas, la expansión de la Inteligencia Artificial (en adelante, IA)[522] ha facilitado el desarrollo de herramientas de *predictive policing*[523], que analizan grandes cantidades de datos históricos o actuales para predecir comportamientos futuros, prevenir crímenes o resolver casos pasados[524]. Estas herramientas se enfocan en diferentes aspectos en función de su propósito predictivo: crímenes, la probabilidad de que individuos cometan delitos, la identificación del delincuente o de víctimas potenciales de un crimen[525].

---

520 Art. 4, e) y art. 5 de la Directiva 2016/680 y art. 6.1, e) y art. 8 de la LO 7/2021.

521 LEISER, M. R. y CUSTERS, B.: *op. cit.*, p. 374.

522 Definida por COM (2020) 65 final "Libro Blanco sobre la inteligencia artificial – un enfoque europeo orientado a la excelencia y la confianza" de 19 de febrero de 2020, p. 2, IA es el nombre que reciben el conjunto de tecnologías que combinan información, algoritmos y capacidad informática.

523 PERRY, W. L. y otros: *Predictive Policing: The Role of Crime Forecasting in Law Enforcement Operations*, 2013, p. 1.

524 En el caso de las víctimas STRIKWERDA, L.: "Predictive policing: The risks associated with risk assessment", *The Police Journal: Theory, Practice and Principles,* n.º 94, 2021, p. 425, el mejor predictor de victimización es la victimización previa, sobre todo si residen o frecuentan lugares atractivos para los ofensores.

525 PERRY, W. L. y otros: *op. cit.*, p. 8.

Estas prácticas plantean problemas significativos[526] estrechamente ligados a las garantías procesales, especialmente la presunción de inocencia[527]. Aunque no es un fenómeno novedoso[528], en los últimos años ha ganado relevancia el aumento en el uso de estas herramientas y los posibles riesgos sociales, económicos y legales que podrían conllevar[529].

El Reglamento 2024/1689 del Parlamento Europeo y del Consejo, de 13 de junio de 2024 por el que se establecen normas armonizadas en materia de inteligencia artificial (en adelante, RIA) ha posibilitado la identificación biométrica remota "en tiempo real" en lugares de acceso público[530] para la búsqueda de víctimas de secuestro, trata de seres humanos y explotación sexual, así como para la localización de personas desaparecidas (Considerando 35 y art. 5.1, h), i) RIA). Asimismo, autoriza el uso de herramientas

---

526 BARONA VILAR, S: *Algoritmización del Derecho y de la Justicia. De la Inteligencia Artificial a la Smart Justice*, Valencia, Tirant lo Blanch, 2021, pp. 448-449.

527 LLORENTE SÁNCHEZ-ARJONA, M.: "Hacia una justicia penal predictiva", *Cuadernos de Política Criminal*, n.º 136, 2022, p. 102.

528 A modo de ejemplo se puede citar el sistema COMPAS en EEUU o el HART en Reino Unido en el ámbito internacional.
En la Unión Europea, *Horizon* 2020 estaba desarrollando el proyecto *iBorderCtrl* como sistema inteligente de detección de mentiras para los viajeros que entran en la UE.
Las FFCCS utilizan dos sistemas de IA: el sistema VioGén, para evaluar el riesgo al que se enfrenta una víctima de violencia de género y aplicar las medidas pertinentes para su protección y Veripol, que analiza el lenguaje para el estudio de posibles denuncias falsas.

529 PRESNO LINERA, M. Á.: "Inteligencia artificial, policía predictiva y prevención de la violencia de género", *Revista de Victimología y Justicia Restaurativa,* vol. 2, 2023, pp. 88-89. Señala que hay acuerdo en ubicar el nacimiento de la IA en un taller científico en el verano de 1956, pero que posteriormente se enfrió hasta que finalmente en los 90 la posibilidad del acceso a ingentes cantidades de datos y la disponibilidad de procesadores a bajo coste ha vuelto a potenciar su uso.

530 El Capítulo V profundizará en el uso de la inteligencia artificial en la investigación criminal y en la utilización de datos biométricos.

de *predictive policing* para evaluar el riesgo de que una persona sea víctima de delitos (Anexo III 6, a) RIA).

Desde el momento en que la persona sea calificada como víctima de un delito con componente supranacional y el tratamiento de sus datos sea posible en virtud del instrumento de cooperación policial del que se vaya a hacer uso, se permitirá el acceso a esos datos. Esto significará que la policía podrá acceder a los sistemas de información y bases de datos como SIS, VIS, Eurodac o Prüm[531] a nivel comunitario y el PNR a nivel extracomunitario, así como solicitar la asistencia de Europol, Eurojust o Interpol.

2.2. Tratamiento de los datos de las víctimas en las bases de datos, organismos y agencias de la Unión Europea relacionadas con la lucha contra el crimen

2.2.1. La protección general que la Unión Europea otorga a los datos personales de las víctimas del delito

La Directiva 2012/29 establece la privacidad de la víctima como un aspecto general del marco de asistencia[532], aunque se hace escasa referencia a la protección de sus datos personales. Según su Considerando 68, los datos personales de la víctima deben protegerse conforme a la Decisión marco 2008/977/JAI (actualmente, la Directiva 2016/680)[533] y con arreglo al Convenio 108 (actualmente, el Convenio 108 +). Su art. 21 exige a los EEMM asegurar la intimidad de las víctimas y la protección de su imagen y la de sus familiares.

Visto desde otro ángulo, la Directiva 2012/29 busca establecer principios amplios de protección de datos, dejando a los EEMM

---

531 Próximamente, cuando estén en su pleno funcionamiento, de otros como el SES, SEIAV o ECRIS-TCN.

532 GRZELAK, A.: *op.cit.*, p. 211.

533 Véase el texto completo del Considerando 68.

la tarea de detallarlos[534] y de ajustarlas a sus sistemas penales nacionales[535].

La Directiva 2016/680 identifica como interesados a las víctimas de un delito o a aquellas que podrían serlo (art. 6)[536]. Sin embargo, la posición de la víctima no es estática durante la investigación penal. Los roles asignados a los participantes de un hecho criminal pueden cambiar durante el procedimiento. Por ejemplo, una víctima inicial podría ser considerada posteriormente como autor del delito, o los roles pueden superponerse[537], como el de testigo y víctima.

En este contexto, Bulgaria planteó una cuestión prejudicial al TJUE[538] sobre el uso de datos recabados inicialmente como víctima y su posterior empleo para investigar al interesado como imputado en el mismo caso. Aunque el Tribunal no se pronunció específicamente sobre el art. 6, subrayó que las obligaciones derivadas de esta disposición son autónomas respecto a otras de la Directiva. Además, destacó la dificultad de determinar el estatus exacto del interesado en las etapas iniciales de la investigación,

---

534 El estatuto de la víctima en el sistema penal varía según los Estados miembros y depende de tres criterios: su reconocimiento como parte en el proceso, la obligación o recomendación de participar, y el derecho legal a intervenir si manifiesta su voluntad. Cada Estado decide el criterio aplicable para garantizar que los derechos de las víctimas se adapten a su marco legal, conforme a la Directiva.

535 GRZELAK, A.: *op.cit*, p. 223.

536 El considerando 31 de la Directiva 2016/680 también establece como una de las categorías "los terceros, entre los que se incluyen los testigos, las personas que posean información o contactos útiles". Cabe mencionar que hay determinados testigos cuya protección de datos será crucial, por ejemplo, en el caso de testigos protegidos.
Este mismo artículo se puede ver reflejado en el art. 9, c) de la LO 7/2021, aunque en la ley nacional es más escueto, limitándose a "víctimas o afectados por una infracción penal o que puedan serlo".

537 LEISER, M. R. y CUSTERS, B.: *op. cit.*, p. 375.

538 STJUE (Sala 5.ª) de 8 de diciembre de 2022, *VS v Inspektor c. Inspektorata kam Visshia sadeben savet,* C-180/21, apartado 63.

y señaló que el cambio de rol no afecta directamente las reglas de reutilización de datos previstas en los artículos 4.2 y 9.1 de la Directiva[539].

2.2.2. La protección de datos en el intercambio y transmisión de información de víctimas en la Unión Europea

La protección de datos personales de las víctimas en el intercambio y transmisión de datos personales dentro de la UE es esencial en numerosas situaciones, como la resolución de un crimen, la localización de un menor trasladado a otro país sin autorización de los progenitores o judicial[540], identificar víctimas de trata de seres humanos o encontrar a personas desaparecidas.

En el capítulo anterior, se exploraron las bases de datos, organismos y agencias relacionadas con la persecución del delito que tratan e intercambian datos personales. Ahora nos centraremos en las previsiones específicas sobre las víctimas.

El Reglamento SIS considera a la víctima como el "objeto de protección" del sistema y establece las condiciones para el tratamiento de sus datos. En este sentido, el art. 32 permite introducir descripciones sobre:

(1) Personas desaparecidas que requieran medidas de protección.

(2) Personas desaparecidas que no requieran medidas de protección.

(3) Menores en riesgo de sustracción.

---

539 QUINTEL, T. y MITSILEGAS, V.: "Article 6 Distinction between Different Categories of Data Subject" en KOSTA, E. y BOEHM, F. (dir.): *The EU Law Enforcement Directive (LED): A Commentary,* 2024, p. 174.

540 Para una visión más concreta de la problemática se puede acudir a CALVO CARAVACA, A. L. y CARRASCOSA GONZÁLEZ, J.: "Sustracción internacional de menores: una visión general", *El discurso civilizador en Derecho Internacional: cinco estudios y tres comentarios,* 2011, pp. 115-155.

(4) Menores a quienes se deba impedir viajar por riesgos de trata de personas, matrimonios forzados, mutilación genital femenina, violencia de género, terrorismo o reclutamiento armado.

(5) Personas vulnerables mayores de edad que deban ser protegidas por riesgos a su traslado para ser víctimas de trata o violencia de género.

La inclusión de imágenes faciales, datos dactiloscópicos y perfiles de ADN está regulada por normas específicas (arts. 42 y 43).

El Reglamento Eurodac menciona a las víctimas a efectos de su identificación mediante el uso de sus huellas dactilares (Considerando 21).

Por su parte, el Reglamento Europol es más detallado, señalando en el Considerando 43 la necesidad de distinguir entre categorías de datos personales, priorizando la protección de los pertenecientes a las víctimas[541], testigos, personas con información relevante y menores. Europol limita el uso de datos sensibles únicamente a casos donde complementen otros ya tratados[542].

Para apoyar investigaciones, especialmente en delitos graves, como delitos sexuales contra menores, Europol gestiona una página web donde publica fotografías de objetos o prendas que podrían estar vinculados a menores afectados por estas prácticas[543].

---

541 El Reglamento Europol en su Anexo II al concretar las categorías de datos personales y categorías de interesados cuyos datos pueden ser recogidos y tratados a efectos de análisis estratégicos o temáticos, de análisis operativos o de intercambios de información, incluye los datos de personas que "hayan sido víctimas de uno de los delitos en cuestión o respecto de las cuales existan motivos para pensar que podrían ser víctimas de tales delitos".

542 Estos datos aparecen especificados en el Anexo II B. 4 del Reglamento de Europol.

543 Desde su puesta en marcha en el año 2017 de *Stop Child Abuse– Trace an Object,* 28 niños han sido identificados y removidos del peligros y 6 agresores han sido identificados y enjuiciados (datos actualizados en

Estos objetos han sido convenientemente separados de la persona a la que pertenecen o de quien los lleva puestos.

En línea con lo anterior, Europol asegura que los datos de las víctimas solo se tratan cuando sea estrictamente necesario y proporcionado para la prevención o investigación de los delitos que están dentro de su ámbito de actuación. El acceso a esta información por otros EEMM está restringido y requiere la autorización del director ejecutivo de Europol. La transmisión a terceros, como otros Estados miembros, organismos de la UE, países externos u organizaciones internacionales, solo está permitida en casos justificados y proporcionales (art. 30).

El art. 27 del Reglamento Eurojust especifica los tipos de datos personales[544] de las víctimas o de terceros involucrados en una infracción penal que pueden ser tratados. También permite el tratamiento excepcional y temporal de datos adicionales, siempre que sea imprescindible para investigar delitos graves y que estos datos se usen en investigaciones coordinadas por Eurojust o con el apoyo de Europol. La decisión sobre este tratamiento, especialmente cuando pertenezcan a víctimas o testigos, debe ser conjunta entre Eurojust y los miembros nacionales involucrados, especialmente si pertenecen a categorías especiales.

En su Reporte anual de 2021, Eurojust informó haber facilitado justicia a cerca de 100.000 víctimas, subrayando su papel en el intercambio de información para la identificación, rescate y protección de estas personas[545]. A pesar del éxito evidente de estas acciones, reconoció los desafíos significativos que enfrenta en casos transfronterizos complejos para garantizar los derechos de las víctimas[546], especialmente considerando sus roles procesales como testigos y las

---

noviembre de 2023). Se puede consultar aquí: https://www.europol.europa.eu/stopchildabuse

544 Aquellos recogidos en el Anexo II, punto 2.

545 EUROJUST: *Informe Anual de Eurojust*, 2021, p. 29.

546 *Idem*.

diferencias entre los sistemas jurídicos nacionales[547]. En el mismo año, Eurojust fue auditado por primera vez por el SEPD, confirmando que cumplía con el marco legislativo vigente[548].

Es importante destacar que los datos de las víctimas y testigos están sujetos a un periodo limitado de conservación:

(1) Según el art. 12 del Reglamento Eurodac, serán eliminados tras diez años desde su toma inicial.

(2) Según el art. 37 del Reglamento Prüm II, la duración dependerá de la normativa interna de cada Estado miembro, que deberá ser conforme a la Directiva 2016/680.

(3) Europol y Eurojust aplican reglas similares, limitando el uso de datos al tiempo estrictamente necesario [549], con revisiones obligatorias cada tres años[550].

El Reglamento Prüm II ha facilitado la búsqueda de personas desaparecidas y la identificación de restos humanos en los EEMM mediante disposiciones adicionales específicas que estos deben adoptar[551].

En materia de transferencias de datos de las víctimas a terceros países u organizaciones internacionales:

(1) Eurodac prohíbe dichas transferencias.

(2) Europol lo admite, pero únicamente bajo una decisión de la Comisión, un acuerdo internacional o un acuerdo de cooperación.

547 *Idem.*

548 *Ibidem*, p. 69.

549 Art. 31.1 del Reglamento Europol y art. 29 del Reglamento de Eurojust.

550 Art. 31.2 y 36 del Reglamento Europol y art. 29 Reglamento de Eurojust.

551 Considerando 8 y 9 del Reglamento Prüm II.

(3) Eurojust también las admite siempre que cuenten con una decisión de adecuación, garantías adecuadas o por motivos excepcionales[552].

En resumen, se identifican dos tendencias en la organización de los datos de las víctimas:

(1) Equiparación de la protección de los datos personales de la víctima con los de los testigos, aunque su relación con el delito puede ser distinta.

(2) Protección diferenciada de datos sensibles, permitiendo su tratamiento solo cuando haya una autorización legal, sea imprescindible para proteger intereses vitales o si el interesado los ha hecho públicos[553].

En previsión de lo anterior, si estos datos son necesarios para la investigación, deben ser proporcionados por las autoridades policiales o terceros, ya que la fase de instrucción consiste principalmente en recopilar información para esclarecer hechos[554]. Los datos sensibles y otros relacionados con las víctimas, cuando se procesan, pueden ser esenciales[555], tanto para la identificación como para la prueba[556].

Para finalizar, la privacidad y la protección de datos son especialmente relevantes para las víctimas más vulnerables, como menores, discapacitados o víctimas de delitos de acoso, violencia doméstica[557], de género o sexual. En estos casos, es crucial proteger la

---

552 Arts. 57-59 del Reglamento Eurojust.

553 Considerando 37 Directiva 2016/680.

554 PÉREZ GIL, J.: "La investigación penal y nuevas tecnologías: algunos retos pendientes", *Revista Jurídica de Castilla y León,* n.º 7, 2006, p. 219.

555 PÉREZ GIL, J.: "Entre los hechos y la prueba: reflexiones acerca de la adquisición probatoria en el proceso penal", *Revista Jurídica de Castilla y León,* n.º 14, 2018, p. 233.

556 Aunque también podría hacerse uso de ella en esta parte del proceso a través de la prueba anticipada o de la prueba preconstituida.

557 Como señala JIMÉNEZ-CASTELLANOS BALLESTEROS, I.(coord.): *El derecho al olvido digital del pasado penal,* Valencia, Tirant lo Blanc, 2021,

identidad y otros datos sensibles, evitando que estén disponibles para el presunto culpable o el público en general[558].

2.2.3. La Orden Europea de Protección: la transmisión de los datos personales de la víctima con fines de protección

Los sistemas de protección para víctimas en Europa pueden perder eficacia cuando estas se trasladan a otro país de la UE[559]. Por ello, el 13 de diciembre de 2011 se aprobó la primera norma en este ámbito, la Directiva 2011/99/UE, por la que se establece la Orden Europea de Protección[560]. Esta herramienta busca extender la protección proporcionada por las autoridades competentes de un Estado miembro al territorio del otro Estado miembro, donde la víctima se traslade para residir o permanecer temporalmente[561].

---

p. 285, este tema tiene una gran importancia reflejada en "la Ley de Castilla-La Mancha 5/2001, de 17 de mayo, de Prevención de Malos Tratos y de Protección de las Mujeres Maltratadas, que, en su artículo 11, d) prevé que el Gobierno de esta Comunidad remite a las Cortes de dicha Comunidad Autónoma, al menos con carácter anual, un informe en el que perceptivamente se contengan los procedimientos penales iniciados sobre la violencia doméstica con indicación de su número, la clase de procedimiento penal, el delito o falta imputado y la intervención de la Administración regional en dichos procedimientos, así como la reproducción de las sentencias condenatorias firmes sobre violencia doméstica cuando *se cuente con el consentimiento de la víctima, y en el caso de que esta no pudiere prestarlo, con el consentimiento de las personas perjudicadas.*"

558 VICTIM SUPPORT EUROPE: *op. cit.*, p. 38.

559 GONZÁLEZ PASTRANA, A.: "Principales mecanismos jurídicos de cooperación policial y judicial en el seno de la Unión Europea", *Seguridad y Ciudadanía, Revista del Ministerio de Interior*, n.º 12, 2014, p. 99.

560 Se dicta a raíz del Tratado de Lisboa y tiene su base jurídica en el art. 82.2 TFUE.

561 Preámbulo de la Ley 23/2014, de 20 de noviembre, de reconocimiento mutuo de resoluciones penales en la Unión Europea, que traspone la

La Directiva se enfoca principalmente en ofrecer protección a las víctimas o posibles víctimas del delito[562] y a sus familiares (Considerando 12 Directiva 2011/99/UE). Así como subraya la especial atención que, en estos procedimientos, se debe prestar a sujetos especialmente vulnerables, como menores o personas con discapacidad (Considerando 15).

La orden de protección emitida por la autoridad competente de un Estado miembro y enviada a la autoridad competente del Estado receptor debe contener los datos personales necesarios para cumplir su objetivo. Al notificar a la persona causante del peligro, se prioriza el interés de la persona protegida, evitando revelar su domicilio u otros datos de contacto, salvo que estén expresamente incluidos en las medidas de ejecución impuestas (Considerando 22).

Los datos personales tratados bajo esta Directiva, debido a su naturaleza, estarán sujetos a lo dispuesto en la Decisión marco 2008/977/JAI (actualmente, la Directiva 2016/680)[563], y a los principios establecidos en el Convenio 108, (actualmente, Convenio 108 +)[564] (Considerando 36).

---

citada Directiva a la legislación doméstica española y regula la orden de protección en los arts. 130 a 142.

562 La Directiva 2011/99/UE no incorpora una definición de víctima.

563 España traspuso esta directiva mediante la Ley 23/2014, de 20 de noviembre, de reconocimiento mutuo de resoluciones penales en la UE y en su Disposición Adicional Quinta establece una cláusula de protección de datos de carácter personal en los siguientes términos: "Los datos de carácter personal obtenidos como consecuencia de la emisión o ejecución de un instrumento de reconocimiento mutuo estarán protegidos de conformidad con lo dispuesto en la normativa europea y española de protección de datos de carácter personal". Por tanto, y siguiendo lo estipulado en la Directiva 2011/99, el tratamiento de datos de la Ley 23/2014 se realizará conforme a la LO 7/2021.

564 El inconveniente de esta regulación es que, al tratarse de una Directiva, los EEMM pueden haberla traspuesto de una manera diferente, como señalan FREIXES, T. y ROMÁN, L. (ed.): *Protección de las víctimas*

2.3. La protección de los datos de las víctimas a nivel internacional

Los EEMM de la Unión Europea y sus cuerpos o agencias pueden realizar transferencias internacionales de datos personales de las víctimas del delito con terceros países u organizaciones internacionales.

Estas transferencias abarcan cualquier acción que permita a una autoridad de un tercer país u organización internacional acceder a datos personales originados en la UE, ya sea por transmisión directa desde la UE o mediante solicitudes que incluyan datos personales del interesado[565]. Para que sean factibles deben seguir una serie de garantías que protejan a los datos personales más allá de las fronteras de la UE[566].

Para que los datos personales de la víctima recopilados en la UE puedan ser objeto de transferencia se precisa el cumplimiento de los requisitos del art. 35 de la Directiva 2016/680 y que se realice a través de una decisión de adecuación, garantías apropiadas o en situaciones excepcionales (arts. 36- 38) [567]. Actualmente, ante la falta de decisiones de adecuación[568], el ofrecimiento de garantías adecuadas es la práctica más utilizada.

Existen numerosos acuerdos entre la UE y los EEMM con terceros países[569], la gran mayoría preexistentes a la entrada en vigor

---

de violencia de género en la Unión Europea: estudio preliminar de la Directiva 2011/99/UE, Publicacions URV, 2014.

565 DRECHSLER, L.: "Wanted: LED adequacy decisions. How the absence of any LED adequacy decision is hurting the protection of fundamental rights in a law enforcement context", *International Data Privacy Law*, vol. 11, n.º 2, 2021, p. 184.

566 DRECHSLER, L.: "Wanted: LED adequacy decisions….", *op. cit.*, p. 184.

567 DRECHSLER, L.: "Wanted: LED adequacy decisions….", *op. cit.*, p. 187.

568 De momento solo se ha adoptado una para permitir la transferencia internacional con el Reino Unido a través de la C (2021) 4801 (final).

569 Por ejemplo, se encuentra vigente el acuerdo con Estados Unidos, conocido como el "Umbrella Agreement", prestador de las salvaguardas adecuadas a los efectos de transferencia internacional de datos y como

de la Directiva 2016/680[570]. Estos acuerdos continuarán en vigor hasta que sean modificados, sustituidos o revocados[571]. Este mismo problema persiste para las transferencias internacionales de datos de Europol y Eurojust[572].

Dado que la normativa comunitaria de protección de datos tiene alcance extraterritorial[573], es relevante analizar la regulación específica de las organizaciones internacionales con las que España y la UE mantienen mayores vínculos.

2.3.1. El Consejo de Europa

La Recomendación N.° R (85) 11 sobre la posición de la víctima en el marco del derecho penal y procesal, destaca la protección de la vida privada, especialmente en relación con la publicidad y divulgación de los datos personales de la víctima durante la fase de instrucción y enjuiciamiento.

La Recomendación N.° R (87) 2, sobre asistencia a las víctimas y prevención de la victimización aporta una serie de consejos dirigidos a los gobiernos para mejorar la protección y apoyo de las víctimas.

Por otro lado, la Recomendación núm. R (97) 13, relativa a la intimidación de los testigos y los derechos de la defensa, sugiere medidas destinadas a su protección en procedimientos contra el crimen organizado. Entre estas medidas se incluyen revelar la identidad del testigo solo en la última fase del procedimiento,

---

un referente para otros acuerdos. DRECHSLER, L.: "The Achilles Heel of EU data protection in a law enforcement context…", *op. cit.*, p. 55.

570 *Idem.*

571 De esta manera lo menciona el art. 61 de la Directiva 2016/680.

572 DRECHSLER, L.: "Wanted: LED adequacy decisions….", *op. cit.*, p. 193.

573 FABRINI, F. y CELESTE, E.: "The right to be forgotten in the digital age: The challenges of Data Protection beyond borders", *German Law Journal*, 2020, n.° 21, p. 56.

divulgar solamente detalles seleccionados y excluir a los medios de comunicación y/o al público de todo o parte del juicio.

Pero no es hasta la Recomendación Rec (2006) 8 sobre asistencia a las víctimas, que se propone a los Estados la adopción de medidas apropiadas para evitar afectar a la vida privada y familiar de las víctimas, así como para proteger sus datos personales durante la investigación y persecución del delito. Este texto fue actualizado por la Recomendación CM/Rec (2023) 2, incorporando en su art. 22 el deber de confidencialidad y un claro mandato para adopción de normas estrictas de protección de datos por las agencias que tienen contacto con las víctimas. Además, obliga a los gobiernos a garantizar que solo se recopile, almacene y divulgue información con el consentimiento explícito de la víctima o bajo requisitos legales, regulando los medios de divulgación y estableciendo procedimientos para reclamar en caso de incumplimientos.

2.3.2. La Organización de las Naciones Unidas

La Organización de las Naciones Unidas, en sus textos referidos a la protección de las víctimas, no se enfoca en la protección de sus datos personales, lo cual es comprensible dado que en el momento en que se redactaron, el derecho fundamental recorría sus primeros pasos. Por el contrario, en dichos textos sí se menciona, de manera sucinta, la protección de la intimidad, derecho mucho más desarrollado en esos momentos.

La "Declaración sobre los principios fundamentales de justicia para las víctimas de delitos y del abuso de poder" (1985) establece medidas para proteger la intimidad de las víctimas cuando sea necesario para su seguridad, así como para la de sus familiares y testigos, frente a cualquier forma de intimidación y represalia.

En el mismo contexto, la "Convención Internacional para la protección de todas las personas contra las desapariciones forzadas" (2010) contempla en su art. 20 la posibilidad de limitar la transmisión de información que pudiera afectar a la intimidad o seguridad de la víctima. Por el contrario, la "Declaración sobre la protección de todas las personas contra las desapariciones forzadas" (1992) no incluye ninguna disposición en referencia a la protección de la víctima en su esfera más personal.

Para concluir, en los "Principios y directrices básicos sobre el derecho de las víctimas de violaciones manifiestas de las normas internacionales de derechos humanos y de violaciones graves del derecho internacional humanitario a interponer recursos y obtener reparaciones" (2005) se establece que las víctimas han de recibir un trato humano y respetuoso con su dignidad y derechos humanos. Para asegurar su bienestar físico y psicológico, así como el de sus familias, se deben implementar medidas adecuadas.

El art. 68 del Estatuto de Roma asigna como tarea a la CPI establecer medidas adecuadas para salvaguardar la seguridad, el bienestar físico y psicológico, la dignidad y la vida privada de las víctimas o testigos. La Corte considerará diversos factores como la edad, el género, la salud, la naturaleza del crimen, especialmente, cuando involucre violencia sexual, de género o contra menores. Para garantizar esto, la Corte puede ordenar que una parte del juicio se celebre a puerta cerrada[574].

2.3.3. Interpol

El RITD fija condiciones adicionales para el tratamiento de datos de personas fallecidas, víctimas o testigos, menores o datos delicados, las cuales deben ser observadas por todas las OCN y entidades nacionales o internacionales pertinentes (art. 38 RITD).

Estas condiciones adicionales requieren que los datos sean registrados únicamente en el contexto de los hechos de los que

---

574 Otros artículos que tienen como eje central a la víctima son el 75 y el 79 sobre la reparación de la víctima y la constitución de un fondo fiduciario para ello.

estas personas son víctimas o testigos, sin que puedan utilizarse en relación con otros incidentes. Además, es necesario especificar la situación de estas personas y la finalidad del registro para evitar cualquier confusión con los datos de personas sospechosas, acusadas o condenadas por los mismos hechos. Por último, no se deberá tomar ninguna medida coactiva en contra de estas personas (art. 40 RITD).

Pero si hay algún ámbito en el que Interpol centra su atención es en las víctimas menores de edad que han sufrido abusos y en su identificación. Por ejemplo, si se desarticula una red internacional de pornografía, los especialistas en identificación revisan las imágenes minuciosamente para localizar al menor, evitarle más daños y detener al abusador. Para lograrlo cuentan con una Base de Datos Internacionales de imágenes y vídeos sobre Explotación Sexual de Niños (ICSE) que permite a los investigadores especializados intercambiar datos sobre estos delitos [575].

3. LOS PRINCIPIOS QUE RIGEN EL TRATAMIENTO DE DATOS DURANTE LA FASE DE INVESTIGACIÓN POLICIAL

Las sentencias representan la culminación de un proceso que se inicia desde las primeras actuaciones policiales. Durante la fase investigación, antes de llegar al juicio, la instrucción está repleta de datos personales, que superan a los presentes en la sentencia.

En las primeras etapas de la investigación, se recopilan diversos datos relacionados con la víctima, su entorno y eventos relevantes, como imágenes de cámaras de seguridad de los lugares públicos que pueden ayudar a reconstruir sus últimos movimientos o datos de localización a través de conexiones satelitales y testimonios de testigos.

---

575 Se puede consultar la información aquí: https://www.Interpol.int/es/Delitos/Delitos-contra-menores/Base-de-Datos-Internacional-sobre-Explotacion-Sexual-de-Ninos

En casos de desaparición, la divulgación de la identidad de la víctima adquiere gran importancia, ya que se intenta su localización difundiendo su fotografía y otros detalles personales pertinentes[576]. Esa difusión puede intensificarse si hay indicios de que la víctima puede haber sido trasladada a otro país[577], lo que implica incluir su descripción y datos en los sistemas de información y bases de datos, así como solicitar la cooperación de diversas agencias de seguridad y cuerpos policiales.

En este contexto es necesario evaluar qué información puede ser divulgada al público por las propias autoridades y cuál debe ser restringida, considerando lo siguiente: a) La información difundida no debe exceder la que los propios interesados pueden acceder; b) No sería coherente permitir la difusión de datos personales de la víctima al público mientras se limitan los accesos a los instrumentos de cooperación policial multinivel.

Los principios de licitud, lealtad, legitimidad, exactitud y adecuación deben regir el tratamiento de los datos de las víctimas. El principio de lealtad implica proporcionar información clara al interesado, de modo que comprenda cómo se tratarán sus datos y en qué medida[578]. Este principio tendría aplicación práctica a en investigaciones penales donde la víctima está identificada y presente. El principio de licitud exige procesar los datos de acuerdo con las leyes vigentes, sin que el interés supremo por la víctima

---

576 En la historia reciente de España podemos aludir a los casos de Diana Quer y Gabriel Cruz, el niño desaparecido en Almería, ambos finalmente localizados sin vida.

577 Prueba de ello lo tenemos en el mediático caso de Madeleine McCann, la niña de nacionalidad británica desaparecida en mayo de 2007 en Portugal, donde una de las hipótesis que se barajó fue que la menor podría haber sido trasladada a otro país.

578 FERNÁNDEZ GONZÁLEZ, C. M. (coord.): *Estudio sobre el sistema de protección de datos personales con finalidad de prevención, detección e investigación policial de infracciones penales*, Ministerio del Interior, 2022, p. 82.

durante una investigación policial y su búsqueda puedan amparar posibles infracciones[579].

Los datos de la víctima deben limitarse estrictamente a los necesarios para la investigación, manteniendo la exactitud y, si es necesario, actualizándolos. Esta precisión es indispensable, ya que las autoridades policiales deben asegurarse de que los datos transmitidos para fines de investigación sean correctos y permitan la identificación de la persona deseada. Por consiguiente, este principio debe estar vinculado al de verificación de la calidad de los datos personales, dado que, si estos no cumplen con los requisitos mencionados, no podrán ser compartidos con terceros.

En este contexto, GRZELAK señala que, en las primeras etapas del procedimiento, el principio de exactitud de los datos es uno de los más importantes[580] para asegurar la correcta identificación de la víctima y la precisión de su edad[581], aspectos fundamentales no solo para el éxito del procedimiento, sino también para asegurar una adecuada protección a la víctima[582].

Al interpretar el principio de exactitud, el Considerando 30 de la Directiva 2016/680 aclara que no se refiere tanto a la veracidad de una afirmación como al hecho de que esta sea concreta y precisa. Asimismo, el art. 7.1 de la Directiva prescribe que los EEMM diferencien los datos basados en hechos de los basados en

579 *Idem.*

580 GRZELAK, A.: *op.cit*, p. 224.

581 De especial relevancia esta última cuestión pues hay numerosas agravantes en el Código Penal que se aplican en función de la edad del menor. Por citar algunos ejemplos: art. 140.1, 1.ª; art. 143 bis; art. 155; art. 156; art. 156 bis; art. 156 ter; art. 156 quinquies; art. 165; art. 166; art. 177 bis 1 y 2; art. 183 bis; art. 185: art. 186; art. 187.1; art. 188.1 y 4; art. 189.1, 2 y 4; art. 192.3; art. 197.5 y 7; art. 201.2; art. 223; art. 244; art. 225, art. 225 bis 2; art. 229; art. 230; art. 231; art. 232; art. 311 bis; art. 340 bis 2; art. 361 bis; art. 577 2; art. 607 bis 2.

582 GRZELAK, A.: *op.cit*, p. 224.

apreciaciones personales[583]. Las autoridades competentes tienen la responsabilidad de garantizar que no se transmitan ni estén disponibles datos que sean inexactos, incompletos o desactualizados. Será importante para ello, establecer mecanismos de control de la calidad de los datos y que permitan informar sin demora de datos incorrectos transmitidos (Considerando 32 y art. 7 de la Directiva 2016/680).

El Considerando 14 y art. 68 del Reglamento SIS establecen que cada Estado miembro deberá remitir anualmente al Comité Europeo de Protección de Datos informes sobre la solicitud de rectificación de datos inexactos y de supresión de datos almacenados ilegalmente. El Reglamento Eurodac reconoce en su art. 23.1, c) la garantía de la exactitud y la actualización de los datos cuando se transmiten al Sistema Central. El Reglamento VIS menciona en su art. 24 que cuando un Estado miembro tenga pruebas que indiquen que los datos tratados son inexactos o contrarios al Reglamento, informará inmediatamente de ello al Estado miembro responsable; el art. 29 indica que cada Estado miembro responsable garantizará en particular la exactitud y actualización de los datos que se transmiten al VIS.

Asimismo, el art. 37 del Reglamento Prüm II dispone la obligación de las partes de responder por la exactitud y actualización de los datos. Si no reúnen estos requisitos se comunicará inmediatamente a la parte receptoras, que estará obligada a rectificar o cancelar los datos.

Los Reglamentos de Europol y Eurojust otorgan una gran importancia a la exactitud de la información como se observa en el sistema 4x4. Los EEMM serán responsables de la exactitud de los datos aportados. Europol se hará cargo de la exactitud y la actualización

---

[583] Recordemos que ya en su día el Anexo a la Recomendación N.º. R (87) 15 advirtió que las distintas categorías de datos registrados deberían diferenciarse, en la medida de lo posible, en función de su exactitud o de fiabilidad y, en particular, los datos basados en hechos deberían diferenciarse de los datos basados en opiniones o apreciaciones personales.

de los datos facilitados por otros proveedores o derivados de sus propios análisis (Considerando 47 Reglamento Europol y Considerandos 30 y 42 y el art. 45 del Reglamento Eurojust).

Finalmente, el art. 63 RITD recoge la verificación de la exactitud y relevancia de los datos como una actuación que todas las Oficinas Centrales Nacionales deben llevar a cabo.

Es notable la omisión en la Directiva 2016/680 del principio de transparencia de los datos, presente como un principio clave en el art. 4 del RGPD. ¿Se trata de una omisión involuntaria o de una evasión deliberada? Según FERNÁNDEZ GONZÁLEZ, este principio puede estar implícito en las obligaciones del responsable mediante el derecho a la información. Esta interpretación se ve respaldada por el Considerando 26 de la Directiva 2016/680, que sí menciona dicho principio. A pesar de ello, esta interpretación tan amplia podría ser cuestionada por abrir la puerta a otras similares de otros preceptos.

Para finalizar, el consentimiento no constituye fundamento jurídico para el tratamiento de datos personales por las autoridades competentes, especialmente cuando se trata de datos sensibles. Esto se debe a que la necesidad de procesar los datos de la víctima va más allá de su voluntad, o la de sus familiares si la víctima está ausente. La investigación de los delitos y la protección de las personas son mandatos constitucionales y legales por lo que la víctima *no goza de verdadera libertad de elección* (Considerando 35 Directiva 2016/680).

4. EL RECONOCIMIENTO DE LOS DERECHOS DE ACCESO, RECTIFICACIÓN, SUPRESIÓN Y LIMITACIÓN DEL TRATAMIENTO A LAS VÍCTIMAS

Como máxima absoluta, *los derechos valen tanto como sus garantías.* Para conseguir una verdadera protección de los datos personales de las víctimas del delito, es fundamental que toda transgresión contra su derecho fundamental tenga una respuesta adecuada.

A continuación, se realizará una revisión en tres niveles sobre la protección de los derechos de las víctimas: español, comunitario y supracomunitario. En cada nivel, se profundizará en los derechos de información, acceso, rectificación, supresión y limitación del tratamiento de los datos de las víctimas.

4.1. Los derechos de las víctimas en la Unión Europea, sus bases, organismos y agencias y su reflejo en España

El art. 13 de la Directiva 2016/680 señala que los interesados tienen derecho a ser informados sobre: la identidad y datos de contacto del responsable del tratamiento y del delegado de protección de datos, los fines del tratamiento, el derecho a presentar una reclamación ante la autoridad de control y, por supuesto, el derecho a solicitar del responsable del tratamiento el acceso a sus datos, así como su rectificación, supresión y limitación del tratamiento[584].

En el contexto de las investigaciones y los procesos penales, los EEMM regularán los derechos de información, acceso, rectificación, supresión y limitación del tratamiento de conformidad con el derecho nacional[585] de los que pueda hacer uso una víctima del delito.

Si bien estos derechos se dirigen a los interesados vivos, los familiares de los fallecidos o sus herederos pueden ejercer el acceso, rectificación o supresión. Si el fallecido fuera menor también se habilita a sus representantes legales y al Ministerio Fiscal. Si fuera una persona con discapacidad, estos derechos pueden ser ejercidos por la institución de apoyo designada para la víctima (art. 3 LO 7/2021).

---

584 Estos mismos derechos son reproducidos por nuestra LO 7/2021, además, añadiendo como interesados a los "afectados por una infracción penal".

585 Art. 18 de la Directiva 2016/680.

Es relevante destacar que estos derechos contenidos en la Directiva 2016/680, además de vincular a los países miembros en su normativa interna, también son aplicables a los datos contenidos en el SIS (art. 66 de su Reglamento), Eurodac (art. 33 de su Reglamento) y Reglamento Prüm II (art. 34). Europol y Eurojust disponen de previsiones específicas en sus respectivos Reglamentos.

No hay que olvidar que en el ámbito policial se realizan una gran variedad de funciones, unas consideradas "más policiales" y otras "más administrativas". Los datos de las víctimas tratados en el primer caso están protegidos por la Directiva 2016/680 y, por tanto, por la LO 7/2021. En cambio, los datos tratados en el segundo caso se rigen por el RGPD y, por tanto, por la LOPDGDD[586].

4.1.1. El derecho de acceso

Según el art. 14 de la Directiva 2016/680 y el art. 22 de la LO 7/2021, las víctimas tendrán derecho a obtener información de los cuerpos policiales sobre si sus datos están siendo objeto de tratamiento. En caso afirmativo, tendrá derecho a conocer: los fines y la base jurídica del tratamiento; las categorías de datos personales tratados; los destinatarios (incluidos terceros países y organizaciones internacionales); el plazo de conservación de los datos o los criterios utilizados para determinarlo; el derecho a solicitar la rectificación, supresión o la limitación del tratamiento; el derecho a presentar una reclamación ante la autoridad de control; y, la comunicación de los datos personales objeto de tratamiento e información sobre su origen.

586 El Registro de Actividades de Tratamiento del Ministerio del Interior, actualizado el 19/09/2024 establece qué tratamientos realizados por las FFCCS del Estado quedan bajo el amparo de cada una de las normas. El documento refleja ambos tipos de funciones policiales al discriminar qué registros incorporan datos tratados en virtud de la Directiva 2016/680 y de la LO 7/2021 y cuáles se basan en el Reglamento 2016/679 y en la LO 7/2021.

Este derecho se configura como una herramienta que permite a los interesados ejercer el control sobre sus datos personales[587]. Sin embargo, no es absoluto[588].

Los EEMM pueden restringir total o parcialmente el derecho de acceso si consideran que es una medida necesaria y proporcional en una sociedad democrática, teniendo en cuenta los derechos fundamentales y los intereses legítimos, para (art. 15 Directiva 2016/680 y art. 24 LO 7/2021):

(1) Evitar que se obstaculicen indagaciones, investigaciones o procedimientos oficiales o judiciales

(2) Evitar que se cause perjuicio a la prevención, detección, investigación o enjuiciamiento de infracciones penales o a la ejecución de sanciones penales.

(3) Proteger la seguridad pública, la seguridad nacional, así como los derechos y libertades de otras personas.

Además, estas excepciones pueden aplicarse únicamente a ciertas categorías de interesados en particular[589].

En caso de restricción del derecho de acceso, los cuerpos policiales deben informar al interesado de la negativa por escrito y sin dilación indebida[590] y ofrecerle la posibilidad de presentar

---

587 DIMITROVA, D. y DE HERT, P.: *op. cit.*; p. 114.

588 PÉREZ-LUÑO ROBLEDO, E.: "La nueva normativa europea para la protección de los datos personales", *Derechos y libertades,* n.º 190, 2019, p. 217.

589 Estas restricciones establecidas pueden variar en su amplitud entre los EEMM cuando han incorporado la Directiva en su derecho interno, por ejemplo, como señalan los autores, mencionando la trasposición llevada a cabo por Alemania. DIMITROVA, D. y DE HERT, P.: *op. cit.*, p. 122.

590 DIMITROVA, D. y DE HERT, P.: *op. cit.*, p. 124. La falta de fijación de un plazo no puede significar que este sea ilimitado. Por ejemplo, en *Haralambie c. Rumanía* de 27 de octubre de 2009 el TEDH determina una violación al art. 8 CEDH si el derecho de acceso se concede seis años después de la solicitud.

una reclamación ante la autoridad de control o de interponer un recurso judicial[591].

Las restricciones al acceso pueden limitar significativamente las cuatro funciones esenciales de este derecho[592]: (i) transparencia; (ii) supervisión de la legalidad del tratamiento de datos[593]; (iii) supervisión de la ejecución de las medidas correctivas[594]; (iv) sensibilización sobre las prácticas que impactan en un gran número de interesados, provocando así cambios significativos[595].

La mayoría de las bases de datos que regulan el derecho de acceso lo hacen conforme a la Directiva 2016/680[596]. Sin embargo, recordemos que Europol y Eurojust tienen su propia regulación específica.

En el caso de Europol, el art. 36 de su Reglamento establece que cualquier interesado tiene derecho a ser informado *a intervalos razonables*[597] sobre si Europol está tratando datos que le

---

591 Art. 15.3 Directiva 2016/680 y art. 24.2 de la LO 7/2021.

592 DIMITROVA, D. y DE HERT, P.: *op. cit.*, p. 114.

593 "El citado derecho de acceso es indispensable, en particular, para permitir al interesado obtener, del responsable del tratamiento de los datos, la rectificación, la supresión o el bloqueo de los datos". STJUE (Sala 3.ª) de 7 de mayo de 2009, *Raad van State c. Países Bajos,* C-553/07, apartados 49 y 51.

594 Como se ha mencionado en el Capítulo II, en el caso *Khelili c. Suiza,* donde la demandante fue registrada en las bases de datos policiales como "prostituta", a pesar de que ella negó su ejercicio. Posteriormente, aunque consiguió reemplazar la palabra, las sentencias indicaron que la palabra en cuestión, citada en varios procesos penales, no había sido suprimida.

595 Según DIMITROVA, D. y DE HERT, P.: *op. cit.*, p. 115, como ocurrió con las sentencias Schrems I (STJUE de 6 de octubre de 2015, *Maximillian Schrems contra Data Protection Commissioner*) y Schrems II (STJUE de 16 de julio de 2020, *Data Protection Commissioner contra Facebook Ireland Limited* y *Maximillian Schrems*).

596 DIMITROVA, D. y DE HERT, P.: *op. cit.*, p. 112.

597 Esos "intervalos razonables", que también son mencionados en el art. 12.5 RGPD y en el 12.4 de la Directiva 2016/680 cuando habla de "so-

conciernan. En caso afirmativo, Europol debe informar de: los fines, categorías de datos implicadas y destinatarios de los datos; comunicar los datos tratados y su origen; indicar la base jurídica de su tratamiento; el plazo de conservación de los datos: y, el derecho del interesado a solicitar su rectificación, cancelación o restricción.

Cuando un interesado solicite acceso a un Estado miembro, este debe remitir la solicitud a Europol sin demora y dentro de un mes. Europol confirmará la recepción y la responderá sin retrasos indebidos, en un plazo máximo de tres meses, previa consulta de las autoridades competentes. En caso de que un Estado miembro o proveedor se oponga, deberá fundamentar su objeción y Europol, teniéndolo en cuenta, decidirá.

El art. 36.6 del Reglamento Europol prevé la denegación o restricción del acceso a los datos personales cuando no permita a Europol desempeñar adecuadamente sus tareas o proteger la seguridad y el orden público o para la prevención de delitos. También cuando pueda peligrar una investigación nacional o haya que proteger los derechos y libertades de terceros.

Europol notificará por escrito al interesado de toda denegación o restricción de acceso, incluyendo los motivos de esa decisión y el derecho a presentar una queja ante el SEPD. Si la revelación de información pudiera anular las medidas de seguridad, Europol simplemente informará al interesado que ha realizado las verificaciones sin proporcionar detalles que indiquen si se están tratando o no datos sobre su persona.

---

licitudes consideradas excesivas". La LO 3/2018 concreta ese artículo 12.5 RGPD indicando que a sus efectos "se podrá considerar repetitivo el ejercicio del derecho de acceso en más de una ocasión durante el plazo de seis meses, a menos que exista causa legítima para ello" (art. 13.3 RGPD) y la LO 7/2021, concreta el art. 12.4 de la Directiva, de modo que "se considerará que la solicitud es repetitiva cuando se realicen tres solicitudes sobre el mismo supuesto durante el plazo de seis meses, salvo que exista causa legítima para ello" (art. 20.5).

Por otro lado, Eurojust establece en el art. 31 de su Reglamento, que el interesado puede presentar directamente una solicitud ante él o a la autoridad nacional de supervisión del Estado miembro que elija. Si opta por la segunda opción, la autoridad del Estado miembro debe remitir la solicitud a Eurojust en un plazo máximo de un mes y Eurojust la responderá en un plazo de tres meses.

Eurojust consulta a los EEMM antes de tomar una decisión sobre una solicitud de acceso, pero la decisión final recae exclusivamente en él. Sin embargo, esta se adopta en estrecha colaboración con los EEMM implicados. Si un Estado miembro se opone, debe justificar su objeción, y Eurojust está obligado a respetarla. Si no se alcanza un consenso, el caso se remite al Colegio de Eurojust para su resolución.

4.2.2. El derecho de rectificación o supresión de los datos personales y limitación del tratamiento

De acuerdo con el art. 16 de la Directiva 2016/680 y el art. 23 de la LO 7/2021, las víctimas tienen derecho a obtener del responsable del tratamiento la rectificación de los datos inexactos y el complemento de aquellos que resulten incompletos, sin demora indebida. Asimismo, el interesado tiene derecho a que se supriman los datos personales cuyo tratamiento infrinja los arts. 4, 8 y 10 de la Directiva 2016/680[598] o cuando lo requiera una obligación legal.

En lugar de suprimirlos, los cuerpos policiales podrán limitar su tratamiento cuando no se pueda determinar la exactitud o inexactitud de los datos personales o hayan de conservarse a efectos probatorios.

Estos derechos podrían ser denegados o limitados total o parcialmente, por los mismos motivos expuestos en el derecho de acceso. Si esto ocurre, el responsable del tratamiento tendrá que

598 Art. 6, 11 y 13 si nos referimos a la LO 7/2021.

notificar a los destinatarios para que rectifiquen, supriman o limiten el tratamiento de los datos personales que estén bajo su responsabilidad (art. 16.5 Directiva 2016/680 y art. 24.2 LO 7/2021).

El derecho de supresión tiene una gran relevancia para las víctimas, ya que permite eliminar sus datos personales de registros o archivos, fundamental para prevenir o reducir la victimización secundaria o revictimización. La víctima del delito debe actuar activamente para garantizar que sus datos sean eliminados de registros oficiales o páginas web, ya que el olvido no ocurre automáticamente con el paso del tiempo en el entorno digital[599].

Por ejemplo, puede solicitar la eliminación de sus datos en el Registro central para la protección de las víctimas de violencia doméstica y de género[600] cuando ya no sea necesaria su protección. También puede solicitar la supresión de cualquier referencia sobre ella en el Registro Central de Penados, en el Registro Central de Medidas Cautelares, Requisitorias y Sentencias no Firmes, en el Registro Central de Rebeldes Civiles, en el Registro Central de Sentencias de Responsabilidad Penal de los Menores y en el Registro Central de Delincuentes Sexuales.

Estos registros son creados en el Real Decreto 95/2009, de 6 de febrero, por el que se regula el Sistema de registros administrativos de apoyo a la Administración de Justicia. Contienen información sobre datos personales identificativos de la víctima, domicilios conocidos, relación de parentesco entre la víctima y el condenado o denunciado, cuando sea necesario y, en todo caso en los procedimientos de violencia doméstica y de género. Así como la condición de menor de edad en casos de delito contra la libertad sexual.

---

599 MARTÍNEZ LÓPEZ-SÁEZ, M.: *El encaje constitucional del derecho al olvido en el ordenamiento jurídico estadounidense*, Valencia, Tirant lo Blanch, 2020, p. 39.

600 JIMÉNEZ-CASTELLANOS BALLESTEROS, I. (coord.): *op. cit.*, p. 160.

Estos registros forman parte de las actuaciones administrativas de la actividad policial y, por lo tanto, se ajustan al ámbito de actuación del RGPD, lo que garantiza el ejercicio de los derechos allí reflejados.

El art. 37 del Reglamento Europol reconoce el ejercicio de la rectificación o complementación de los datos personales del interesado, así como el derecho a solicitar la cancelación de los datos que ya no sean necesarios para los fines para los cuales fueron recogidos. La autoridad competente de protección de datos remitirá las peticiones a Europol en el plazo máximo de un mes y Europol informará al interesado por escrito, sin demora indebida y en un plazo de tres meses.

No obstante, Europol puede restringir la cancelación si considera que podría afectar los intereses legítimos de la víctima, utilizando los datos exclusivamente para los fines que justificaron esta restricción. Además, si los datos fueron proporcionados por terceros, Europol coordinará con ellos para realizar las correcciones o cancelaciones necesarias de forma colaborativa.

Por otro lado, el Considerando 36 del Reglamento de Eurojust establece que los Estados miembros, autoridades competentes, miembros nacionales o corresponsales de Eurojust tienen derecho a solicitar la rectificación o supresión de datos personales operativos transmitidos a Eurojust. Sin embargo, el Reglamento no detalla el procedimiento para que un particular haga esta solicitud directamente a Eurojust o a un Estado miembro. Se puede suponer que una solicitud de rectificación o supresión por parte de un interesado se haría después de obtener acceso a los datos[601].

---

601 A esta conclusión llegan el CONSULTATIVE COMMITTEE OF THE CONVENTION FOR THE PROTECTION OF INDIVIDUALS WITH REGARD TO AUTOMATIC PROCESSING OF PERSONAL DATA: *Practical guide on the use of personal data in the police sector*, Consejo de Europa, 2018, p. 7; EUROPEAN PARLIAMENT: *Assessment of the implementation of the Law Enforcement Directive*, 2022, p. 54 que lo caracteriza como un "pre-requisito"; DIMITROVA, D. y DE HERT, P.: *op. cit.*, p. 114.

El art. 29.7 del Reglamento indica que los datos personales no serán suprimidos tras la finalización del plazo de su conservación cuando: (i) pudiera perjudicar los intereses de un titular que requiera protección; (ii) el titular impugnara la exactitud de los datos personales operativos; (iii) hubieran de conservarse a efectos probatorios o para un derecho en un proceso judicial; (iv) el titular de los datos se opusiera a la supresión y solicitara, en su lugar, la restricción de su utilización; (v) los datos personales operativos se siguieran necesitando con fines de archivo en interés público o con fines estadísticos.

Además, cuando se limite el tratamiento de datos personales operativos en virtud del art. 82.3 del Reglamento (UE) 2018/1725 (imposibilidad de determinar su exactitud o necesidad de conservación a efectos probatorios) solo podrán ser tratados con el propósito de proteger los derechos del titular o de terceros que sean parte en los procedimientos en los cuales Eurojust esté involucrado o para los fines establecidos en dicho artículo.

4.2. Ámbito supracomunitario

El Convenio 108 + del Consejo de Europa establece, en su art. 9, varios derechos aplicables al procesamiento de datos sin importar la nacionalidad o residencia del individuo. Estos derechos incluyen:

(1) El derecho de acceso, que permite a la persona obtener, en intervalos razonables y sin demoras excesivas ni costes adicionales, la confirmación de que sus datos están siendo tratados [602]. Este derecho incluye la comunicación de los datos de manera comprensible, toda la información

---

602 TERWANGNE, C.: "Council of Europe convention 108 +: A modernised international treaty for the protection of personal data"; *Computer Law and Science Review*, n.º 40, 2021, p. 13.

disponible sobre su origen[603], el período durante el cual serán conservados y cualquier otra información que el responsable del tratamiento esté obligado a proporcionar para garantizar la transparencia.

(2) Derecho a oponerse al tratamiento de los datos relacionados con su situación, a menos que el responsable del tratamiento demuestre motivos legítimos para dicho tratamiento[604].

(3) Este derecho es especialmente importante cuando el tratamiento no cuenta con el consentimiento de la persona. Existen numerosos tratamientos que se llevan a cabo sin el conocimiento del titular, lo que impide el ejercicio efectivo de este y otros derechos[605].

(4) Derecho de rectificación o supresión, previa solicitud y de forma gratuita.

En caso de violación de estos derechos, la persona afectada debe tener acceso a un remedio adecuado.

En este ámbito policial, la Recomendación No. R (87) 15 establece principios clave para garantizar estos derechos (art. 6):

(1) Publicidad, el público debe estar informado de la existencia de archivos que contengan sus datos personales. La publicidad no es absoluta ya que podrá limitarse en atención a la naturaleza de los archivos y a la necesidad de evitar perjuicios en la labor policial.

(2) Derecho de acceso a archivos policiales, en intervalos razonables, sin tardanza excesiva.

---

603 Lo que permite verificar la licitud de la comunicación o recogida de los datos y, en su caso, ejercitar una acción contra el primer titular de los datos (lo que permite "detener el sangrado" si este último difunde ilegalmente los datos en cuestión).

604 *Idem.*

605 TERWANGNE, C.: *op. cit.*, p. 14.

(3) Derecho de rectificación o eliminación de los datos personales inexactos, excesivos o irrelevantes.

(4) Derecho de apelar, cuando los derechos no han sido satisfechos.

El ejercicio de los derechos de acceso, rectificación o supresión podrá ser restringido cuando resulte indispensable para el desempeño de la labor legal de la policía o sea necesario para la protección del interesado.

Finalmente, Interpol, en el art. 18 RITD, menciona brevemente que toda persona tendrá el derecho a enviar directamente a la Comisión de Control de los Ficheros de Interpol una solicitud de acceso, rectificación o eliminación de los datos sobre ella que sean tratados en el Sistema de Información de Interpol. Estas solicitudes están regidas por un Reglamento diferente.

5. LA PREVENCIÓN DE LA VICTIMIZACIÓN SECUNDARIA

Eurojust alerta sobre uno de los principales desafíos durante los procedimientos de intercambio de datos personales de las víctimas: el riesgo de que estas sufran victimización secundaria, especialmente en casos de múltiples solicitudes transfronterizas de entrevistas con las víctimas[606].

El término "victimización secundaria" fue acuñado por KHÜNE[607] para referirse a todas las agresiones psíquicas que la víctima recibe en su relación con los profesionales de los servicios sanitarios, policiales o judiciales, así como, los efectos del tratamiento informativo del suceso por parte de los medios de comunicación[608]. Existen otras maneras de referirse a la victimización

---

606 EUROJUST: *Report on Eurojust casework on victims' rights:... ", op. cit.*, p. 8.

607 KÜHNE, H. H.: "Kriminologie: Victimologie der Notzucht", *Juristische Schulung*, n.°5, 1986, pp. 388-394.

608 GINER ALEGRÍA, C. A.: "Aproximación psicológica de la Victimología", *Revista de Derecho y Criminología*, 2011, p. 46.

secundaria, como victimización criminal, revictimización o doble victimización[609].

Es comprensible que las víctimas deseen olvidar lo antes posible, por lo que no se debe mantenerlas en esta situación en contra de su voluntad. Hacerlo podría perpetuar su estado y retrasar su recuperación[610], como ilustra el caso mencionado *Khelili c. Suiza* de 18 de octubre de 2011, donde el estigma de haber ejercido la prostitución, sin evidencia que lo respalde, persiguió a la persona durante años, por lo que el TEDH falló la violación del art. 8 CEDH.

La Recomendación Rec (2006) 8 proporcionó una definición inicial de victimización secundaria y la deslindó del concepto de victimización reiterada. La Recomendación CM/Rec (2023) 2 la ha actualizado y ha refinado esta diferenciación, añadiendo las partes señaladas en cursiva. Por tanto, se considera victimización reiterada la "situación en la que una misma persona es víctima de más de un delito durante un período de tiempo determinado *e incluye, en particular, las situaciones en las que la persona es víctima de delitos cometidos por el propio delincuente y situaciones en las que la persona sea víctima de delitos de naturaleza análoga cometidos por infractores distintos*".

Por último, se considera victimización secundaria la "victimización que no se produce como consecuencia directa del delito sino como consecuencia de la respuesta de instituciones *públicas o privadas y de otras personas a la víctima*".

La Directiva 2012/29 también recoge este aspecto en su Considerando 9, remarcando la necesidad de proteger a las víctimas para evitar la "victimización secundaria y reiterada", e insistiendo

---

609 GUTIÉRREZ DE PIÑERES, C., CORONEL, E. y PÉREZ, C. A.: "Revisión teórica del concepto de victimización secundaria", *Liberabit*, vol. 15, 2009, p. 51.

610 PÉREZ RIVAS, N.: "El derecho de la víctima a olvidar", *La Ley penal: revista de derecho penal, procesal y penitenciario*, n.º 122, 2016, p. 1.

el Considerando 52 en que estas medidas deben extenderse a sus familiares. Hay ciertos tipos de víctimas que son más propensas a sufrir de victimización secundaria, como las víctimas de trata de seres humanos, terrorismo, delincuencia organizada, violencia en el marco de las relaciones personales, violencia o explotación sexual, violencia de género, delitos por motivos de odio, las víctimas con discapacidad y los menores (Considerando 57).

La victimización secundaria ha recibido una mayor atención en casos de crímenes sexuales, donde se observa que las víctimas pueden sentirse *retraumatizadas* al denunciar el crimen, someterse a exámenes médicos exhaustivos y enfrentar interrogatorios intensos, situación que se puede repetir durante el enjuiciamiento, aumentando la sensación de que su credibilidad está constantemente en tela de juicio[611].

No obstante, esta victimización secundaria no es exclusiva de los poderes formales, sino también de los informales, como familia, amigos o la propia comunidad en la que residen las víctimas[612].

Es crucial proteger los datos personales de la víctima del delito desde el primer contacto con las autoridades policiales y judiciales hasta la ejecución de la sentencia contra el agresor y la eliminación de sus antecedentes, para así evitar el estigma asociado. Como medidas preventivas contra esta revictimización, se pueden mencionar tres acciones principales: limitar la publicidad durante la fase preprocesal y procesal, restringir el derecho a la información y garantizar el derecho al olvido. En otras palabras, asegurar todas estas limitaciones mencionadas en este capítulo es fundamental para reducir el riesgo de que las víctimas sean etiquetadas como tales a largo plazo.

---

611 CONDRY, R.: "Secondary Victims and Secondary Victimization" en SHOHAM, S., KNEPPER, P. y KETT, M.: *International Handbook of Victimology*, New York, Routledge, 2010, pp. 238-243.

612 *Ibidem.*, p. 240.

Finalmente, durante los intercambios de datos derivados de la cooperación policial comunitaria, europea e internacional, es esencial implementar completamente las salvaguardas que protegen los datos de las víctimas. Esto incluye la información necesaria para cumplir con las obligaciones legales, mantener una estricta confidencialidad y aplicar medidas de seguridad adecuadas[613].

[613] ECPAT International: *Towards a Global Indicator on Unidentified Victims in Child Sexual Explotation Material*, Interpol, 2018, p. 55 pone como ejemplo que Interpol menciona la necesidad de mejorar la terminología y etiquetas utilizadas por los profesionales en la producción de material pornográfico para reducir la posibilidad de que se produzca la victimización secundaria de los niños víctimas de la misma.

Capítulo V.

Garantías en la protección de datos de las personas presunta y comprobadamente implicadas en hechos delictivos

1. DELIMITACIÓN DEL CONCEPTO DE PERSONA RESPONSABLE DE LA INFRACCIÓN CRIMINAL

La normativa comunitaria e internacional carece de un concepto uniforme para definir a la parte activa de un delito. De la misma manera que no establece categorías homogéneas para clasificar a los sujetos involucrados en un hecho criminal a lo largo de la investigación o proceso penal.

La Directiva 2016/680 menciona tres categorías de interesados cuyos datos pueden ser tratados en el ámbito penal:[614]:

(i) Personas respecto de las cuales existan motivos fundados para presumir que han cometido o van a cometer una infracción penal.

(ii) Personas condenadas o sancionadas por una infracción penal.

(iii) Terceros involucrados en una infracción penal como son: personas de contacto o asociados de una de las personas mencionadas en los dos números anteriores.

---

614 Art. 6, a), b) y d) de la Directiva 2016/680.

La trasposición de estas categorías de interesados no es una obligación para los Estados miembros, ya que según el TJUE[615] esta delimitación deben hacerla "cuando corresponda y en la medida de lo posible". Además, no es una lista cerrada, aunque incluye la mayoría de los casos de tratamiento de datos personales en el ámbito penal[616].

Esta diferenciación es relevante y debe ser considerada al aplicar los diversos instrumentos de cooperación policial. Un ejemplo de ello es el art. 33.2 del Reglamento Prüm II, que establece el deber de los Estados miembros de conservar un registro de las consultas realizadas a las autoridades de otros países, indicando si la consulta se refiere a un sospechoso o a una persona condenada por una infracción penal.

En el plano internacional, el art. 44 RITD establece que las OCN o la entidad internacional que registre datos sobre una persona en el marco de la cooperación policial internacional, deberá precisar su situación categorizándola según el estadio de la imputación delictual en el que se encuentre. Esta diferenciación abarca tres situaciones: sospechosos, acusados y convictos.

En otro orden de cosas, la Directiva 2016/680 no introduce previsiones específicas en la normativa para el tratamiento de datos de menores de edad o personas con discapacidad que requieran protección especial. Nuestra LO 7/2021 se limita a recoger en su art. 13.3 que se tratarán garantizando su interés superior y con el nivel de seguridad adecuado. Por su parte, el Considerando 42 y art. 18.1 del Reglamento de Europol solo permiten el tratamiento de los datos de menores de dieciocho años si es estrictamente necesario y con una protección especial.

---

615 STJUE (Sala 5.ª) de 26 de enero de 2022, *Ministerstvo na vatreshnite raboti*, C-205/21, apartado 84.

616 FERNÁNDEZ GONZÁLEZ, C. M. (coord.): *op. cit.*, p. 36 y STJUE, *Ministerstvo na vatreshnite raboti*, apartado 84: "Por otra parte, la expresión «tales como» que figura en ese artículo indica que las categorías de personas que en él se relacionan no tienen carácter exhaustivo."

Finalmente, Interpol se refiere a los datos de las personas que son menores de edad, solicitando condiciones adicionales para su registro, como que los datos incorporen la mención adicional de "MENOR" (Arts. 38 y 41 RITD).

1.1. Delimitación de las personas respecto de las cuales existan motivos fundados para presumir que han cometido o van a cometer una infracción penal

El art. 6, a) de la Directiva 2016/680 define dos categorías de interesados: (1) personas respecto de las que existan motivos fundados para presumir que hayan cometido una infracción penal y (2) personas respecto de las que existan motivos fundados para presumir que puedan cometer una infracción penal. Atendiendo al Considerando 31 de la Directiva 2016/680, este conjunto de individuos se integra en una categoría más amplia: la de "sospechosos".

Al sospechoso también se refiere el art. 4.23) del Reglamento Prüm II y lo define como la "persona a la que se refiere el artículo 6, letra a), de la Directiva (UE) 2016/680".

La consideración del sujeto activo[617] de una infracción penal se halla estrechamente ligada al concepto de comportamiento humano[618]. Dependiendo del grado de participación durante la comisión del delito, el sujeto activo puede desempeñar dos grandes roles: autor o participante[619].

---

617 Para ORTS BERENGUER, E. y GONZÁLEZ CUSSAC, J. L.: *Compendio de derecho penal: parte general*, Valencia, Tirant lo Blanch, 10.ª ed., 2023, p. 310, "el sujeto activo es un elemento más del tipo de acción, es el sujeto de la proposición que lo define; forma parte del mundo normativo no del real, al que pertenecen los autores".

618 *Idem.*

619 *Ibidem, op. cit.*, pp. 310-317.

Es por ello que el art. 9,a) de la LO 7/2021, además de reflejar las mismas categorías de "sospechosos" que la Directiva, la amplía para incluir a "personas respecto de las que existan motivos fundados para presumir que hayan colaborado o puedan colaborar en la comisión de una infracción penal"[620].

Aquí encontramos una de las divergencias entre nuestra ley orgánica y la norma de la UE, ya que la Directiva 2016/680 las incluye dentro de los "terceros involucrados en una infracción penal" (art. 6,d): "los testigos, las personas que posean información o contactos útiles y *los cómplices de sospechosos y delincuentes condenados*" (Considerando 31).

El Reglamento Europol se alinea con la ley española en el establecimiento de las categorías de interesados cuyos datos pueden ser objeto de tratamiento: (i) personas que sean sospechosas de haber cometido o de haber participado en un delito penal competencia de Europol o hayan sido condenados y (ii) personas respecto de las cuales existan indicios concretos o motivos razonables para pensar que cometerán delitos[621].

En contraste, el RITD adopta un enfoque más restrictivo al considerar como sospechosos solo a la "persona que, en el marco de una investigación policial, es considerada posible autora de un delito, pero todavía no es objeto de una acción penal". Por tanto, Interpol identifica al sospechoso con las personas que han intervenido como autores en delitos ya cometidos.

Además, el art. 52 RITD menciona brevemente a las personas "potencialmente peligrosas" y permite la retención temporal de sus datos para informar sobre sus antecedentes penales hasta que

[620] Nuestra normativa incluye dentro de los "sospechosos" a los colaboradores. Sin embargo, la Directiva 2016/680, en el Considerando 31, clasifica dentro de los terceros involucrados a "los cómplices de sospechosos y delincuentes condenados".

[621] Art. 18 y Anexo II del Reglamento de Europol.

dejen de estar encausadas por los hechos que justificaron el registro inicial de los datos sobre ellas.

1.1.1. Personas sospechosas de haber cometido una infracción penal

La referencia a "las personas respecto de las que existan motivos fundados para presumir que hayan cometido una infracción penal" alude a aquel conjunto de individuos que, tras la comisión de un delito, son considerados los posibles autores materiales del mismo[622].

Esta categorización se observa en varios de los instrumentos de cooperación policial como el Considerando 21 y arts. 20 y 21 del Reglamento Eurodac, el Considerando 20 y arts. 4, 16, 19 y 25 del Reglamento Prüm II y el Considerando 33 y art. 5.1, h) del RIA.

La STJUE (Sala 5.ª) de 26 de enero de 2022 sobre la cuestión prejudicial planteada por el *Spetsializiran nakazatelen sad* de Bulgaria, determina que una persona puede ser calificada como sospechosa cuando exista "un número suficiente de elementos de prueba de la culpabilidad". Este pronunciamiento es crucial, ya que permite a las normativas nacionales establecer la recogida forzosa de datos biométricos y genéticos desde ese momento[623].

---

622 Según CEREZO MIR, J.: "Autoría y participación en el Código Penal vigente y en el futuro", *Anuario de derecho penal y ciencias penales,* 1979, p. 571 "el autor es, en primer término, todo el que realiza una acción típica o un elemento del tipo, en los delitos dolosos o culposos".
Por su parte, GÓRRIZ ROYO, E.: *El concepto de autor en el Derecho Penal,* Valencia, Tirant Lo Blanch, 2008, pp. 67-73, dedica su manual a desentrañar este concepto y diferencia entre "autor en sentido legal o formal" – estaría circunscrito a la regulación del art. 28 CP que hace una distinción entre quién es autor y quién es considerado autor – y "autor en sentido material" – atendiendo, en concreto, a la realización del tipo de acción correspondiente, es decir, a quién ha llevado a cabo el hecho penal-.

623 STJUE, *Ministerstvo na vatreshnite raboti,* apartados 83-86.

1.1.2. Personas de las que se sospeche que puedan cometer una infracción penal

La referencia a "las personas respecto de las que existan motivos fundados para presumir que puedan cometer una infracción penal" refleja un escenario previo a la comisión del delito, basado en indicios que sugieren su alta probabilidad. Como nos encontramos ante "crímenes potenciales", los sujetos que los lleven a cabo serán "criminales potenciales" o "personas potencialmente peligrosas", si seguimos la fórmula del art. 52 RITD.

La sospecha razonable de que una persona pueda cometer una infracción penal es suficiente para solicitar la cooperación policial europea. Así lo estipula Europol cuando el delito esté dentro de su competencia y el Considerando 47 del Reglamento SIS II, que faculta la detención e interrogatorio del sospechoso. Los arts. 20 y 26 del Reglamento Prüm II también permite la cooperación en estos casos, aunque el acceso a herramientas como la búsqueda facial o antecedentes depende de la gravedad del delito, requiriendo penas mínimas de un año de prisión.

El art. 5,1, h RIA habilita el uso de sistemas de identificación biométrica remota "en tiempo real" en espacios de acceso público para la localización o identificación de una persona sospechosa de haber cometido un delito de los contenidos en el anexo II, siempre que dicho delito se castigue en el Estado miembro de que se trate con una pena o medida de seguridad privativas de libertad cuya duración máxima sea de al menos cuatro años.

Además, herramientas de *predictive policing* ayudan a evaluar el riesgo de reincidencia o de futuros delitos, basándose en perfiles, rasgos de personalidad y antecedentes,[624], aunque se tienen muy pocas referencias sobre la efectividad de estas he-

---

624 Anexo III 6, d) RIA.

rramientas[625]. Estas tecnologías han mostrado mayor utilidad en evaluar riesgos durante el juicio, la sentencia y la libertad condicional[626].

1.1.3. Personas sospechosas de haber colaborado en la comisión de una infracción penal

En el tercer tipo de sospechoso, según la LO 7/2021 y el Reglamento Europol, se encontrarían las "personas respecto de las que existan motivos fundados para presumir que hayan colaborado o puedan colaborar en la comisión de una infracción penal".

Como se ha mencionado, el art. 6, a) de la Directiva no alude a este título de participación dentro de los sospechosos. Esta omisión podría deberse a las diferencias en los conceptos de autoría y participación en el derecho comparado. Por ejemplo, en algunos sistemas penales, como el español, la complicidad se considera una forma secundaria de participación, mientras que en los sistemas de *common law*, "complicity" se refiere a la participación conjunta en el hecho punible (*partnership in crime*)[627], lo que podría generar problemas de interpretación.

1.2. Personas objeto de una acción penal

La categoría de "sospechoso" abarca desde la presunción de haber cometido un crimen hasta la conclusión del procedimiento penal, momento en que el individuo pasa a ser considerado "condenado" según el art. 6, b) de la Directiva 2016/680. No obstante,

---

625 STRIKWERDA, L.: *op. cit.* p. 425.

626 VAN DIJCK, G.: "Predicting Recidivism Risk Meet AI Act", *European Journal on Criminal Policy and Research*, n.º 28, 2022, p. 408.

627 OLÁSOLO ALONSO, H.: *Tratado de autoría y participación en el derecho penal internacional*, Valencia, Tirant lo Blanch, 2013, pp. 57 – 58.

el art. 44 del RITD distingue entre la sospecha inicial a nivel policial y el estado de "acusado" cuando se inicia una acción penal.

En este contexto, es importante considerar que pueden existir diferentes momentos procesales, dependiendo del país, para clasificar a un individuo como sospechoso, acusado o convicto. En el caso español la Ley Orgánica 13/2015, de 5 de octubre introdujo términos precisos para clasificar a las personas según su etapa procesal[628]:

a) Investigado: persona sometida a investigación por su relación con un delito.

b) Encausado: término general para designar a quien la autoridad judicial, una vez concluida la instrucción de la causa, imputa formalmente el haber participado en la comisión de un hecho delictivo concreto.

c) Acusado o procesado: términos que pueden utilizarse indistintamente con el de «encausado» en las fases judiciales oportunas.

Esta clasificación es clave para garantizar los derechos procesales y el tratamiento adecuado de los datos personales en cada etapa. Además, la IA también puede ser utilizada durante esta fase del procedimiento por medio del polígrafo o de instrumentos que evalúen la fiabilidad de las pruebas presentadas durante la investigación o el enjuiciamiento de los delitos[629].

---

628 Exposición de Motivos, apartado V, de la LO 13/2015.

629 Anexo III 6, b) y c) RIA. Estos sistemas serán considerados de alto riesgo y estarán sometidos a las circunstancias establecidas en el art. 6.2 RIA.

1.3. Personas condenadas o sancionadas por una infracción penal

Las "personas condenadas o sancionadas por una infracción penal" son aquellas sobre las que ha recaído una declaración de culpabilidad y se le ha asignado, como resultado de ello, una consecuencia jurídica. El art. 44 RITD las denomina "convictos" y las define como persona que, por medio de una resolución judicial, han sido declaradas culpables de un delito de derecho común.

Las condenas o sanciones penales varían según el país, por lo que se utiliza un lenguaje genérico de "condena" o "sanción" para abarcar todas las posibles variaciones. En el ámbito español, las consecuencias jurídicas del delito incluyen, además de las penas privativas o no privativas de libertad[630], medidas de seguridad, consecuencias accesorias, costas procesales y también la responsabilidad civil[631].

Finalmente, la IA también encuentra su utilidad en este ámbito, ya que puede utilizarse por las autoridades garantes del cumplimiento del Derecho para evaluar el riesgo de reincidencia de una persona en la comisión de un delito[632].

1.4. Terceros involucrados en una infracción penal

El art. 6, d) de la Directiva 2016/680 está dedicado a los terceros involucrados en una infracción penal. Según el Considerando 31 de la Directiva esto incluye a "las personas que posean información o contactos útiles y los cómplices de sospechosos y delincuentes condenados".

Dada la dificultad de precisar exactamente a quiénes se refiere esta categoría, podríamos incluir desde encubridores hasta

---

630 Véase como ejemplo los arts. 35 y 39 del CP.

631 ROCA DE AGAPITO, L. (dir.): *Las consecuencias jurídicas del delito*; Valencia, Tirant lo Blanch, 2017, p. 8.

632 Anexo III 6, d) RIA.

miembros de la organización o grupo criminal del sospechoso o delincuente.

En esta sección se encontrarían también los testigos a los que se ha hecho referencia de manera independiente anteriormente.

2. LA PROTECCIÓN DE DATOS DE LAS PERSONAS PRESUNTA Y COMPROBADAMENTE IMPLICADAS EN HECHOS DELICTIVOS EN EL INTERCAMBIO DE DATOS POR LAS AUTORIDADES POLICIALES

2.1. Los principios de la protección de datos aplicables durante la fase de investigación criminal

2.1.1. Principios generales de protección de datos

El Comité Consultivo del Convenio 108 + establece que todo tratamiento de datos realizado por la policía debe cumplir con una serie de requisitos esenciales[633]:

a) Necesidad, proporcionalidad y limitación de la finalidad[634].

---

633 CONSULTATIVE COMMITTEE OF THE CONVENTION FOR THE PROTECTION OF INDIVIDUALS WITH REGARD TO AUTOMATIC PROCESSING OF PERSONAL DATA: *Practical guide on the use of personal data in the police sector, op. cit.*, p. 3.

634 En sus versiones anteriores el texto hacía referencia a otros principios como el de minimización, el COUNCIL OF EUROPE CONSULTATIVE COMMITTEE OF CONVENTION 108: *Comments of the Interpol Data Protection Office (IDPO) on the draft practical guide on the use of personal data in the police sector*, p. 3, indicó que, a pesar de que es un principio muy importante, es una incógnita cómo su aplicación en todas las partes del procedimiento es compatible con un análisis del *big data* donde la importancia o correlación entre diferentes datos solo es visible cuando se accede a un conjunto de datos suficientemente amplio.

b) Criterios predefinidos, claros y fines legítimos.

c) Legalidad, justicia, transparencia. Los datos personales deben ser adecuados, relevantes y no excesivos en relación con los objetivos perseguidos.

d) Precisión y actualización.

A estos principios, que coinciden en gran medida con los establecidos en el art. 4 de la Directiva 2016/680 y en el art. 6 de la LO 7/2021, se le añade la conservación de los datos únicamente durante el periodo necesario para los fines para los que son tratados y la garantía de la seguridad de los datos[635].

Los datos recogidos durante las fases iniciales de la investigación que posteriormente se demuestren irrelevantes para la causa deben ser bloqueados o eliminados, como en el caso de confirmarse la inocencia de un sospechoso[636]. En contraste, para continuar con el tratamiento de los datos, la vinculación entre la persona cuyos datos están siendo procesados y la finalidad del procesamiento debe mantenerse demostrable durante todas las fases de la investigación.

La Directiva 2016/680 permite el uso posterior de los datos personales para una finalidad diferente a la original, siempre que esté relacionada con los fines perseguidos por la norma y se cumplan el resto de las premisas legales (art. 4.2). Según la Recomendación R (87) 15, si los datos fueron recopilados sin conocimiento del interesado y no eliminados, debe informarse a este cuando no se perjudique la labor policial (art. 2.2). De igual modo el art. 13.2 de la Directiva 2016/680 permite retrasar o limitar el acceso del interesado a su información si es necesario y proporcional,

---

635 Art. 4, e) y f) de la Directiva 2016/680 y art. 6, e) y f) LO 7/2021.

636 CONSULTATIVE COMMITTEE OF THE CONVENTION FOR THE PROTECTION OF INDIVIDUALS WITH REGARD TO AUTOMATIC PROCESSING OF PERSONAL DATA: *Practical guide on the use of personal data in the police sector*, *op. cit.*, p. 3.

aunque debe informarse posteriormente una vez cumplido el propósito[637].

Esta discreción es crucial en técnicas de investigación especiales, empleadas para recopilar información sin alertar a los objetivos, en la prevención, detección y persecución de delitos graves[638], porque las personas no van a ser alertadas de su uso[639]. El uso de técnicas de investigación sofisticadas plantea un peligro cada vez mayor para los derechos fundamentales, en especial la privacidad y la protección de datos[640].

En España, la STEDH *Prado Burgallo c. España* (2003) evidenció deficiencias en la regulación de estas técnicas en la LECrim, lo que impulsó una reforma en 2015. Esta reforma modernizó métodos tradicionales, como la detención y la apertura de correspondencia, e introdujo técnicas electrónicas avanzadas[641]. Cada una

---

637 Esta precisión la hace el CONSULTATIVE COMMITTEE OF THE CONVENTION FOR THE PROTECTION OF INDIVIDUALS WITH REGARD TO AUTOMATIC PROCESSING OF PERSONAL DATA: *Practical guide on the use of personal data in the police sector*, p. 6, ofreciendo un ejemplo de una investigación de un delincuente sexual de alto riesgo, el procesamiento de datos y las sanciones a largo plazo estarían justificadas, así como la no información al individuo de este tratamiento porque potencialmente podría poner en peligro la investigación en curso.

638 Definición contenida en el Chapter I de la Recommendation CM/Rec (2017) 6 of the Committee of Ministers to member States on "special investigation techniques" in relation to serious crimes including acts of terrorism.

639 CONSULTATIVE COMMITTEE OF THE CONVENTION FOR THE PROTECTION OF INDIVIDUALS WITH REGARD TO AUTOMATIC PROCESSING OF PERSONAL DATA: *Practical guide on the use of personal data in the police sector*, *op. cit.*, p. 9.

640 *Idem.*

641 Estos cambios fueron introducidos por la ya citada LO 13/2015 que, en palabras de CAMPANAR MUÑOZ, J. y PEREIRA PUIGVERT, S.: "Eficiencia versus garantías en la investigación penal del siglo XXI" en PEREIRA I PUIGVERT, S.; ORDÓÑEZ PONZ, F. y DEL MORAL GARCÍA A. (dirs.): *Investigación y proceso penal en el siglo XXI: nuevas tecnologías y*

de estas herramientas tiene previstos los tipos penales a los que es aplicable; la duración; las condiciones de su concesión y prórroga; las autoridades habilitadas para su petición, concesión y ejercicio; y las condiciones para su concesión[642].

En otro orden de cosas, los datos personales no deben ser conservados más tiempo del necesario para los fines de la investigación y, una vez dejen de serlo, procederá su eliminación. Para garantizar este principio, es obligatorio realizar revisiones periódicas y establecer un plazo máximo de retención, especialmente en el caso de sospechosos.

El tiempo de retención de datos debe ser adecuado al tipo de delito cometido y considerar factores como la edad de la persona, especialmente si es menor de edad. Ejemplo de ello es el caso *Marper c. Reino Unido* en el que se determinó una violación de la protección de datos debido a la desproporción entre el delito, el tiempo de conservación y la edad de los afectados (menores) (§§101- 104). En *Gaughran c. Reino Unido* se declaró excesivo el mantenimiento de perfiles de ADN, huellas dactilares y fotografías tras el cumplimiento de una condena (§§82-84).

El art. 8 LO 7/2021, además de limitar temporalmente la conservación de los datos a lo indispensable, impone la obligación de revisión de su necesidad cada tres años. Finalmente, para evitar una conservación indefinida se fija un *periodo máximo* de veinte años para su supresión, salvo excepciones.

---

protección de datos, Navarra, Thomson Reuters Aranzadi, 2021, p. 46, "de lo que no hay duda es que la reforma de 2015, que introduce medidas de investigación tecnológica, es loable, seria y ha establecido un marco jurídico y una seguridad jurídica que se echaba en falta en materia de diligencias de investigación".

642 RAYÓN BALLESTEROS, M.ª C.: "Medidas de investigación tecnológica en el proceso penal: la nueva redacción de la Ley de Enjuiciamiento Criminal operada por la Ley Orgánica 13/2015", *Anuario Jurídico y Económico Escurialense,* LII, 2019, pp. 179-204.

Para ilustrar cómo se aplican estas previsiones, tomaremos como ejemplo el Sistema Automático de Identificación Biométrica (en adelante, ABIS) utilizado por la Guardia Civil y la Policía Nacional. Este sistema conserva datos como reseñas decadactilares y fotográficas de los detenidos por un máximo de veinte años, salvo excepciones. En caso de datos anónimos, el plazo comienza al identificarse al titular[643].

Es importante destacar que, mientras que el ejercicio del resto de derechos en el ámbito de la protección de datos se realiza a petición del interesado, el derecho de supresión puede ejercerse además por iniciativa propia del responsable del tratamiento[644]. Así, en 2020 la Unidad Central de Análisis Científicos de la Comisaría General de Policía Científica[645], borró los perfiles genéticos dubitados (manchas)[646]. Además, tras la trasposición de la Directiva 2016/680, el Ministerio del Interior se comprometió, a partir de 2023, a eliminar los perfiles genéticos indubitados (personas)[647] que no estén asociados a investigaciones abiertas, delitos no prescritos u otras circunstancias justificadas[648].

643 MINISTERIO DEL INTERIOR: *Registro de actividades de tratamiento,* 2024, pp. 229-230.

644 Como bien acota el art. 23.2 LO 7/2021 "El responsable del tratamiento, a iniciativa propia o como consecuencia del ejercicio del derecho de supresión del interesado, suprimirá los datos personales (...)".

645 MINISTERIO DEL INTERIOR: *Memoria Enero – Diciembre 2022: Bases de datos policial de identificadores obtenidos a partir de ADN,* 2023, p. 41.

646 Es decir, perfiles que pertenecen a sujetos cuya identificación no ha sido posible.

647 Es decir, perfiles genéticos pertenecientes a individuos identificados.

648 Esta misma iniciativa es necesario que se aplique a la miríada de bases de datos cuyo tratamiento se hace bajo el amparo de la LO 7/2021. Se puede consultar a través del siguiente enlace: https://www.interior.gob.es/opencms/pdf/servicios-al-ciudadano/participacion-ciudadana/proteccion-de-datos-de-caracter-personal/tutela-de-los-derechos/Registro_de_Actividades_de_Tratamiento_del_Ministerio_del_Interior.pdf

Para finalizar y en la medida de lo posible, se deben diferenciar los datos basados en hechos (*hard data*) de los datos basados en apreciaciones personales (*soft data*)[649].

2.1.2. Principios específicos de protección de datos en el Reglamento Prüm II

El Reglamento Prüm II introduce herramientas para mejorar el intercambio de información penal entre los Estados miembros de la UE y Europol, garantizando la protección de datos personales mediante medidas específicas:

(1) Intervención humana: en búsquedas automatizadas de perfiles de ADN, datos dactiloscópicos, datos de matriculación de vehículos, imágenes faciales y antecedentes policiales para confirmar las coincidencias entre la información, especialmente en datos biométricos (arts. 6, 11 y 20). El Considerando 29 menciona que la intervención humana se mantendrá en las fases claves del proceso.

(2) Calidad de los datos: el Considerando 36 subraya la importancia de mantener estándares mínimos de calidad en los datos biométricos transmitidos para minimizar falsas coincidencias. Estos estándares deben revisarse periódicamente.

(3) Exactitud: los EEMM y Europol deben asegurar la exactitud y pertinencia de los datos personales y si se detecta algún error, deberán corregirlo o suprimir los datos sin demora (art. 51).

---

[649] CONSULTATIVE COMMITTEE OF THE CONVENTION FOR THE PROTECTION OF INDIVIDUALS WITH REGARD TO AUTOMATIC PROCESSING OF PERSONAL DATA, *Practical guide on the use of personal data in the police sector, op. cit.*, p. 16.

(4) Seudonimización[650] de antecedentes policiales: donde los índices y las consultas no contienen datos personales legibles, sino cadenas alfanuméricas. Es crucial que EPRIS impida que los EEMM o Europol, puedan revertir la seudonimización y revelar los datos de identificación que condujeron a la coincidencia[651].

Según POLO ROCA, la seudonimización se situaría a medio camino entre la anonimización y el dato personal, ya que no se disocia de manera absoluta e irreversible y aquellos con la clave identificatoria podrían vincular la información con la identidad de la persona[652].

Los principios de protección de datos se aplican a los datos personales seudonimizados. Por el contrario, como establece el Considerando 21 de la Directiva 2016/680, no se aplican a los datos anónimos, ya que estos no están relacionados con una persona física identificada o identificable. En otras palabras, la anonimización implica una disociación absoluta e irreversible de los datos[653], por el contrario, la seudonimización permite la reidentificación por lo que los arts. 25 y 43 del Reglamento Prüm II lo prohíben expresamente.

---

650 La definición de este concepto se refleja en la Directiva 2016/680 como "el tratamiento de datos personales de manera tal que ya no puedan atribuirse a un interesado sin utilizar información adicional, siempre que dicha información adicional se mantenga por separado y esté sujeta a medidas técnicas y organizativas destinadas a garantizar que los datos personales no se atribuyan a una persona física identificada o identificable".

651 Considerando 18 y artículo 25 del Reglamento Prüm II. En concreto el art. 25 señala que, de la información de los antecedentes policiales será seudonimizada el nombre, apellidos y el alias, así como nombres o apellidos utilizados con anterioridad.

652 POLO ROCA, A.: "Datos, datos, datos: el dato personal, el dato no personal compuesto, la anonimización, la pertenencia del dato y otras cuestiones sobre datos", *Revista de Estudios de Deusto*, vol. 69, 2021, pp. 165-194.

653 *Idem.*

La práctica de seudonimización se aplicará en las sentencias posteriores emitidas en procesos penales. Sin embargo, según señalan JIMENA QUESADA y TOMÁS MALLÉN, resulta cuestionable que los medios de comunicación informen detalladamente sobre las actuaciones previas, incluso mencionando nombres y apellidos, mientras que, una vez dictada la sentencia, se proceda con rigurosidad a seudonimizar los datos personales[654].

Finalmente, los datos dentro del sistema Prüm II serán suprimidos inmediatamente si no debieron ser proporcionados o recibidos. También lo serán cuando no sean necesarios para la finalidad perseguida, una vez transcurrido el periodo máximo de conservación de los datos según la legislación nacional del Estado miembro que los proporcionó (art. 53).

2.2. La obtención de los datos personales de las personas presunta y comprobadamente implicadas en hechos delictivos: énfasis en la IA

La obtención de datos personales es crucial para identificar a los sospechosos y, además de ser utilizados como pruebas o evidencias, permite indagar, esclarecer y acreditar los hechos y otras circunstancias relevantes del caso[655].

---

654 JIMENA QUESADA, L. y TOMÁS MALLÉN, B.: *Justicia y anonimización de datos personales*, Tirant lo Blanch, Valencia, 2021,p. 41.

655 MONTORO SÁNCHEZ, J. A.: "La obtención de datos de carácter personal con fines de investigación en el anteproyecto de la nueva ley de enjuiciamiento criminal", en PEREIRA I PUIGVERT, S.; ORDÓÑEZ PONZ, F. y DEL MORAL GARCÍA A. (dirs.): *Investigación y proceso penal en el siglo XXI: nuevas tecnologías y protección de datos,* Navarra, Thomson Reuters Aranzadi, 2021, p. 692.

2.2.1. La identificación y obtención de datos personales de los sospechosos y personas comprobadamente implicadas en delitos

La identificación del sospechoso o autor de un delito puede lograrse mediante métodos directos e indirectos.

En el grupo de las formas directas encontramos:

(1) Entrega voluntaria o confesión de los hechos: es una de las principales formas. No obstante, la mera afirmación de ser el autor o participante en un acto delictivo no constituye automáticamente una verdad absoluta, ya que podría tratarse de una "falsa inculpación"[656].

(2) Denuncias o querellas donde la víctima identifica al sospechoso[657]. Para presentar la querella se precisa el

---

[656] El Acuerdo del Pleno no jurisdiccional de la Sala Segunda del Tribunal Supremo de 3 de junio de 2015 indica que las declaraciones ante funcionarios policiales no tienen valor probatorio. No pueden operar como corroboración de los medios de prueba ni ser contrastadas por la vía del art. 741 LECrim. Sin embargo, cuando los datos objetivos contenidos en la autoinculpación son veraces por verdaderos medios de prueba, el conocimiento de aquellos datos por el declarante evidenciado en la autoinculpación puede constituir un hecho base para legítimas y lógicas inferencias. Para constatar, a estos exclusivos efectos, la validez y el contenido de la declaración policial, deberán prestar testimonio en el juicio los agentes policiales que la presenciaron.
Al hilo de lo anterior ALHAMBRA, P.: "Valor probatorio de la confesión policial del sospechoso", *Anuario Jurídico de Villanueva,* n.º 10, 2017, p. 213 y 241, identifica dos requisitos fundamentales para que la confesión pueda ser tenido en cuenta y es que la confesión debe proceder de la libre y espontánea manifestación de la voluntad del sujeto que la emite. El valor probatorio de esta confesión dependerá de la coherencia interna del testimonio y de las corroboraciones obtenidas a través de otras pruebas.

[657] MONTORO SÁNCHEZ, J. A.: "Las diligencias de investigación practicadas por las Fuerzas y Cuerpos de Seguridad", en SÁNCHEZ GÓMEZ, R.

"nombre, apellidos y vecindad del querellado (art. 277 LECrim).

(3) Aprehensión directa por la policía en casos de flagrancia delictiva o cuando existen indicios razonables de su participación en un delito.

En cuanto a las formas indirectas, estas se dividen a su vez en formas circunstanciales y deliberadas.

(1) Las formas circunstanciales incluyen capturas fortuitas del delincuente cometiendo el delito o grabaciones que pueden vincular al sujeto indirectamente con el hecho criminal.

(2) Las formas deliberadas implican la identificación del individuo a través de técnicas especiales de investigación, como las genéticas o biométricas, IA o una combinación de estas técnicas[658].

El uso de videocámaras como mecanismo circunstancial para identificar a los autores de delitos está regulado en tres normativas principales en España, dependiendo del contexto y los fines[659]:

---

y MONTORO SÁNCHEZ, J. A. (dirs.): *Manual de Derecho Procesal Penal para Guardias Civiles*, Madrid, Dykinson, 2021, p. 82.

658 VAN DEN EYNDE ADROER, A.: "Gestión de la prueba digital en el proceso penal", en PEREIRA I PUIGVERT, S.; ORDÓÑEZ PONZ, F. y DEL MORAL GARCÍA, A. (dirs.): *Investigación y proceso penal en el siglo XXI: nuevas tecnologías y protección de datos,* Navarra, Thomson Reuters Aranzadi, 2021, pp. 229-230, otorga un gran valor a la denominada "prueba digital" que "permite conocer qué dijo el sospechoso (análisis de sus comunicaciones por cualquier medio, incluida la mensajería instantánea), dónde estaba (geoposicionamiento por análisis de antenas de telefonía, sistemas GPS, balizamiento, registros de pulseras de fitness, registro de interacciones con asistentes virtuales), qué intenciones tenía (análisis de historial de búsquedas en internet) o concretamente qué hizo (logs de equipos informáticos o registros de dispositivos de almacenamiento masivo de información), entre otras muchas posibilidades".

659 AYJÓN MARCOS M.: *op. cit.*, p. 395.

(1) El art. 22 de la LOPDGDD, que permite a personas físicas o jurídicas instalar cámaras para garantizar la seguridad de personas, bienes e instalaciones. En caso de captar actividad delictiva, las imágenes serán entregadas a la autoridad competente en un plazo de setenta y dos horas.

(2) La Ley Orgánica 4/1997, de 4 de agosto, que regula la utilización de videocámaras por las Fuerzas y Cuerpos de Seguridad en lugares públicos (en adelante, LO 4/1997), con el objetivo de asegurar la convivencia ciudadana, erradicación de la violencia y utilización pacífica de las vías y espacios públicos, así como para prevenir la comisión de delitos, faltas e infracciones relacionadas con la seguridad pública.

(3) Los arts. 15 a 19 de la LO 7/2021, que abordan la instalación de sistemas de grabación de imágenes y sonidos para proteger edificios e instalaciones propias o públicas y sus accesos bajo custodia, salvaguardar y proteger instalaciones útiles para la seguridad nacional y prevenir, detectar o investigar la comisión de infracciones penales, así como proteger contra amenazas a la seguridad pública[660].

En esta última normativa se incluyen las cámaras de videograbación de uso unipersonal (CAVIPER) de los miembros de la Policía Nacional[661], integradas en las pistolas eléctricas y que se activan automáticamente con su uso[662]. Internamente, se estableció el "Protocolo sobre la utilización de los dispositivos de grabación

---

660 CEBRIÁN BELTRÁN, S.: *op. cit.*, pp. 221-251.

661 MINISTERIO DEL INTERIOR: *Registro de actividades de tratamiento,* 2024, p. 22.

662 LÓPEZ-FONSECA, Ó.: "Seis disparos y 12 horas de clase para que la Policía Nacional aprenda a usar la pistola eléctrica", *El País,* 18.10.2022. Se puede consultar aquí: https://elpais.com/espana/2022-10-18/seis-disparos-y-12-horas-de-clase-para-aprender-a-usar-la-pistola-electrica.html

unipersonal (DGU) por parte del personal de la Policía Nacional" para regular su empleo, prohibiendo explícitamente su utilización en el interior de domicilios sin el consentimiento previo del titular de los derechos afectados, sin resolución judicial o para la prevención de delitos o infracciones administrativas muy graves o graves de la Ley Orgánica de Responsabilidad de la Seguridad Ciudadana.

Una vez capturadas las imágenes, el siguiente paso será asignarles una identidad por las autoridades policiales[663] a través del material grabado por las cámaras, las fotografías del sospechoso para un reconocimiento fotográfico o la organización de una rueda de reconocimiento[664]. Más allá de estas posibilidades, estas imágenes podrían ser utilizadas para búsquedas

---

663 Como señala MARTÍN BRAÑAS, C.: "Reconocimiento del delincuente: Nuevas diligencias de identificación", *Boletín del Ministerio de Justicia*, n.º 2162, 2015, p. 7, cabe precisar la diferencia entre los dos tipos de diligencias que en estos momentos podrá hacer uso la policía, las diligencias de averiguación para determinar la identidad del delincuente y las diligencias de identificación para determinar la edad.
Por su parte MONTORO SÁNCHEZ, J. A.: "Las diligencias de investigación practicadas por las Fuerzas y Cuerpos de Seguridad", *op. cit.*, p. 82, aborda los dos tipos de identificación de la que puede ser objeto una persona: la formal que tiene como finalidad el mero conocimiento de los datos de identificación civil de un determinado sujeto y la identificación material como aquella que persigue concretar a la persona responsable de un acto criminal.

664 La utilización de técnicas como la rueda de reconocimiento o el reconocimiento fotográfico plantean problemas a la hora de considerar su valor en el procedimiento judicial, por la forma en la que el mismo debe ser ejecutado para no dar lugar a liderar la identificación hacia un individuo en concreto y por los problemas de un "falso reconocimiento" por parte de la víctima fruto de un fallo en su memoria. A este respecto se han referido la STS (Sala 2.º, Sección 1.ª), n.º 4634/1986, 12 de septiembre de 1986; STS (Sala 2.º, Sección 1.ª), n.º 7567/2008 (n.º recurso 10997/2007), 25 de febrero de 2008; STS (Sala 2.º, Sección 1.ª), n.º 1044/2008 (n.º recurso 1822/2007), 4 de diciembre de 2008.

automatizadas a través del Reglamento Prüm II o en las bases de datos de Interpol[665].

Por otro lado, las medidas indirectas deliberadas, autorizadas por la autoridad judicial, son clave para identificar a los sospechosos mediante técnicas de investigación avanzadas, destacando el uso de datos genéticos y biométricos[666]. Los datos genéticos más comúnmente empleados para la identificación son el ácido desoxirribonucleico (ADN) o el ácido ribonucleico (ARN). Los datos biométricos abarcan dos categorías principales de información: (i) características físicas y psicológicas y (ii) características comportamentales[667], que según MARTÍN BRAÑAS, se pueden clasificar en dos grupos: estáticos y dinámicos[668].

Los datos biométricos estáticos contienen las huellas lofoscópicas (huellas dactilares, geometría de la mano, identificación mediante otogramas); patrones oculares (sistema vascular de la retina, estructura del iris); lectura vascular; antropología forense (odonto-estomatología-forense); identificación radiológica; rasgos faciales[669]. Los datos biométricos dinámicos se componen del reconocimiento de locutores; tecleo de usuarios en equipos informáticos; reconocimiento caligráfico; firma manuscrita; la psicología aplicada (autopsia psicológica y perfilación criminal)[670].

---

665 El Sistema de INTERPOL de Reconocimiento Facial (IFRS). Se pueden consultar aquí: https://www.interpol.int/es/Como-trabajamos/Bases-de-datos/Nuestras-19-bases-de-datos

666 Se precisa recordar que ambas son categorías de datos especialmente protegidos y que su uso debe someterse a unas previsiones y protecciones reforzadas.

667 FUNDAMENTAL RIGHTS AGENCY (FRA): *Facial recognition technology: fundamental rights considerations in the context of law enforcement*, 2019, p. 5. Las características físicas/ psicológicas están integradas por los rasgos faciales, las huellas dactilares y las características de la retina y del iris. Las características del comportamiento están integradas por hábitos, acciones, adicciones…

668 MARTÍN BRAÑAS, C.: *op. cit.*, p. 25.

669 *Ibidem*, pp. 26-40.

670 *Ibidem*, pp. 41-50.

El avance tecnológico ha facilitado el desarrollo de nuevas técnicas de identificación biométrica y ha mejorado la fiabilidad de las técnicas más tradicionales.

2.2.2. El uso de la Inteligencia Artificial para la identificación y localización de las personas presunta y comprobadamente implicadas en hechos delictivos

La implementación de la IA en el procesamiento de datos personales por las autoridades competentes ha requerido un equilibrio entre su capacidad para prevenir, investigar, detectar o enjuiciar infracciones penales y los derechos fundamentales de las personas.

La IA se basa en la utilización de *big data* o "macrodatos", es decir, en la recopilación, análisis y acumulación continua de grandes volúmenes de datos personales provenientes de diversas fuentes. Estos datos procesados mediante *algoritmos* informáticos y avanzadas técnicas de análisis de datos, generan correlaciones, tendencias y patrones[671]. El algoritmo actúa como una secuencia de comandos que permite a una computadora transformar datos de entrada en resultados[672]. El algoritmo recibe el *big data* con una orden concreta y categoriza a una persona según la información disponible, facilitando la toma de decisiones en diversas áreas. En resumen, el *big data* constituye el alimento de la IA[673] y el algoritmo la sartén en la que se cocina.

---

671 Resolución del Parlamento Europeo, de 14 de marzo de 2017, sobre las implicaciones de los macrodatos en los derechos fundamentales: privacidad, protección de datos, no discriminación, seguridad y aplicación de la ley (2016/2225(INI)).

672 EUROPEAN UNION AGENCY FOR FUNDAMENTAL RIGHTS: *Big Data: Discrimination in data-supported decision making*, 2018, p. 4.

673 COTINO HUESO, L.: "Riesgos e impactos del big data, la inteligencia artificial y la robótica. Enfoques, modelos y principios de la respuesta del Derecho", *Revista General de Derecho Administrativo*, n.º 50, 2019, p. 6.

Dentro de las aplicaciones de la IA en el ámbito criminógeno, destacan tres en particular: la predicción del crimen, la vigilancia masiva, que incluye sistemas CCTV y reconocimiento facial, y las bases de datos de ADN[674].

Las técnicas de *predictive policing* contribuyen al pronóstico del crimen mediante la creación de mapas de criminalidad; la identificación de áreas críticas ("hotspots"), la elaboración de perfiles criminales ("profiling"), el reconocimiento facial, el análisis del lenguaje o el uso del polígrafo, entre otros métodos[675]. Uno de los mayores riesgos asociados son los sesgos (*"bias"*), que pueden surgir tanto de la información utilizada para entrenar y alimentar al algoritmo, como del propio algoritmo que realiza el procesamiento[676].

Aunque algunos autores reconocen estos riesgos, argumentan que los efectos positivos de la aplicación de la IA para predecir los delitos o la reincidencia superan las posibles implicaciones negativas[677]. Por otro lado, autores como MCKAY amplían el espectro de riesgos potenciales que estos sistemas pueden provocar al señalar la falta de transparencia, así como problemas relacionados con la igualdad de armas, igualdad ante los tribunales, presunción de

---

674 JOH, E.: "Policing by numbers: Big Data and the fourth amendment", *Washington law review*, n.º 89, 2014, pp. 42-45.

675 FUNDAMENTAL RIGHTS AGENCY (FRA): *Artificial Intelligence and Fundamental Rights*, 2020, pp. 36-38.

676 SCHUMANN BARRAGÁN, G.: "Inteligencia Artificial Aplicada al Proceso Penal desde la Perspectiva de la UE", en PEREIRA PUIGVERT, S., ORDÓÑEZ PONZ, F. (dirs.): *Investigación y proceso penal en el siglo XXI: nuevas tecnologías y protección de datos*, Navarra, Thomson Reuters Aranzadi, pp. 520-521.

677 MAYOWA FARAYOLA et al.: "Fairness of AI in Predicting the Risk of Recidivism: Review and Phase Mapping of AI Fairness Technique", *The 18th International Conference on Availability, Reliability and Security (ARES 2023)*, agosto 29–septiembre 01, 2023, Benevento, Italia.

inocencia, principio de justicia individualizada o el derecho a una audiencia pública e imparcial[678].

En 2020, la Agencia de los Derechos Fundamentales de la UE alertó sobre la discriminación derivada de estos sistemas[679], señalando que el uso de datos históricos sesgados y enfoques estadísticos centrados en ciertos tipos de crímenes podría perpetuar prácticas discriminatorias, especialmente en áreas con características demográficas particulares. Esto puede minar la confianza de las comunidades en la policía y reforzar estigmas, como los mapas de criminalidad o "hotsposts" basados en estos datos[680].

Por otro lado, los defensores de estas herramientas argumentan que ayudan a restaurar los derechos de las personas al proporcionar información objetiva en contextos de alta criminalidad. Sin embargo, como destaca STRIKWERDA· las suposiciones en las que se basan estas herramientas no necesariamente deben ser ciertas[681].

Está prohibida la elaboración de perfiles que produzcan efectos negativos significativos en el interesado, salvo excepciones[682]. Su creación no puede basarse en categorías especiales de datos, a menos que se hayan implementado medidas adecuadas para salvaguardar los derechos, libertades y los intereses legítimos del

---

678 MCKAY, C.: "Predicting risk in criminal procedure: Actuarial tools, algorithms, AI and judicial decision-making", *Current Issues in Criminal Justice*, n.º 32(1), pp. 22-39.

679 FUNDAMENTAL RIGHTS AGENCY (FRA): *Artificial Intelligence and Fundamental Rights*, *op. cit.*, p. 36.

680 Hay autores como JOH, E.: "The New Surveillance Discretion: Automated Suspicion, Big Data, and Policing", *UC Davis Legal Studies Research*, 2015, pp. 17-18, que piensan que el uso de este tipo de algoritmos reduce los juicios subjetivos que pueden traducirse en sesgos y estereotipos.

681 STRIKWERDA, L.: *op. cit.*, p. 423.

682 Art. 11 Directiva 2016/680.

interesado[683]. Se prohíbe la elaboración de perfiles que resulte en discriminación.

La implementación de estas normativas presenta desafíos, principalmente debido a la opacidad ("efecto caja negra"), complejidad y autonomía parcial de los sistemas de IA, que pueden dificultar el cumplimiento de las leyes de la UE[684].

Como antídoto para combatir estos inconvenientes se propone la supervisión humana de su uso[685]. Según el Libro Blanco sobre la IA esta ayuda a garantizar que un sistema de IA no socave la autonomía humana ni provoque efectos adversos; su introducción asegura que el resultado arrojado por la herramienta no sea efectivo hasta que un individuo lo haya revisado o que, si el resultado produce efectos inmediatos, exista una revisión humana posterior[686]. La supervisión humana no debe confundirse con la mera presencia de un operador humano durante todo el ciclo de vida de la máquina, sino que debe ser una participación cualificada, significativa y efectiva[687].

Otra de las desventajas de estos sistemas en el ámbito policial es que la persona carezca de medios para comprobar cómo se ha tomado la decisión con la ayuda de la IA. Por consiguiente, resulta difícil verificar si las normas aplicables han sido respetadas[688] y

---

683 El Anexo III, 6, e) RIA califica como de alto riesgo los sistemas de IA destinados a la elaboración de perfiles de personas físicas durante la detección, la investigación o el enjuiciamiento de delitos, pero se permite su utilización por las autoridades garantes del cumplimiento del Derecho, entre las que se encuentran las Fuerzas y Cuerpos de Seguridad.

684 COM (2020) 65 final, p. 14.

685 VAN DIJCK, G.: *op. cit.*, p. 419.

686 COM (2020) 65 final, p. 25.

687 OBREGÓN FERNÁNDEZ, A. y LAZCOZ MORATINOS, G.: "La supervisión humana de los sistemas de inteligencia artificial de alto riesgo. Aportaciones desde el Derecho Internacional Humanitario y el Derecho de la Unión Europea", *Revista Electrónica de Estudios Internacionales*, n.º 42, 2021, p. 29.

688 COM (2020) 65 final, p. 14.

si el sujeto ha sido objeto de discriminación, uno de los inconvenientes principales y más graves[689].

Las herramientas orientadas a pronosticar el crimen están generalmente alimentadas con datos históricos, mientras que las utilizadas en la predicción de posibles víctimas o autores de delitos emplean tanto datos históricos como datos en tiempo real (antecedentes penales, direcciones, números de teléfono, datos de localización, datos extraídos de redes sociales, información sobre socios conocidos y datos sobre la salud o ingresos)[690].

En cuanto al uso de la IA para identificar o localizar al presunto culpable del delito es relevante centrarnos en la tecnología de reconocimiento facial. La Directiva 2016/680 reconoce como "dato especial" las imágenes faciales de las personas físicas, las cuales son una forma de datos biométricos si son procesados por un *software* de reconocimiento facial[691].

La tecnología de reconocimiento facial (en adelante, TRF) permite la identificación automática de un individuo mediante la comparación de su rostro en dos o más imágenes digitales. Las dos aplicaciones principales de la TRF son:

(1) Verificación de la identidad, que se basa en la comparación entre dos elementos biométricos (*one-to-one-comparison*), que se asume que pertenecen al mismo individuo. Esta práctica no exige que los rasgos biométricos estén contenidos en una base de datos (ej. controles automáticos en los aeropuertos).

(2) La identificación, en cambio, consiste en comparar la imagen de una persona con otras almacenadas en una base de datos para encontrar coincidencias (*one-to-many-comparison*) (ej. personas en busca y captura). La base de

---

689 FUNDAMENTAL RIGHTS AGENCY (FRA): *Artificial Intelligence and Fundamental Rights, op. cit.*, p. 10.

690 *Ibidem*, p. 37.

691 *Ibidem*, p. 35.

datos en cuestión devuelve un porcentaje de probabilidad de que las dos imágenes sean de la misma persona[692].

Mientras que los sistemas *one-to-one-comparison* no generan problemas, los *one-to-many-comparison* producen un riesgo mucho más elevado. El RIA prohíbe con carácter general los sistemas de identificación biométrica remota "en tiempo real" en espacios de acceso público, salvo que su uso sea estrictamente necesario para, entre otras finalidades, localizar o identificar a una persona sospechosa de haber cometido determinados crímenes[693]. Estos sistemas se ubican en lugares de acceso público[694] por ser donde más fácilmente se pueden captar las imágenes[695] y donde hay mayor probabilidad de localizar al sujeto. Estas videocámaras pueden ser sistemas CCTV fijos o "body cams" móviles[696].

---

692 *Ibidem*, p. 7.

693 Art. 5.1 h) iii) RIA.

694 Según el Considerando 19 RIA por "espacio de acceso público" se refiere a cualquier lugar físico al que pueda acceder un número indeterminado de personas, ya sea de propiedad privada o pública, y utilizado para diversas actividades como comerciales, de servicios, deportivas, de transporte, entretenimiento, ocio, etc. Este acceso puede estar sujeto a condiciones previas como la compra de una entrada o el registro previo. No se considera espacio público si solo pueden acceder determinadas personas físicas definidas por la ley o por la voluntad del responsable del lugar. La mera posibilidad de acceso no implica que sea público si hay restricciones explícitas. Lugares como prisiones, áreas de inspección fronteriza, y zonas laborales exclusivas no son considerados de acceso público. Espacios mixtos, como aeropuertos, pueden tener zonas públicas y privadas, y los espacios en línea no son considerados espacios públicos. Cada caso debe evaluarse individualmente.

695 FUNDAMENTAL RIGHTS AGENCY (FRA): *Artificial Intelligence and Fundamental Rights*, *op. cit.*, p. 35.

696 FONTES, C. et al.: "AI-powered public surveillance systems: why we (might) need them and how we want them", *Technology in Society*, vol. 71, 2020, p. 5, señala que esta tecnología lleva tiempo siendo utilizada, por ejemplo, por la Policía de Leicestershire en el Reino Unido en el "Download Festival"; por la Policía de Gales para monitorizar diversos

En España, la Policía Nacional y la Guardia Civil a nivel nacional han implantado la herramienta de IA ABIS, para la identificación de delincuentes a través de sistemas de reconocimiento facial, entre otras aplicaciones[697].

El uso de sistemas de identificación biométrica remota "en tiempo real" se considera de alto riesgo debido a su intrusividad y su aplicación está estrictamente limitada a situaciones específicas definidas con precisión y cuando sea necesario para lograr un fin público de gran importancia.

Es por ello que, según el art. 5.2 RIA, estos sistemas deben evaluar la gravedad, probabilidad y magnitud del perjuicio que se produciría de no utilizarse y las consecuencias para los derechos y las libertades de las personas implicadas. La utilización de sistemas de identificación biométrica remota "en tiempo real" estará sujeta al cumplimiento de las siguientes obligaciones:

a) Realizar una evaluación de impacto sobre los derechos fundamentales antes de su implementación.

b) Registrar previamente el sistema, aunque se permite su uso inmediato en casos urgentes con registro posterior sin demoras.

c) Obtener autorización expresa, específica y previa de la autoridad judicial o administrativa independiente, salvo situaciones urgentes en las que la autorización se solicitará antes de 24 horas. Si no se concede, se cesará inmediatamente en su uso y se eliminarán los datos captados.

---

eventos al aire libre y en Alemania ha sido testeado durante tres años en una estación de trenes.

697 PASCUAL, M.: "La Policía española usará una herramienta automática de reconocimiento facial", *El País,* 15 de noviembre de 2022. Se puede consultar aquí: https://elpais.com/tecnologia/2022-11-15/la-policia-espanola-usara-una-herramienta-automatica-de-reconocimiento-facial.html

d) Notificar a las autoridades nacionales de protección de datos de los Estados miembros.

La calidad de la imagen puede variar debido a factores como la luz, la distancia y la posición del individuo, lo que puede provocar "falsos positivos" (identificar erróneamente a la persona como la buscada) y "falsos negativos" (no reconocer a la persona buscada)[698]. Aunque la precisión está mejorando, persisten riesgos de error, especialmente para ciertas minorías. Por otra parte, las personas captadas y procesadas por estos sistemas a menudo no son conscientes de ello, lo que impide denunciar posibles usos indebidos[699].

Fuera de la UE, el Consejo de Europa, el TEDH e Interpol, también han tomado iniciativas significativas sobre la IA y su uso en la lucha contra el crimen. El Consejo de Europa reconoce que la tecnología brinda grandes posibilidades a la humanidad, pero que también presenta riesgos significativos para los derechos humanos. Por ello, el Comité de Ministros decidió, en el Mandato del Comité sobre IA (por sus siglas en inglés, CAI), "mantener un enfoque transversal"[700].

Dentro de este órgano, la Comisión de Asuntos Jurídicos y Derechos Humanos publicó un informe denominado "Justicia por algoritmos–el papel de la inteligencia artificial en los sistemas policiales y de justicia penal"[701], donde plantea que los sistemas de IA podrían contravenir principios fundamentales como la transparencia; la justicia y equidad; la responsabilidad humana por las

---

698 FUNDAMENTAL RIGHTS AGENCY (FRA): *Facial recognition technology…, op. cit.*, pp. 8-9.

699 FUNDAMENTAL RIGHTS AGENCY (FRA): *Artificial Intelligence and Fundamental Rights, op. cit.*, p. 35.

700 CONSEJO DE EUROPA: *El Consejo de Europa y la Inteligencia Artificial*, 2013, p. 3.

701 COMMITTEE ON LEGAL AFFAIRS AND HUMAN RIGHTS: *Justice by algorithm – the role of artificial intelligence in policing and criminal justice systems:* Resolución 2342, 2020.

decisiones; la seguridad y protección; y la privacidad y protección de datos[702].

La Recomendación 2182 (2020) de la Asamblea Parlamentaria recuerda a los Estados miembros que todos están sujetos a las mismas normas básicas de derechos humanos, en particular, las establecidas en el CEDH e interpretadas por la jurisprudencia del TEDH. El TEDH se ha pronunciado en varias sentencias sobre la IA, destacando que la policía debe usarlas cuando sirvan a un fin legítimo, haya una necesidad social imperiosa y sean proporcionadas al fin perseguido[703].

A nivel internacional, Interpol ha reconocido la utilidad de la IA en el trabajo policial. En colaboración con el Instituto Interregional de las Naciones Unidas para Investigaciones sobre la Delincuencia y la Justicia (UNICRI) y con financiación de la UE, ha desarrollado "AI Toolkit"[704]. Este conjunto de herramientas tiene como objetivo apoyar a las fuerzas y cuerpos de seguridad en la institucionalización de una IA responsable y proporciona una base teórica fundamentada en la legislación sobre derechos humanos, la ética y los principios policiales.

Interpol también es consciente del impacto de la IA sobre la protección de datos personales y subraya que, aunque el RGPD y la Directiva 2016/680 no mencionan explícitamente estas herramientas, establecen un marco que debe ser tenido en cuenta[705].

---

702 *Ibidem,* p. 1.

703 STEDH (Sección 5.ª), *Breyer c. Alemania,* 7 de septiembre de 2020, §88. También se puede consultar: STEDH (Sección 4.ª), *Szabó and Vissy c. Hungría,* 12 de enero de 2016, §68; STEDH, (Gran Sala), *Roman Zakharov c. Rusia,* 4 de diciembre de 2015, §§302-305; STEDH (Gran Sala), *S. y Marper c. Reino Unido,* 4 de diciembre de 2008, §112.

704 Información extraída de la página web oficial de Interpol https://www.interpol.int/How-we-work/Innovation/Artificial-Intelligence-Toolkit

705 INTERPOL & UNICRI: *Towards Responsible AI Innovation: Report on Artificial Intelligence for law enforcement,* 2020, pp. 36-37.

2.2.3. El intercambio de datos genéticos y biométricos por las autoridades policiales para la identificación de las personas presunta y comprobadamente implicadas en hechos delictivos

El uso de imágenes faciales, datos biométricos y perfiles de ADN está contemplado en el Reglamento SIS II para la verificación en el control de fronteras y la búsqueda de personas desaparecidas (art. 42); en el Reglamento de Eurodac para controlar la inmigración irregular (art. 2, 12-16); en ECRIS-TCN con el propósito de intercambiar información sobre condenas previas de individuos extranjeros (art. 6.1); y, en la interoperabilidad de los sistemas de información de la UE (art. 8 del Reglamento 2019/818). En este último caso, el Reglamento 2019/818 establece que el SCB compartido (art. 12) almacenará plantillas biométricas, obtenidas tras un control de calidad automatizado, vinculando cada plantilla a los sistemas de información de la UE pertinentes (art. 13).

El Reglamento Prüm II introduce procedimientos de búsqueda automatizada de perfiles de ADN, datos dactiloscópicos, datos de matriculación de vehículos, imágenes faciales y antecedentes policiales, destacando la importancia de identificar a delincuentes para el éxito de la investigación y enjuiciamiento penal. La búsqueda automatizada de imágenes faciales de personas condenadas por una infracción penal o sospechosas de haberla cometido se permite solo a las autoridades encargadas de la prevención, detección e investigación de delitos y solo para delitos castigados con penas privativas de libertad de al menos un año.

2.3. La protección de datos en el intercambio y transmisión de información de los sospechosos, acusados y convictos en las bases de datos, organismos y agencias de la Unión Europea relacionadas con la lucha contra el crimen

Tras analizar los instrumentos de cooperación policial en el Capítulo III, se concluye que su uso no será sistemático, sino que debe estar claramente justificado por un propósito específico. Además, la persona cuyo dato se consulte debe ser considerada sospechosa, ya sea por un crimen potencial o consumado, o como acusada o condenada por una infracción penal. Estos instrumentos se utilizarán para la búsqueda e intercambio de datos en casos de investigación de delitos, solicitudes formales de asistencia (como una Orden Europea de Investigación) o situaciones urgentes.

2.3.1. El intercambio y transmisión de información de los sospechosos, acusados y convictos en las bases de datos de la Unión Europea

El SIS puede proporcionar información sobre la identidad de un sospechoso mediante la búsqueda activa del autor de un delito, mediante la consulta de impresiones dactilares o palmares encontradas en la escena del crimen. Esto es posible si la persona es identificable con un alto grado de probabilidad y se realiza un cotejo simultáneo en las bases de datos nacionales de impresiones dactilares (Considerandos 23 y 24 del Reglamento SIS).

Sin embargo, la falta de certeza sobre la pertenencia de las muestras a la persona responsable puede dificultar la identificación precisa, por lo que es esencial aplicar procedimientos rigurosos en el cotejo de datos. Una coincidencia en la base de datos no garantiza la culpabilidad del sospechoso, por lo que se deben hacer verificaciones adicionales para confirmar su identidad.

El Reglamento Eurodac[706] permite a los Estados miembros acceder a los datos dactiloscópicos de solicitantes de protección internacional. Si se encuentra una coincidencia, un experto verificará la identidad del sospechoso, y las comparaciones deben cumplir ciertos requisitos, como ser necesarias para la investigación de delitos graves o de terrorismo, y contar con motivos

---

[706] Información contenida en los Considerandos 13 y 21 y en los arts. 19 y 21 del Reglamento Eurodac.

razonables que justifiquen la comparación. Estas condiciones también se aplican a las comparaciones realizadas por Europol.

El VIS podrá ser consultado para contribuir sustancialmente a la prevención, detección o investigación de delitos de terrorismo y graves. Estos datos no pueden ser compartidos con terceros países u organizaciones internacionales, salvo para la prevención y detección de esos delitos[707].

El PNR fue ampliado para combatir el terrorismo y la delincuencia organizada, ya que estas actividades suelen implicar desplazamientos internacionales. Completa otros instrumentos destinados a luchar contra la delincuencia transfronteriza[708]. Su uso efectivo, como la comparación con bases de datos sobre personas y objetos buscados, es clave para obtener pruebas, identificar cómplices y desmantelar redes delictivas. Además, permite identificar a personas no sospechosas inicialmente, pero que podrían estar involucradas, justificando una investigación adicional. Los Estados miembros deben intercambiar los datos PNR a través de Europol para la prevención, detección, investigación o enjuiciamiento de delitos graves, respetando las normas de protección de datos[709].

2.3.2. El intercambio y transmisión de información de los sospechosos, acusados y convictos en los organismos y agencias de la Unión Europea

Europol puede procesar información para realizar controles cruzados e identificar conexiones entre datos relacionados con:

707 Art. 3 del Reglamento VIS.

708 Esta información se puede consultar aquí: https://www.consilium.europa.eu/es/policies/fight-against-terrorism/passenger-name-record/

709 La información expuesta sobre el PNR se encuentra en los Considerandos 6, 7 y 23 de la Directiva PNR.

1. Personas sospechosas de haber cometido o participado en delitos bajo su competencia, o que hayan sido condenadas por estos.
2. Personas con indicios o razones fundadas de que cometerán delitos que caen dentro de su ámbito.[710].

Los datos sobre estas personas, detallados en el Anexo II, deben ser comunicados a cualquier unidad nacional o a Europol si lo solicitan. Además, Europol y las unidades nacionales pueden proporcionar información adicional. Si la causa contra una persona se archiva o se dicta una absolución definitiva, los datos relacionados deben ser suprimidos.

Los datos también pueden ser utilizados para análisis estratégicos, operativos o para facilitar el intercambio de información entre Estados miembros, Europol, otros organismos de la UE, países terceros y organizaciones internacionales. Estos incluyen datos sobre personas sospechosas, potenciales testigos, víctimas, asociados, o aquellos que puedan facilitar información sobre los delitos investigados.

Estos mecanismos de intercambio y transmisión de la información buscan garantizar una cooperación eficaz en la lucha contra el crimen, respetando a su vez los derechos fundamentales y la protección de datos personales.

2.3.3. El intercambio y transmisión de información de los sospechosos, acusados y convictos en el Reglamento Prüm II

Los instrumentos mencionados para identificar sospechosos y obtener información sobre ellos están interconectados a través del sistema previsto en el Reglamento Prüm II[711].

---

[710] Art. 18 del Reglamento Europol y Anexo II, A, 1.

[711] Es preciso recordar que los datos proporcionados por terceros países y conservados por Europol en el marco Prüm II se pondrán a disposición de las autoridades competentes de los Estados miembros y viceversa.

En primer lugar, el acceso a los datos de ADN, dactiloscópicos y de imágenes automatizadas será indirecto. Una vez confirmado un *hit*, el Estado requirente podrá decidir si confirma una coincidencia entre el objeto de búsqueda y los datos obtenidos. Cuando se confirme, informará al Estado miembro requerido y se asegurará de que al menos un miembro cualificado del personal realice una revisión manual. Si es el Estado requerido el que decide realizar la confirmación, también se asegurará la intervención manual (arts. 6, 11 y 20).

Cuando los países miembros realizan la conexión inicial al enrutador del sistema Prüm II, llevarán a cabo búsquedas automatizadas de perfiles de ADN, comparando todos los perfiles de ADN conservados en su base de datos con los conservados en las bases de datos de los demás EEMM y Europol, con el objetivo de evitar cualquier laguna (Considerando 13). Otro aspecto que introduce el Reglamento Prüm II es la posibilidad de que los Estados miembros consulten antecedentes penales alojados en las bases de datos de otros Estados miembros, si estos los ponen a su disposición (Considerando 18).

Este intercambio de datos es posible también con Europol, que puede recibir datos de terceros países y compartirlos con los Estados miembros, siempre con su consentimiento. Cualquier uso que Europol haga de los datos obtenidos en las búsquedas automáticas está sujeto al consentimiento del Estado miembro que proporcionó la información (Considerandos 20-22).

2.3.3. La Orden Europea de Investigación y Orden Europea de Detención y Entrega

La Directiva 2014/41/CE del Parlamento Europeo y del Consejo, de 3 de abril de 2014, relativa a la orden europea de investigación en materia penal[712] sigue con el camino de *estandarización*

[712] Se encuentran excluidos de la misma Irlanda y Dinamarca.

iniciado en la UE[713]. España traspuso la directiva a través de la Ley 3/2018, de 11 de junio, por la que se modificaba la Ley 23/2014, de 20 de noviembre, de reconocimiento mutuo de resoluciones penales en la Unión Europea (en adelante, LRM), para regular la Orden Europea de Investigación (en adelante, OEI).

La OEI es una resolución judicial que autoriza a realizar medidas de investigación en otro Estado miembro con el fin de obtener pruebas, detallando información sobre el caso y las personas implicadas[714].

El tratamiento de los datos personales en este contexto debe cumplir con la Directiva 2016/680, el Convenio 108 + y en España la LO 7/2021[715]. Esto incluye la consideración de los principios de la protección de datos, a saber: ajustarse a la finalidad con la que se emite, transmite y ejecuta la OEI y a no ser tratados de forma incompatible con ellos; ser exactos y estar actualizados (ya que durante la tramitación de la OEI deberán ser rectificados tan pronto como, avanzada la investigación o el proceso penal, quede claro que se trataba de datos inexactos); y, que los datos tratados sean los estrictamente necesarios[716].

El artículo 193 de la LRM establece que los datos obtenidos en la ejecución de una OEI solo podrán ser utilizados para fines relacionados directamente con la resolución, salvo en casos excepcionales de amenaza grave para la seguridad pública.

---

713 MARTÍNEZ GARCÍA, E.: *La orden europea de investigación: actos de investigación, ilicitud de la prueba y cooperación judicial transfronteriza,* Valencia, Tirant lo Blanch, 2016, p. 8.

714 Art. 5 de la Directiva 2014/41/CE.

715 Art. 20 de la Directiva 2014/41/CE y Disposición adicional quinta de la Ley 23/2014.

716 GUTIÉRREZ ZARZA, Á.: "La protección de las personas físicas en lo que respecta a su derecho a la intimidad y los datos personales por las autoridades de emisión y ejecución de las órdenes europeas de investigación", en ARAGÜENA FANEGO, C. y DE HOYOS SANCHO, M. (dir.): *Garantías procesales de investigados u acusados: situación actual en el ámbito de la Unión Europea,* Valencia, Tirant lo Blanch, 2018, pp. 443-444.

Para otros usos, se requiere el consentimiento del Estado de ejecución o del titular de los datos.

Cuando en un caso concreto, así lo requiera la autoridad competente del Estado de ejecución, la autoridad española le informará del uso que haga de los datos personales remitidos por la OEI. A través de este precepto, se garantiza que el Estado que obtiene originariamente la información no pierda el control sobre ella y que, en caso de transferirse de nuevo, deba autorizar o condicionar tal transmisión[717].

El papel de la policía también puede ser relevante en el caso de emisión de la Orden Europea de Detención y Entrega (OEDYE), con el fin de localizar al reclamado (art. 45 LRM) y/o de proceder a su detención. La detención se practicará en la forma y con los requisitos previstos en la LECRIM y en la legislación en materia de responsabilidad penal de menores. En el plazo máximo de setenta y dos horas, la persona detenida será puesta a disposición del juez competente (art. 50 LRM).

2.4. El tratamiento de los datos de los sospechosos, acusados y convictos en la cooperación policial internacional

Interpol desempeña un papel clave en la cooperación internacional, actuando como intermediario, facilitador y catalizador[718], tanto con sus miembros como con otras organizaciones como Europol, con la que mantiene un acuerdo de colaboración.

La organización clasifica a las personas relacionadas con el delito en: convictos, acusados y sospechosos. Las OCN, entidades nacionales o entidades internacionales pueden formular una alerta roja o una solicitud de cooperación internacional contra estas personas y contra individuos potencialmente pe-

---

717 *Ibidem*, p. 444.

718 KOVARI, P.: "The Benefits of Using INTERPOL'S Criminal Databases – The Hungarian Perspective", *Belügyi Szemle*, 2023, p. 59.

ligrosos. La alerta roja contendrá los datos de identificación (nombre, apellidos, sexo, fecha de nacimiento y al menos, la descripción física o el perfil de ADN o las huellas dactilares o los datos contenidos en documentos de identidad) y los datos jurídicos (exposición de hechos, calificación del delito, referencias a las disposiciones de la legislación penal que reprimen el delito, la pena máxima aplicable, la referencia de una orden de detención válida o una resolución judicial equivalente) (art. 83 RITD).

También se puede presentar una notificación azul cuando se pida información sobre el historial judicial, identidad, situación o paradero de un convicto, acusado o sospechoso. Esta notificación persigue la obtención de información para una investigación policial, localizar a una persona o identificarla (art. 88 RITD). Los datos requeridos varían según si la persona está identificada (nombre, fecha de nacimiento, descripción física, ADN, huellas o documento de identidad) o no (fotografía de calidad, huellas o perfil de ADN).

Si una alerta o solicitud de Interpol es retirada, los datos relacionados pueden conservarse temporalmente para informar sobre antecedentes policiales, salvo que la persona haya dejado de estar encausada (art. 52 RITD). Esta conservación también está permitida con fines orientativos para cualquier solicitud posterior relativa a dichas personas procedente de otra OCN (art. 53 RITD).

Interpol cuenta con 18 bases de datos, accesibles a través del panel de mandos del sistema I-24/7, un portal restringido que permite a los funcionarios buscar simultáneamente en sus bases nacionales y en las de Interpol, obteniendo resultados en segundos[719]. Estas bases de datos contienen información de

[719] La información se puede consultar aquí: https://www.interpol.int/es/Como-trabajamos/Bases-de-datos/Nuestras-19-bases-de-datos

todo tipo, como datos identificativos, ADN, huellas dactilares, antecedentes penales o reconocimiento facial, entre otros[720].

Finalmente, si el sospechoso o condenado es localizado en otro Estado, se podrá solicitar su extradición pasiva con la finalidad de que sea juzgado o de que cumpla la condena que tiene impuesta, siempre que se cumpla en resto de requisitos señalados en las leyes específicas de cada país[721].

3. LA GARANTÍA DEL DERECHO A LA PRESUNCIÓN DE INOCENCIA DE LAS PERSONAS PRESUNTA Y COMPROBADAMENTE IMPLICADAS EN HECHOS DELICTIVOS EN LOS INSTRUMENTOS DE COOPERACIÓN POLICIAL

La presunción de inocencia es un principio fundamental en todo proceso judicial. Aparece reconocido en los principales textos internacionales como el art. 11.1 de la DUDH, el art. 6.2 del CEDH, el art. 14.2 del Pacto Internacional de Derechos Civiles y Políticos, el art. 8.2 de la Convención Americana sobre Derechos Humanos o el art. 7, b) de la Carta Africana sobre Derechos Humanos y de los Pueblos. En la UE, está consagrado en el art. 48.2 CDFUE y a nivel nacional, en el art. 24.2 CE.

La presunción de inocencia es uno de los principios cardinales del *ius puniendi* que proclama "que toda persona acusada de una infracción es inocente mientras no se demuestre lo contrario"[722].

---

720 En concreto a través del sistema de reconocimiento facial de Interpol se han logrado identificar a casi 1.500 terroristas, criminales, fugitivos o personas desaparecidas. KOVARI, P.: *op. cit.*, p. 64.

721 En España aparecen recogidos en la Ley 4/1985, de 21 de marzo, de Extradición Pasiva.

722 STC 157/95, de 6 de noviembre de 1995, FJ 2º.

La presunción de inocencia se aplica desde el inicio de la investigación[723] y es válida para cualquier declaración oficial respecto del detenido o imputado que refleje una posibilidad de culpabilidad[724]. Por ello, el lenguaje utilizado reviste una importancia particular[725]. La cláusula comúnmente utilizada es la de "presunto" autor de un acto delictivo, lo que permite hacer una descripción valorativa de los hechos, en sentido inculpatorio o exculpatorio, sin ofrecer argumentos sólidos en ninguno de los casos[726].

Diversas autoridades, no solo jueces, pueden vulnerar este derecho desde las primeras etapas del proceso[727]. En la STEDH *Batiashvili c. Georgia* [728] el TEDH condenó la manipulación de grabaciones telefónicas por parte de las autoridades y su difusión en medios, pese a que posteriormente se conoció la falsedad de las pruebas. Este caso ilustra cómo la presunción de inocencia puede ser comprometida incluso antes de un juicio. De manera similar, en *Y. B. y otros c. Turquía* [729], el TEDH consideró que la organización

---

723 Por ejemplo, la Directiva (UE) 2016/343 del Parlamento Europeo y del Consejo, de 9 de marzo de 2016, por la que se refuerzan en el proceso penal determinados aspectos de la presunción de inocencia y el derecho a estar presente en el juicio menciona en su art. 2 que "Los Estados miembros garantizarán que se presume la inocencia de los sospechosos y acusados hasta que se pruebe su culpabilidad con arreglo a la ley."

724 STEDH (Sección 4.ª), *Gustanovi c. Bulgaria,* 15 de octubre de 2013, §191. Véase asimismo la STEDH (Sección 3.ª) *Lizaso Azconobieta c. España,* de 28 de junio de 2011: violación de la presunción de inocencia del art. 6.2 CEDH con motivo de la rueda de prensa del entonces gobernador civil de Guipúzcoa presentando al demandante (detenido en el marco de una operación policial antiterrorista) como miembro de un comando de ETA y responsable de tres atentados, habiendo sido puesto en libertad y sin cargos dos días después por resolución judicial.

725 OVEJERO PUENTE, A. M.ª (ed.): *Presunción de inocencia y juicios paralelos en el derecho comparado,* Valencia, Tirant Lo Blanch, 2017, p. 31.

726 *Ibidem,* p. 58.

727 STEDH (Sala), *Allenet de Ribermont c. Francia,* 10 de febrero de 1995, §36.

728 STEDH (Sección 5.ª), *Batiashvili c. Georgia,* 10 de octubre de 2019, §§87-97.

729 STEDH (Sección 3.ª), *Y. B. y otros c. Turquía,* 28 de octubre de 2004, §§43-51.

de una rueda de prensa por la policía, donde se fotografió a los sospechosos, junto con declaraciones públicas que prejuzgaban su culpabilidad, violaba la presunción de inocencia.

La Directiva (UE) 2016/343 del Parlamento Europeo y del Consejo, de 9 de marzo de 2016 refuerza este principio, estableciendo que las autoridades públicas y resoluciones judiciales no deben referirse a sospechosos o acusados como culpables hasta que su culpabilidad sea probada legalmente. Sin embargo, permite la divulgación de información estrictamente necesaria[730] y reconoce el papel del periodismo, especialmente en un contexto de avances tecnológicos e inteligencia artificial[731].

Por otro lado, la Directiva 2016/680 destaca la conexión entre la presunción de inocencia y la protección de datos, afirmando en su Considerando 31 que la clasificación de una persona como sospechosa o acusada no excluye la aplicación de este principio[732]. Esto resulta clave para el intercambio de información y la cooperación policial internacional dentro de la UE.

Las interacciones entre la presunción de inocencia y la protección de datos son limitadas, pero relevantes en ciertos instrumentos normativos. El Considerando 23 del Reglamento SIS subraya que la presencia de los datos dactiloscópicos en el lugar del delito no debe considerarse como indicio de alta probabilidad de que esos datos pertenezcan al autor. De hecho, si hay una posible coincidencia con cualquier otra base de datos las autoridades del Es-

---

730 Art. 4 de la Directiva 2016/343.

731 PAUNER CHULVI, "Transparencia algorítmica en los medios de comunicación y las plataformas digitales", *Revista Española de la Transparencia*, n.º 17, 2023, p. 115.

732 Como menciona FERNÁNDEZ GONZÁLEZ, C. M. (coord.): *op. cit.*, p. 204, referido al Sistema Viogén el hecho de que en el fichero se incluya a personas incursas en procedimientos e investigaciones judiciales relacionadas con esos mismos hechos, no indica que dicha inclusión prejuzgue el derecho a la presunción de inocencia, cuestión esta que será dirimida por las Autoridades Judiciales competentes.

tado miembro deben verificar si las huellas realmente pertenecen al sospechoso.

El RIA menciona en su Considerando 42 que, en línea con la presunción de inocencia, las personas físicas deben ser juzgadas únicamente por su comportamiento efectivo. Es decir, nunca deben ser juzgadas por comportamientos predichos por una IA basados en la elaboración de sus perfiles, rasgos o características de su personalidad, sin una valoración humana y sin que exista una sospecha razonable basadas en hechos objetivos.

Finalmente, el art. 52 RITD permite conservar temporalmente los datos de sospechosos o acusados tras la retirada de una solicitud, con fines de consulta policial. Sin embargo, si la persona queda desvinculada de los hechos, estos datos deben eliminarse.

4. EL RECONOCIMIENTO DE LOS DERECHOS DE ACCESO, RECTIFICACIÓN, SUPRESIÓN Y LIMITACIÓN DEL TRATAMIENTO A LAS PERSONAS PRESUNTA Y COMPROBADAMENTE IMPLICADAS EN HECHOS DELICTIVOS

El ejercicio de los derechos de acceso, rectificación, supresión y limitación del tratamiento presenta particularidades en el caso de personas sospechosas, acusadas o condenadas. Las autoridades deben equilibrar estos derechos con otros colectivos e individuales que garanticen las funciones de las fuerzas y cuerpos de seguridad, lo que a menudo genera conflictos con principios como la tutela efectiva o la presunción de inocencia[733].

Por otra parte, si el ejercicio de estos derechos se produce en el contexto de investigaciones y procesos penales, el art. 18 de la Directiva 2016/680 permite que se gestione según el Derecho del Estado miembro. En España, el artículo 26 de la LO 7/2021

733 FERNÁNDEZ GONZÁLEZ, C. M. (coord.): *op. cit.*, p. 194.

establece que su tramitación debe regirse por las normas procesales vigentes y, en su defecto, por lo dispuesto en la propia ley orgánica.

4.1. Derecho a la información y el derecho de acceso

Todo sospechoso o acusado tiene derecho a ser informado sobre la infracción penal que se le atribuye, con un grado de detalle que permita el ejercicio efectivo de los derechos de defensa[734]. La Directiva 2012/13/UE del Parlamento Europeo y del Consejo, de 22 de mayo de 2012, relativa al derecho a la información en los procesos penales, asegura que desde que una persona es sospechosa hasta la conclusión del proceso, debe recibir información sobre sus derechos y las acusaciones en su contra (arts. 1 y 2).

La STS 312/2021, de 7 de abril de 2021[735], establece en su FJ°1 que los acusados y demás partes tienen derecho a acceder al contenido completo de las actuaciones procesales, salvo que estas sean declaradas secretas. Este acceso incluye pruebas de otros procedimientos si afectan la validez de las ya presentadas, pero excluye investigaciones preprocesales no incorporadas al caso. En situaciones excepcionales, cuando existan dudas razonables sobre la validez de una prueba, las partes pueden solicitar su inclusión al juez, quien evaluará su relevancia y necesidad para garantizar el derecho de defensa.

Durante la investigación, el interesado puede solicitar el derecho de acceso a través de la Directiva 2016/680 aplicable también a los instrumentos de cooperación policial como el SIS, VIS o Eurodac[736]. Sin embargo, si la solicitud se realiza

---

734 *Ibidem*, p. 199.

735 STS (Sala 2.ª), n.º 1388/2021 (n.º recurso 10588/2020), de 13 de abril de 2021.

736 Art. 66 del Reglamento SIS II, arts. 37-44 Reglamento VIS y art. 33 Eurodac.

ante Europol, debe seguirse su propio sistema establecido en su reglamento[737]. Este derecho puede ser denegado si pone en peligro los fines de la investigación[738] o si se trata de una mera sospecha sin recorrido procesal alguno. No obstante, si no se aplica ninguna excepción, la policía debe proporcionar una respuesta detallada, indicando los ficheros donde se tratan los datos y presentando la información en lenguaje sencillo[739].

Una dificultad importante es determinar a qué autoridad debe dirigirse el interesado para solicitar acceso, ya que la variedad de instrumentos utilizados por las autoridades puede generar confusión sobre qué organismos están tratando los datos[740]. Además, no siempre está claro si una autoridad nacional está obligada a divulgar información sobre los datos que de esa persona disponen otras bases de datos **a las que tiene acceso.**

En el caso de Europol, aunque la autoridad nacional que remite los datos debe informar al interesado según el art. 14, c) de la Directiva 2016/680, Europol puede tener más información obtenida de otras fuentes. Para obtener acceso completo a estos datos, el interesado debe seguir el procedimiento establecido en el Reglamento de Europol[741].

En España, el Ministerio del Interior ofrece un listado de todas las bases de datos gestionadas por los organismos a su cargo, como la Dirección General de la Policía y la Dirección General de la Guardia Civil. Además, también ofrece en su web oficial información sobre cómo los ciudadanos pueden ejercer

---

737 Arts. 28 a 46 del Reglamento de Europol.

738 FERNÁNDEZ GONZÁLEZ, C. M. (coord.), *op. cit.*, p. 193.

739 CONSULTATIVE COMMITTEE OF THE CONVENTION FOR THE PROTECTION OF INDIVIDUALS WITH REGARD TO AUTOMATIC PROCESSING OF PERSONAL DATA: *Practical guide on the use of personal data in the police sector, op. cit.*, p.7.

740 DIMITROVA, D. y DE HERT, P.: *op. cit.*, p. 125.

741 *Idem.*

los derechos de acceso, rectificación y supresión de datos personales en estas bases.

Es más, los españoles pueden ejercer sus derechos sobre datos que figuren en algunos ficheros y bases de datos de la UE a través de las FFCCS españolas. Por ejemplo, el interesado puede ejercer el derecho de rectificación del SIS través de la Oficina Sirene del Ministerio del Interior. Asimismo, pueden hacerlo respecto a los datos en el VIS ante el Ministerio de Asuntos Exteriores[742].

4.2. Derecho de rectificación y limitación del tratamiento

Un aspecto esencial es la corrección de datos que son incorrectos o su actualización[743]. Si los datos deben ser corregidos, las autoridades competentes deben ser informadas de los cambios. Todos los cambios propuestos deben estar apoyados en evidencias que los respalden.

En el caso *Rotaru c. Rumanía* se constató una injerencia en la vida privada de un sujeto, debido a la recopilación a lo largo de los años de numerosos datos, alguno de los cuales se declararon falsos y no fueron rectificados por las autoridades[744]. De manera similar, en el caso *Cemalettin Canli c. Turquía,* se determinó que, entre la información recopilada sobre las presuntas actividades ilícitas del demandante, había datos falsos e incompletos[745].

---

742 Se puede consultar el ejercicio de los derechos para SIS y VIS aquí: https://www.aepd.es/derechos-y-deberes/conoce-tus-derechos/derechos-schengen-y-marco-de-privacidad-ue-ee.uu

743 CONSULTATIVE COMMITTEE OF THE CONVENTION FOR THE PROTECTION OF INDIVIDUALS WITH REGARD TO AUTOMATIC PROCESSING OF PERSONAL DATA: *Practical guide on the use of personal data in the police sector, op. cit.*, p. 7.

744 STEDH, *Rotaru c. Rumanía,* §46.

745 STEDH, *Cemalettin Canli c. Turquía,* §42.

4.3. El derecho de supresión

Este derecho puede abordarse desde dos enfoques. El primero se refiere a la eliminación de los datos de personas sospechosas, acusadas o condenadas de los ficheros policiales, regulada en la Directiva 2016/680. El segundo se enfoca en la supresión de referencias en los medios de comunicación, especialmente en redes sociales, regida por el RGPD.

Respecto al primer enfoque, como se mencionó en el derecho de acceso, los interesados a menudo tienen dificultades para identificar qué autoridades están tratando sus datos. En la mayoría de los casos, el ejercicio del derecho de acceso es un paso previo para solicitar el resto de los derechos[746], salvo que el interesado ya sepa que sus datos están siendo tratados, como en el caso de los antecedentes policiales[747].

El tratamiento de los datos de antecedentes policiales[748] se encuadra dentro del ámbito de aplicación de la LO 7/2021[749]. Estos datos pueden encontrarse en el fichero PERPOL de la Policía Nacional o en el INTPOL de la Guardia Civil.

En el caso del fichero PERPOL, solamente se permite el ejercicio de los derechos de acceso y supresión a través de dos procedimientos diferenciados para cada uno de ellos. Los procedimientos son de carácter personalísimo e independiente, de manera que el ejercicio de uno no es requisito para el ejercicio del otro. Al presentar la solicitud, el interesado debe puntualizar qué antecedente policial desea suprimir y aportar el certificado judicial

---

746 CONSULTATIVE COMMITTEE OF THE CONVENTION FOR THE PROTECTION OF INDIVIDUALS WITH REGARD TO AUTOMATIC PROCESSING OF PERSONAL DATA: *Practical guide on the use of personal data in the police sector*, *op. cit.*, p. 6.

747 Los antecedentes personales son un dato personal cuyo tratamiento recae en la Directiva 2016/680 y en la LO 7/2021.

748 No confundir con los antecedentes penales que son los que se derivan de la existencia de una condena penal firme.

749 *Ibidem*, p. 204.

o administrativo que justifique la cancelación[750]. Con respecto a INTPOL de la Guardia Civil, se permite el ejercicio de los derechos de acceso, supresión o limitación a través de tres procedimientos diferentes que son personalísimos e independientes entre sí.

Por otra parte, para ejercer los derechos de acceso, rectificación, supresión o limitación del tratamiento de VioGén se utilizará el "Formulario de ejercicio de los derechos de protección de datos de carácter personal para VioGén"[751]. En caso de solicitar la supresión de datos, el interesado adjuntará una fotocopia compulsada del auto o sentencia en el que figure, con toda precisión, la causa que justifica la solicitud de cancelación. Este documento también deberá acreditar la firmeza de las resoluciones y proporcionar detalles sobre la terminación del procedimiento, es decir, si ha finalizado por sentencia absolutoria, archivo, sobreseimiento o ejecutoria de cumplimiento de condena.

En cuanto al segundo enfoque, en la red no hay "amnesia"[752]. El derecho al olvido digital establece límites a la permanencia de la información en línea[753]. La STJUE *Google Spain* reconoció al buscador como responsable del tratamiento y garantizó el derecho al olvido mediante la desindexación de la información[754], in-

---

750 Información extraída de la página web oficial de la Policía Nacional: https://sede.policia.gob.es/portalCiudadano/_es/tramites_ciudadania_antecedentespoliciales_derechosupresion.php

751 Información extraída de la página web oficial del Ministerio del Interior: https://www.interior.gob.es/opencms/es/servicios-al-ciudadano/participacion-ciudadana/proteccion-de-datos-personales/tutela-de-los-derechos/

752 JIMÉNEZ-CASTELLANOS BALLESTEROS, I.: *op. cit.*, p. 271.

753 MIERES MIERES, L. J.: *El derecho al olvido digital*, Fundación Alternativas, 2024, p. 3.

754 VILASAU SOLANA, M.: "El caso Google Spain: la afirmación del buscador como responsable del tratamiento y el reconocimiento del derecho al olvido (análisis de la STJUE de 13 de mayo de 2014)", *Revista de Internet, Derecho y Política*, 2014, pp. 16-32.

cluso si la publicación en sí misma es lícita[755]. Además, la STJUE en *Google c. CNIL* [756], estableció que este derecho se aplicaría incluso si el motor de búsqueda o agregador de contenidos está ubicado en un tercer Estado, siempre que actúe a través de un agente en la UE[757].

La STEDH *M. L. y W. W. c. Alemania*[758], planteó si era posible aplicar el derecho al olvido frente a la prensa digital y si debía aplicarse a noticias antiguas[759]. El TEDH concluyó que, a pesar del tiempo transcurrido, las noticias seguían contribuyendo al debate público dada la gravedad de los hechos y la notoriedad de la víctima[760].

El Tribunal Constitucional español se pronunció sobre un caso similar en la Sentencia 58/2018, de 4 de junio de 2018, relacionado con una noticia publicada en 1985 sobre un delito de tráfico de drogas. El TC determinó que, aunque se había vulnerado el derecho a la protección de datos, la noticia debía ser desindexada, no eliminada, dado su valor histórico y el papel de las hemerotecas digitales[761]. Este principio se apoya en la falta de relevancia pública de los sujetos y la falta de relevancia del delito cometido.

---

755 STJUE, *Google Spain S.L., Google Inc. y AEPD,* apartado 88.

756 STJUE de la Unión Europea (Gran Sala) de 24 de septiembre de 2019, *Google c. CNIL,* C-507/17, apartado 51.

757 Se puede consultar aquí: https://www.cuatrecasas.com/es/spain/propiedad-intelectual/art/a-vueltas-derecho-olvido-busquedas-internet

758 STEDH (Sección 5.ª), *M. L. y W. W. c. Alemania,* de 28 de junio de 2018.

759 MARTÍNEZ MARTÍNEZ, N.: "El conflicto entre el derecho al olvido y a la libertad de información de la prensa contenida en las hemerotecas", *Derecho Privado y Constitución,* n.º 34, 2019, p. 54.

760 STEDH *M. L. y W. W. c. Alemania,* 2018, §105.

761 MARTÍNEZ MARTÍNEZ, N.: *op. cit.,* pp. 55-59.

En casos como el de José Diego Yllanes, condenado por el asesinato de Nagore Laffage, la Audiencia Nacional desestimó la solicitud de retirar noticias, priorizando el derecho a la información[762].

En contraste, la STS 1280/2016[763] concedió el derecho al olvido de los datos personales vinculados con la concesión de un indulto en un buscador de Internet, considerando que había transcurrido un plazo razonable desde su concesión. Por su parte, el TEDH en el asunto *Hurbain c. Bélgica* [764] también validó la anonimización de un artículo antiguo, argumentando que la falta de relevancia actual justificaba la medida[765].

El derecho al olvido tampoco aplica cuando la persona es finalmente declarada inocente. Esto fue abordado en la STS 3797/2017[766], donde se negó el derecho al olvido a un hombre absuelto de doble asesinato porque la información era veraz y no se citaba su nombre directamente[767].

---

762 Sentencia de la Audiencia Nacional (Sala de lo contencioso, Sección 1.ª), n.º1211/2024 (n.º recurso 2301/2021), 6 de febrero de 2024.

763 STS (Sala 1.ª, Sección 991), n.º 1280/2016 (n.º recurso 3269/2014), 5 de abril de 2016.

764 STEDH (Sección 3.ª), *Hurbain c. Bélgica,* 22 de junio de 2021.

765 Press Realease ECHR 208 (2023) 04.07.2023. Se puede consultar aquí: https://hudoc.echr.coe.int/eng#{%22itemid%22:[%22001-225814%22]}

766 STS (Sala 1.ª, Sección 1.ª), n.º 3797/2017 (n.º recurso 156/2016), 20 de noviembre de 2017.

767 En esta misma línea se encuentran la STS (Sala 1.ª, Sección 1.ª), n.º 1 4521/1995 (n.º recurso 266/1988), 31 de julio de 1995; STS (Sala 1.ª, Sección 1.ª), n.º 1 4971/2004 (n.º recurso 2692/1999), 8 de julio de 2004; STS (Sala 1.ª, Sección 1.ª), n.º 6655/2008 (n.º recurso 2906/2003), 2 de diciembre de 2008; STS (Sala 1.ª, Sección 1.ª), n.º 598/2009 (n.º recurso 1331/2005), 12 de febrero de 2009; STS (Sala 1.ª, Sección 1.ª), n.º 5812/2010 (n.º recurso 1516/2007), 13 de septiembre de 2010. Y en sentencias posteriores como la STS (Sala 1.ª, Sección 1.ª), n.º 591/2018 (n.º recurso 3492/2017), 23 de octubre de 2018 y la STS (Sala 1.ª, Sección 1.ª), n.º 25/2021 (n.º recurso 523/2018), 25 de enero de 2021.

4.4. El derecho a la limitación del tratamiento

El art. 16.3 Directiva 2016/680 y el art. 23.3 LO 7/2021 conceden la posibilidad de que, en lugar de proceder a la supresión de los datos personales, el responsable del tratamiento opte por la limitación cuando: a) el interesado ponga en duda la exactitud de los datos personales y no pueda determinarse la exactitud o inexactitud, o b) los datos personales hayan de conservarse a efectos probatorios. En el primer caso, el responsable debe informar al interesado antes de levantar la limitación

La limitación del tratamiento puede aplicarse, por ejemplo, cuando los sistemas de reconocimiento facial no ofrecen resultados concluyentes[768] o cuando la coincidencia de datos biométricos como ADN o huellas dactilares no es definitiva.

El Considerando 47 de la Directiva 2016/680 aporta más información sobre los casos en los que es pertinente reconocer este derecho, indicando que el tratamiento debe limitarse si, en un caso concreto, hay razones justificadas para suponer que la supresión podría perjudicar los intereses legítimos del interesado. Una vez implementada esta restricción, los datos solo podrán tratarse para los fines que impidieron su supresión.

Entre los métodos para limitar el tratamiento de datos personales se encuentran el traslado de los datos seleccionados a otro sistema de tratamiento, como, por ejemplo, a efectos de archivo, o impedir el acceso a los datos seleccionados[769].

El derecho de limitación del tratamiento no se prevé explícitamente en el art. 16.3 Directiva 2016/680 como un derecho independiente del derecho a la supresión[770]. Por este motivo, el

---

[768] DIMITROVA, D.: "Article 16 Right to Rectification or Erasure of Personal Data and Restriction of Processing", en KOSTA, E. y BOEHM, F. (dir.): *The EU Law Enforcement Directive (LED): A Commentary*, 2024, p. 304.

[769] Considerando 47 de la Directiva 2016/680.

[770] GT29, *Dictamen sobre algunas cuestiones fundamentales de la Directiva…*, *cit.*, p. 23.

GT29 animó a los Estados miembros a reconocer este derecho para los interesados en su legislación nacional, tanto como corolario del derecho de supresión como un derecho independiente[771].

Aunque el art. 23.3 LO 7/2021 reproduce el contenido de la Directiva, en la práctica, el interesado puede ejercer el derecho de limitación del tratamiento de manera autónoma, al igual que los derechos de acceso, rectificación o supresión.

771 *Idem.*

Capítulo VI.

Derechos y obligaciones de los agentes policiales: especial referencia a la formación

1. LA IMPORTANCIA DE LA FORMACIÓN EN EL CONTEXTO DE LA COOPERACIÓN POLICIAL

El buen funcionamiento de los sistemas de protección de datos en el ámbito policial depende en gran medida de las autoridades encargadas de garantizar los derechos y libertades, desempeñando un rol preventivo a través de la formación. Estas autoridades son las principales emisoras y receptoras de los datos personales de los implicados en hechos penales. Con esta filosofía, y tras referirse a las normas nacionales e internacionales (incluso de *soft law*, como el *Código de Conducta para funcionarios encargados de hacer cumplir la ley* aprobado por la Asamblea General de Naciones Unidas mediante la Resolución 34/169 de 1979, o la *Declaración sobre la Policía* aprobada mediante Resolución 690 de 1979 de la Asamblea Parlamentaria del Consejo de Europa), ha subrayado RIDAURA MARTÍNEZ que "los propios ordenamientos constitucionales y las exigencias derivadas de las organizaciones internacionales y supranacionales imprimirán un carácter garantista a las fuerzas policiales, configurándolas como instrumentos de garantía de los derechos y sujetando su actuación a límites dirigidos a evitar y controlar el abuso y la arbitrariedad"[772].

Esta vasta infraestructura de bases de datos (SIS, VIS, Eurodac, ECRIS-TCN, Prüm II) y de agencias (Europol, Interpol, etc.),

---

772 RIDAURA MARTÍNEZ, M. J.: *Seguridad privada y derechos fundamentales*, Valencia, Tirant lo Blanch, 2015, p. 19.

requiere un gran número de expertos en el desarrollo de sistemas informáticos. Estos expertos deben trabajar estrechamente con las autoridades policiales, que son los usuarios finales de esta tecnología[773]. Asimismo, es necesario que las autoridades policiales cuenten con formación actualizada sobre las nuevas tecnologías, con el fin de maximizar los beneficios de su uso, minimizando al mismo tiempo cualquier riesgo para los derechos fundamentales.

Esto plantea varios retos a nivel lingüístico e intersectorial, ya que la manera en la que trabajan las autoridades policiales varía de un país a otro e incluso dentro del mismo Estado[774].

1.1. La importancia de la formación en protección de datos en la cooperación policial

1.1.1. Formación de las autoridades policiales españolas

Para proteger los datos personales en el ámbito policial, es esencial promover la formación y la concienciación de las FFCCS para asegurar que se adapten de manera homogénea a las necesidades de una "sociedad de datos"[775]. Esta formación debe ser promovida tanto a nivel nacional como por la UE. En este contexto, el Comité Europeo de Protección de Datos promoverá programas de formación comunes y facilitará el intercambio de personal entre las autoridades de control, extendiendo este enfoque a terceros países u organizaciones internacionales cuando sea necesario[776].

---

773 BLASI CASAGRÁN, C.: "Fundamental Rights Implications of Interconnecting Migration and Policing Databases in the EU", *op. cit.*, p. 442.

774 *Idem.*

775 FERNÁNDEZ GONZÁLEZ, C. M. (coord.): *Estudio sobre el sistema de protección de datos personales con finalidad de prevención, detección e investigación policial de infracciones penales*, Ministerio del Interior, 2022, p. 10.

776 Art. 51 de la Directiva 2016/680.

En España, la Dirección General de Coordinación y Estudios del Ministerio del Interior, es el órgano encargado de desarrollar acciones formativas comunes para los miembros de las FFCCS[777]. Además, este órgano alberga la figura del delegado de Protección de Datos del Ministerio del Interior[778]. Las FFCCS, en su calidad de responsables del tratamiento de datos personales, designarán a una persona para que le asista en la supervisión del cumplimiento interno de las disposiciones adoptadas en virtud de la Directiva 2016/680. Esta persona puede ser un miembro de la Policía Nacional o de la Guardia Civil que haya recibido una formación especializada en protección de datos[779]. El nivel de conocimientos especializados se determinará en función del tipo de tratamiento de datos realizado y de los requisitos de protección exigidos para los datos personales objeto de tratamiento[780].

Asimismo, las FFCCS tienen la obligación de designar un delegado de protección de datos[781], cuya función principal es supervisar el cumplimiento de la Directiva 2016/680, así como otras normativas de protección de datos de la Unión Europea y los Estados miembros. Esto abarca la asignación de responsabilidades, la concienciación y formación del personal que participa en las operaciones de tratamiento y la realización de las auditorías correspondientes[782].

En la Policía Nacional, el Gabinete Técnico incluye un Área Jurídica encargada de gestionar proyectos normativos relacionados con la Dirección General de la Policía y ofrecer apoyo jurídico en otras normativas. Dentro de este departamento se encuentra la Oficina Central de Protección de Datos, dirigida por el Delegado

---

777 Art. 6 del RD 207/2024.

778 Art. 6.1, 20º RD 207/2024.

779 Considerando 63 de la Directiva 2016/680.

780 *Idem.*

781 Art. 32.1 de la Directiva 2016/680.

782 Art. 34, b) de la Directiva 2016/680 y art. 42 de la LO 7/2021.

de Protección de Datos. Este será el encargado de coordinar y supervisar la política de protección de datos en cumplimiento de la normativa aplicable y será el punto de contacto de la AEPD[783].

1.1.2. Las referencias a la importancia de la formación en protección de datos en las bases de datos, agencias y organismos de la Unión Europea

El Reglamento SIS establece la necesidad de reformar el funcionamiento de las oficinas Sirene para garantizar la eficiencia del intercambio de información complementaria. Para esto se debe detallar los requisitos sobre recursos disponibles, formación de los usuarios y tiempos de respuesta a las consultas recibidas de otras oficinas Sirene[784].

El art. 14 del Reglamento SIS especifica que el personal con acceso al sistema debe recibir formación adecuada antes de ser autorizado a tratar datos personales y deberá actualizarse periódicamente. Esta formación abarcará aspectos claves como la seguridad de los datos, derechos fundamentales, la protección de datos y normas y procedimientos del Manual Sirene. Además, el personal será informado sobre la responsabilidad por la utilización indebida del SIS.

Según la Decisión de ejecución del Manual Sirene[785], el personal de los Servicios Nacionales debe tener los conocimientos

---

783 Art. 16.3, c) de la Orden INT/859/2023, de 21 de julio, por la que se desarrolla la estructura orgánica y funciones de los servicios centrales y territoriales de la Dirección General de la Policía.

784 Considerando 10 del Reglamento SIS II.

785 Decisión de Ejecución (UE) 2017/1528 de la Comisión, de 31 de agosto de 2017, por la que se sustituye el anexo de la Decisión de Ejecución 2013/115/UE relativa al Manual SIRENE y otras medidas de ejecución para el Sistema de Información de Schengen de segunda generación (SIS II) [notificada con el número C(2017) 5893] (en adelante, Decisión de ejecución del Manual SIRENE).

necesarios sobre cuestiones jurídicas nacionales, europeas e internacionales; los servicios con funciones coercitivas del Estado; y los sistemas judiciales y de inmigración nacionales y europeos. Además, el personal de servicio fuera de horario debe contar con las mismas competencias y responsabilidades que el personal habitual, con acceso a expertos si es necesario.

Los EEMM deben contar con un programa nacional de formación sobre el SIS que incluya la capacitación destinada a los usuarios finales y al personal de oficinas. Este programa podrá integrarse dentro de otro más amplio de ámbito nacional. Con este objetivo, las oficinas Sirene deben participar activamente en la elaboración de programas de formación y en la organización de intercambios anuales de personal con otras oficinas Sirene, siempre que sea posible. Asimismo, se organizarán cursos de formación comunes para los EEMM, al menos una vez al año. Estos cursos tendrán como objetivo intercambiar información sobre métodos de trabajo nacionales y la creación de un corpus de conocimientos homogéneo y coherente. Para garantizar una formación continua y evitar la pérdida de capacidades y experiencia debido a la rotación del personal, se recomienda a los EEMM implementar las medidas necesarias.

El Reglamento de Eurodac, indica que todas las autoridades con derecho de acceso a este sistema deben invertir en formación adecuada y en reunir el equipo técnico necesario (Considerando 19). Por su parte, el Reglamento VIS estipula que un sujeto no puede ser autorizado para tratar los datos almacenados en su base de datos a menos que haya recibido la formación adecuada sobre normas de seguridad y protección de datos y esté informado de los delitos y sanciones penales pertinentes (art. 28.5). Es por ello que, para garantizar el acceso, cada organismo nacional debe demostrar experiencia en la gestión de sistemas de información de gran escala y contar con personal suficiente y capacitado, tanto en habilidades profesionales como lingüísticas, para trabajar en cooperación internacional (art. 26.5).

En el Reglamento Prüm II, se prevé proporcionar al personal autorizado de las autoridades competentes de los EEMM, autoridades de control y Europol, la formación adecuada, que incluya aspectos de protección de datos y revisión de coincidencias (art. 63). Europol se encargará de impartir la formación sobre el uso técnico del EPRIS (art. 65.6), mientras que eu-LISA se encargará de la formación sobre la utilización técnica del enrutador (art. 67.3).

Europol facilita formación especializada y ayuda a los EEMM a organizarla, incluso mediante el apoyo financiero, dentro de los recursos presupuestarios y de personal disponibles. Esto se realiza en coordinación con la Agencia de la Unión Europea para la Formación Policial (CEPOL)[786]. Sumado a lo anterior, su reglamento contempla la posibilidad de conceder subvenciones para facilitar instalaciones de formación[787], así como que su responsable de protección de datos asuma la cooperación con el personal encargado de los procedimientos, la formación y el asesoramiento en materia de tratamiento de datos[788].

El papel de eu-LISA también es destacado en el Reglamento 2019/818, ya que se encargará de las funciones relacionadas con la formación sobre el uso técnico de los componentes de interoperabilidad, de conformidad con el Reglamento (UE) n.º 1077/2011. Las autoridades nacionales y las agencias de la Unión deben proporcionar a su personal las herramientas necesarias para usar los datos de interoperabilidad y ofrecer formación en seguridad de datos, protección de datos, y procedimientos de tratamiento.

Cuando corresponda, se organizarán cursos comunes dentro de la UE para reforzar la cooperación y el intercambio de mejores prácticas, con un enfoque particular en la detección de identida-

---

786 Art. 4.1, i) del Reglamento Europol.

787 Considerando 63 del Reglamento Europol.

788 Art. 41.5, d) del Reglamento Europol

des múltiples y la verificación manual, garantizando siempre el respeto a los derechos fundamentales[789].

Ante las diversas fuentes de información, el Consejo de la UE creó un "Manual para el intercambio de información en el ámbito policial", que contiene una visión general de todos los sistemas, bases jurídicas e instrumentos de intercambio de información de la UE, a disposición de las autoridades policiales de los Estados miembros. De este modo, las autoridades policiales quedan plenamente informadas de las posibilidades de que disponen a la hora de decidir cómo solicitar o facilitar información de un Estado a otro[790]. A través de este Manual se persigue "facilitar la cooperación cotidiana" dentro del complejo marco de instrumentos de consulta en el contexto de la cooperación transfronteriza[791].

En la UE, dos organismos clave para la formación policial son la Agencia de la Unión Europea para la Formación Policial (CEPOL) y la Escuela Europea de Seguridad y Defensa (EESD).

CEPOL, creada en 2005, organiza cursos de formación para las fuerzas de seguridad de los Estados miembros, promoviendo la cooperación y el respeto de los derechos fundamentales. En España, la Dirección General de Coordinación y Estudios del Ministerio del Interior actúa como su enlace[792].

CEPOL reúne a una extensa red de institutos de formación para los agentes de las fuerzas y cuerpos de seguridad de cada país de la UE y les ayuda a proporcionar formación de vanguardia sobre las prioridades en materia de seguridad, cooperación e intercambio de información. La Agencia también colabora con los distintos organismos de la UE, organizaciones internacionales y países no pertenecientes a la Unión[793].

---

789 Art. 72 del Reglamento 2019/818.

790 Consejo de la Unión Europea, 9364/19, p. 2.

791 *Idem*, p. 11.

792 Art. 6.1 del RD 207/2024.

793 MOLINA DEL POZO, C. F.: *Instituciones, órganos y organismos de la Unión Europea*, Valencia, Tirant lo Blanch, 2023, p. 197.

La EESD, también establecida en 2005, se encarga de formar a personal civil y militar en políticas de seguridad y defensa de la UE, trabajando estrechamente con CEPOL y Europol. Está regulada por la Decisión (PESC) 2020/1515 del Consejo y coordina actividades educativas y de formación a nivel europeo.

1.1.3. La importancia de la formación en materia de protección de datos en las bases de datos, agencias y organismos internacionales

La FRA considera que la capacitación es el paso más significativo para configurar una acción policial más eficaz y profesional. Esta formación habilitará a los agentes de policía a cumplir sus funciones en el ámbito de la libertad, seguridad y justicia[794]. Con este objetivo la FRA elaboró en 2016 el *Manual de formación de la policía basada en los derechos fundamentales* en estrecha colaboración con la Asociación de Academias de Policía Europeas, CEPOL y sus redes de academias nacionales de policía[795], destinado a todos los países de Europa[796].

En el ámbito internacional destaca la labor de Interpol en formación y coordinación de sus Estados parte. El art. 117 RITD contempla que cada OCN, entidad nacional y entidad internacional designará a uno o varios funcionarios encargados de la seguridad en su país u organización internacional respecto al Sistema de Información de Interpol. Concretamente, estos funcionarios velarán por la formación continua en seguridad de los datos para su personal.

A nivel interno, el Secretario General de Interpol tras consultar al Comité Ejecutivo y a la Comisión de Control de los Ficheros,

---

794 FUNDAMENTAL RIGHTS AGENCY (FRA): *Formación de las fuerzas de seguridad del estado basada en los derechos fundamentales: Manual para formadores de las fuerzas de seguridad del estado,* 2016, p. 3.

795 *Idem.*

796 *Ibidem,* p. 13.

debe designar a un funcionario encargado de la protección de datos. El funcionario de Interpol que desempeñe esta labor deberá mediar, colaborar y garantizar la coordinación con todos los funcionarios encargados de la protección de datos, por ejemplo, con la impartición de formación y concienciación. Lo mismo hará para el personal de la Secretaría General (art. 121 A.1 y 4, c) y e) RITD). Del mismo modo, será necesaria la transmisión de directrices de protección de datos a los funcionarios encargados de ella en los países miembros[797].

La Secretaría General de Interpol supervisa la actividad de las OCN a través del informe anual que deben presentarle sobre las verificaciones realizadas, los incidentes, las actividades de formación del personal y las nuevas medidas adoptadas para cumplir las obligaciones que figuran en el reglamento (art. 123.3 RITD). En caso de incumplimiento, la Secretaría puede aplicar medidas correctivas y hacer recomendaciones para resolver problemas, especialmente en formación y procedimientos de trabajo (art. 131 RITD).

Actualmente Interpol ofrece formación digital a los funcionarios de las fuerzas del orden de los países miembros a través de la Academia Virtual. Los cursos versan sobre las capacidades policiales de Interpol, los delitos transnacionales y las habilidades profesionales policiales. Entre las modalidades de formación destaca el portal *I-Le@rn* con numerosos cursos[798]. La Academia Virtual

---

797 Este interés se refleja en la reunión en el Complejo Mundial de Interpol el 5 y 6 de junio de 2023 en Singapur, en la que se debatió sobre el crecimiento de los volúmenes y las fuentes de datos y sobre el consiguiente incremento de las vulnerabilidades por el uso y tratamiento indebidos de datos.
La noticia se puede consultar aquí: https://www.interpol.int/es/Noticias-y-acontecimientos/Noticias/2023/La-privacidad-en-la-cooperacion-policial-innovadora-tema-central-de-la-conferencia-de-INTERPOL-para-funcionarios-encargados-de-la-proteccion-de-datos

798 Información extraída del portal web de Interpol. Se puede consultar aquí: https://www.interpol.int/es/Como-trabajamos/Desarrollo-de-capacidades/Academia-virtual

de Interpol también permite el acceso a dos plataformas más: la Escuela Internacional de Investigadores de Delitos contra la Propiedad Intelectual y el Centro Global de Conocimientos de Interpol[799].

Además, Interpol ofrece formación presencial mediante su red de oficinas nacionales e internacionales, destacando el Programa de Interpol sobre Capacidades Policiales que se imparte todos los años en todas las regiones geográficas y en los cuatro idiomas oficiales. El curso es altamente interactivo y ofrece ejercicios prácticos y de resolución de problemas y casos concretos[800].

Todo lo anterior se alinea con lo establecido por el organismo internacional en su "Análisis perspectivo del futuro (s) de la policía: primeros pasos hacia un paradigma global", donde prevé que en las próximas décadas la formación académica básica policial podría comenzar a ofrecerse en línea[801].

1.2. La adaptación y formación constante del personal policial ante los avances tecnológicos

En un mundo donde la innovación tecnológica avanza extraordinariamente, las autoridades policiales deben adaptarse continuamente para implementar nuevas herramientas y conocer a la perfección las implicaciones de su utilización. Para lograrlo es necesario que, además de recibir una formación inicial, los funcionarios en los distintos países y organismos de

---

799 *Idem.*

800 Información extraída del portal web de Interpol. Se puede consultar aquí: https://www.interpol.int/es/Como-trabajamos/Desarrollo-de-capacidades/Formacion-para-las-OCN-y-los-servicios-policiales

801 INTERPOL: *Análisis perspectivo del futuro (s) de la policía: primeros pasos hacia un paradigma global*, marzo de 2022, p. 27.

cooperación policial reciban una formación permanente y actualizada[802].

Esta formación debe abarcar nuevas tecnologías clave, como la inteligencia artificial, el análisis de datos masivos, la ciberseguridad y las comunicaciones en tiempo real, para mejorar la eficacia operativa. Además, debe incluir actualizaciones sobre herramientas ya existentes, como la reciente transición del SIS II al SIS-RECAST[803].

Como destaca Interpol, la transformación digital es un imperativo para las organizaciones en los próximos años[804]. Sin embargo, esto no disminuye la importancia del desarrollo y la capacitación continua. Las academias de policía y los centros de formación deberán adaptar sus planes de estudios para garantizar que los funcionarios adquieran una formación tecnológica mínima y básica así como una capacitación especializada acorde con el puesto de trabajo que desempeñen[805].

La adaptación tecnológica mejora la detección y prevención del crimen, facilita la cooperación policial multinivel al simplificar y agilizar los procedimientos e incrementa la eficacia operativa al proteger la integridad física de los agentes mediante el uso de robots y drones en situaciones peligrosas. Por último, esta adaptación permite responder a nuevas amenazas virtuales, asegurando tanto la capacidad de enfrentarse a los desafíos a nivel policial como la seguridad de los datos[806].

---

802 El art. 6.2 de la LOFCS señala que la formación tendrá carácter profesional y permanente.

803 El 7 de marzo de 2023 entró en funcionamiento el SIS-RECAST en sustitución del SIS II, incluyendo una serie de mejoras para la seguridad. Se puede acceder a la información aquí: https://www.interior.gob.es/opencms/eu/servicios-al-ciudadano/tramites-y-gestiones/extranjeria/acuerdo-de-schengen/sistema-de-informacion-schengen/

804 INTERPOL: *op. cit.*, p. 22.

805 INTERPOL: *op. cit.*, p. 27.

806 *Ibidem*, p. 25.

Sin embargo, es posible que algunos miembros del personal muestren resistencia al cambio debido a la comodidad con los métodos tradicionales, la falta de habilidades tecnológicas o como un factor que potencialmente creará problemas y limitaciones para la vigilancia policial[807]. Consciente de estas implicaciones, Interpol y UNICRI publicaron el "Manual para la innovación en inteligencia artificial responsable", una guía práctica para que los organismos policiales desarrollen y apliquen la IA de manera responsable, dentro del respeto de los derechos humanos y los principios éticos[808].

A pesar de la irrupción de las nuevas tecnologías, el papel de los agentes sigue siendo crucial no solo en la aplicación de las mismas, sino también en la verificación de su implementación. La acción y supervisión humanas en la aplicación de instrumentos de IA es esencial para prevenir los riesgos que su utilización puede tener sobre la protección de derechos fundamentales, como la intimidad y los datos personales[809].

---

807 NEIVA, L., GRANJA, R. y MACHADO, H.: "Big Data applied to criminal investigations: expectations of professionals of police cooperation in the European Union", *Policing and Society*, n.º 32:10, p. 1169.

808 Se puede consultar toda la información aquí: https://www.interpol.int/es/Noticias-y-acontecimientos/Noticias/2024/Inteligencia-artificial-responsable-revision-del-manual-para-las-fuerzas-del-orden

809 Como se puede observar en GRUPO INDEPENDIENTE DE EXPERTOS DE ALTO NIVEL SOBRE INTELIGENCIA ARTIFICIAL: *Directrices éticas para una IA fiable*, 10.05.2019, p. 3; EUROPEAN PARLIAMENT: *Artificial intelligence in criminal law and its use by the police and judicial authorities in criminal matters*, 2020/2016 (INI) y COMMITTEE ON LEGAL AFFAIRS AND HUMAN RIGHTS: *Justice by algorithm – the role of artificial intelligence in policing and criminal justice systems:* Resolución 2342, 2020.

2. LA IMPORTANCIA DEL LENGUAJE EN LOS INTERCAMBIOS DE INFORMACIÓN EN LA COOPERACIÓN POLICIAL

2.1. El multilingüismo en la Unión Europea y su efecto en la cooperación policial

La calidad de la formación policial debe reflejarse en los distintos mecanismos de cooperación y en las comunicaciones entre los actores. La formación uniforme es crucial, ya que elimina comprensiones particulares que pueden surgir en la traducción de la normativa europea o durante su trasposición.

Sin embargo, debido a que la UE es la única organización supranacional que incorpora todas las lenguas oficiales de sus EEMM — 24, actualmente[810] —se han originado problemas de traducción y comprensión[811]. Si bien la normativa aprobada UE se traducirá a todas las lenguas oficiales, KOSKINEN señala que, en ocasiones, con el fin de realizar las traducciones lo más rápido posible y "probar su igualdad lingüística", el proceso se vuelve mecánico, lo que limita la precisión y la coordinación entre traductores y redactores[812].

La CDFUE también consagra el derecho a utilizar la multiplicidad lingüística dentro de la UE, ya que en su art. 41.4 garantiza que cualquier persona pueda dirigirse a sus instituciones en cualquiera de las lenguas oficiales, con respuesta en la misma lengua.

---

810 Se puede encontrar aquí toda la información: https://european-union.europa.eu/principles-countries-history/languages_es#:~:text=La%20UE%20tiene%2024%20lenguas,el%20rumano%20y%20el%20sueco.

811 GUGGEIS, M.: "Multilingualism in the European Union Decision-Making Process", en RUGGIERI, F. (ed.): *Criminal Proceedings, Languages and the European Union: Linguistic and Legal Issues*, Heidelberg, Springer, 2014, p. 45.

812 KOSKINEN, K.: "Institutional illusions: Translating in the EU Commission", *The Translator*, n.º 6(1), p. 51.

Este derecho también se incorporó como Derecho primario de la UE mediante el Tratado de Ámsterdam.

Como resultado de la diversidad lingüística existente en la UE, se adoptó el Reglamento n.º 1[813], que fijó el régimen lingüístico de la entonces Comunidad Económica Europea. Desde su creación, ha sido modificado para incluir las lenguas oficiales de los nuevos Estados miembros. El reglamento establece que los textos enviados a las instituciones de la UE pueden redactarse en cualquiera de las lenguas oficiales, y la respuesta se proporcionará en la misma lengua. Además, los reglamentos y documentos de alcance general se publican en todas las lenguas oficiales y el Diario Oficial de la UE se distribuye de la misma manera.

El multilingüismo y la traducción legal son fundamentales para la construcción del área de libertad, seguridad y justicia dentro de la UE en la cooperación "horizontal" y en la cooperación transnacional, como es el caso de Europol o Eurojust, que están interconectados con Interpol[814]. Cualquier imprecisión o traducción inadecuada puede perjudicar severamente los derechos fundamentales de los ciudadanos de la UE o de terceros países[815].

La solución a los problemas de interpretación fue abordada por la STJUE *Regina c. Pierre Bouchereau* del siguiente modo: "Las diversas versiones lingüísticas de un texto comunitario deben de tener una interpretación uniforme y en caso de divergencia entre las versiones, las previsiones en cuestión deben ser interpretadas en referencia con la finalidad y el esquema general de reglas de

---

813 El Reglamento n.º 1 por el que se fija el régimen lingüístico de la Comunidad Económica Europea fue adoptado el 6 de octubre de 1958.

814 TIBERI, J.: "Multilingualism and Legal Translation of the Sources of Law of the European Union: The Implications for Criminal Law of the New Post-Lisbon Treaty Area of Freedom Security", en RUGGIERI, F. (ed.): *Criminal Proceedings, Languages and the European Union: Linguistic and Legal Issues,* Heidelberg, Springer, 2014, p. 7.

815 *Ibidem,* p. 8.

las que forma parte"[816]. Esa alusión a la "interpretación uniforme" da como resultado que en la UE se prefieran ciertas lenguas sobre otras, como se observa en el procedimiento legislativo ordinario que fundamentalmente utiliza el inglés[817].

2.2. Las barreras del lenguaje en la cooperación policial: continente y contenido

La diversidad lingüística en la UE, aunque culturalmente enriquecedora, presenta barreras significativas para el intercambio de conocimientos, especialmente en la cooperación policial[818]. Estas barreras lingüísticas afectan tanto al "continente" como al "contenido".

El continente se refiere a la forma en la que la información se presenta, incluyendo terminología y estilo de redacción. MARTÍN se refiere a este aspecto como el "plano horizontal" de la armonización en el que todas las versiones lingüísticas deben poseer una apariencia similar[819]. Esto obedece al principio de "aproximación sinóptica", según el cual todas las versiones de un mismo documento deben tener el mismo número de páginas, la misma estructura y una longitud similar en las oraciones[820]. En el ámbito del contenido, las diferencias legales y culturales entre los EEMM pueden llevar a significados divergentes de la terminología, así como a la pérdida de información y claridad del acto normativo[821].

---

816 STJUE de 27 de octubre de 1977, *Regina c. Pierre Bouchereau*, C-30/77, apartado 14.

817 TIBERI, J.: *op. cit.*, p. 18 y GUGGEIS, M.: *op. cit.*, p. 51.

818 EUROPEAN CRIME PREVENTION NETWORK (ECPN): *Community – Oriented Policing in the European Unión Today*, 2019, p. 15.

819 MARTÍN MARTÍN-MORA, C.: "La traducción en la Unión Europea: perfil profesional, características y relevancia de un elemento clave", *Entreculturas*, n.º 14, 2024, p. 121.

820 *Idem.*

821 DURMAZ, H., SEVINC, B., SAIT YAYLA, A. y EKICI, S.: *Understanding and Responding to Terrorism: Volume 19 NATO Security through Science Series: Human and Societal Dynamics*, 2007, p. 44.

En definitiva, puede conllevar la pérdida de coherencia entre las diferentes versiones[822].

En el ámbito de la cooperación policial se hace uso de un lenguaje técnico y jurídico específico que puede variar entre los diferentes Estados miembros; y, bajo tal ángulo, la falta de una traducción uniforme podría conllevar consecuencias graves para la cooperación policial.

Para mitigar estos problemas, se podrían adoptar alguna de las soluciones que se proponen a continuación.

La primera solución es que los funcionarios encargados de la cooperación policial en su ámbito o participantes en la misma tengan una correcta formación lingüística que incluya un amplio manejo de términos legales[823].

La segunda solución, más compleja que la anterior, sería la creación de equipos especializados en traducción jurídica que garantizaran la uniformidad de los textos traducidos. Para conseguir la armonización entre versiones la UE pone al servicio de los traductores diferentes guías de estilo[824]. La principal es el "Libro de Estilo Interinstitucional"[825] de aplicación obligatoria para todas las tipologías textuales y todas las lenguas oficiales. También existen otras como "Guía práctica común del Parlamento Europeo, del Consejo y de la Comisión para la redacción de textos legislati-

822 MARTÍN MARTÍN-MORA, C.: *op. cit.*, p. 121.

823 Por una solución similar apuesta la Decisión de ejecución del Manual SIRENE en su apartado 1.17.3 indicando que "la preparación lingüística del personal de los Servicios Nacionales SIRENE deberá cubrir el mayor número de lenguas posible, de modo que dicho personal pueda comunicarse con todos los Servicios Nacionales SIRENE".

824 MARTÍN MARTÍN-MORA, C.: *op. cit.*, p. 122.

825 UNIÓN EUROPEA: "Libro de Estilo Interinstitucional", Oficina de Publicaciones de la Unión Europea, Luxemburgo, 2022. Se puede consultar aquí: https://op.europa.eu/es/publication-detail/-/publication/01ed788a-d266-11ec-a95f-01aa75ed71a1#

vos de la Unión Europea”[826] o el “Manual común para la presentación y la redacción de actos sujetos al procedimiento legislativo ordinario”[827].

Para conseguir esta igualdad podría implementarse como solución la creación de nuevos conceptos denominados “conceptos autónomos”. Estos “conceptos autónomos” podrían servirse de vocablos ya existentes en la lengua de un país, cuyo significado podría ser el mismo o diferente al que ya poseen, lo que implicaría un esfuerzo interpretativo adicional para evitar ambigüedades y asegurar una aplicación uniforme[828]. No obstante, los nuevos términos podrían ser completamente innovadores y plantear un reto conceptual y lingüístico para todos los Estados miembros[829]. Esta novedosa expresión obligaría al país en cuestión a interpretarla y a incluirla en su normativa vigente[830].

Es complicado que las personas encargadas de realizar las traducciones e interpretaciones de los conceptos comunitarios en su legislación posean simultáneamente conocimientos legales y

---

826 UNIÓN EUROPEA: “Guía práctica común del Parlamento Europeo, del Consejo y de la Comisión para la redacción de textos legislativos de la Unión Europea”, Oficina de Publicaciones de la Unión Europea, Luxemburgo, 2015. Se puede consultar aquí: https://op.europa.eu/es/publication-detail/-/publication/3879747d-7a3c-411b-a3a0-55c14e-2ba732

827 UNIÓN EUROPEA: “Manual común para la presentación y la redacción de actos sujetos al procedimiento legislativo ordinario”, Oficina de Publicaciones de la Unión Europea, Luxemburgo, 2022. Se puede consultar aquí: https://www.consilium.europa.eu/media/55420/joint_handbook_es_31-march-2022.pdf

828 GUGGEIS, M.: *op. cit.*, 4, pp. 46-51.

829 Según MUÑOZ MARTÍN, J. y VALDIVIESO, B.: “Autoridad y cambio lingüístico en la traducción institucional”, *Tonos digitales: revista de estudios filosóficos*, n.º 13, 2007, p. 472, se daría “un ejemplo de *convergencia inducida*, como es el caso de ciertos programas, organismos, etc., a los que se da una denominación única en todas las lenguas oficiales, con el fin de conseguir una especie de logo multilingüe que sea transparente.”

830 *Ibidem*, p. 456.

lingüísticos, como sería lo ideal[831]. Por añadidura, las traducciones son complejas porque la falta de intérpretes de determinadas lenguas conlleva que los textos primero deban ser traducidos a una lengua intermedia[832].

Para ayudar a la comprensión e interpretación de los términos legales, los traductores de la UE hacen uso de las nuevas tecnologías tales como traducción asistida por computadora, memorias de traducción, traducción automática, bases de datos terminológicas y otros recursos en línea[833].

Para la traducción asistida por computadora utilizan el servicio *Pangeanic* que ofrece soluciones avanzadas y eficientes para superar las barreras del lenguaje[834]. Para la traducción automática utilizan el servicio *eTraslation*, que logra traducir datos y documentos en cualquier lengua oficial de la UE, además de árabe, chino, islandés, japonés, noruego, ruso, turco y ucraniano[835].

Como bases de datos terminológicas hacen uso de la Terminología Interactiva para Europa (IATE, por sus siglas en inglés)[836], utilizada por las instituciones de la UE y por sus agencias desde el año 2004[837]. Esta herramienta, diseñada inicialmente para

---

831 GRASSO, A.: "Legal Translation and the EU Terminological Resources: An Imperfect Match", en RUGGIERI, F. (ed.): *Criminal Proceedings, Languages and the European Union: Linguistic and Legal Issues*, Springer, 2014, p. 73.

832 DURMAZ, H., SEVINC, B., SAIT YAYLA, A. y EKICI, S.: *op. cit.*, p. 44.

833 Información proporcionada por la web oficial de la Unión Europea. Se puede consultar aquí: https://europa.eu/translation/

834 Se puede consultar toda la información de este servicio aquí: https://blog.pangeanic.com/the-european-union-launches-machine-translation-for-efficient-multilingual-communication

835 Información proporcionada por la web oficial de la Unión Europea. Se puede consultar aquí: https://commission.europa.eu/resources-partners/etranslation_en

836 Se puede acceder a través de la siguiente dirección: https://iate.europa.eu/

837 GRASSO, A.: *op. cit.*, p. 76.

gestionar y normalizar la terminología de las agencias de la UE, comenzó a utilizarse como un apoyo en la redacción multilingüe de los textos UE y, desde 2007, es accesible al público en general[838].

Contar con este instrumento es de suma importancia para el ámbito de la cooperación policial, donde cada una de las bases de datos o agencias puede tener elementos distintos que representen un hándicap para reflejar correctamente cada aspecto. Esto se ha vuelto aún más relevante con la implementación de la interoperabilidad y de las nuevas disposiciones del Reglamento Prüm II, que permite la búsqueda indirecta en las bases de datos de los países miembros[839].

Como se ha mostrado en capítulos anteriores, una simple palabra, como "víctima" o "sospechoso", puede plantear problemas de definición y tener un impacto significativo en la aplicación de la protección de datos.

La tercera solución propuesta es el empleo de herramientas de traducción asistida por IA para minimizar los errores de traducción y mejorar la precisión del lenguaje[840]. Estas funcionalidades han

---

838 Información extraída de: https://administracionelectronica.gob.es/pae_Home/pae_Actualidad/pae_Noticias/Anio2023/Noviembre/Noticia-2023-11-10-Descubre-IATE-base-terminologica-interinstitucional-de-la-UE.html

839 Según GUTIÉRREZ ZARZA, Á.: *Exchange of Information and Data Protection in Cross-border Criminal Proceedings in Europe, op. cit.*, p. 20, hay diferentes motivos por los cuales se prefiere otorgar un acceso indirecto, en lugar de directo a los Estados miembros, como son: problemas de lenguaje, problemas de tecnología de la información, problemas financieros y la ausencia de garantías suficientes para asegurar la protección de los principios y derechos de protección de datos.

840 Como puede observase en LÓPEZ-FONSECA, Ó.: "El alto coste para la Policía de escuchar al crimen organizado cuando habla en otro idioma", *El País*, 05.06.2023, el Ministerio del Interior invierte 850.000 euros mensuales en el pago de intérpretes para traducir al español las escuchas telefónicas de posibles criminales extranjeros.

sido estudiadas por NORIEGA en el contexto de los interrogatorios policiales, con el objetivo de promover un entorno imparcial y mitigar la actual división racial y de género sobre las estadísticas sobre confesiones falsas[841]. El trabajo destaca el uso del lenguaje, ya que sus particularidades y expresiones deben considerarse en el diseño del interrogador de IA. Por ejemplo, las barreras idiomáticas que enfrentan las minorías pueden aumentar la probabilidad de falsas confesiones, tanto por la falta de comprensión como por la incapacidad de comunicarse eficazmente[842].

En España, la Policía Local de Gandía ha sido pionera en la incorporación de herramientas de IA. Una de estas herramientas, "Dingo", tiene como finalidad, entre otras, informar a las personas detenidas en cualquier situación delictiva[843].

Se puede consultar aquí: https://elpais.com/espana/2023-06-05/el-alto-coste-para-la-policia-de-escuchar-al-crimen-organizado-cuando-habla-en-otro-idioma.html

841 NORIEGA, M.: "The application of artificial intelligence in police interrogations: An analysis addressing the proposed effect AI has on racial and gender bias, cooperation, and false confessions", *Futures*, n.º 117, 2020, p. 1.

842 NORIEGA, M.: *op. cit.*, p. 16. En la misma línea se expresan DAVIS, D. y VILLALOBOS, J. G.: "Interrogation and the minority suspect: Pathways to true and false confession", en MILLER, B. y BORNSTEIN, M. (eds.): *Advances in Psychology and Law*, vol.1, 2016, p. 16.
Se puede consultar aquí: https://www.sciencedirect.com/science/article/pii/S0016328719303726

843 ÁLVAREZ CASANOVA, T.: "Gandía es la primera ciudad en contar con Inteligencia Artificial propia para su policía", *Levante*, 05.03.2024. Se puede consultar aquí: https://www.levante-emv.com/safor/2024/03/05/gandia-primera-ciudad-contar-inteligencia-99033784.html

2.3. Las referencias a la importancia del lenguaje en los diferentes instrumentos de cooperación policial

Las agencias de cooperación policial han utilizado un número limitado de lenguas, ya que la comprensión precisa del lenguaje y del contenido del mensaje es esencial para asegurar una cooperación policial efectiva[844].

El reconocimiento de 24 lenguas oficiales en la UE refuerza el derecho de los ciudadanos y Estados miembros a comunicarse en su idioma oficial y recibir respuestas en el mismo. Limitar el uso a ciertas lenguas perjudicaría a los Estados miembros cuyos idiomas no fueran incluidos, obligándolos a manejar documentos técnicos solo disponibles en los idiomas más utilizados[845]. Aunque no hay una diferenciación formal entre idiomas oficiales y de trabajo, el inglés, el francés y el alemán predominan de manera informal para agilizar las tareas administrativas y operativas.[846].

El primer desafío lingüísticos surgió con la necesidad de intercambiar y reconocer los antecedentes penales por delitos cometidos en otro EEMM tras la eliminación de las fronteras interiores. Basado en las conclusiones del Consejo Europeo de Tampere (1999), el "Programa de medidas para implementar el principio de reconocimiento mutuo de decisiones en materia penal" apostó por un formulario tipo, traducido a todos los idiomas oficiales de la UE, para las solicitudes de antecedentes penales[847]. Esto llevó a la adopción de la Decisión Marco 2008/315/JAI del Consejo, de 26 de febrero de 2009, relativa a la organización y al contenido del intercambio de información

---

844 ANDOURA, S. y TIMMERMAN, P.: *Governance of the EU: the reform debate on European Agencies reignited*, EPIN Working Papers No. 19, 2008, p. 11.

845 *Idem.*

846 LEAL, A.: "The European Union's translation policies, practices and ideologies: time for a translation turn", *Perspectives*, vol. 30, 2022, p. 199.

847 GUTIÉRREZ ZARZA, Á.: *Exchange of Information and Data Protection in Cross-border Criminal Proceedings in Europe*, *op. cit.*, p. 130.

de los registros de antecedentes penales entre los EEEMM y su materialización a través del sistema ECRIS. Según esta normativa, las solicitudes y respuestas deben redactarse en la lengua oficial del Estado miembro correspondiente o en otra previamente acordada, garantizando la comunicación efectiva entre Estados (art. 10).

Posteriormente, otros instrumentos reguladores de la cooperación policial han mencionado la importancia de la formación lingüística. Según el Considerando 11 Reglamento SIS, los EEMM deben asegurar que el personal de sus oficinas Sirene tiene las capacidades lingüísticas y los conocimientos de las normas sustantivas y procesales para desempeñar sus funciones. La Decisión de ejecución del Manual Sirene señala que el personal de los Servicios Nacionales Sirene deberá cubrir el mayor número de lenguas posible.

El art. 26 del Reglamento VIS establece que las autoridades del sector público con acceso a esta base de datos deben garantizar que disponen de personal suficiente y experimentado, con pericia profesional y aptitudes lingüísticas adecuadas. Por su parte, el art. 10 de la Directiva PNR, menciona que para la solicitud y el intercambio de información se utilizará la lengua aplicable a este sistema. El art. 64 del Reglamento Europol remite al Reglamento n.º 1 sobre el régimen lingüístico de la UE, aunque permite que el Consejo de Administración, por mayoría de dos tercios, determine el régimen lingüístico interno. Para sus operaciones, Europol cuenta con los servicios del Centro de Traducción de los Órganos de la Unión Europea.

En el ámbito de la cooperación policial internacional, Interpol enfrenta tres desafíos principales: diferencias estructurales entre las policías de sus Estados miembros, barreras lingüísticas y disparidades entre sus sistemas jurídicos. Para abordar el problema idiomático, el RITD asigna a la Secretaría General la responsabilidad de traducir notificaciones a sus lenguas de trabajo (art. 74), es decir, en árabe, español, francés o inglés[848].

3. LA VIOLACIÓN DE LA SEGURIDAD DE LOS DATOS PENALES EN EL ÁMBITO POLICIAL

3.1. Integridad, disponibilidad y confidencialidad de los datos en el ámbito de la Directiva 2016/680 y de la Ley Orgánica 7/2021

La Directiva 2016/680 define "violación de la seguridad de los datos penales" como aquella "que ocasione la destrucción, pérdida o alteración accidental o ilícita, o la comunicación o acceso no autorizados a datos personales transmitidos, conservados o tratados de otra forma" (art. 3). Esta situación también se conoce como "brecha de seguridad" o "quiebra de seguridad"[849].

Estas brechas de seguridad pueden afectar a tres parámetros diferentes: (i) la confidencialidad cuando se produce una revelación no autorizada o accidental de los datos personales, o su acceso; (ii) la disponibilidad cuando se produce una pérdida accidental o no autorizada a los datos personales, o su destrucción; (iii) la integridad ante una alteración no autorizada o accidental de los datos personales[850].

La Directiva 2016/680 exige que los EEMM garanticen un nivel adecuado de seguridad y confidencialidad e impidan el acceso sin autorización (Considerando 28). De hecho, es una obligación de los EEMM establecer medidas para preservar su integridad, prevenir accesos no autorizados y regular su destrucción. Estas medidas buscan ofrecer garantías frente a riesgos de abuso o arbitrariedad (Considerando 33).

---

848 Art. 54.1 del Reglamento General de la OIPC-INTERPOL.

849 AGENCIA ESPAÑOLA DE PROTECCIÓN DE DATOS (AEPD): *Guía para la notificación de brechas de datos personales,* junio de 2021, p. 5.

850 *Ibidem,* p. 32.

La ausencia de estas medidas puede dar lugar a daños y perjuicios físicos, materiales o inmateriales: pérdida de control sobre los datos personales, discriminación, usurpación de la identidad, pérdidas financieras, inversión no autorizada de una seudonimización, menoscabo de la reputación, pérdida de confidencialidad de datos personales sujetos al secreto profesional o cualquier otro perjuicio económico o social significativo para la persona afectada. Cuando el responsable del tratamiento tenga conocimiento de la producción de una violación de datos personales, debe notificarlo sin dilación indebida a la autoridad de control (Considerando 61 Directiva 2016/680).

3.2. Medidas adecuadas para garantizar la seguridad de datos y la confidencialidad en los instrumentos de cooperación policial

Para garantizar el cumplimiento de la normativa de protección de datos en la cooperación policial, es fundamental supervisar las prácticas de las autoridades competentes.

Según el art. 10 del Reglamento SIS, las autoridades de control deben realizar auditorías de las operaciones de tratamiento de datos al menos cada cuatro años. Estas auditorías pueden ser llevadas a cabo directamente o por auditores independientes especializados en protección de datos. Además, los Estados miembros deben implementar medidas de seguridad que abarquen desde el control físico y lógico de los datos hasta auditorías internas, restauración de sistemas y notificación de fallos. Estas mismas disposiciones son prácticamente reproducidas en el art. 34 del Reglamento Eurodac, el art. 32 del Reglamento VIS, art. 32 del Reglamento Europol y el art. 53 del Reglamento Prüm II.

Dado que muchas brechas de seguridad son resultado de amenazas internas más que externas, el art. 32 del Reglamento Europol aborda ambos tipos. Europol debe implementar salvaguardias técnicas y organizativas para proteger los datos personales contra accesos no autorizados, pérdidas, alteraciones o tratamientos ilícitos. Además, cada Estado miembro aplicará sus normas nacionales sobre secreto profesional a cualquier persona que trabaje con datos del SIS. Esta obligación permanecerá vigente incluso después de la terminación de las actividades (art. 11 Reglamento SIS).

Del mismo modo, el art. 5 del Reglamento Eurodac se refiere al secreto profesional y establece la obligación de que continúe su aplicación después de que los responsables hayan dejado su cargo o empleo, o tras la terminación de sus funciones. Por su parte, el art. 67 del Reglamento Europol exige que la agencia defina normas sobre las obligaciones de confidencialidad y el manejo de información sensible no clasificada. Por otro lado, los arts. 8, 13 y 22 del Reglamento Prüm II regula la confidencialidad e integridad de los índices de referencia del ADN, datos dactiloscópicos e imágenes faciales que se envían a otros Estados miembros y Europol, incluido su cifrado y descifrado.

En el ámbito internacional, Interpol detalla que los derechos de acceso al Sistema de Información serán concedidos exclusivamente a personas autorizadas, en base a la necesidad de conocer los datos y a los niveles de confidencialidad. Las OCN, las entidades nacionales y la Secretaría General llevarán un registro de los nombres de las personas y de los derechos de acceso concedidos, en el que deberá especificar las bases de datos y los datos concretos a los que cada usuario está autorizado a acceder (art. 111 RITD).

Existen tres grados de confidencialidad que varían según el riesgo que representa la revelación no autorizada de los datos (art. 112 RITD):

a) "INTERPOL–EXCLUSIVAMENTE PARA USO OFICIAL": si su revelación no autorizada puede obstaculizar la actuación de los organismos encargados de la aplicación de la ley, o desfavorecer o desprestigiar a la Organización y los relacionados con ella.

b) "INTERPOL–USO RESTRINGIDO": si su revelación no autorizada puede comprometer las actuaciones de los organismos encargados de la aplicación de la ley o perjudicar a la Organización y los relacionados con ella.

c) "INTERPOL–CONFIDENCIAL": si su revelación no autorizada puede comprometer seriamente las actuaciones de los organismos encargados de la aplicación de la ley o perjudicar gravemente a la Organización y los relacionados con ella.

En lo que respecta a la gestión del sistema de seguridad, la Secretaría General fijará las reglas de seguridad destinadas a garantizar los niveles adecuados de confidencialidad, integridad y disponibilidad (art. 115 RITD). Las OCN, las entidades nacionales y las entidades internacionales deberán verificar regularmente que sus usuarios cumplen con el RITD, especialmente en cuanto a la calidad de los datos introducidos en el sistema y al uso de los datos consultados (art. 120 RITD).

4. LAS FUERZAS Y CUERPOS DE SEGURIDAD: ENFRENTANDO Y GENERANDO BRECHAS EN LA PROTECCIÓN DE DATOS

Las autoridades policiales a menudo ocupan una posición dual: como defensores de la protección de datos y, paradójicamente, como fuentes potenciales de brechas de seguridad de los datos. PAVÓN PÉREZ argumenta que las FFCCS pueden participar en el ámbito sancionador de varias maneras: (i) como víctimas de un ilícito administrativo mientras ejercen su profesión, (ii) como responsables de un ilícito administrativo que finalice en sanción por la AEPD; (iii) como actuantes en función de policía administrativa, detectando y denunciado las acciones tipificadas como infracción[851].

---

851 PAVÓN PÉREZ, J. A.: "Capítulo VI. El tratamiento de datos personales obtenidos con fines policiales por las fuerzas y cuerpos de seguridad del Estado: un difícil equilibrio entre el espacio policial y judicial europeo y

4.1. El impacto de la brecha de seguridad en los datos de los agentes de policía

Los datos personales de los agentes de policía son un elemento importante en la cooperación policial, tanto como parte del organismo como por su participación en investigaciones.

En España, tenemos ejemplos de difusiones de datos que han afectado a los agentes de policía. En 2024, los Mossos d'Esquadra sufrieron una filtración cuando un atacante consiguió acceder al correo electrónico corporativo y hacerse con nombres y teléfonos de algunos agentes y mandos del cuerpo[852].

Por otra parte, la Policía Nacional ha mostrado su preocupación por las filtraciones que se realizan en ciertos medios de comunicación y perfiles de redes sociales de la identidad y datos personales de policías encubiertos en movimientos radicales[853]. En 2016, la Policía Nacional fue víctima de un ataque cibernético

---

el derecho fundamental a la privacidad del ciudadano investigado", en ACEDO PENCO, Á. (coord..): *La privacidad en el metaverso, la inteligencia artificial y el big data: Protección de datos y derecho al honor*, 2022, p. 124.

852 MAIDEU, C.: "Los Mossos sufren una filtración de datos personales de agentes", *Ara,* 15 de febrero de 2024. Se puede consultar aquí: https://es.ara.cat/sociedad/sucesos/mossos-sufren-filtracion-datos-personales-agentes_1_4939741.html

853 ZULOAGA, J. M.: "Emprenden acciones legales contra los que filtraron datos de policías encubiertos", *La Razón,* 16 de mayo de 2024.
Se puede consultar aquí: https://www.larazon.es/espana/emprenden-acciones-legales-filtraron-datos-policias-encubiertos_20240516666460a4769f858000111518d.html
GONZÁLEZ, G.: "Piratas informáticos filtran datos personales de unos 70 mossos", *El Periódico,* 15 de febrero de 2024.
Se puede consultar aquí: https://www.elperiodico.com/es/sociedad/20240215/investigan-filtracion-documento-datos-personales-98226208

por parte del hacker "Anonymous", quien filtró un listado de datos personales de sus funcionarios y agentes[854].

En mayo de 2024, Europol confirmó haber sido víctima de un robo de datos que compromete información confidencial y clasificada de la Plataforma Europol para Expertos (EPE)[855]. Este incidente se une a otro ocurrido en septiembre de 2016 en el que se perdieron archivos personales en formato físico de varios miembros de Europol. Entre los afectados por la pérdida se incluía su entonces directora ejecutiva Catherine De Bolle[856].

Las filtraciones de datos personales de los agentes pueden ser causados por los propios agentes. Un ejemplo significativo es el caso del Servicio de Policía de Irlanda del Norte, que expuso accidentalmente el apellido, la inicial del nombre, el cargo y el departamento de pertenencia de unos 10.000 agentes[857].

---

854 MÉNDEZ, M. A.: "Anonymous publica los datos personales de 5.400 funcionarios de Policía Nacional", *El Confidencial*, 1 de junio de 2016.
Se puede consultar aquí: https://www.elconfidencial.com/tecnologia/2016-06-01/anoymous-filtra-en-internet-los-nombres-emails-y-dnis-de-5-400-policias-nacionales_1209646/

855 VADALA, F.: "Ciberseguridad, IntelBroker roba datos de Europol: Implicaciones para la seguridad de las criptomonedas", decripto.org, 10 de julio de 2024. Se puede consultar aquí: https://decripto.org/es/ciberseguridad-intelbroker-roba-datos-de-europol-implicaciones-para-la-seguridad-de-las-criptomonedas/

856 ROUSSI, A.: "Serious security breach hits EU police agency", *Politico*, 27 de marzo de 2024.
Se puede consultar aquí: https://www.politico.eu/article/europol-internal-agency-eu-police-agency-engulfed-in-clean-up-over-missing-files/

857 PAYO, A.: "Los datos de los policías de Irlanda del Norte quedan expuestos en una gran brecha de seguridad", *Escudodigital*, 11 de agosto de 2023.
Se puede consultar aquí: https://www.escudodigital.com/ciberseguridad/datos-policias-irlanda-norte-expuestos-brecha-seguridad_56259_102.html

4.2. Las brechas de seguridad en la gestión de los datos personales por la policía

La información sensible que maneja la policía es posible que sea difundida, de modo consciente o inconsciente, al público.

En el contexto español, el art. 5 de la LOFCS establece que las FFCCS deberán guardar riguroso secreto respecto a todas las informaciones que conozcan por razón o con ocasión del desempeño de sus funciones. No estarán obligados a revelar las fuentes de información salvo que el ejercicio de sus funciones o las disposiciones de la Ley les impongan actuar de otra manera.

La Recomendación Rec. (2001) 10 del Comité de Ministros del Consejo de Europa a los Estados Miembros sobre el Código Europeo de Ética de la Policía[858] indica en su principio 19 que los servicios de policía no deben desvelar información confidencial. Por otra parte, el principio 42 del mismo texto refiere que la recogida, el almacenamiento y la utilización de datos personales por la policía deben ser conformes a los principios intencionales que rigen la protección de datos y, en particular, limitarse a lo que es necesario para la realización de objetivos lícitos, legítimos y específicos.

A pesar de los esfuerzos por aplicar estos principios, las quiebras de seguridad persisten, a menudo debido a errores humanos y negligencias[859]. Un ejemplo de ello ocurrió en 2016, cuando un exempleado de Europol filtró documentos sobre investigaciones antiterroristas al subirlos inadvertidamente a un disco duro accesible

---

858 Adoptada por el Comité de Ministros el 19 de septiembre de 2001, en la 765ª reunión de los Delegados de Ministros.

859 Precisamente esto le ocurrió a un oficial de Policía de Reino Unido, que perdió un USB con información de posibles células terroristas. DAILY MAIL REPORTER: "Police lose memory stick with top secret 'terrorist' information", *Daily mail*, 15 de septiembre de 2008. Se puede consultar aquí: https://www.dailymail.co.uk/news/article-1055996/Police-lose-memory-stick-secret-terrorist-information.html

en Internet[860]. En 2023 dos miembros del cuerpo de policía del Reino Unido compartieron por error los datos de numerosas víctimas, sospechosos y testigos relacionados con delitos de violencia doméstica, delitos sexuales, robos y delitos de odio[861].

En algunos casos, la difusión indebida de datos personales se debe al mal uso de la tecnología por parte de los agentes de policía. Un ejemplo es la sanción impuesta por la AEPD a la Policía Local por el uso de teléfonos móviles personales para capturar imágenes de los datos del DNI durante el ejercicio de sus funciones. Esta práctica es problemática porque los dispositivos personales no garantizan la seguridad necesaria para proteger la información, ya que su uso privado puede no cumplir con las medidas de seguridad requeridas para la investigación y prevención de delitos, además de estar fuera del control del responsable del tratamiento[862].

En otras ocasiones, la quiebra de seguridad puede producirse por un abuso de las funciones policiales. En el proceso judicial del "Procés", el 11 de abril de 2014 se puso en entredicho al Ministerio del Interior y al diario *La Razón* por la publicación, el día 3 de marzo de 2014, de una noticia titulada "La conspiración de los 33 jueces soberanistas". Este artículo incluía fotografías y detalles personales de los demandantes como sus nombres, apellidos, los juzgados en los que trabajaban y comentarios sobre su ideología política.

---

860 REUTERS: "Filtración expone datos de investigaciones antiterroristas de Europol: TV", *Reuters,* 30 de noviembre de 2016. Se puede consultar aquí: https://www.reuters.com/article/seguridad-europol-filtracion-idLTAKBN13P15K/

861 BRISTOW, T.: "UK police forces accidentally shared victims' details in data breach", *Politico,* 15 de agosto de 2023.
Se puede consultar aquí: https://www.politico.eu/article/crime-victims-details-accidentally-included-in-police-foi-responses/

862 AEPD: Procedimiento n.º.: PS/00596/2021. Recurso de reposición N.ºRR/00323/2022.
Se puede consultar aquí: https://www.aepd.es/documento/reposicion-ps-00596-2021.pdf

La información publicada provenía de un informe de la Policía Nacional que había sido filtrado a los medios. El TEDH concluyó que estas acciones violaron el derecho a la intimidad y a la protección de la propia imagen, según el artículo 8 del CEDH[863].

Asimismo, en febrero de 2022, el SEPD notificó a Europol la orden de supresión de datos relativos a personas sin vínculo establecido con una actividad delictiva por ser este almacenamiento contrario a lo establecido en su reglamento. Sin embargo, para poder sortear esta supresión, Europol modificó su reglamento, perdiendo efecto la orden que el SEPD había emitido[864].

En el ámbito internacional, hay ocasiones en las que las herramientas de Interpol son utilizadas de manera indebida o abusiva por el personal de Interpol y de las OCN[865]. Aunque los errores humanos pueden ocurrir, detrás de los casos de un uso incorrecto hay otros motivos, como razones políticas[866]. Algunos países han intentado manipular a Interpol a través del uso de notificaciones rojas mediante la creación de falsas evidencias criminales, como ocurrió en *Khadzhiev c. Bulgaria*[867] en el que se intentó extraditar en varias ocasiones a un sujeto sin que su participación en el delito objeto de esta hubiera sido probada.

4.3. La responsabilidad de los agentes de policía por la filtración de datos personales

Cuando un agente de policía difunde datos personales a los que tiene acceso en el ejercicio de sus funciones, puede enfrentarse a sanciones administrativas, conforme a la normativa de su

---

863 STEDH (Sección 3.ª), *Asunto M.D. y otros c. España*, 28 de junio de 2022, §§5-6 y §§37-72.

864 *Idem.*

865 CALCARA, G.: *op. cit.*, p. 124.

866 *Ibidem*, pp. 124-125.

867 *Ibidem*, p. 129. Este caso ha sido analizado más al detalle en el Capítulo III.

Estado miembro o la normativa europea de protección de datos. También podría enfrentarse a consecuencias penales por un delito de descubrimiento y revelación de secretos[868], en el caso de que se haya ocasionado un perjuicio a la víctima[869].

La Directiva 2016/680 no recoge las infracciones a las que se puede enfrentar la policía. En España, la LO 7/2021 las divide en muy graves (art. 58), graves (art. 57) y leves (art. 56) complementadas con las faltas muy graves del art. 19 respecto del uso indebido de las videocámaras fijas y dispositivos móviles de las FFCCS.

El Reglamento Prüm enuncia en su art. 56 que los Estados miembros garantizarán que cualquier uso indebido de datos, tratamiento o intercambio de datos contrario a lo establecido en el citado reglamento sean sancionables con arreglo al Derecho nacional. Como condición, las sanciones así establecidas serán efectivas, proporcionadas y disuasorias. El Reglamento SIS indica en su art. 56 que toda utilización de sus datos que no cumpla con las normas de tratamiento establecidas se considerará una desviación de la finalidad y está sujeta a sanciones con arreglo al Derecho nacional[870].

En Interpol, el art. 129 RITD establece la posibilidad de adoptar medidas cautelares cuando existan dudas sobre el cumplimiento de las condiciones de tratamiento de los datos. Asimismo, si un usuario viola las normas aplicables a la protección de datos

---

868 El delito de descubrimiento y revelación de secretos se encuentra penado en los artículos 197 y 198 del CP.

869 La existencia de "perjuicio de tercero" es indispensable para la apreciación de la concurrencia de este tipo delictivo y si no resulta probada los hechos deben ser absueltos. Esto se abordó en la STS (Sala 2.ª, Sección 1.ª) n.º 961/2016 (n.º recurso 1027/2016), 20 de diciembre de 2016, en la que el acusado, agente de la Policía Nacional, accedió en varias ocasiones a una aplicación informática policial para la consulta de matrículas y su titularidad. Como el acusado no comunicó a nadie los datos a los que accedió ni los utilizó posteriormente, el delito no ha sido consumado.

870 Art. 71 Reglamento SIS.

en el Sistema de Información de Interpol, la Secretaría General tiene autoridad para solicitar a la OCN, a la entidad nacional o internacional correspondiente que suspenda o retire los derechos de acceso otorgados al usuario. Alternativamente, la Secretaría General puede decidir retirar esos derechos directamente.

Capítulo VII.

Conclusiones

Tras haber realizado un análisis exhaustivo sobre la configuración del derecho a la protección de datos en los instrumentos de cooperación policial, a continuación, se presentan las principales conclusiones, que abordan los objetivos establecidos al inicio de esta investigación:

1. ¿EXISTE UNA NORMATIVA ARMONIZADA EN LA PROTECCIÓN DE DATOS PENALES QUE FACILITE LA COOPERACIÓN EN EL MARCO DEL CONSTITUCIONALISMO MULTINIVEL?

Los datos personales son fundamentales en la labor policial diaria. Las diversas normativas y su interrelación impactan directamente en sus funciones, especialmente en el ámbito de la cooperación policial.

Este complejo entramado es producto del marco del constitucionalismo multinivel, que implica la interacción entre normas de *hard law* y de *soft law* a nivel nacional, europeo e internacional. Estas normativas se complementan con las decisiones judiciales que interpretan, aclaran y señalan las adaptaciones necesarias en los ordenamientos jurídicos frente a los nuevos desafíos.

El TEDH ha desempeñado un papel crucial en la interpretación de los límites del derecho a la protección de datos, especialmente en relación con el artículo 8 del CEDH. En sus decisiones, ha definido el concepto de "dato personal" (como en *Amann c. Suiza* y *Haralambie c. Rumanía*) y ha establecido las condiciones para el uso de diversos tipos de datos en investigaciones policiales, como fotografías (*Suprunenko c. Rusia, Murray c. Reino Unido*), grabaciones de voz (*Roman Zakharov c. Rusia, Zoltán Varga c. Eslovaquia*) e imágenes en movimiento (*Bykov c. Rusia, Perry c. Reino Unido*). Además, ha abordado la protección de datos biométricos y sensibles en casos como *Peruzzo y Martens c. Alemania, Brunet c. Francia,* y *Marper c. Reino Unido.*

El tema con mayor número de pronunciamientos ha sido la limitación en la conservación de los datos. En este contexto, es crucial equilibrar la gravedad del delito y el grado de implicación del individuo (*B.B. c. Francia, Gardel c. Francia, Peruzzo y Martens c. Alemania*). Además, se debe establecer un plazo de conservación de los datos, que puede variar según estos factores (*Gaughran c. Reino Unido*), y asegurar garantías para su conservación (*Khelili c. Suiza, Rotaru c. Rumanía*).

Por su parte, el TJUE ha emitido pronunciamientos relevantes sobre la definición de dato personal (*Patrick Breyer c. Bundesrepublik Deutschland, Peter Nowak c. Comisionado de Protección de Datos o Tietosuojavaltuutettu con intervención de: Jehovan todistajat — uskonnollinen yhdyskunta),* y ha aclarado la definición de autoridad competente dentro del marco de la Directiva 2016/680 (*Latvijas Republikas Saeima o SS SIA contra Valsts ieņēmumu dienests).*

El TJUE también se ha referido a la vulneración de la protección de datos en el intercambio de información (ej. *Schrems I, Digital Rights Ireland o Tele2 Sverige*) y a su relación con la seguridad pública (como en la cuestión prejudicial de la AP de Tarragona que dio lugar a la Sentencia de la Gran Sala del Tribunal de Justicia de 2 de octubre de 2018, asunto C-207/16).

En España, la jurisprudencia del Tribunal Constitucional ha reconocido el derecho a la protección de datos en sentencias clave como la STC 254/1993 y la STC 292/2000. Por su parte, el Tribunal Supremo ha definido el concepto de "dato personal" en la STS 3896/2014 y ha establecido los supuestos en los que se vulnera este derecho, como en la STS 7412/2012, y en los que no se considera vulnerado, como en las SSTS 2773/2017 y 22/2018.

En el ámbito legislativo multinivel, el Consejo de Europa fue pionero en la protección de datos mediante la adopción de instrumentos *hard law* y *soft law* que influyen directamente en la labor policial de los Estados parte.

El Convenio 108, adoptado en 1981 y actualizado por el Convenio 108 + en 2018 es el primer y único acuerdo multilateral jurídicamente vinculante que regula la protección de datos. Establece los principios obligatorios para el tratamiento de los datos personales y clasifica a los "datos penales" como especiales. Asimismo, permite la transferencia de estos datos para garantizar la cooperación policial, bajo el marco de los instrumentos previstos.

Por su parte, la Recomendación N.º R (87) 15, como instrumento de *soft law*, específicamente destinado a la regulación de la utilización de datos personales por la policía, introdujo principios que han influido en normativas internacionales. Entre estos principios destacan la diferenciación entre los datos de sospechosos, condenados, víctimas y testigos; la limitación en el tiempo para la conservación de datos; la posibilidad de transferir datos bajo determinadas condiciones; y el reconocimiento de los derechos de los interesados, tales como el acceso, rectificación o supresión.

En la UE, la Directiva 95/46/CE fue el primer paso hacia una normativa comunitaria sobre protección de datos, inspirada en los principios del Convenio 108. Sin embargo, no cubría todos los aspectos necesarios para la cooperación policial y judicial, lo que llevó a la adopción de la Decisión Marco 2008/977/JAI. Esta decisión se centraba en la protección de datos en la cooperación policial y judicial en materia penal, pero no logró la efectividad esperada en términos de una protección integral en estos ámbitos.

La aprobación del Tratado de Lisboa fue crucial al reconocer explícitamente el derecho a la protección de datos y abrir la puerta a la aprobación de una normativa unificada en la UE. En 2016, se aprobaron dos instrumentos en paralelo: el RGPD y la Directiva 2016/680.

El RGPD estableció un marco general común de protección de datos aplicable de manera directa e inmediata en los ordenamientos jurídicos de todos los EEMM, garantizando la uniformidad en el tratamiento de los datos personales.

Sin embargo, la Directiva 2016/680 es más relevante para el ámbito policial, ya que facilita la circulación de datos personales entre autoridades competentes para fines relacionados con la prevención, investigación y enjuiciamiento de infracciones penales, así como la protección de la seguridad pública. Este texto incorpora varios elementos clave en la protección de datos: (i) la posibilidad de tratar datos personales para fines distintos a los de la recogida, pero compatibles (art. 4); (ii) limitación a la conservación de los datos personales y obligación de revisar periódicamente su necesidad (art. 5); (iii) la clasificación de los interesados en diversas categorías (art. 6); el ejercicio de los derechos de acceso, rectificación, supresión y limitación (arts. 12- 16); (iv) posibilidad de transferencia de datos a terceros países u organizaciones internacionales (arts. 35-40).

La aprobación de estos instrumentos multinivel tuvo un impacto directo en el ordenamiento jurídico español, especialmente en la regulación del artículo 18.4 de la Constitución. El RGPD incluyó remisiones que exigieron a los Estados adoptar disposiciones complementarias, lo que llevó a la promulgación de la LOPDGDD, un cambio significativo respecto a la LORTAD.

La Directiva 2016/680 fue traspuesta en España mediante la LO 7/2021. Al ser una Directiva, se han detectado variaciones en las formas en las que cada Estado miembro adaptó a su normativa interna. Más allá de esto, el texto es un instrumento fundamental para la protección de datos en la cooperación policial, tanto en el intercambio entre EEMM como en la transferencia a terceros países.

La cooperación policial en la UE en materia penal se asienta en una serie de bases de datos, organismos y agencias que deben respetar el derecho fundamental a la protección de datos, equilibrándolo con los objetivos de seguridad que persiguen y sus particularidades regulatorias.

En primer lugar, es necesario mencionar las bases de datos que permiten el intercambio de información para conseguir la seguridad ante las formas de delincuencia más graves en la UE: SIS, VIS, Eurodac, ECRIS, SES y SEIAV.

Aunque el VIS, Eurodac, SES y SEIAV fueron inicialmente concebidas para el control de las fronteras exteriores del espacio Schengen, su aplicación ha demostrado ser valiosa para la prevención, detección e investigación de infracciones penales en las que están involucrados ciudadanos de terceros países. Este exceso de control sobre los datos de nacionales de terceros países en su cruce de las fronteras parece generar una sospecha constante contra ellos. Además, se observa un aumento progresivo del control, como en el nuevo Reglamento Eurodac, que permitirá la captación de datos biométricos de menores de seis años, situación en la que cabe plantearse si esta rebaja de edad es proporcional al objetivo principal de cuidado de las fronteras y secundario de seguridad.

Tabla 1 Resumen instrumentos europeos de cooperación policial[871]

SIS
• **FINALIDAD:** Mantener un alto nivel de seguridad en el espacio de libertad, seguridad y justicia, al apoyar a las autoridades responsables de la prevención, detección, investigación o enjuiciamiento de infracciones penales o ejecución de sanciones penales con el intercambio de información sobre personas buscadas, objetos y otras alertas relevantes para la seguridad. • **PROTECCIÓN DE DATOS:** - **Normativa aplicable:** Directiva 2016/680. - **Conservación de los datos:** 3 años, salvo si la normativa nacional contiene plazo más largo. **Transferencia de datos:** prohibidas, salvo excepciones. • **OTRAS CUESTIONES:** - Se permite la utilización de datos identificativos y biométricos (huellas dactilares e imágenes faciales). - Los datos son consultados a través del SIS-RECAST. - Europol tiene acceso a esta base de datos.

[871] Fuente: Elaboración propia.

VIS

- **FINALIDAD:** Mecanismo que canaliza las solicitudes de visados de estancia de corta duración y su no concesión para, entre otros objetivos, contribuir a la prevención de amenazas contra la seguridad interior de cualquier EM.
- **PROTECCIÓN DE DATOS:**
  - **Normativa aplicable:** Directiva 2016/680.
  - **Conservación de los datos**: 5 años.
  - **Transferencia de datos:** prohibidas, salvo excepciones.
- **OTRAS CUESTIONES:**
  - Cuenta con un registro común de datos de identidad (RCDI), el sistema central VIS, interfaces nacionales uniformes y una infraestructura de comunicación entre estos últimos dos.
  - Europol tiene acceso a esta base de datos.

EURODAC

- **FINALIDAD:** Acceso a impresiones dactilares de los solicitantes de asilo para prevenir, detectar o investigar delitos de terrorismo o de otros delitos graves. A partir de 2026 se registrarán otro tipo de datos biométricos y alfanuméricos.
- **PROTECCIÓN DE DATOS:**
  - **Normativa aplicable:** Directiva 2016/680.
  - **Conservación de los datos**: 10 años. A partir de 2026 se establecerán otros plazos.
  - **Transferencia de datos:** prohibidas, salvo excepciones.
- **OTRAS CUESTIONES:**
  - Para su acceso cuenta con un Sistema Central y una infraestructura de comunicación entre el este y los EEMM.
  - Europol tiene acceso a esta base de datos.

ECRIS

- **FINALIDAD:** Consulta de antecedentes penales entre los EEMM.
- **PROTECCIÓN DE DATOS:** Normativa aplicable: Directiva 2016/680.
- **OTRAS CUESTIONES:** El sistema está compuesto por una aplicación de referencia ECRIS y una infraestructura de comunicación común.

ECRIS-TCN
• **FINALIDAD:** Extensión de ECRIS para nacionales de terceros países (TCN) y apátridas. • **PROTECCIÓN DE DATOS:** - **Normativa aplicable:** Directiva 2016/680. - **Conservación de los datos:** durante el tiempo en que los datos relativos a condenas de la persona estén consignados en el registro nacional de antecedentes policiales. - **Transferencia de datos:** prohibidas, salvo excepciones. • **OTRAS CUESTIONES:** Eurojust, Europol y la Fiscalía europea tendrán acceso directo a ECRIS-TCN a efecto del desempeño de sus funciones.
SES
• **FINALIDAD:** Mejora de la gestión de fronteras exteriores y cumplimiento de las disposiciones relativas al periodo de estancia autorizada por los EEMM. Además, debe contribuir a prevenir, detectar e investigar delitos de terrorismo y otros delitos graves. • **PROTECCIÓN DE DATOS:** - **Normativa aplicable:** Directiva 2016/680. - **Conservación de los datos:** 3 años, salvo si se ha sobrepasado el periodo de estancia autorizado, que será de 5 años. - **Transferencia de datos:** permitidas, salvo excepciones. • **OTRAS CUESTIONES:** Se permite la toma de imágenes faciales. Europol tiene acceso a esta base de datos.
SEIAV
• **FINALIDAD:** Reformar controles de seguridad de los nacionales de terceros países exentos de la obligación de visado para cruzar fronteras. Con ello se contribuye a la prevención, detección e investigación de delitos de terrorismo y otros delitos graves. • **PROTECCIÓN DE DATOS:** - **Normativa aplicable:** Directiva 2016/680. - **Conservación de los datos:** 5 años. - **Transferencia de datos:** prohibidas (a excepción de Interpol). • **OTRAS CUESTIONES:** Europol tiene acceso a esta base de datos.

En segundo lugar, para garantizar una cooperación a nivel operativa, surgen Europol y Eurojust, así como otros instrumentos como OLAF y Frontex.

De estas entidades, Europol es la que canaliza mayor actividad de cooperación policial. Actúa como una agencia que refuerza las actuaciones de las autoridades competentes de los EEMM y fomenta la cooperación mutua en la prevención y la lucha contra la delincuencia grave que afecte a dos o más Estados miembros, el terrorismo y las formas de delincuencia que afecten a intereses comunes de la UE. Para cumplir estos objetivos, se apoya fundamentalmente en los Equipos Conjuntos de Investigación (ECI).

Los datos personales existentes en Europol están protegidos de acuerdo con las directrices emanadas de su propio Reglamento, ya que la Directiva 2016/680 no se aplica al tratamiento de datos personales de las instituciones, órganos u organismos de la Unión. El Reglamento de Europol recoge:

(1) Los principios de protección de datos que deben guiar el tratamiento de los datos personales por parte de la agencia (art. 28), los cuales son sustancialmente similares a los establecidos en la Directiva 2016/680.

(2) Las categorías de interesados y limita el tratamiento de datos de menores de edad. Prohíbe el tratamiento de categorías especiales de datos, salvo que sea estrictamente necesario (art. 30).

(3) Limita el periodo de conservación de los datos personales y establece un plazo de revisión cada tres años (art. 31). Europol ha reformado recientemente su Reglamento para evitar la eliminación de datos de personas físicas no vinculadas con ninguna actividad delictiva, lo que según la SEPD representa un quiebre en su protección.

(4) Los interesados tienen derecho a ejercer los derechos de acceso, rectificación, cancelación y restricción (art. 37).

(5) Permite la transferencia de datos personales a terceros países y organizaciones internacionales (art. 25), lo que facilita la cooperación en el ámbito internacional mientras se mantienen los estándares de protección de datos.

Interpol, la mayor organización de cooperación policial internacional con 196 países miembros, facilita el intercambio de información sobre delitos y delincuentes, y proporciona apoyo técnico y operativo a las fuerzas policiales. Su cooperación va más allá de la recopilación de datos, ya que utiliza el sistema de notificaciones de colores para obtener información clave sobre actividades delictivas y sospechosos, mejorando así la eficacia en la lucha contra el crimen global.

El uso de datos personales en Interpol está regulado por el Reglamento de Información sobre Tratamiento de Datos (RITD), que establece las responsabilidades en caso de uso o almacenamiento indebido de datos, asegurando que las OCN y las entidades internacionales mantengan el control sobre el tratamiento de sus datos en todo momento (art. 5). El RITD especifica los principios fundamentales para el tratamiento de los datos, que incluyen la licitud, exactitud, trasparencia, confidencialidad o seguridad de la información (arts. 11-16). Además, recoge el ejercicio de los derechos de acceso, rectificación o eliminación por parte los interesados (art. 18) y limita la conservación de los datos (art. 49).

El PNR es un registro de vuelos exteriores de la UE que permite el uso de datos del registro de nombres de los pasajeros para la prevención, detección, investigación y enjuiciamiento de los delitos de terrorismo y de la delincuencia grave. Tanto los EEMM como Europol tendrán acceso a este sistema. Para la protección de los datos personales recogidos a través del PNR se aplicará la Directiva 2016/680. Aunque inicialmente se concibió como una normativa de la UE para proteger sus fronteras, el marco del PNR ha permitido la celebración de acuerdos internacionales con otros países, como Estados Unidos, Canadá o Australia.

Esto convierte al PNR en un instrumento de proyección internacional para la lucha contra el crimen transnacional.

En resumen, aunque en la UE se ha logrado cierta armonización en los intercambios de datos penales entre los Estados miembros y en las bases de datos clave, existen variaciones debido a la transposición de la Directiva 2016/680 en cada país. Europol y Eurojust operan bajo su propia normativa de protección de datos, lo que genera un marco normativo diverso dentro de la UE, que las autoridades policiales deben comprender para equilibrar la seguridad pública y la protección de derechos fundamentales.

A nivel internacional, Interpol regula el tratamiento de datos a través del RITD, pero la protección varía significativamente entre sus 196 países miembros. Esto implica que, en el contexto del constitucionalismo multinivel, las autoridades policiales deben tener en cuenta el destino de los datos personales de sospechosos, acusados, condenados, víctimas y testigos, así como los derechos y obligaciones derivados de su tratamiento, para lograr una cooperación efectiva y respetuosa con el derecho a la protección de datos.

2. ¿CÓMO SE PUEDE FACILITAR EL INTERCAMBIO DE DATOS PERSONALES SOBRE INFRACCIONES PENALES EN LA MULTIPLICIDAD DE BASES DE DATOS ORGANISMOS Y AGENCIAS?

La coexistencia de distintas bases de datos de cooperación policial y la participación de varios Estados miembros, agencias y organizaciones internacionales en el intercambio de datos personales, puede dificultar la prevención, detección e investigación de infracciones penales. Si un Estado miembro necesitara solicitar información sobre un hecho criminal a cada sistema o país, el proceso sería menos efectivo y no se alcanzaría la rapidez necesaria para garantizar la seguridad. Además, los datos de una misma persona pueden estar almacenados en múltiples ocasiones en el mismo sistema.

Para abordar estas dificultades, en 2024 se adoptó el Reglamento Prüm y se creó el marco Prüm II, con el objeto de mejorar, racionalizar y facilitar el intercambio de información penal y de datos de matriculación de vehículos entre las autoridades competentes de los EEMM, a efectos de la prevención, detección e investigación de infracciones penales, y entre los Estados miembros y Europol.

Para hacer efectivos estos intercambios se hará uso del enrutador al que estarán interconectados todos los Estados miembros para consultar los datos biométricos y obtener datos alfanuméricos. Este sistema utiliza un enrutador interconectado con todos los Estados miembros, permitiendo consultas simultáneas a diversas bases de datos, incluidas las de Europol. Cada entidad consulta automáticamente sus registros en busca de coincidencias, y los resultados se envían al solicitante, en ocasiones con supervisión humana para garantizar la precisión de los datos.

Asimismo, el sistema EPRIS se empleará para solicitudes de antecedentes penales, operando de manera similar, contribuyendo así a un intercambio de información más rápido y eficaz.

Los intercambios en el marco de Prüm II están sujetos a las diversas normativas de protección de datos, como la Directiva 2016/680, el Reglamento 2018/1725, el Reglamento Europol y el RGPD. En particular, la Directiva 2016/680 es aplicable en la búsqueda de personas desaparecidas y la identificación de restos humanos vinculados a la prevención e investigación de delitos.

La interoperabilidad técnica de sistemas y bases de datos es fundamental para facilitar el acceso y el intercambio de información sobre infracciones penales. La UE ha tomado medidas significativas para lograr este objetivo a través de los Reglamentos 2019/817 y 2019/818.

El Reglamento 2019/818 hace efectiva la interoperabilidad de los sistemas de la UE a través de la creación del Portal Europeo de Búsqueda (PEB), del Servicio de Correspondencia Biométrica Compartida (SCB compartido), del registro común de datos de identidad (RCDI) y del detector de identidades múltiples (DIM). Si bien este sistema permite la interoperabilidad, también añade complejidad para la protección de datos: (i) la determinación del responsable del tratamiento de los datos que dependerá del componente de la interoperabilidad (SCB compartido, RCDI o DIM) y del tipo de base de datos incorporada a él (art. 40); (ii) la necesidad de informar a las personas cuyos datos se almacenen en el SCB compartido, RCDI o DIM; la manera de informarles dependerá de la finalidad del tratamiento de los datos personales (art. 47).

Por último, se establece un sistema de ejercicio de los derechos de acceso, rectificación y supresión de datos personales almacenados en el DIM, así como restricciones en su tratamiento. Esto tiene como objetivo garantizar que las peticiones sean atendidas de manera eficiente y transmitidas adecuadamente entre los EEMM (art. 48).

Funcionamiento gráfico del Reglamento 2019/818 y del Reglamento Prüm (marco Prüm II)[872]

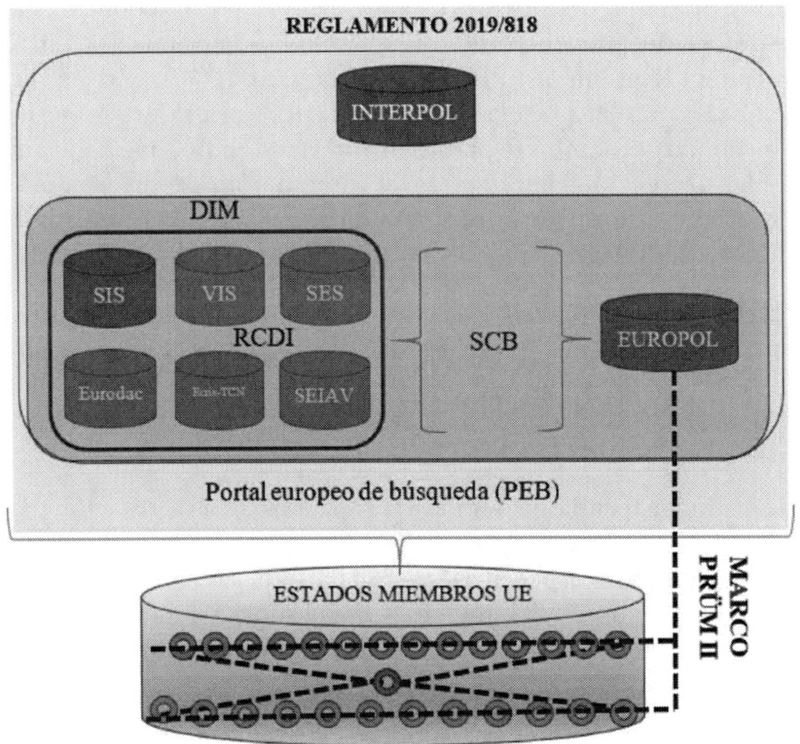

La interoperabilidad también se garantiza a través de plataformas de intercambio seguro, como SIENA de Europol. En el ámbito de Interpol, el sistema I-24/7 asegura la interconexión entre los 196 países miembros y la Secretaría General. Este sistema no solo permite la comunicación entre ellos, sino también el acceso a las dieciocho bases de datos gestionadas por la Secretaría General, tanto desde localizaciones centrales como de forma remota.

---

872 Fuente: Elaboración propia.

Una vez alcanzada (o intentada) la armonización legal, el siguiente paso es lograr la interoperabilidad entre las diferentes bases de datos y los distintos actores que tienen como misión la detección, prevención e investigación del crimen. Es evidente que el Reglamento Prüm, el Reglamento 2019/818 y herramientas como el sistema I-24/7 ayudan a cumplir este objetivo. Sin embargo, también plantean nuevos desafíos para garantizar la protección de datos en el intercambio de información, especialmente en términos de confidencialidad, integridad y calidad de datos.

3. ¿QUÉ MEDIDAS SE ADOPTAN PARA ALCANZAR EL EQUILIBRIO ENTRE LAS NTIC, LA PROTECCIÓN DE DATOS Y LA SEGURIDAD PÚBLICA?

El avance tecnológico supera la capacidad de la legislación para adaptarse rápidamente, generando un desfase entre el desarrollo de herramientas especializadas por parte del sector privado y la normativa institucional, que aborda cuestiones generales. Desde esta óptica, resulta imperante la generación de sinergias entre los sectores privado y público.

Estas nuevas injerencias surgidas de los avances tecnológicos conllevan la necesidad de perfeccionar los límites para proteger los derechos fundamentales. Uno de los mayores retos en los últimos años ha sido el tratamiento de imágenes faciales, que plantea serias implicaciones para la intimidad y la protección de datos personales.

El tratamiento de imágenes faciales ha generado la necesidad de actualizar gran parte de la normativa de la UE en materia de seguridad. Ejemplos claros de esta adaptación son la reforma operada en el Reglamento de Eurodac que entrará en vigor en junio de 2026 y la reciente adopción del Reglamento Prüm II.

A este desafío se suma la irrupción de la IA y su aplicación para la seguridad. El RIA permite el uso de tecnologías de identificación biométrica remota en tiempo real en espacios de acceso públicos bajo determinadas circunstancias.

Para equilibrar el impacto de las tecnologías de IA en los derechos fundamentales, su uso requiere autorizaciones específicas y medidas de seguridad oportunas. Este sistema es calificado "de alto riesgo" al igual que otras herramientas de IA. De entre ellas, el *predictive policing* tiene un enorme potencial para mejorar la seguridad pública mediante predicciones y análisis de riesgos. Son ejemplo de ello en España, sistemas como VioGén, que evalúa el riesgo de víctimas de violencia de género, o Veripol, que analiza el lenguaje para el estudio de posibles denuncias falsas. No obstante, es crucial que los datos personales utilizados como su "alimento" estén protegidos con todas las garantías establecidas en la Directiva 2016/680 y la normativa nacional.

En la esfera internacional, Interpol también es consciente de los nuevos desafíos planteados por las NTIC, como se muestra en la adaptación realizada del "Manual para la innovación en inteligencia artificial responsable" destinado a una actualización profesional de las policías.

Finalmente, las NTIC han transformado las formas de delincuencia, especialmente en el ámbito tecnológico. Sin embargo, estas novedades también han sido concebidas para garantizar y promover la seguridad pública. Todos los Estados persiguen el mayor nivel de seguridad posible, pero ello no es motivo suficiente para justificar cualquier injerencia en los derechos de los ciudadanos.

El establecimiento de límites es un paso necesario en el marco nacional y supranacional, a pesar de que, en ocasiones, el ritmo de cambio en la normativa no se sincroniza con el avance acelerado de la tecnología y sus nuevas funcionalidades. Para que tecnología y legislación vayan de la mano se sugiere: (1) adoptar directrices comunes para la comunidad internacional; (2) incrementar la participación de expertos; (3) construir normativas efectivas basadas en el estado de la técnica, evitando que estas se fundamenten únicamente en consideraciones ideológicas sobre la seguridad y los derechos fundamentales.

4. ¿LAS MEDIDAS EXISTENTES EN LOS DISTINTOS INSTRUMENTOS DE COOPERACIÓN POLICIAL SON SUFICIENTES PARA GARANTIZAR EL DERECHO A LA PROTECCIÓN DE DATOS DE LAS VÍCTIMAS Y DE LAS PERSONAS PRESUNTA Y COMPROBADAMENTE IMPLICADAS EN UN HECHO DELICTIVO?

Los derechos fundamentales son tan efectivos como las garantías que los protegen. En el contexto del intercambio de información entre cuerpos policiales, las bases de datos están regidas por principios esenciales de protección de datos, como la recolección, almacenamiento y conservación adecuada. Europol, Interpol y las fuerzas de seguridad de los EEMM de la UE se ajustan a regulaciones específicas como la Directiva 2016/680 y sus leyes internas, como la LO 7/2021 en España.

El principio de exactitud de los datos personales es crucial en este ámbito, ya que asegura una correcta identificación de las personas involucradas en actividades policiales y judiciales, minimizando errores que podrían vulnerar derechos o comprometer la eficacia de las investigaciones. Este principio está recogido en numerosas normativas, como la Directiva 2016/680, los reglamentos SIS, Eurodac, VIS, Prüm, Europol, Eurojust y el RITD.

Además, cuando un interesado ejerce su derecho de rectificación y se confirma que sus datos personales son incorrectos, inexactos o desactualizados, el responsable del tratamiento está obligado a notificar esta corrección a la autoridad competente que suministró dichos datos, así como a todas a las que haya transmitido la información. Esto evita que los datos inexactos se perpetúen en las sucesivas transmisiones.

El marco de protección de los datos personales varía en función de la categoría del interesado a la que pertenezca, lo que requiere definiciones precisas. No existen definiciones universales y absolutas que distingan a los interesados.

Las definiciones de "víctima" divergen según los tratados de la ONU, mientras que en el Consejo de Europa inicialmente se limitaban a delitos violentos, ampliándose en 2006 para incluir todo tipo de delitos. En la UE, la Directiva 2012/29 ofrece una definición integral, que incluye tanto a víctimas directas como indirectas, destacando una tendencia común: las víctimas son personas naturales, y su protección se extiende a familiares y dependientes, cuyos datos también pueden ser tratados en investigaciones internacionales.

La Directiva 2016/680 extiende su protección tanto a las víctimas de infracciones penales como a aquellas personas respecto de las cuales existan indicios de que podrían ser víctimas de un delito. Incluye dentro de su ámbito de protección a los testigos. Sin embargo, en los distintos instrumentos de cooperación policial la diferenciación entre víctima y testigo no suele estar clara. Ello se debe a la diversidad de enfoques en los Estados miembros que, en algunos casos las consideran figuras equivalentes.

Con respecto a los sujetos activos de un delito, las categorías son más amplias y su denominación varía según la fase en la que se encuentren. De este modo, se pueden distinguir las siguientes situaciones:

a) Sospechosos: personas sobre las que existen motivos fundados para presumir que han cometido o podrían cometer una infracción penal (art. 6.1 Directiva 2016/680). Tanto Europol como la LO 7/2021 española amplían esta categoría para incluir a los colaboradores. Interpol, es más restrictivo al considerar como sospechoso únicamente a la persona que durante la investigación es considerada posible autora de un delito, pero que todavía no es objeto de una acción penal.

b) Personas objeto de una acción penal o acusados: que solo es matizada por el art. 44 RITD.

c) Personas condenadas o sancionadas por una infracción penal: a las que se refiere el art. 6, c) Directiva 2016/680. Interpol las denomina "convictos", al haber sido declaradas culpables de un delito común por medio de una resolución judicial.

d) Terceros involucrados en la infracción penal: según el art. 6, d) de la Directiva 2016/680 incluirían a personas de contacto o asociadas con los sospechosos o condenados.

Finalmente, es importante señalar que las posiciones que las personas ocupan dentro de un hecho criminal no son estáticas y que pueden modificarse durante la investigación policial. Es decir, una víctima podría eventualmente pasar a ser sospechosa y viceversa.

La falta de una definición uniforme para cada tipo de interesado genera dificultades en la creación de categorías de información y en el acceso a datos personales por parte de los Estados. Esta falta de claridad también complica la determinación de las protecciones aplicables a cada interesado en diferentes momentos. A continuación, se presenta un resumen de algunas de las previsiones específicas contenidas en los instrumentos de cooperación policial de la UE y a nivel internacional:

Tabla 3 Diferencias entre el tratamiento de datos de la víctima y del sospechoso o persona comprobadamente implicada en un delito[873].

INSTRU-MENTO	VÍCTIMA	SOSPECHOSO O PERSONA COMPROBADAMENTE IMPLICADA
SIS	Considera a la víctima como el "objeto de protección" del sistema, estableciendo condiciones específicas para la inclusión de sus datos (art. 32), así como para incluir dentro de su descripción imágenes faciales, datos dactiloscópicos y perfiles de ADN (arts. 42 y 43 Reglamento SIS).	Permite la búsqueda activa de un sospechoso o de un autor de un delito a través de la consulta de conjuntos completos o incompletos de impresiones dactilares o palmares localizadas en el lugar del crimen (art. 24 Reglamento SIS).
Eurodac	Se refiere a las víctimas para permitir su identificación exacta mediante huellas dactilares (Considerando 21 Reglamento Eurodac).	Permite acceso de los EEMM a los datos dactiloscópicos almacenados. Si se obtiene un *hit,* un experto verificará las impresiones dactilares para identificar con precisión al sospechoso (Considerandos 13 y 21 Reglamento Eurodac).
Europol	1. Distinguir datos personales de las diversas categorías de interesados. Es crucial proteger los de las víctimas, testigos, personas con información relevante y menores. Si estos datos son sensibles, solo podrán ser utilizados si complementan otros ya tratados por Europol (Considerando 43 Reglamento Europol). 2. Datos de las víctimas solo tratados cuando sea estrictamente necesario y proporcionado.	Puede tratar información para efectuar controles cruzados destinados a identificar conexiones o relaciones relevantes entre datos relacionados con: Personas sospechosas de haber cometido o participado en un delito penal que sea competencia de Europol, o que hayan sido condenadas por dicho delito.

873 Fuente: Elaboración propia.

	3. Su acceso por otros EEMM está sujeto a autorización del director ejecutivo de Europol.	Personas sobre las que existan indicios concretos o motivos razonables para pensar que cometerán delitos penales que son competencia de Europol.
Eurojust	Delimitación de los datos que pueden ser tratados cuando se refieren a víctimas. Se podrán tratar otros datos por tiempo limitado, pero si son de víctimas o testigos se debe decir sobre su uso de manera conjunta por los EEMM involucrados y Eurojust; lo mismo ocurrirá si los datos pertenecen a una categoría especial (art. 27 Reglamento Eurojust)	Se permite el tratamiento de datos de personas respecto de las cuales existan motivos fundados para creer que han cometido o van a cometer una infracción penal para el que Eurojust sea competente o que hayan sido condenadas por tal delito.
Prüm II	Facilita la búsqueda de víctimas y desaparecidos a través de la solicitud de información sobre datos de ADN, dactiloscópicos y de imágenes.	Facilita la búsqueda de un sospechoso a través de la solicitud de información sobre datos de ADN, dactiloscópicos y de imágenes. También sobre datos de antecedentes penales a través de EPRIS.
RIA	Se permite el uso de sistemas de identificación biométrica remota en tiempo real en espacios de acceso público para la búsqueda de víctimas de secuestro, trata de seres humanos o explotación sexual; así como la búsqueda de personas desaparecidas (art. 5.1, h) RIA). Se permite el uso de sistemas de IA para evaluar el riesgo de que una persona física se víctima de delitos.	Se permite el uso de sistemas de identificación biométrica remota en tiempo real en espacios de acceso público para la localización o identificación de personas sospechosa de haber cometido un delito determinado castigado con al menos cuatros años de prisión. Se permite el uso de polígrafos o herramientas similares, así como la evaluación del riesgo de reincidencia de un condenado y la elaboración de perfiles.

Interpol	Fija condiciones específicas para el tratamiento de datos de víctimas, testigos o menores: registrados solo para los hechos en los que tengan tal condición; necesidad de especificar su decisión y la finalidad del registro (art. 38 RITD).	Categoriza los datos de sospechosos, convictos y acusado. Las OCN, entidades nacionales o internacionales pueden formular una alerta de cooperación internacional contra estas personas (art. 83 RITD).

Una vez observado el marco de protección de datos en el intercambio de información, es necesario abordar si se garantizan los derechos de acceso, rectificación, supresión y limitación del tratamiento de las víctimas y de las personas presunta y comprobadamente implicadas en un hecho delictivo.

Aunque todos los instrumentos normativos referidos reconocen la posibilidad de que los interesados ejerzan estos derechos, su configuración no es uniforme, ya que cada uno establece mecanismos distintos para la solicitud y el ejercicio de los citados derechos.

El interesado puede ejercer sus derechos sobre el tratamiento de sus datos al SIS, VIS, Eurodac, ECRIS-TCN, SES y SEIAV conforme a lo establecido en los arts. 12-17 de la Directiva 2016/680. Sin embargo, si los datos personales del interesado están siendo procesados por Europol, se deberán seguir los arts. 36 y 37 de su Reglamento, y si lo son por Eurojust, los arts. 31-33 de su Reglamento. Para los datos personales tratados por Interpol se ejercerán los derechos de acceso, rectificación y eliminación de datos según lo dispuesto en el art. 18 RITD.

Los derechos de los interesados están legislativamente garantizados, pero en la práctica, ejercerlos implica que la persona sea consciente de la inexactitud, desactualización o duración excesiva de la conservación de sus datos, lo cual puede ser difícil de detectar. Para ello, el interesado generalmente debe solicitar el acceso como paso previo al ejercicio del resto de derechos.

Sin embargo, en el contexto de la cooperación policial, los derechos de acceso, rectificación, supresión o limitación del tratamiento no siempre están disponibles para los interesados, debido a las posibles implicaciones para la investigación en curso, terceros involucrados o la seguridad pública y nacional.

Además, identificar a qué autoridad debe dirigirse el interesado para ejercer sus derechos es complicado debido a la variedad de instrumentos utilizados por las fuerzas policiales, lo que dificulta la localización de las autoridades competentes. En España, por ejemplo, los ciudadanos pueden ejercer el derecho de rectificación y supresión de sus datos penales en ciertas bases de datos de la UE, a través de la Oficina Sirene del Ministerio del Interior para el SIS, o ante el Ministerio de Asuntos Exteriores para los datos en el VIS.

5. ¿ESTÁ JUSTIFICADA LA DIFERENTE PROTECCIÓN OTORGADA A LOS DATOS PERSONALES DE LA VÍCTIMA Y A LOS DATOS DE LAS PERSONAS PRESUNTA Y COMPROBADAMENTE IMPLICADAS EN UNA INFRACCIÓN PENAL?

La protección otorgada a los datos personales de las víctimas y de las personas presunta y comprobadamente implicadas en hechos delictivos es distint, y reforzada en algunos casos para las víctimas del delito, lo que se justifica desde varios puntos de vista:

a) La mayor vulnerabilidad de la víctima del delito

La víctima es la persona que, de manera directa o indirecta, sufre o está en riesgo de sufrir los efectos negativos de la infracción criminal. Esta situación conlleva inevitablemente el tratamiento de sus datos personales con el fin de prevenir, investigar, detectar o enjuiciar las infracciones penales, así como para garantizar su protección (por ejemplo, a través de la Orden Europea de Protección).

Este tratamiento de datos puede realizarse exclusivamente dentro del territorio español, aunque en muchos casos será necesaria la cooperación transfronteriza entre autoridades policiales, especialmente cuando el delito tiene un carácter internacional o involucra redes delictivas que operan más allá de las fronteras nacionales.

Esta situación implica la transmisión de sus datos a otros EEMM, su inclusión en bases de datos de la UE, su tratamiento por Europol o Eurojust o su incorporación al Sistema de Información de Interpol.

Como resultado de lo anterior, aumenta el riesgo de que los datos personales de la víctima sean divulgados. Esta posible difusión podría afectar directamente a su derecho a la intimidad y la protección de sus datos, facilitando su identificación y/o localización. En este contexto, su vida, integridad física o moral podrían verse comprometidas. Además, el manejo innecesario, desproporcionado o excesivo de su información personal puede generar graves repercusiones sobre su vida cotidiana, como ilustra la STEDH *Khelili c. Suiza*, aumentando el riesgo de victimización secundaria.

b) La prioridad de los Estados en conseguir la seguridad en todas sus vertientes

Una de las principales razones para facilitar el tratamiento de los datos de personas presuntamente implicadas en infracciones penales con más intensidad que los de las víctimas en los instrumentos de cooperación policial, es el objetivo fundamental de garantizar la seguridad en todas sus formas.

La seguridad es un pilar esencial de cualquier Estado. Contar con fuerzas policiales efectivas para prevenir y combatir el crimen es crucial, no solo para esclarecer delitos, sino también para identificar a los culpables y presentarlos ante la justicia. Este proceso refuerza la confianza de la ciudadanía en las instituciones y en la capacidad del sistema judicial para garantizar la justicia.

Para prevenir, detectar, investigar, enjuiciar un crimen y hacer cumplir la eventual sentencia, en ocasiones se precisa hacer uso de la cooperación policial y compartir los datos personales necesarios. Esto debe hacerse dentro de un marco de salvaguardas.

Esta prioridad por la seguridad no justifica la desprotección de los derechos fundamentales. La presunción de inocencia debe mantenerse intacta desde el inicio de la cooperación judicial, garantizando que todas las personas sean tratadas como inocentes hasta que se demuestre lo contrario. Así se refleja en el considerando 31 de la Directiva 2016/680, el Considerando 23 Reglamento SIS y el Considerando 42 del RIA. El derecho a la presunción de inocencia también actúa como límite en el tratamiento de los datos personales por las autoridades policiales (STEDH *Batiashvili c. Georgia*).

c) La necesidad de la "prevención general"

La protección de los datos personales de las víctimas y los sospechosos, acusados y condenados no es semejante. Desde esta óptica, ocultar la identidad de los autores de crímenes atroces, aunque hayan sido condenados, puede dar un ejemplo inadecuado para la ciudadanía.

Por ello, la información proporcionada al público — con las salvaguardas adecuadas — sobre el autor y el crimen cometido actúa como mecanismo disuasorio del crimen, conocido en Derecho Penal como "prevención general". Se envía un mensaje claro: no importa quién, dónde o cómo se cometió el crimen, ni a qué país huyó el condenado; la justicia siempre llega.

Además, el tiempo no elimina la huella de las infracciones penales cometidas y sentenciadas, incluso después de que el individuo haya cumplido su condena, ya que estos datos cumplen un propósito social superior (STEDH *M. L. y W. W. c. Alemania;* STC 58/2018 y SAN 1211/2024).

En resumen, se trata de enviar un mensaje claro: no habrá impunidad para los autores de crímenes y tanto la labor policial como la judicial y mediática están comprometidas en hacer justicia y prevenir la repetición de tales actos.

6. ¿LOS AGENTES DE POLICÍA Y OTROS INTERVINIENTES EN MATERIA DE COOPERACIÓN POLICIAL RECIBEN UNA FORMACIÓN TEÓRICA Y LINGÜÍSTICA SUFICIENTE Y ADECUADA PARA SU LABOR?

La formación es un aspecto fundamental en el contexto de la cooperación policial, como se destaca en todos los instrumentos clave relacionados con este ámbito. En esencia, la capacitación se centra en dos elementos principales: la formación técnica y la competencia lingüística.

En España, el Ministerio del Interior se compromete a garantizar una educación completa y adecuada, asignando a agentes especializados la posición de Delegado de Protección de Datos de la Policía Nacional o de la Guardia Civil.

El SIS establece que, para asegurar la eficacia en el intercambio de información, se debe invertir en la formación de los usuarios, tanto antes de ser autorizado a tratar datos como de manera periódica después de su autorización. Además, el personal de los Servicios Nacionales Sirene debe recibir una formación completa y uniforme, por lo que impulsa los intercambios de personal y los cursos comunes. Una previsión similar se puede encontrar en el Reglamento VIS, que también enfatiza la importancia de la formación.

El Reglamento Prüm II, subraya la importancia de la capacitación, especialmente, en materia de protección de datos. Europol se compromete a brindar apoyo en la formación policial de los EEMM, en coordinación con CEPOL.

Interpol promueve una formación digital en diferentes materias, incluida la protección de datos, ofreciendo una variedad de cursos a través de su Academia Virtual y organizando formaciones presenciales.

Esta formación no solo tiene que ser especializada, sino también continuada y actualizada, adaptándose a las novedades en la normativa de los instrumentos y avances en las herramientas tecnológicas. Solo así se garantizará un uso adecuado de cada instrumento y se disminuirá las consecuencias que un uso inadecuado pueda tener sobre los derechos fundamentales de los ciudadanos.

En cuanto a las competencias lingüísticas, no solo es crucial tener un amplio conocimiento del idioma sino también una gran habilidad para armonizar un mismo texto normativo en diferentes lenguas, sin alterar su contenido ni provocar aplicaciones e interpretaciones divergentes de un mismo precepto. Este desafío se complica aún más en la UE, ante la existencia de veinticuatro lenguas oficiales y la necesidad de traducir la normativa a cada una de ellas.

En el ámbito práctico de la cooperación policial, es importante que el personal que utiliza las distintas bases de datos cuente con aptitudes lingüísticas adecuadas. La formación impartida a los miembros de la policía debe enfatizar especialmente los riesgos que pueden ocasionar sobre los datos personales de los involucrados en una investigación, especialmente en caso de que se produzca una brecha de seguridad.

Además, es fundamental capacitarlos para garantizar la seguridad de los datos y la confidencialidad en el uso de los instrumentos de cooperación policial. Las brechas de seguridad pueden afectar a la policía de dos maneras distintas: (i) como sujetos pasivos, ya que sus datos personales también pueden ser difundidos, comprometiendo su anonimato y poniendo en peligro su seguridad y la de sus familias; y (ii) bajo un ángulo activo, siendo responsables de una brecha de seguridad, intencionada o involuntaria, y podrían enfrentarse a consecuencias administrativas y/o penales.

7. CONSIDERACIONES FINALES Y RECOMENDACIONES

Tras exponer las principales conclusiones de este trabajo y evaluar las fortalezas y debilidades del sistema de protección de datos existente en el contexto de la cooperación policial transfronteriza, se presentan las siguientes consideraciones y recomendaciones para abordar los desafíos pendientes. En este sentido, es menester:

1. Convertir la Directiva 2016/680 en un Reglamento, para que sea de aplicación directa en todos los Estados miembros. De este modo, que dentro de este mismo reglamento se recoja un sistema único de protección de datos para todas las iniciativas, bases de datos, cuerpos o agencias que participen en la prevención, investigación, detección o enjuiciamiento de infracciones penales o de ejecución de sanciones penales. Esto implica la creación de un sistema transversal que no se limite a una mera remisión del instrumento en la normativa de la UE de protección de datos, sino que consiste en la armonización de los elementos comunes a todas ellas y a la previsión específica de las variaciones.

2. La introducción de instrumentos como el RIA y tecnologías como la identificación biométrica remota "en tiempo real", herramientas de *predictive policing* para evaluar riesgos de victimización y la predicción de reincidencia presentan nuevos retos para la protección de datos. Sus implicaciones deben ser incluidas en un el marco único de protección de datos penales.

3. Con este marco, el Reglamento 2019/818 y el Reglamento Prüm II estarán sometidos a una única normativa de protección de datos, lo que otorgará homogeneidad a los datos transmitidos.

4. Con esta unificación del sistema de protección de datos, se simplificará el ejercicio de los derechos de acceso, rectificación, supresión o limitación del tratamiento, por la existencia de reglas únicas para su solicitud y concesión.

5. Adoptar estándares comunes a nivel global, preferentemente mediante tratados internacionales o, en su defecto, acuerdos entre la UE y terceros países. Las transferencias de datos a terceros países pueden derivar de instrumentos de cooperación policial de la UE o de decisiones individuales de un Estado miembro. Cuando los datos se envían a países con protección insuficiente o inexistente, se pierde el control sobre su uso, lo que abre la puerta a su posible explotación para finalidades distintas de la seguridad pública, como mercadotecnia, sanidad o seguros. Para evitarlo, se recomienda aplicar técnicas informáticas que restrinjan el tratamiento de los datos y garanticen su trazabilidad. Además, los Estados miembros, los instrumentos de cooperación y el SEPD deberían reforzar el control periódico sobre la conservación de los datos cedidos.

6. Precisar de una manera clara los mecanismos a través de los cuales se informará a los ciudadanos de la presencia de sus datos personales en los instrumentos de cooperación policial y, dentro de esta información, una orientación más precisa sobre quién es el responsable de garantizar sus derechos de acceso, rectificación, supresión y limitación del tratamiento.

7. Reforzar el principio de exactitud a través de una supervisión más estricta de los Delegados de Protección de Datos de todos los instrumentos de cooperación policial, de las Agencias de Protección de Datos de los Estados y del Supervisor Europeo para la Protección de Datos.

8. Vinculada a la recomendación anterior, el control de la aplicación efectiva de la rectificación y supresión de los datos personales, cuando sea necesaria, así como una actualización constante de la información objeto de transmisión.

9. Formación especializada con el fin de que: (i) las normas estén traducidas en los idiomas necesarios; pero (ii) se tienda a la estandarización lingüística para facilitar las comunicaciones, la comprensión y la colaboración policial.

10. Mantener el papel de los medios de comunicación como mecanismo necesario para satisfacer el derecho a la información de los ciudadanos, pero, sobre todo, como elemento necesario para la condena pública de los crímenes más atroces con destino a la prevención general.

11. Aprehender adecuadamente el papel de los tribunales, nacionales, comunitarios e internacionales como intérpretes y garantes últimos de la normativa vigente, para fraguar un análisis necesario, complementario y conciliador de los parámetros de la labor judicial y de los estándares sobre derechos fundamentales. Con ello en mente, debe realzarse su papel como impulsores de cambios normativos, pues desde esta óptica un diálogo judicial global y constructivo irá de la mano de una mayor seguridad jurídica en cuanto a la puesta en práctica de los estándares jurídicos de protección multinivel existentes.

12. Finalmente, resulta imperioso e inexorable que todos los poderes públicos y actores privados que participen en la cadena de la cooperación policial tengan como principio básico de actuación el equilibrio entre la prevención, investigación, detección o enjuiciamiento de infracciones penales o de ejecución de sanciones penales y la protección de datos.

Bibliografía

1. Académicas: artículos, monografías, capítulos en obras colectivas e intervenciones

ADEN, H: *Police Cooperation in the European Union under the Treaty of Lisbon. Opportunities and Limitations*, Nomos, 2015.

ALHAMBRA, P.: "Valor probatorio de la confesión policial del sospechoso", *Anuario Jurídico de Villanueva,* n.º 10, 2017, pp. 199-242.

ALLÍ TURRILLAS, I.: *Prevención de la delincuencia grave y organizada en la Unión Europea: De la cooperación a la integración,* Madrid, Editorial Dykinson, 2016.

ANDOURA, S. y TIMMERMAN, P.: *Governance of the EU: the reform debate on European Agencies reignited,* EPIN Working Papers No. 19, 2008.

AU-YOUNG OLIVEIRA, A.: "Recent developments of interoperability in the EU Area of Freedom, Security and Justice: Regulations (EU) 2019/817 and 2019/818", *Unio-EU Law Journal,* vol. 5, n.º2, 2019, pp. 128-135.

AYJÓN MARCOS, M.: *La protección de datos de carácter personal en la justicia penal,* Barcelona, J.M. Bosch Editor, 2020.

BARJA DE QUIROGA, J. (dir): *Doctrina del Tribunal Europeo de Derechos Humanos,* Madrid, Tirant lo Blanch, 2018.

BARONA VILAR, S: *Algoritmización del Derecho y de la Justicia. De la Inteligencia Artificial a la Smart Justice,* Valencia, Tirant lo Blanch, 2021.

BELLANOVA, R. y GLOUFTSIOS, G.: "Controlling the Schengen Information System (SIS II): The Infraestructural Politics of Fragility and Maintenance", *Geopolitics,* vol. 27, 2022, pp. 160-184.

BELLO JANEIRO, D.: "La protección de datos de carácter personal en el ámbito comunitario", *Anuario de Facultade de Dereito,* n.º5, 2001, pp. 147-149.

BERROCAL LANZAROT, A. I.: *Estudio Jurídico-Crítico sobre la Ley Orgánica 3/2018, de 5 de diciembre, de protección de datos personales y garantía de los derechos digitales,* Madrid, Reus, 2019.

BLANCO QUINTANA, M.ª J.: "La comunicación de antecedentes penales entre los Estados. El Sistema Europeo de Información de Antecedentes Penales (ECRIS)", *Boletín del Ministerio de Justicia,* n.º 2155, 2013, pp. 1-25.

BLASI CASAGRAN, C.: "El Reglamento Europeo de Europol: Un nuevo marco jurídico para el intercambio de datos policiales en la UE", *Revista General de Derecho Europeo*, n.º 40, 2016, pp. 202-221.

BLASI CASAGRÁN, C.: "Fundamental Rights Implications of Interconnecting Migration and Policing Databases in the EU", *Human Rights Law Review*, n.º 21, 2021, pp. 433-457.

BODERO, E. R.: "Orígenes y fundamentos principales de la Victimología", *Iuris Dictio*, 2(3), 2001, pp. 72- 80.

BOEHM, F.: *Information Sharing and Data Protection in the Area of Freedom, Security and Justice*, Springer, 2012.

BRIÈRE, C.: "Cooperation of Europol and Eurojust with external partners in the fight against crime: what are the challenges ahead?", *DCU Brexit Institute Working Paper*, n.º 1, 2018, pp. 1-28.

BRKAN, M.: "The Essence of the Fundamental Rights to Privacy and Data Protection: Finding the Way Through the Maze of the CJEU's Constitutional Reasoning", *German Law Journal*, 2019, pp. 864-883.

BUNYAN, T.: "Trevi, Europol and the European state" en BUNYAN, T.: *Statewatching the new Europe: a handbook on the European state*, Statewatch, 1993.

BURGORGUE-LARSEN, L.: "Las víctimas del delito en el proceso penal internacional: ejemplo de la Corte Penal Internacional", *Revista Jurídica*, n.º 12, 2005, pp. 9-32.

CALCARA, G.: "Balancing International Police Cooperation: INTERPOL and the Undesirable Tradeof Between Rights of Individuals and Global Security", *Liverpool Law Review*, n.º 42, 2021, pp. 123-129.

CALVO CARAVACA, A. L. y CARRASCOSA GONZÁLEZ, J.: "Sustracción internacional de menores: una visión general", *El discurso civilizador en Derecho Internacional: cinco estudios y tres comentarios*, 2011, pp. 115-155.

CAMPANAR MUÑOZ, J. y PEREIRA PUIGVERT, S.: "Eficiencia versus garantías en la investigación penal del siglo XXI" en PEREIRA I PUIGVERT, S.; ORDÓÑEZ PONZ, F. y DEL MORAL GARCÍA A. (dirs.): *Investigación y proceso penal en el siglo XXI: nuevas tecnologías y protección de datos*, Navarra, Thomson Reuters Aranzadi, 2021, pp. 45-58.

CARPIO DELGADO, J.: "Las víctimas como testigos en el Derecho Internacional (I) Especial referencia a los Tribunales *ad hoc*", *Política Criminal*, vol. 8, n.º 15, 2013, pp. 128-169.

CASADO CADARSO, M. y VILA MUNTAL, A.: "Los ficheros policiales. Una visión desde la Ley Orgánica 15/1999, de 13 de diciembre, de protección de datos de carácter personal", *Revista Catalana de Seguretat Pública*, n.º22, 2010, pp. 233-254.

CAZURRO BARAHONA, V.: *Antecedentes y fundamentos del Derecho a la protección de datos,* Barcelona, J. M. Bosch, 2020.

CEBRIÁN BELTRÁN, S.: "Nuevos desafíos en el ámbito de la Videovigilancia por las Fuerzas y Cuerpos de Seguridad desde la Perspectiva De La LO 7/2021: El difícil Equilibrio entre la Seguridad y la Protección De Datos", *Estudios de Deusto,* n.º 70 (1), 2022, pp. 221-251.

CEREZO MIR, J.: "Autoría y participación en el Código Penal vigente y en el futuro", *Anuario de derecho penal y ciencias penales,* 1979, pp. 567-582.

CONDRY, R.: "Secondary Victims and Secondary Victimization" en SHOHAM, S., KNEPPER, P. y KETT, M.: *International Handbook of Victimology,* New York, Routledge, 2010, pp. 219-250.

CORDERO ÁLVAREZ, C. I.: "La transferencia internacional de datos con terceros Estados en el nuevo reglamento europeo: especial referencia al caso estadounidense y la cloud act", *Revista Española de Derecho Europeo,* n.º 70, 2019, pp. 49-108.

COTINO HUESO, L.: "Riesgos e impactos del big data, la inteligencia artificial y la robótica. Enfoques, modelos y principios de la respuesta del Derecho", *Revista General de Derecho Administrativo,* n.º 50, 2019.

CUSTERS, B.: "Technology in policing: Experiences, obstacles and police needs", *Computer law & security review,* n.º 28, pp. 62-68.

DE HERT, P. y PAPAKONSTANTINOU, V.: "The new police and criminal justice data protection directive: a first analysis", *New Journal of European Criminal Law,* Vol. 7, 2016, pp. 7-19.

DE LA QUADRA-SALCEDO JANINI, T.: "El Derecho constitucional comunitario in the age of balancing. Control de constitucionalidad y principio de proporcionalidad", *Cuadernos de Derecho Público,* n.º18, 2003, pp. 207-239.

DEFLEM, M.: *The Encyclopedia of Crime and Punishment,* London, Wesley G. Jennings, 2015.

DÍEZ PICAZO, L.: *Sistema de derechos fundamentales,* Valencia, Tirant lo Blanch, 2021.

DIMITROVA, D. y DE HERT, P.: "The Right of Access Under the Police Directive: Small Steps Forward", *Privacy Technologies and Policy: 6th Annual Privacy Forum,* Heidelberg, Springer, 2018, pp. 111-130.

DIMITROVA, D.: "Article 16 Right to Rectification or Erasure of Personal Data and Restriction of Processing", en KOSTA, E. y BOEHM, F. (dir.): *The EU Law Enforcement Directive (LED): A Commentary,* 2024, pp. 293-308.

DONAIRE VILLA, F. J.: "Solidaridad normativa y derechos fundamentales en el Código de Fronteras Schengen", *Revista Vasca de Administración Pública,* n.º 128-II, 2024, pp. 127-262.

DONAIRE VILLA, F. J.: *La Constitución y el acervo de Schengen*, Valencia, Tirant lo Blanch, 2002.

DRECHSLER, L.: "The Achilles Heel of EU data protection in a law enforcement context: international transfers under appropriate safeguards in the law enforcement directive", *Cybercrime: New Threats, New Responses*, Huygens Editorial, 2020, pp. 47-65.

DRECHSLER, L.: "Wanted: LED adequacy decisions. How the absence of any LED adequacy decision is hurting the protection of fundamental rights in a law enforcement context", *International Data Privacy Law*, vol. 11, n.º 2, 2021, pp. 182-195.

DREWE, D. y MILADINOVA, V.: "The BIG DATA Challenge: Impact and opportunity of large quantities of information under the Europol Regulation", *Computer Law & Security Review*, n.º 33, 2017, pp. 298-308.

DURMAZ, H., SEVINC, B., SAIT YAYLA, A. y EKICI, S.: *Understanding and Responding to Terrorism: Volume 19 NATO Security through Science Series: Human and Societal Dynamics*, 2007.

ELRICK L. E.: "Finding the Balance between Security and Human Rights in the EU Borders Security Ecosystem", *European Journal of Law and Technology*, Vol 12, 2021, pp. 1-19. Se puede consultar el artículo aquí: https://ejlt.org/index.php/ejlt/article/view/820/1030

ENIKÖ, F.: "The rising importance on the protection of witnesses in the European Union", *Revue Internationale de Droit Pénal*, 2006, vol. 77, pp. 313-322.

FABRINI, F. y CELESTE, E.: "The right to be forgotten in the digital age: The challenges of Data Protection beyond borders", *German Law Journal*, 2020, n.º 21, pp. 55-65.

FERNÁNDEZ DE CASADEVANTE ROMANÍ, C.: "Las víctimas y el Derecho Internacional", *A.E.D.I.*, vol. XXV, 2009, pp. 3-66.

FERNÁNDEZ DE CASADEVANTE ROMANÍ, C.: *International Law of Victims*, Heidelberg, Springer, 2012.

FERNÁNDEZ FUSTER, M.ª D.: "Protección de los Derechos de la Víctima en el Proceso Penal", *Estudios Penales y Criminológicos*, vol. XXXIX, 2019, pp. 755-815.

FERNÁNDEZ GONZÁLEZ, C. M. (coord.): *Estudio sobre el sistema de protección de datos personales con finalidad de prevención, detección e investigación policial de infracciones penales*, Ministerio del Interior, 2022.

FONTES, C. et al.: "AI-powered public surveillance systems: why we (might) need them and how we want them", *Technology in Society*, vol. 71, 2020, pp. 1-12.

FREIXES, T. y ROMÁN, L. (ed.): *Protección de las víctimas de violencia de género en la Unión Europea: estudio preliminar de la Directiva 2011/99/UE*, Publicacions URV, 2014.

GARCÍA MAHAMUT, R.: "Del Reglamento General de Protección de Datos a la LO 3/2018, de protección de datos personales y garantía de los derechos digitales", en GARCÍA MAHAMUT, R. y TOMÁS MALLÉN, B. (eds.), *Reglamento General de Protección de Datos. Un enfoque nacional y comparado. Especial referencia a la LO 3/2018 de Protección de Datos y Garantía de los Derechos Digitales*, Valencia, Tirant lo Blanch, 2019, pp. 115-121.

GARCÍA MAHAMUT, R.: "El derecho fundamental a la protección de datos: El Reglamento (UE) 2016/679 como elemento definidor del contenido esencial del artículo 18.4 de la Constitución", *Corts: Anuario de derecho parlamentario*, 2018, n.º 31, pp. 59-80.

GARCÍA MARCOS, J.: "Cesión de datos e investigación de infracciones penales: la Ley Orgánica 7/2021", *Diario La Ley*, n.º 9964, 2021.

GARCÍA MESEGUER M. D. y MEDRÁN VIOQUE, R.: "La protección de las personas físicas en el tratamiento de datos: Principios y derechos. Breve comentario de la transposición de la Directiva 95/43/CE a la Ley Orgánica 15/1999", *Boletín del Ministerio de Justicia*, n.º 1919, 2002, pp. 1983-1998.

GARRIGA DOMÍNGUEZ, A.: "La nueva ley orgánica 15/1999, de 13 de diciembre, de protección de datos personales, ¿un cambio de filosofía?", *Anales de la Cátedra Francisco Suárez*, vol. 34, 2000, pp. 299-322.

GARRIGA DOMÍNGUEZ, A.: "Principios de calidad de los datos y derechos de los interesados: el núcleo esencial del derecho a protección de datos personales en la LOPD", *Nuevos retos para la protección de datos personales. En la era del big data y de la computación ubicua*, Madrid, Dykinson, 2015, pp. 173-225.

GINER ALEGRÍA, C. A.: "Aproximación psicológica de la Victimología", *Revista de Derecho y Criminología*, 2011, pp. 25-54.

GLOUFTIOS, G. y SCHEEL, S.: "An inquiry into the digitalisation of border and migration management: performativity, contestation and heterogeneous engineering", *Third World Quaterly*, vol. 42, n.º 1, 2021, pp. 123-140.

GÓMEZ SÁNCHEZ, Y.: *Constitucionalismo multinivel: derechos fundamentales*, Madrid, Editorial Sanz y Torres, 3.ª ed., 2015.

GONZÁLEZ FUSTER, G.; *The emerge of personal Data Protection as a Fundamental Right of the EU*, Springer, 2014.

GONZÁLEZ PASTRANA, A.: "Principales mecanismos jurídicos de cooperación policial y judicial en el seno de la Unión Europea", *Seguridad y Ciudadanía, Revista del Ministerio de Interior*, n.º 12, 2014, pp. 55-128.

GÓRRIZ ROYO, E.: *El concepto de autor en el Derecho Penal,* Valencia, Tirant Lo Blanch, 2008.

GRASSO, A.: "Legal Translation and the EU Terminological Resources: An Imperfect Match", en RUGGIERI, F. (ed.): *Criminal Proceedings, Languages and the European Union: Linguistic and Legal Issues,* Springer, 2014, pp. 71-81.

GRZELAK, A.: "Protection of Personal Data of Crime Victims in European Union Law– Latest Developments", *XXXVIII Polish Yearbook of International Law,* 2018, pp. 209-228.

GUGGEIS, M.: "Multilingualism in the European Union Decision-Making Process", en RUGGIERI, F. (ed.): *Criminal Proceedings, Languages and the European Union: Linguistic and Legal Issues,* Heidelberg, Springer, 2014, p. 45-56.

GUTIÉRREZ DE PIÑERES, C., CORONEL, E. y PÉREZ, C. A.: "Revisión teórica del concepto de victimización secundaria", *Liberabit,* vol. 15, 2009, pp. 49-58.

GUTIÉRREZ ZARZA, Á.: "La protección de las personas físicas en lo que respecta a su derecho a la intimidad y los datos personales por las autoridades de emisión y ejecución de las órdenes europeas de investigación", en ARAGÜENA FANEGO, C. y DE HOYOS SANCHO, M. (dir.): *Garantías procesales de investigados u acusados: situación actual en el ámbito de la Unión Europea,* Valencia, Tirant lo Blanch, 2018, pp. 421-460.

GUTIÉRREZ ZARZA, Á.: *Exchange of Information and Data Protection in Cross-border Criminal Proceedings in Europe,* Springer, 2015.

HÄBERLE, P.: "El Tribunal Constitucional como poder político", *Revista de estudios Políticos (Nueva Época),* n.º 125, 2004, pp. 9-37.

HEIMRICH, C. y SCHARPF, M.: "Ne bis in idem in the context of an Interpol red notice: Effective law enforcement versus fundamental right (case note on C-505/19 WS)", *New Journal of European Criminal Law,* 13(1), 2022, pp. 91-99. https://doi.org/10.1177/20322844221082925

HEREDERO HIGUERAS, M.: "La L.O.R.T.A.D. y su futuro. La Ley Orgánica 5/1992, de 29 de octubre, de regulación del tratamiento automatizado de datos de carácter personal", *Informática y Derecho,* n.º 19-22, 1998, pp. 463-498.

HERNÁNDEZ LÓPEZ, A.: "Crimen transfronterizo y determinación de la jurisdicción en el espacio de libertad, seguridad y justicia: ¿Hacia una nueva normativa sobre resolución de conflictos de ejercicio de la jurisdicción penal?", *Revista de Estudios Europeos,* n.º 71, 2018, pp. 220-233.

JIMENA QUESADA, L. y TOMÁS MALLÉN, B.: *Justicia y anonimización de datos personales,* Tirant lo Blanch, Valencia, 2021

JIMENA QUESADA, L. y SALVIOLI, F.: "The individual, human rights and international instruments: focus on the Council of Europe", *The Elsa Law Review,* n.º 2, 1994, pp. 109-127.

JIMENA QUESADA, L.: "Configuración constitucional de las FFCCS españoles en el marco de la Unión Europea", *Revista Vasca de Administración Pública,* n.º 49, 1997, pp. 167-213.

JIMENA QUESADA, L.: "La protección de datos y las personas vulnerables en el Consejo de Europa", en GARCÍA MAHAMUT, R. y TOMÁS MALLÉN, B. (eds.), *El Reglamento General de Protección de Datos un Enfoque Nacional y Comparado. Especial Referencia a la LO 3/2018 De Protección de Datos y Garantía de los Derechos Digitales,* Tirant Lo Blanch, Valencia, 2019, pp. 585-608.

JIMENA QUESADA, L.: *El principio de unidad del poder judicial y sus peculiaridades autonómicas,* Madrid, Centro de Estudios Políticos y Constitucionales, 2000, especialmente el Prólogo de DÍAZ DELGADO, J.: "La vinculación del juez contencioso-administrativo a la doctrina del Tribunal Supremo y de los Tribunales Superiores de Justicia. Independencia judicial 'versus' seguridad jurídica".

JIMÉNEZ GARCÍA, F.: "Derecho Internacional y terrorismo: Historia de una relación incapaz de materializarse estatutariamente", *Anuario de los Cursos de Derechos Humanos de Donostia-San Sebastián: Donostiako Giza Eskubideei Buruzko Ikastaroen Urtekaria,* n.º 6, 2006, pp. 303-348.

JIMÉNEZ-CASTELLANOS BALLESTEROS, I.: *El derecho al olvido digital del pasado penal,* Valencia, Tirant lo Blanch, 2021.

JOH, E.: "The New Surveillance Discretion: Automated Suspicion, Big Data, and Policing", *UC Davis Legal Studies Research,* 2015 pp. 15-42.

JOH, E.: "Policing by numbers: Big Data and the fourth amendment", *Washington law review,* n.º 89, 2014, pp. 35-68.

KLOSEK, J.: "The Development of International Police Cooperation within the EU and between the EU and Third Party States: A Discussion of the Legal Basis such Cooperation and the Problems and Promises Resulting Thereof", *American University International Law Review,* 14, 1999, pp. 599-656.

KOSKINEN, K.: "Institutional illusions: Translating in the EU Commission", *The Translator,* n.º 6(1), pp. 49-65.

KOSTOV, I.: "Machine Learning and the Legal Framework for the Use of Passenger Name Record Data", *Intelligent Technologies and Applications,* Springer, 2020, pp. 392-403.

KOVARI, P.: "The Benefits of Using INTERPOL'S Criminal Databases – The Hungarian Perspective", *Belügyi Szemle,* 2023, pp. 59-64.

KÜHNE, H. H.: "Kriminologie: Victimologie der Notzucht", *Juristische Schulung*, n.º 5, 1986, pp. 388-394.

LANGILLE, N. y MÉGRET, F.: "Red Notices and transnational police practices" en CHRISTENSEN, M.J y LEVI, R. (ed.): *International Practices of Criminal Justice: social and legal perspectives,* Nueva York, B/W Illustrations, 2017, pp. 108–130.

LEAL, A.: "The European Union's translation policies, practices and ideologies: time for a translation turn", *Perspectives,* vol. 30, 2022, pp. 195-208.

LEISER M. y CUSTERS, B.: "The law enforcement Directive: Conceptual challenges of UE Directive 2016/680", *European Data Protection Law Review (EDPL),* vol. 5, n.º3, p. 368-375.

LLARENA CONDE, P.: "El inicio del procedimiento y la fase de instrucción", *Universitat Oberta de Catalunya,* 2019, pp. 1– 33.

LLORENTE SÁNCHEZ-ARJONA, M.: "Hacia una justicia penal predictiva", *Cuadernos de Política Criminal,* n.º 136, 2022, pp. 91-124.

LÓPEZ AGUILAR, J. F.: "La protección de datos personales en la más reciente jurisprudencia del TJUE: los derechos de la CDFUE como parámetro de validez del Derecho europeo, y su impacto en la relación transatlántica UE-EEUU", *Teoría y Realidad Constitucional,* n.º 39, 2017, pp. 557-581.

LÓPEZ CALVO, J.: *Comentarios al Reglamento de Protección de datos,* Madrid, Sepín, 2017.

MADSEN, W.: *Handbook of Personal Data Protection,* Palgrave Macmillan, 1992.

MALSCH, M.: "Victims' Fundamental Need for Safety and Privacy and the Role of Legislation and Empirical Evidence", *Erasmus Law Review,* vol. 14, n.º 3, 2021, pp. 161-169.

MARCOS FRANCISCO, D.: "Requisitos de perseguibilidad de los delitos tras la reciente Ley de Reforma del Código Penal", *laleydigital,* 2015.

MARQUENIE, T.: "The Police and Criminal Justice Authorities Directive: Data protection standards and impact of legal framework", *Computer law & security review,* n.º 33, 2017, pp. 324-340.

MARTÍN BRAÑAS, C.: "Reconocimiento del delincuente: Nuevas diligencias de identificación", *Boletín del Ministerio de Justicia,* n.º 2162, 2015, pp. 7-50.

MARTÍN MARTÍN-MORA, C.: "La traducción en la Unión Europea: perfil profesional, características y relevancia de un elemento clave", *Entreculturas,* n.º 14, 2024, pp. 118–129.

MARTÍNEZ ALARCÓN, M.ª L.: "El principio de subsidiariedad en el Tratado de Lisboa", *Parlamento y Constitución. Anuario,* n.º 13, 2010, pp. 164-198.

MARTÍNEZ GARCÍA, E.: *La orden europea de investigación: actos de investigación, ilicitud de la prueba y cooperación judicial transfronteriza,* Valencia, Tirant lo Blanch, 2016.

MARTÍNEZ LÓPEZ-SÁEZ, M.: "La ratificación española del Convenio 108 +: Consideraciones jurídicas básicas del nuevo marco paneuropeo de protección de datos", *Revista General de Derecho Europeo,* n.º 54.

MARTÍNEZ LÓPEZ-SÁEZ, M.: *El encaje constitucional del derecho al olvido en el ordenamiento jurídico estadounidense,* Valencia, Tirant lo Blanch, 2020.

MARTÍNEZ LÓPEZ-SÁEZ, M.: *Una revisión del derecho fundamental a la protección de datos de carácter personal: un reto en clave de diálogo judicial y constitucionalismo multinivel en la Unión Europea,* Tirant lo Blanch, 2018.

MARTÍNEZ MARTÍNEZ, N.: "El conflicto entre el derecho al olvido y a la libertad de información de la prensa contenida en las hemerotecas", *Derecho Privado y Constitución,* n.º 34, 2019, pp. 51-95.

MARTÍNEZ MARTÍNEZ, R.: "El derecho fundamental a la protección de datos: perspectivas", *Revista de Internet, Derecho y Políticas,* n.º 5, 2007, pp. 47-61.

MARTÍNEZ PÉREZ, F. y POZA CISNEROS, M.: *Módulo III, Tema 9, El principio de disponibilidad: antecedentes penales y Convenio de Prüm,* 5.ª ed., 2013.

MARTÍNEZ VÁZQUEZ, F.: "La nueva Ley Orgánica de protección de datos personales tratados para fines de prevención, detección, investigación y enjuiciamiento de infracciones penales y de ejecución de sanciones penales", *Diario La Ley,* N.º 9865, Sección Tribuna, 7 de junio de 2021.

MAYOWA FARAYOLA et al.: "Fairness of AI in Predicting the Risk of Recidivism: Review and Phase Mapping of AI Fairness Technique", *The 18th International Conference on Availability, Reliability and Security (ARES 2023),* agosto 29–septiembre 01, 2023, Benevento, Italia.

MCKAY, C.: "Predicting risk in criminal procedure: Actuarial tools, algorithms, AI and judicial decision-making", *Current Issues in Criminal Justice,* n.º 32(1), pp. 22–39.

MÉNDEZ, M. A.: "Anonymous publica los datos personales de 5.400 funcionarios de Policía Nacional", *El Confidencial,* 1 de junio de 2016.

MIERES MIERES, L. J.: *El derecho al olvido digital,* Fundación Alternativas, 2024.

MILLER, B. y BORNSTEIN, M. (eds.): *Advances in Psychology and Law,* vol.1, 2016.

MOLINA DEL POZO, C. F.: *Instituciones, órganos y organismos de la Unión Europea,* Valencia, Tirant lo Blanch, 2023.

MONTORO SÁNCHEZ, J. A.: "La obtención de datos de carácter personal con fines de investigación en el anteproyecto de la nueva ley de enjuiciamiento criminal", en PEREIRA I PUIGVERT, S.; ORDÓÑEZ PONZ, F. y DEL

MORAL GARCÍA A. (dirs.): *Investigación y proceso penal en el siglo XXI: nuevas tecnologías y protección de datos*, Navarra, Thomson Reuters Aranzadi, 2021, pp. 691-712.

MONTORO SÁNCHEZ, J. A.: "Las diligencias de investigación practicadas por las Fuerzas y Cuerpos de Seguridad", en SÁNCHEZ GÓMEZ, R. y MONTORO SÁNCHEZ, J. A. (dirs.): *Manual de Derecho Procesal Penal para Guardias Civiles*, Madrid, Dykinson, 2021, pp. 81-129.

MORILLAS FERNÁNDEZ, D. L., PATRÓ HERNÁNDEZ, R. M. y AGUILAR CÁRCELES, M. M.: *Victimología: un estudio sobre la víctima y procesos de victimización*, Dykinson, 2014.

MORTE GÓMEZ, C.: *Cómo presentar una demanda ante el Tribunal Europeo de Derechos Humanos*, 3ª edición, Valencia, Tirant lo Blanch, 2020.

MUÑOZ MARTÍN, J. y VALDIVIESO B.: "Autoridad y cambio lingüístico en la traducción institucional", *Tonos digitales: revista de estudios filosóficos*, n.º 13, 2007, pp. 456-472.

NEIVA, L., GRANJA, R. y MACHADO, H.: "Big Data applied to criminal investigations: expectations of professionals of police cooperation in the European Union", *Policing and Society*, n.º 32:10, pp. 1167-1179.

NORIEGA, M.: "The application of artificial intelligence in police interrogations: An analysis addressing the proposed effect AI has on racial and gender bias, cooperation, and false confessions", *Futures*, n.º 117, 2020, pp. 1-16.

OBREGÓN FERNÁNDEZ, A. y LAZCOZ MORATINOS, G.: "La supervisión humana de los sistemas de inteligencia artificial de alto riesgo. Aportaciones desde el Derecho Internacional Humanitario y el Derecho de la Unión Europea", *Revista Electrónica de Estudios Internacionales*, n.º 42, 2021, pp. 1-29.

OCCHIPINTI, J. D.: *The politics of EU police cooperation: toward a European FBI?*, Colorado (EE. UU.), Lynne Rienner Publishers, Inc., 2003.

OCHOA MONZÓ, V. et al.: *Derecho Procesal Penal 2a Edición*, Tirant lo Blanch, 2020.

OLÁSOLO ALONSO, H.: *Tratado de autoría y participación en el derecho penal internacional*, Valencia, Tirant lo Blanch, 2013.

OROMÍ i VALL-LLOVERA, S.: "Acceso a datos personales conservados por proveedores de servicios de comunicaciones electrónicas en investigaciones penales según el Tribunal de Justicia de la UE", *Revista de los Estudios de Derecho y Ciencia Política*, n.º 31, 2020, pp. 1-13.

ORTS BERENGUER, E. y GONZÁLEZ CUSSAC, J. L.: *Compendio de derecho penal: parte general*, Valencia, Tirant lo Blanch, 10.ª ed., 2023.

OVEJERO PUENTE, A. M.ª (ed.): *Presunción de inocencia y juicios paralelos en el derecho comparado*, Valencia, Tirant Lo Blanch, 2017.

PAUNER CHULVI, C., "Protección de las personas informantes en la Directiva (UE) 2019/1937 y tratamiento de datos de carácter personal. Breve referencia a la Ley 2/2023 de protección de las personas que informen sobre infracciones normativas y de lucha contra la corrupción", en PAUNER CHULVI C., GARCÍA MAHAMUT R., TOMÁS MALLÉN B., (eds.), *La implementación del Reglamento General de Protección de Datos en España y el impacto de sus cláusulas abiertas,* Valencia, Tirant lo Blanch, 2023, pp. 265-298.

PAUNER CHULVI, "Transparencia algorítmica en los medios de comunicación y las plataformas digitales", *Revista Española de la Transparencia,* n.º 17, 2023, p. 107-136.

PAVÓN PÉREZ, J. A.: "Capítulo VI. El tratamiento de datos personales obtenidos con fines policiales por las fuerzas y cuerpos de seguridad del Estado: un difícil equilibrio entre el espacio policial y judicial europeo y el derecho fundamental a la privacidad del ciudadano investigado", en ACEDO PENCO, Á. (coord..): *La privacidad en el metaverso, la inteligencia artificial y el big data: Protección de datos y derecho al honor,* 2022, pp. 113-130.

PAYO, A.: "Los datos de los policías de Irlanda del Norte quedan expuestos en una gran brecha de seguridad", *Escudodigital,* 11 de agosto de 2023.

PÉREZ DE LOS COBOS ORIHUEL, F.: *El recurso individual ante el Tribunal Europeo de Derechos Humanos,* Valencia, Tirant lo Blanch, 2018.

PÉREZ GIL, J. y GONZÁLEZ LÓPEZ, J. J.: "Cesión de datos personales para la investigación penal: Una propuesta para su inmediata inclusión en la Ley de Enjuiciamiento Criminal", *Diario La Ley,* n.º 7401, 2010.

PÉREZ GIL, J.: "Entre los hechos y la prueba: reflexiones acerca de la adquisición probatoria en el proceso penal", *Revista Jurídica de Castilla y León,* n.º 14, 2018, pp. 223-248.

PÉREZ GIL, J.: "La investigación penal y nuevas tecnologías: algunos retos pendientes", *Revista Jurídica de Castilla y León,* n.º 7, 2006, pp. 211-234.

PÉREZ MANZANO, M.: "El Tribunal Constitucional ante la Tutela Multinivel de Derechos Fundamentales en Europa. ATC 86/2011, de 9 de junio", *Revista Española de Derecho Constitucional,* n.º 95, pp. 311-345.

PÉREZ RIVAS, N.: "El derecho de la víctima a olvidar", *La Ley penal: revista de derecho penal, procesal y penitenciario,* n.º 122, 2016, pp. 1-20.

PÉREZ-LUÑO ROBLEDO, E.: "La nueva normativa europea para la protección de los datos personales", *Derechos y libertades,* n.º 190, 2019, pp. 213-238.

PERRY, W. L. y otros: *Predictive Policing: The Role of Crime Forecasting in Law Enforcement Operations,* 2013, pp. 1-8.

POLO ROCA, A.: "Datos, datos, datos: el dato personal, el dato no personal compuesto, la anonimización, la pertenencia del dato y otras cuestiones sobre datos", *Revista de Estudios de Deusto,* vol. 69, 2021, pp. 165-194.

PRESNO LINERA, M. Á.: "Inteligencia artificial, policía predictiva y prevención de la violencia de género", *Revista de Victimología y Justicia Restaurativa,* vol. 2, 2023, pp. 1-13

QUINTEL, T. y MITSILEGAS, V.: "Article 6 Distinction between Different Categories of Data Subject", en KOSTA, E. y BOEHM, F. (dir.): *The EU Law Enforcement Directive (LED): A Commentary,* 2024, pp. 165-180.

QUINTEL, T.: *Connecting Personal Data of Third Country Nationals: Interoperability of EU databases in the light of the CJEU's case law on data retention,* 2018.

RAYÓN BALLESTEROS, M.ª C.: "Medidas de investigación tecnológica en el proceso penal: la nueva redacción de la Ley de Enjuiciamiento Criminal operada por la Ley Orgánica 13/2015", *Anuario Jurídico y Económico Escurialense,* LII, 2019, pp. 179-204.

RIDAURA MARTÍNEZ, M. J.: "Los derechos fundamentales como límites en el marco de la investigación privada", *Teoría y Realidad Constitucional,* n.º 47, 2021, pp. 129-159.

RIDAURA MARTÍNEZ, M. J.: *Seguridad privada y derechos fundamentales,* Valencia, Tirant lo Blanch, 2015.

RIDAURA MARTÍNEZ, M. J.: "La seguridad ciudadana como función del Estado", *Estudios de Deusto,* vol. 62, n.º 2, 2014, pp. 319-346.

ROCA DE AGAPITO, L. (dir.): *Las consecuencias jurídicas del delito;* Valencia, Tirant lo Blanch, 2017.

RODRÍGUEZ-IZQUIERDO SERRANO, M.: "La posición de las sentencias del Tribunal de Justicia de la Unión Europea en el Sistema Constitucional de Fuentes", *Teoría y Realidad Constitucional,* n.º 3, 2017, pp. 483-514.

ROUSSI, A.: "Serious security breach hits EU police agency", *Politico,* 27 de marzo de 2024.

ROZMUS, M., TOPA I., WALCAZK, M.: *Harmonisation of Criminal Law in the EU Regulation– The Current Status and the Impact of the Treaty of Lisbon,* 2010. Se puede consultar aquí: https://portal.ejtn.eu/Documents/Themis/THEMIS%20written%20paper%20-%20Poland%201.pdf

SAJFERT, J., y QUINTEL, T.: "Data Protection Directive EU) 2016/680 for Police and Criminal Justice Authorities", en COLE, M. y BOEHM, F. (eds.), *GDPR Commentary,* 2018, pp. 1-22. Se puede consultar aquí: https://ssrn.com/abstract=3285873

SALADO OSUMA, A.: "El Protocolo de enmienda número 11 al Convenio Europeo de Derechos Humanos", *Revista de Instituciones Europeas*, vol. 21, n.º 3, 1994, pp. 943-965.

SALMÓN GÁRATE, E. y GARCÍA SAAVEDRA, G.: "Los Tribunales Internacionales que juzgan individuos: El caso de los Tribunales AD-HOC para la Ex-Yugoslavia y Ruanda y el Tribunal Penal Internacional como manifestaciones institucionales de la Subjetividad Internacional del ser humano", *Derecho y Sociedad*, n.º 15, 2000, pp. 9-28.

SÁNCHEZ BRAVO, Á.: "La Ley Orgánica 15/1999 de protección de datos de carácter personal: diez consideraciones en torno a su contenido", *Revista de estudios políticos*, n.º 111, 2001, pp. 201-214.

SÁNCHEZ CÁCERES, L. F.: "El sistema de *hard-law* y *soft-law* en relación con la defensa de los derechos fundamentales, la igualdad y la no discriminación", *Cuadernos electrónicos de filosofía del Derecho*, n.º 39, 2019, pp. 468-488.

SÁNCHEZ DOMINGO, M. B.: "La protección de datos personas en el espacio de libertad y justicia. Especial consideración a las transferencias de datos a terceros países y organizaciones internacionales según la Directiva 680/2016", *Revista de Estudios Europeos*, n.º 69, 2017, pp. 7- 21.

SAVINO, M.: "Global Administrative Law Meets Soft Powers: The Uncomfortable Case of Interpol Red Notices", *New York University Journal of International Law and Politics*, n.º 43, 2010, pp. 263–336.

SCHUMANN BARRAGÁN, G.: "Inteligencia Artificial Aplicada al Proceso Penal desde la Perspectiva de la UE", en PEREIRA PUIGVERT, S., ORDÓÑEZ PONZ, F. (dirs.): *Investigación y proceso penal en el siglo XXI: nuevas tecnologías y protección de datos*, Navarra, Thomson Reuters Aranzadi, pp. 517-540.

SERRA CRISTÓBAL, R.: *La seguridad como amenaza. Los desafíos de la lucha contra el terrorismo para el Estado democrático*, Valencia, Tirant lo Blanch, 2020.

SERRANO PÉREZ, M.: El derecho fundamental a la protección de datos: Derecho español y comparado, Civitas, 2003.

SPEZIA, F. y FAGGIANI, V.: *Ataque a Europa: Un atlas del crimen para comprender las amenazas y las perspectivas*, Tirant lo Blanch, 2022, pp. 185-215.

STRIKWERDA, L.: "Predictive policing: The risks associated with risk assessment", *The Police Journal: Theory, Practice and Principles*, n.º 94, 2021, pp. 422-436.

TERWANGNE, C.: "Council of Europe convention 108 +: A modernised international treaty for the protection of personal data"; *Computer Law and Science Review*, n.º 40, 2021.

TIBERI, J.: "Multilingualism and Legal Translation of the Sources of Law of the European Union: The Implications for Criminal Law of the New

Post-Lisbon Treaty Area of Freedom Security", en RUGGIERI, F. (ed.): *Criminal Proceedings, Languages and the European Union: Linguistic and Legal Issues*, Heidelberg, Springer, 2014, pp. 5-21.

TOMÁS MALLÉN, B., GARCÍA MAHAMUT, R., y PAUNER CHULVI, C. (eds.): *Las cláusulas específicas del Reglamento General de Protección de Datos en el ordenamiento jurídico español. Cuestiones clave de orden nacional y europeo*, Valencia, Tirant lo Blanch, 2021.

TOMÁS MALLÉN, B.: "Derechos fundamentales y *Drittwirkung* en perspectiva multinivel: desarrollos recientes en el Derecho europeo", *Revista de Derecho Político*, n.º 115, 2022, pp. 207-235.

TOMÁS MALLÉN, B.: "Las sinergias entre el Reglamento General de Protección de Datos de la Unión Europea y el convenio 108+ del Consejo de Europa", en GARCÍA MAHAMUT, R. y TOMÁS MALLÉN, B. (eds.): *El Reglamento General de Protección de Datos un Enfoque Nacional y Comparado. Especial Referencia a la LO 3/2018 de Protección de Datos y Garantía de los Derechos Digitales*, Valencia, Tirant Lo Blanch, 2019, pp. 57-89.

TOOM, V., GRANJA, R. y LUDWIG, A.: "The Prüm Decision as an Aspirational regime: Reviewing a Decade of Cross Border Exchange and Forensic DNA Data", *Forensic Science International*, 2019, pp. 50-57.

VAN DEN EYNDE ADROER, A.: "Gestión de la prueba digital en el proceso penal", en PEREIRA I PUIGVERT, S.; ORDÓÑEZ PONZ, F. y DEL MORAL GARCÍA A. (dirs.): *Investigación y proceso penal en el siglo XXI: nuevas tecnologías y protección de datos*, Navarra, Thomson Reuters Aranzadi, 2021, pp. 229-244.

VAN DIJCK, G.: "Predicting Recidivism Risk Meet AI Act", *European Journal on Criminal Policy and Research*, n.º 28, 2022, pp. 407-423.

VAN LENT, Y.: "Legal Regulation of Witness Protection in the European Unión", *Public Security and Public Order*, n.º 21, 2018, pp. 139-149.

VAVOULA, N.: "Interoperability of EU Information System: The Deathblow to the Rights to Privacy and Personal Data Protection of Third-Country Nationals", *European Public Law*, 2020, pp. 131-156.

VICTIM SUPPORT EUROPE: *Handbook for Implementation of Legislation and Best Practice for Victims of Crime in Europe*, 2013.

VIGURI CORDERO, J. A.: "Los retos de la protección de las personas informantes en España tras la aprobación de la Ley 2/2023: un derecho en vías de consolidación", *Revista Española de Transparencia*, n.º 17, 2023, pp. 271-298.

VIGURI CORDERO, J. A.: *Seguridad y Protección de Datos en el Sistema Europeo Común de Asilo*, Tirant lo Blanch, 2020.

VILASAU SOLANA, M.: "El caso Google Spain: la afirmación del buscador como responsable del tratamiento y el reconocimiento del derecho al olvido (análisis de la STJUE de 13 de mayo de 2014)", *Revista de Internet, Derecho y Política*, 2014, pp. 16 -32.

VILLAVERDE MENÉNDEZ, I.: "Nuevas tecnologías, videovigilancia, derecho a la protección de datos y ficheros policiales", *RCSP*, 16/2006, pp. 177-202.

VOGIATZOGLU, P., QUEZADA TAVÁREZ, K., FANTIN, S. y DEWITTE, P.: "From Theory to Practice: Exercising the Right of Access under the Law Enforcement and PNR Directives", *JIPITEC*, 274, 2020, pp. 274-302.

WEYEMBERGH, A.: "Chapter 4: History of the Cooperation" en KOSTORIS, R. E. (ed.): *Handbook of European Criminal Law*, Springer, 2018, pp. 182-191.

YILMA, K. M.: "The United Nations data privacy system and its limits", *International Review of Law, Computers & Technology*, vol. 33, 2019, pp. 224-248.

ZILLER, J.: "Le Traité de Prüm. Une vraie-fausse coopération renforcée dans l'espace de sécurité, de liberté et de justice", *Revista de derecho constitucional europeo*, n.º 7, 2007, pp. 21-30.

2. Referencias periodísticas, blogs y otros documentos de la WEB

"Condenado el foro de internet dónde se difundieron datos de la víctima de La Manada de Pamplona", ondacero.es, 26.01.2023. Se puede consultar aquí: https://www.ondacero.es/emisoras/catalunya/condenado-foro-internet-donde-difundieron-datos-victima-manada-pamplona_20230126 63d26b8ceb5eb6000199c823.html#:~:text=El%20hombre%20que%20difundi%C3%B3%20datos,im%C3%A1genes%20como%20responsable%20civil%20subsidiario.

AGENCIA ESPAÑOLA DE PROTECCIÓN DE DATOS (AEPD): *Anonimización y seudonomización*, 6 de octubre de 2021. Se puede consultar aquí: https://www.aepd.es/prensa-y-comunicacion/blog/anonimizacion-y-seudonimizacion

ÁLVAREZ CASANOVA, T.: "Gandía es la primera ciudad en contar con Inteligencia Artificial propia para su policía", *Levante*, 05.03.2024. Se puede consultar aquí: https://www.levante-emv.com/safor/2024/03/05/gandia-primera-ciudad-contar-inteligencia-99033784.html

Amended Europol Regulation weakens data protection supervisión, SEPD, 27 de junio de 2022. Se puede consultar la noticia aquí: https://edps.europa.eu/press-publications/press-news/press-releases/2022/amended-europol-regulation-weakens-data_en

BRISTOW, T.: “UK police forces accidentally shared victims’ details in data breach”, *Politico*, 15 de agosto de 2023.

DAILY MAIL REPORTER: “Police lose memory stick with top secret 'terrorist' information”, *Daily mail*, 15 de septiembre de 2008.

DELGADO MARTÍN, J.: “Protección de datos personales en el proceso penal (II)”, *elderecho.com*, 2019. Se puede consultar aquí: https://elderecho.com/proteccion-datos-personales-proceso-penal-ii

EDPS orders Europol to erase data concerning individuals with no established link to a criminal activity, SEPD, 10 enero, 2022. Se puede consultar la noticia aquí: https://edps.europa.eu/press-publications/press-news/press-releases/2022/edps-orders-europol-erase-data-concerning_en

GONZÁLEZ, G.: “Piratas informáticos filtran datos personales de unos 70 mossos”, *El Periódico*, 15 de febrero de 2024. Se puede consultar aquí: https://www.elperiodico.com/es/sociedad/20240215/investigan-filtracion-documento-datos-personales-98226208

LÓPEZ-FONSECA, Ó.: “El alto coste para la Policía de escuchar al crimen organizado cuando habla en otro idioma”, *El País*, 05.06.2023. Se puede consultar aquí: https://elpais.com/espana/2023-06-05/el-alto-coste-para-la-policia-de-escuchar-al-crimen-organizado-cuando-habla-en-otro-idioma.html

LÓPEZ-FONSECA, Ó.: “Seis disparos y 12 horas de clase para que la Policía Nacional aprenda a usar la pistola eléctrica”, *El País*, 18.10.2022. Se puede consultar aquí: https://elpais.com/espana/2022-10-18/seis-disparos-y-12-horas-de-clase-para-aprender-a-usar-la-pistola-electrica.html

MAIDEU, C.: “Los Mossos sufren una filtración de datos personales de agentes”, *Ara*, 15 de febrero de 2024. Se puede consultar aquí: https://es.ara.cat/sociedad/sucesos/mossos-sufren-filtracion-datos-personales-agentes_1_4939741.html

ORTEGA EXPÓSITO, G. M.ª.: *Transparencia versus Protección de Datos (I)*, 2016. Se puede consultar aquí: https://elderecho.com/transparencia-versus-proteccion-de-datos-i

PASCUAL, M.: “La Policía española usará una herramienta automática de reconocimiento facial”, *El País*, 15 de noviembre de 2022. Se puede consultar aquí: https://elpais.com/tecnologia/2022-11-15/la-policia-espanola-usara-una-herramienta-automatica-de-reconocimiento-facial.html

Press Realease ECHR 208 (2023) 04.07.2023. Se puede consultar aquí: https://hudoc.echr.coe.int/eng#{%22itemid%22:[%22001-225814%22]}

REUTERS: “Filtración expone datos de investigaciones antiterroristas de Europol: TV”, *Reuters*, 30 de noviembre de 2016. Se puede consultar aquí: https://www.reuters.com/article/seguridad-europol-filtracion-idLTAKBN13P15K/

RODRÍGUEZ, P.: "Protección de Datos ordena a la Europol borrar 4 petabytes de información personal: choque de trenes entre seguridad y derechos fundamentales en la UE", *Xataka,* 11 de enero de 2022. Se puede consultar aquí: https://www.xataka.com/seguridad/proteccion-datos-ordena-a-europol-borrar-4-petabytes-informacion-personal-choque-trenes-seguridad-derechos-fundamentales-ue#comments

VADALA, F.: "Ciberseguridad, IntelBroker roba datos de Europol: Implicaciones para la seguridad de las criptomonedas", decripto.org, 10 de julio de 2024. Se puede consultar aquí: https://decripto.org/es/ciberseguridad-intelbroker-roba-datos-de-europol-implicaciones-para-la-seguridad-de-las-criptomonedas/

ZULOAGA, J. M.: "Emprenden acciones legales contra los que filtraron datos de policías encubiertos", *La Razón,* 16 de mayo de 2024. Se puede consultar aquí: https://www.larazon.es/espana/emprenden-acciones-legales-filtraron-datos-policias-encubiertos_2024051666460a4769f858000111518d.html

Jurisprudencia

1. Tribunal Europeo de Derechos Humanos

STEDH, *Klass c. Alemania*, de 6 de septiembre de 1978.

STEDH (Sala), *Silver y otros c. Reino Unido*, 25 de marzo de 1983.

STEDH (Pleno), *Malone c. el Reino Unido*, 2 de agosto de 1984.

STEDH (Sala), *Leander c. Suecia*, 26 de marzo de 1987.

STEDH (Sala), *Huvig c. Francia*, 24 de abril de 1990.

STEDH (Sala), *Kruslim c. Francia*, 24 de abril de 1990.

STEDH (Comisión), *Yvonne Chave nacida Jullien c. Francia*, 9 de julio de 1991.

STEDH (Gran Sala), *Murray c. Reino Unido*, 28 de octubre de 1994.

STEDH (Sala), *Allenet de Ribermont c. Francia*, 10 de febrero de 1995.

STEDH (Sala), *Guillot c. Francia*, 26 de marzo de 1996.

STEDH (Sala), *Halford c. Reino Unido*, 25 de junio de 1997.

STEDH, *Lambert c. Francia*, 24 de agosto de 1998.

STEDH (Sección 1.ª), *News Verlags GmbH & CoKG c. Austria*, de 11 de enero de 2000.

STEDH (Gran Sala), *Amann c. Suiza*, 16 de febrero de 2000.

STEDH (Gran Sala), *Rotaru c. Rumanía*, de 4 de mayo de 2000.

STEDH (Sección 3.ª), *Khan c. Reino Unido*, 12 de mayo de 2000.

STEDH (Sección 3.ª), *P.G. y J.H. c. el Reino Unido*, 26 de septiembre de 2001.

STEDH (Sección 4.ª), *Allan c. el Reino Unido*, 5 de noviembre de 2002.

STEDH (Sección 1.ª), *Craxi c. Italia*, 17 de julio de 2003.

STEDH (Sección 3.ª), *Perry c. el Reino Unido*, 17 de octubre, 2003.

STEDH (Sección 3.ª), *Y. B. y otros c. Turquía*, 28 de octubre de 2004.

STEDH (Sección 4.ª), *Mentzen c. Letonia*, 7 de diciembre de 2004.

STEDH (Sección 4.ª), *Sciacca c. Italia*, 11 de enero de 2005.

STEDH (Sección 5.ª), *Coban c. España*, 25 de septiembre 2006.

STEDH (Sección 10.ª), *L. L. c. Francia*, 10 de octubre de 2006.

STEDH (Sección 3.ª), *Van der Velden c. Holanda*, 7 de diciembre de 2006.

STEDH (Sección 5.ª), *Köpke c. Alemania,* 22 de diciembre de 2006.
STEDH (Sección 5.ª), *Heglas c. la República Checa,* 1 de marzo de 2007.
STEDH (Sección 4.ª), *Copland c. el Reino Unido,* 3 de abril de 2007.
STEDH (Sección 3.ª), *Dumitru Popescu c. Rumanía,* 26 de abril de 2007.
STEDH (Sección 3.ª), *Güzel Erdagöz c. Turquía,* 21 de octubre de 2008.
STEDH (Sección 1.ª), *Godlevskiy c. Rusia,* 23 de octubre de 2008.
STEDH (Sección 2.ª), *Cemalettin Canli c. Turquía,* 18 de noviembre de 2008.
STEDH (Gran Sala), *S. y Marper c. el Reino Unido,* 4 de diciembre 2008.
STEDH (Sección 2ª), *Guiorgui Nikolaïchvili c. Georgia,* 13 de enero de 2009.
STEDH (Sección 1.ª), *Reklos y Davourlis c. Grecia,* 15 de enero de 2009.
STEDH (Sección 1ª), *Khuzhin y otros c. Rusia,* 23 de enero de 2009.
STEDH (Sección 3.ª), *Toma c. Rumanía,* 24 de febrero de 2009.
STEDH (Gran Sala), *Bykov c. Rusia,* 10 de marzo de 2009.
STEDH (Sección 3.ª), *C.C. c. España,* 6 de octubre de 2009.
STEDH (Sección 3.ª), *Haralambie c. Rumanía,* 27 de octubre de 2009.
STEDH (Sección 5.ª), *B. B. c. Francia,* 17 de diciembre de 2009.
STEDH (Sección 5.ª), *Gardel c. Francia,* 17 de diciembre de 2009.
STEDH (Sección 2.ª), *Sinan Isik c. Turquía,* 2 de febrero de 2010.
STEDH (Sección 4.ª), *Ciubotaru c. Moldavia,* 27 de abril de 2010.
STEDH (Sección 5.ª), *Uzun c. Alemania,* 2 de septiembre de 2010.
STEDH (Sección 1.ª), *Shimovolos c. Rusia,* 21 de junio de 2011.
STEDH (Sección 3.ª) *Lizaso Azconobieta c. España,* de 28 de junio de 2011.
STEDH (Sección 4.ª), *Pinto Coelho c. Portugal,* 28 de junio de 2011.
STEDH, (Sección 10.ª), *Khelili c. Suiza,* 18 de octubre de 2011.
STEDH (Sección 1.ª), *Kurier Zeitungsverlag und Druckerei GmbH c. Austria,* de 17 de enero de 2012.
STEDH (Gran Sala), *Axel Springer c. Alemania,* 7 de febrero de 2012.
STEDH (Sección 1.ª) *Ageyevy c. Rusia* del 18 de abril de 2012.
STEDH (Sección 5.ª), *Brunet c. Francia,* 18 de septiembre de 2012.
STEDH (Sección 4.ª), *M. M. c. Reino Unido,* 13 de noviembre de 2012.
STEDH (Sección 1.ª), *Rothe c. Austria,* de 4 de diciembre de 2012.
STEDH (Sección 5.ª), *M. K. c. Francia,* 18 de abril de 2013.
STEDH (Sección 5.ª), *Garnaga c. Ucrania,* 16 de mayo de 2013.
STEDH (Sección 5.ª), *Peruzzo y Martens c. Alemania,* 4 de junio de 2013.

STEDH (Sección 4.ª), *Gustanovi c. Bulgaria,* 15 de octubre de 2013.

STEDH (Sección 5.ª), *Henry Kismoun c. Francia,* 5 de diciembre de 2013.

STEDH (Sección 5.ª), *Khmel c. Rusia,* 12 de diciembre de 2013.

STEDH (Sección 3.ª), *Radu c. Moldavia,* 15 de abril de 2014.

STEDH (Sección 4.ª), *Khadzhiev c. Bulgaria,* 3 de junio de 2014.

STEDH (Sección 1.ª), *Dragojevic c. Croacia,* 15 de enero de 2015.

STEDH (Sección 3.ª), *Pruteanu c. Rumania,* 3 de febrero de 2015.

STEDH (Sección 3.ª), *Y. c. Turquía,* 23 de febrero de 2015.

STEDH (Sección 3.ª), *M.N. y otros c. San Marino,* 7 de julio de 2015.

STEDH (Gran Sala), *Roman Zakharov c. Rusia,* 4 de diciembre de 2015.

STEDH (Sección 3.ª), *G.S.B. c. Suiza,* 22 de diciembre de 2015.

STEDH (Sección 4.ª), *Szabó y Vissy c. Hungría,* 12 de enero de 2016.

STEDH (Sección 2.ª), *Cevat Özel c. Turquía,* 7 de junio de 2016.

STEDH (Sección 10.ª), *Karabeyoglu c. Turquía,* 7 de junio de 2016.

STEDH (Sección 3.ª), *Oleynik c. Rusia,* 21 de junio de 2016.

STEDH (Sección 5.ª), *Surikov c. Ucrania,* 26 de enero de 2017.

STEDH (Sección 10.ª), *Irfan Güzel c. Turquía,* 7 de febrero de 2017.

STEDH (Sección 3.ª), *Trabajo Rueda c. España,* 30 de mayo de 2017.

STEDH (Sección 5.ª), *Aycaguer c. Francia,* 22 de junio de 2017.

STEDH *Satakunnan Markkinapörssi Oy and Satamedia Oy c. Finlandia,* 27 de junio de 2017.

STEDH (Sección 4.ª), *Kacki c. Polonia,* 4 de julio de 2017.

STEDH (Sección 2.ª), *Mustafa Sezgin Tanrıkulu c. Turquía,* 18 de julio de 2017.

STEDH (Sección 3.ª), *Moskalev c. Rusia,* 7 de noviembre de 2017.

STEDH (Sección 5.ª), *Anchev c. Bulgaria,* 5 de diciembre de 2017.

STEDH (Sección 5.ª), *Ben Faiza c. Francia,* 8 de febrero de 2018.

STEDH (Sección 4.ª), *Mockuté c. Lituania,* 27 de febrero de 2018.

STEDH (Sección 4.ª), *Benedik c. Eslovenia,* 24 de abril de 2018.

STEDH (Sección 3.ª), *Suprunenko c. Rusia,* 19 de junio de 2018.

STEDH (Sección 5.ª), *M. L. y W. W. c. Alemania,* de 28 de junio de 2018.

STEDH (Sección 1.ª), *Catt c. el Reino Unido,* 24 de enero de 2019.

STEDH (Sección 2.ª), *Liblik y otros c. Estonia,* 28 de mayo de 2019.

STEDH (Sección 5.ª), *Batiashvili c. Georgia,* 10 de octubre de 2019.

STEDH (Sección 3.ª), *Gorlov y otros c. Rusia,* 4 de noviembre de 2019.

STEDH (Sección 1.ª), *Gaughran c. Reino Unido,* 13 de febrero de 2020.

STEDH (Sección 1.ª), *Trajkovski y Chipovski c. Macedonia del Norte,* 13 de febrero de 2020.

STEDH (Sección 4.ª), *Dragan Petrovic c. Serbia,* 14 de abril de 2020.

STEDH (Sección 5.ª), *P.N. c. Alemania,* 11 de junio de 2020.

STEDH (Sección 5.ª), *Breyer c. Alemania,* 7 de septiembre de 2020.

STEDH (Sección 4.ª). *Frâncu c. Rumanía,* 13 de octubre de 2020.

STEDH (Gran Sala), *Centrum för rättivisa c. Suecia,* 25 de mayo de 2021.

STEDH (Sección 2.ª) *Milosavljevic c. Serbia,* 25 de mayo de 2021.

STEDH (Sección 3.ª), *Hurbain c. Bélgica,* 22 de junio de 2021.

STEDH (Sección 1.ª), *Hájovský c. Eslovaquia,* 1 de julio de 2021.

STEDH (Sección 1.ª), *Zoltán Varga c. Eslovaquia,* 20 de julio de 2021.

STEDH (Sección 4.ª), *Willems c. Holanda,* 9 de noviembre de 2021.

STEDH (Sección 4.ª), *Vasil Vasilev c. Bulgaria,* 16 de noviembre de 2021.

STEDH (Sección 3.ª), *M. D. y otros c. España,* 28 de junio de 2022.

STEDH (Sección 3.ª), *Asunto M.D. y otros c. España,* 28 de junio de 2022.

STEDH (Sección 10.ª), *Deveci c. Turquía,* 28 de junio de 2022.

STEDH (Sección 3.ª), *Y.G. c. Rusia,* 30 de agosto de 2022.

2. Tribunal de Justicia de la Unión Europea

Sentencia del Tribunal de Justicia de 27 de octubre de 1977, *Regina c. Pierre Bouchereau,* C-30/77.

Sentencia del Tribunal de Justicia (Gran Sala) de 6 de noviembre de 2003, *Lindqvist,* C-101/01.

Sentencia del Tribunal de Justicia (Gran Sala) de 29 de enero de 2008, *Productores de Música de España (Promusicae) c. Telefónica de España S.A.U,* C-275/06.

Sentencia del Tribunal de Justicia (Gran Sala) 16 de diciembre de 2008, *Heinz Huber c. Bundesrepublik Deutschland,* C-524/06.

Sentencia del Tribunal de Justicia (Sala 3.ª) de 7 de mayo de 2009, *Raad van State c. Países Bajos,* C-553/07.

Sentencia del Tribunal de Justicia (Gran Sala) de 17 de octubre de 2013, *Michael Schwarz c. Stadt Bochum,* C-291/12.

Sentencia del Tribunal de Justicia (Gran Sala) de 8 de abril de 2014, *Digital Rights Ireland Ltd c. Irlanda,* C– 293/12 y 594/12.

Sentencia del Tribunal de Justicia (Gran Sala) de 13 de mayo de 2014, *Google España S.L., Google Inc. c. la Agencia Española de Protección de Datos (AEPD),* C-131/12.

Sentencia del Tribunal de Justicia (Gran Sala) de 6 de octubre de 2015, *Maximillian Schrems contra Data Protection Commissioner,* C-362/14.

Sentencia del Tribunal de Justicia (Sala 2.ª) de 19 de octubre de 2016, *Patrick Breyer c. Bundesrepublik Deutschland,* C-582/14.

Sentencia del Tribunal de Justicia de la Unión Europea (Gran Sala) de 21 de diciembre de 2016, *Tele2 Sverige,* C-203/15 y 698/15.

Sentencia del Tribunal de Justicia (Sala 2.ª) de 20 de diciembre de 2017, *Peter Nowak c. Comisionado de Protección de Datos,* C-434/16.

Sentencia del Tribunal de Justicia (Sala 2ª) de 10 de julio de 2018, *Tietosuojavaltuutettu con intervención de: Jehovan todistajat — uskonnollinen yhdyskunta,* C-25/17.

Sentencia del Tribunal de Justicia (Gran Sala) de 2 de octubre de 2018, *cuestión prejudicial de la Audiencia Provincial de Tarragona,* C-207/16.

Sentencia del Tribunal de Justicia de la Unión Europea (Gran Sala) de 24 de septiembre de 2019, *Google c. CNIL,* C-507/17.

Sentencia del Tribunal de Justicia (Sala 8.ª) *Comisión Europea contra España,* 25 de febrero 2021, asunto C– 658/19.

Sentencia del Tribunal de Justicia (Gran Sala) de 12 de mayo de 2021, *decisión prejudicial planteada, con arreglo al artículo 267 TFUE, por el Verwaltungsgericht Wiesbaden (Tribunal de lo Contencioso-Administrativo de Wiesbaden, Alemania),* C-505/19.

Sentencia del Tribunal de Justicia (Gran Sala) de 21 de junio de 2021, *Ligue des droits humains y Conseil des ministres,* C-817/19.

Sentencia del Tribunal de Justicia (Gran Sala) de 22 de junio de 2021, *Latvijas Republikas Saeima (Penalty points),* C-439/19.

Sentencia del Tribunal de Justicia (Sala 5.ª) de 26 de enero de 2022, *Ministerstvo na vatreshnite raboti,* C-205/21.

Sentencia del Tribunal de Justicia (Sala 5.ª) de 24 de febrero de 2022, *SS SIA c. Valsts ieņēmumu dienests,* C-175/20.

Sentencia del Tribunal General de 27 de abril de 2022, *Veen/Europol* (Asunto T-436/21).

Sentencia del Tribunal de Justicia (Gran Sala) de 21 de junio de 2022, *Liga de Derechos Humanos contra Consejo de Ministros Sentencia del Tribunal de Justicia,* C-817/19, sobre el PNR.

Sentencia del Tribunal de Justicia (Sala 5.ª) de 8 de diciembre de 2022, *VS v Inspektor c. Inspektorata kam Visshia sadeben savet*, C-180/21.

3. España

3.1. Tribunal Constitucional

STC 107/1988, de 8 de junio.

ATC 2/1992, de 13 de enero.

STC 254/1993, de 20 de julio.

STC 157/1995, de 6 de noviembre.

STC 292/2000, de 30 de noviembre.

STC 49/2001, de 26 de febrero.

STC 52/2002, 25 de febrero.

STC 127/2003, de 30 de julio.

STC 57/2004, de 19 de abril.

ATC 516/2004, de 20 de diciembre.

STC 114/2006, de 5 de abril.

STC 363/2017, de 15 de febrero.

3.2. Tribunal Supremo

STS (Sala 2.ª, Sección 1.ª), n.º 4634/1986, 12 de septiembre de 1986.

STS (Sala 2.ª, Sección 1.ª), n.º 1 4521/1995 (n.º recurso 266/1988), 31 de julio de 1995.

STS (Sala 2.ª, Sección 5.ª) n.º 4926/2001 (n.º recurso 8879/1996), 11 de junio de 2001.

STS (Sala 1.ª, Sección 1.ª) n.º 4537/2004 (n.º recurso 4445/2004), 28 de junio de 2004.

STS (Sala 1.ª, Sección 1.ª), n.º 1 4971/2004 (n.º recurso 2692/1999), 8 de julio de 2004.

STS (Sala 2.ª, Sección 1.ª), n.º 7567/2008 (n.º recurso 10997/2007), 25 de febrero de 2008.

STS (Sala 1.ª, Sección 1.ª) n.º 5480/2008 (n.º recurso 73/2003), 16 de octubre de 2008.

STS (Sala 1.ª, Sección 1.ª) n.º 5705/2008 (n.º recurso 651/2003), 24 de octubre de 2008.

STS (Sala 1.ª, Sección 1.ª) n.º 1191/2008 (n.º recurso 192/2003), 22 de noviembre de 2008.

STS (Sala 1.ª, Sección 1.ª), n.º 6655/2008 (n.º recurso 2906/2003), 2 de diciembre de 2008.

STS (Sala 2.ª, Sección 1.ª), n.º 1044/2008 (n.º recurso 1822/2007), 4 de diciembre de 2008.

STS (Sala 1.ª, Sección 1.ª), n.º 598/2009 (n.º recurso 1331/2005), 12 de febrero de 2009.

STS (Sala 1.ª, Sección 1.ª), n.º 5812/2010 (n.º recurso 1516/2007), 13 de septiembre de 2010.

STS (Sala 1.ª, Sección 1.ª) n.º 1237/2011 (n.º recurso 924/2009), 1 de marzo de 2011.

STS (Sala 1.ª, Sección 1.ª) n.º 6092/2011 (n.º recurso 1089/2009), 20 de julio de 2011.

STS (Sala 3.ª, Sección 6.ª) n.º 7412/2012 (n.º recurso 3045/2010), 13 de noviembre de 2012.

STS (Sala 3.ª, Sección 6.ª) 3896/2014 (n.º recurso 6153/2011), de 3 de octubre de 2014.

STS (Sala 3.ª, Sección 3.ª) n.º 2865/2015 (n.º recurso 183/2014), 29 de junio de 2015.

STS (Sala 3.ª, Sección 6.ª) n.º 1103/2016 (n.º recurso 804/2015), de 15 de marzo de 2016.

STS (Sala 1.ª, Sección 991), n.º 1280/2016 (n.º recurso 3269/2014), 5 de abril de 2016.

STS (Sala 1.ª, Sección 1.ª), n.º 337/2016 (n.º recurso 854/2014), 20 de mayo de 2016.

STS (Sala 1.ª, Sección 1.ª), n.º 362/2016 (n.º recurso 990/2014), 1 de junio de 2016.

STS (Sala 1.ª, Sección 1.ª) n.º 4836/2016 (n.º recurso 3318/2014), 10 de noviembre de 2016.

STS (Sala 1.ª, Sección 1.ª), n.º 661/2016 (n.º recurso 3318/2014), 10 de noviembre de 2016.

STS (Sala 1.ª, Sección 1.ª), n.º 20/2017 (n.º recurso 1773/2015), 17 de enero de 2017.

STS (Sala 1.ª, Sección 1.ª), n.º 53/2017 (n.º recurso 1860/2015), 27 de enero de 2017.

STS (Sala 1.ª, Sección 1.ª), n.º 62/2017 (n.º recurso 2402/2015), 2 de febrero de 2017.

STS (Sala 1.ª, Sección 1.ª), n.º 426/2017 (n.º recurso 3440/2015), 6 de julio de 2017.

STS (Sala 3.ª, Sección 4.ª) n.º 2773/2017 (n.º recurso 1226/2016), 12 de julio de 2017.

STS (Sala 1.ª, Sección 1.ª), n.º 602/2017 (n.º recurso 2905/2016), 8 de noviembre de 2017.

STS (Sala 1.ª, Sección 1.ª), n.º 3797/2017 (n.º recurso 156/2016), 20 de noviembre de 2017.

STS (Sala 2.ª, Sección 1.ª) n.º 122/2018 (n.º recurso 1081/2016), 26 de enero de 2018.

STS (Sala 3.ª, Sección 5.ª) n.º 531/2018 (n.º recurso 3257/2016), 20 de febrero de 2018.

STS (Sala 1.ª, Sección 1.ª), n.º 338/2018 (n.º recurso 2505/2016), 6 de junio de 2018.

STS (Sala 1.ª, Sección 1.ª), n.º 591/2018 (n.º recurso 3492/2017), 23 de octubre de 2018.

STS (Sala 1.ª, Sección 1.ª), n.º 719/2018 (n.º recurso 3040/2017), 19 de diciembre de 2018.

STS (Sala 1.ª, Sección 1.ª), n.º 372/2019 (n.º recurso 4277/2018), 27 de junio de 2019.

STS (Sala 1.ª, Sección 1.ª), n.º 210/2020 (n.º recurso 2150/2019), 29 de mayo de 2020.

STS (Sala 1.ª, Sección 1.ª), n.º25/2021 (n.º recurso 523/2018), 25 de enero de 2021.

STS (Sala 2.ª), n.º 1388/2021 (n.º recurso 10588/2020), de 13 de abril de 2021.

STS (Sala 3.ª, Sección 5.ª) n.º 4439/2021 (n.º recurso 7919/2020), 23 de noviembre de 2021.

STS (Sala 3.ª, Sección 6.ª) n.º 1240/2022 (n.º recurso 112/2021), 24 de marzo de 2022.

3.3. Jurisprudencia menor

Sentencia de la Audiencia Nacional (Sala de lo Contencioso, Sección 1.ª) 2934/2018 (n.º recurso 1/2011) del 26 de junio de 2018.

Sentencia de la Audiencia Nacional (Sala de lo Contencioso, Sección 1.ª) 5101/2018 (n.º recurso 13/2017) del 8 de noviembre de 2018.

Sentencia de la Audiencia Nacional (Sala de lo Contencioso, Sección 1.ª) 2025/2011 (recurso n.º 21/2010) de 28 de marzo de 2011.

Sentencia de la Audiencia Provincial de Huelva (Sección 1.ª), n.º 96/2023 (n.º recurso 4/2022), 6 de junio de 2023.

Sentencia de la Audiencia Nacional (Sala de lo contencioso, Sección 1.ª), n.º1211/2024 (n.º recurso 2301/2021), 6 de febrero de 2024.